청소년을 위한

혁명의
세계사

청소년을 위한 **혁명의 세계사**

초판 1쇄 발행 2006년 10월 10일 ＼**초판 6쇄 발행** 2017년 1월 20일
지은이 박남일 ＼**펴낸이** 이영선 ＼**편집 이사** 강영선 ＼**주간** 김선정
편집장 김문정 ＼**편집** 임경훈 김종훈 하선정 유선 ＼**디자인** 정경아
마케팅 김일신 이호석 김연수 ＼**관리** 박정래 손미경 김동욱

펴낸곳 서해문집 ＼**출판등록** 1989년 3월 16일(제406-2005-000047호)
주소 경기도 파주시 광인사길 217(파주출판도시) ＼**전화** (031)955-7470 ＼**팩스** (031)955-7469
홈페이지 www.booksea.co.kr ＼**이메일** shmj21@hanmail.net

© 박남일, 2006
ISBN 978-89-7483-294-0 43900
값 12,900원

이 도서의 국립중앙도서관 출판시도서목록(CIP)은 e-CIP 홈페이지(http://www.nl.go.kr/ecip)에서
이용하실 수 있습니다.(CIP제어번호: CIP2010001399)

청소년을 위한

혁명의
세계사

박남일 지음

서해문집

머리말

혁명이라는 말은 사람들에게 두 가지 느낌을 불러일으킨다. 하나는 피비린내 나는 투쟁 현장의 비참함이고, 다른 하나는 역사의 역동성이다. 사실 혁명이라는 말은 매우 넓은 뜻으로 쓰인다. 국가 체제나 정치·경제·사회 제도를 근본적으로 고치는 일도 혁명이고, 이전의 관습이나 관념, 방식 따위를 단번에 깨뜨린 뒤 질적으로 새롭게 세우는 일도 혁명이다. 그런데 낡은 지배 세력은 무력을 동원하면서까지 구체제를 완강하게 고집하는 경우가 허다하다. 그럴 때 혁명 세력과 낡은 세력 간에 충돌이 빚어지고, 바로 그 과정에서 종종 피비린내가 풍겨 나오기도 한다.

한편, 혁명의 역사는 훼손된 인간 노동의 존엄성을 복원하는 과정이라고 할 수 있다. 요컨대 인류의 역사는 줄곧 '가진 것은 몸밖에 없는 사람들'과 '토지나 자본, 권력으로 타인의 노동을 갈취하는 사람들'이 모순된 두 축을 이루며 발전해 왔다. 그러한 모순은 매 시기마다 대립을 낳았다. 인류사를 붉게 도색한 혁명의 역사는 그와 같은 각 시대 모순의 '집약점'이다. 따라서 한 시대의 혁명 사건을 파고들다 보면, 결국 우리는 그 시대의 총체성에 접근하게 된다. 청소년들이 혁명의 역사를 공부해야 하는 이유도 거기에 있다.

그런데 문제는 역사에 접근하는 방식이다. 영국의 사학자 에드워드 카(Edward H. Carr, 1892~1982년)에 따르면 '역사는 과거와 현재의 끊임없는 대화'이다. 더불어 카는 '역사는 스스로 말하지 않고, 역사가가 말을 걸어 줄 때에만 말한다.'고 하였다. 그러므로 진실을 발견하려면 우리는 일단 역사에 말을 걸어야 한다. 다만 말을 걸기 전에 역사 속의 누구와 대화할 것인지를 먼저 선택해야 한다.

예컨대 고대 로마 군단에 맞서 봉기의 횃불을 치켜든 스파르타쿠스와 대화한다면, 로마의 영웅으로 칭송받는 카이사르가 갈리아 정복 때 무려 백만여 명이나 되는 포로를 노예로 팔아먹은, 역사상 최대의 인신매매단 두목임을 알게 될 것이다. 또 프랑스 혁명에서 피 흘린 파리 시민의 목소리는 나폴레옹의 기회주의를 질타할 것이다. 지금은 사라져 버린 아메리카 원주민과 대화해 보라. 그들은 15~16세기 '대 발견'의 시대를 연 콜럼버스나 마젤란이 유럽의 정복자들에게 길을 열어 준, 침략의 길라잡이라고 외칠 것이다.

인간 집단에는 두 가지 열정이 있다. 하나는 절대 권력을 움켜쥐려는 것이고, 다른 하나는 절대 권력을 해체하려는 것이다. 혁명은 이 두 가지 극단적인 열정이 마주치는 상황을 말한다. 그리하여 혁명은 인류 역사를 붉은 피로 물들이기도 하였다. 그럼에도 우리가 혁명의 역사를 이해해야 하는 것은 그것이 인류 역사를 변화·발전시켜 온 가장 큰 원동력이며, 그 속에 숭고한 인간 정신이 깃들어 있기 때문이다.

　이 책은 할리우드 액션영화 주인공 같은 정복자들의 '전쟁 일지' 속에서, 숭고한 피로 역사를 발전시킨 민중의 외침을 찾아내기 위한 것이다. 그리하여 고대에서 현대까지 세계사적 의의를 지니는 혁명 사건을 가려내어 그 전개 과정과 의의를 극적으로 구성하였다. 또한 각 사건의 연관성을 고려하여 세계사를 바라보는 총체적 시각을 갖추도록 하였다. 서구 시민 혁명이 세계 민중사에 미친 영향은 무엇보다 지대하지만, 20세기에 활발하게 전개된 제3세계 민중의 역할 또한 중요하게 부각하였다.

　이처럼 구성된 혁명 사건들의 시대적 연관성을 밝혀 나가다 보면, 우리는 거기에서 역사의 본질을 이해하게 되고 역사 발전의 진정한 힘이 무엇인가를 깨닫게 될 것이다. 그러면서 역사의 주인은 언제나 바로 '나' 자신이고 내가 몸담고 있는 집단이며, 나아가 일하는 모든 사람들임을 긍정하게 될 것으로 기대한다.

　마지막으로 이 책의 독자들이 다음과 같은 질문에 대해 한 차원 높은 답변을 끌어내기를 바란다.

　"이 시대에도 혁명은 필요한가?"

2006년 초가을, 남녘 바닷가에서
박남일

차례

로마 군단을 무찌른
노예 혁명

깊은 밤이었다. 검투사 양성소의 으슥한 구석에서 검투사들이 세상의 이치에 대해 토론을 벌이고 있었다. 그 가운데 키가 훤칠한 검투사 하나가 동료들을 향해 말했다.

"500년 전에 이미 헤라클레이토스는 말했다. 이 세상은 신이 창조한 것도 아니며 사람이 창조한 것도 아니라고. 세계는 영원히 꺼지지 않는 불덩이로, 법칙에 따라 타기도 하고 꺼지기도 하는 것이다. 또한 사물의 내부에는 모순이 존재하고 대립하는 것끼리 투쟁한다. 이러한 투쟁을 통해 세계는 끊임없이 변화하고 발전한다."

다른 검투사가 물었다.

"변한다고? 우리 노예의 처지는 예나 지금이나 하나도 바뀌지 않았는데……."

"강물을 보자. 사람은 두 번 다시 같은 강물에 뛰어들지 못한다. 강물은 끊임없이 흐르기 때문에 두 번째 뛰어들었을 때는 이미 처음의 물이 아니다. 400여 년 전 철학자 소크라테스와 그의 제자 플라톤은 정신이 1차적이고 물질이 2차적인 것이라고 했다. 그런데 곰곰 생각해 보니 이것은 귀족과 노예주들이 한 짓을 정당화하기 위한 선전이다. 특히 플라톤은 일부 사람을 선천적인 노예라고까지 말했다."

검투사들은 그의 폭넓은 학식에 존경의 눈길을 보냈다.

"귀족이든 노예든 똑같은 인간이다. 부리는 자도 부림을 받는 자도 모두 사람인 것이다. 우리는 더 이상 말하는 도구가 아니다. 앞으로 열흘 뒤, 달이 전혀 뜨지 않는 날 밤에 담장을 넘어 베수비오 화산 골짜기로 모이자."

고대 로마의 직업 투사. 로마에서는 검투 시합이 인기를 끌었으며 규모도 컸는데, 격투는 보통 한 사람이 죽을 때까지 계속됐다. 역사상 처음 나오는 시합은 기원전 264년 브루투스의 장례식 때였다. 검투사는 여러 계층에서 징발되었으나, 대부분 노예와 범죄자였다. 로마에 그리스도교가 전래된 뒤부터는 인기가 시들해졌다.

그 말에 검투사들의 눈빛이 붉게 타올랐다. 그들은 자유와 해방을 쟁취하고야 말겠다는 굳은 결심을 서로 확인한 다음 잠자리에 들었다.

우리는 말하는 도구가 아니다!

지금부터 2000여 년 전, 당시 지구상에서 가장 강력한 힘을 가졌던 로마 제국에서는 일할 때 사용하는 도구를 세 가지로 분류했다. 삽이나 수레 같은 것은 '소리 내지 않는 도구'라 했고, 소나 말 등의 가축은 '소리 내는 도구', 그리고 인간의 모습을 한 노예는 '말하는 도구'라 불렀다.

당시 로마의 인구는 150만 명 정도였는데 이 중 90만 명이 노예였다. 이들은 (라티푼디움)이라 불리는 대농장에서 관리인의 채찍에 시달리며 온종일 일을 했고 밤이면 도망치지 못하도록 창고에 갇혀 지냈다. 특히 여자 노예의 생활은 한층 더 비참했다. 여자 노예는 남자 노예와 똑같이 낮에는 쉴 새 없이 일을 하고 밤에는 남자 주인의 욕망 앞에 몸을 내주어야 했다. 밀가루를 만드는 노예의 목에는 크고 무거운 나무칼을 씌웠다. 굶주린 노예가 밀가루를 훔쳐 먹지 못하게 하기 위해서였다. 만약 밀가루 한 줌이라도 훔쳐 먹다 들킨 노예는 죽을 때까지 매를 맞거나, 불에 달군 쇠꼬챙이로 살을 지지는 형벌을 당했다.

고대 로마의 대토지 소유 제도. 로마가 영토를 확장하던 기원전 2세기 초부터 발달했다. 국유화한 토지를 힘 있는 자가 사유화한 것에서 비롯했다. 사진은 당시 노예와 로마의 빈민 구역 모습을 담은 조각.

노예는 대부분 전쟁 포로였는데 노예 시장에서 매매되었다. 오늘날 로마의 영웅으로 일컬어지는 카이사르는 갈리아 정복 때 무려 100만여 명의 노예를 얻었다고 한다. 요즘으로 치면 그는 최대 인신 매매 조직의 두목이었던 셈이다. 이처럼 로마의 귀족과 권력자는 노예를 확보하기 위해 끊임없이 전쟁을 일으켰다. 그리하여 그리스와 페르시아 등지에서 붙잡힌 수많은 포로가 노예로 팔렸다. 가장 큰 노예 시장은 델로스 섬에 있었는데, 하루에 1만여 명의 노예가 매매되었다.

노예를 매매할 때는 달리기, 기어 다니기, 물건 들기 등을 시켜서 건강 상태를 살펴본 다음 흥정을 했다. 이렇게 거래된 노예는 생김새나 신체 조건에 따라 각기 다른 곳으로 보내졌는데, 건장한 남자 노예 가운데 일부는 '검투사 양성소'로 갔다.

검투사는 로마 귀족들이 취미를 위해 양성한 노예였다. 이들은 농장에서 일하는 대신 로마 시민에게 오락을 제공하는 것이 주된 임무였다. 그런데 로마인의 오락이란 참으로 잔인한 것이었다. 검투사끼리 칼싸움을 하게 하거나 굶주린 사자와 호랑이 같은 맹수와 격투를 하게 해서 사람과 짐승이 죽어 가는 과정을 지켜보며 즐거워하는 것이었다. 오늘날 로마의 찬란한 유적 가운데 하나인 (콜로세움)은 바로 그러한 피의 축제장이었다.

로마에 있는 거대한 원형 경기장. 돌과 콘크리트로 세운 완전한 독립 구조물로 5만 관객을 수용할 수 있었다. 이곳에서 검투사 시합과 맹수와 인간의 싸움 등이 벌어졌다.

칼을 가지고 승부를 다투다 보면 결국 둘 중 한 사람 혹은 두 사람 모두 크게 다치거나 죽게 마련이다. 이렇게 죽는 노예가 부지기수로 늘어 갔다. 그러나 로마의 귀족과 시민은 아무도 이러한 살인 게임을 말리려 하지 않았다. 그들에겐 일종의 스포츠였다.

이렇게 비참한 '말하는 도구'들이 어느 날 갑자기 강력한 로마 군단에 싸움을 걸었다. 반란의 주동자는 늘 죽음을 눈앞에 두고 사는 검투사들이었다. 로마의 검투사 양성소에 있던 200여 명의 검투사들은 은밀히 모여 함께 도망칠 것을 결의했다.

그들은 담장 바깥 곳곳에서 경비병이 삼엄하게 눈을 번뜩이고 있는 양성소를 벗어나기 위해 총명한 스파르타쿠스(Spartacus, 기원전 ?~기원전 71년)를 중심으로 치밀한 계획을 세웠다. 스파르타쿠스는 원래 (트라키아) 군대에 속한 병사였는데, 전쟁 포로가 되어 로마로 끌려 와 있었다. 그는 지옥 같은 광산에서 일하는 노예였지만 눈에 띄는 외모 덕에 검투사로 뽑혔다.

발칸 반도 남동부에 자리한 지역. 풍부한 삼림과 광물 자원, 기름진 땅을 갖추었으나 통일 국가를 형성하지 못하고 부족 국가 단계에 머물렀다. 그리스인에게는 노예와 목재의 공급지, 흑해 무역의 중계지로 중요했다. 트라키아인은 단순하고 개방된 촌락을 이루고 살았으며 발전된 문화를 이루었다. 특히 시와 음악이 유명했고, 트라키아의 군인은 마케도니아와 로마에서 용병으로 환영받았다.

로마 군단을 무찌르다

약속한 대로 달이 뜨지 않은 밤이 오자 검투사들은 민첩하게 몸을 움직여 훈련소를 빠져나왔다. 그들은 경비병 등 뒤로 소리 없이 다가가 목을 졸라 한 사람 한 사람 훈련소 담을 뛰어넘었다. 그때 검투사 한 명이 발을 헛디뎌 넘어지면서 비명을 지르고 말았다. 순식간에 경비병이 모여들면서 일대는 아수라장으로 변했다.

무기를 든 경비병과 맨몸의 검투사들이 치고받으며 싸움을 벌였다. 절반 이상의 검투사가 목숨을 잃었고, 다행히 살아남은 검투사들은 베수비오 화산으로 도망쳤다. 탈출에 성공한 검투사는 모두 78명이었다.

그들은 깊은 산골짜기에 움막을 짓고 스파르타쿠스를 우두머리로 뽑았다. 스파르타쿠스는 동료들을 향해 낮은 목소리로 외쳤다.

"우린 드디어 범의 아가리를 벗어났다. 그러나 싸움은 이제부터다!"

먹을 것이 없던 그들은 귀족의 농장을 약탈하기로 했다.

"가자, 라티푼디움으로!"

스파르타쿠스를 따라 수십 명의 검투사가 귀족의 창고를 털어 식량을 확보했다. 그런 다음 본격적으로 혁명의 닻을 올렸다.

"우리의 목표는 완전한 해방이다. 약탈한 재물로 한순간 배를 채우자는 것이 아니다. 굶주리고 핍박받는 모든 노예를 해방해야 한다."

스파르타쿠스의 지휘 아래 그들은 스스로 '해방군'이 되었다. 해방군은 라티푼디움 약탈에 그치지 않고 수많은 노예를 끌어들였다. 어느새 그들은 1만여 명으로 늘어났다. 사태가 이렇게 되자 로마 군단에 비상이 걸렸다. 로마 군단은 베수비오 화산을 에워싸고 서서히 포위망을 좁혀 왔다.

위기에 몰린 해방군은 로마 군의 뒤쪽을 기습 공격하기로 했다. 그들은 어두운 밤을 틈타 머루 덩굴로 꼬아 만든 밧줄을 타고 벼랑을 내려와 로마 군의 배후를 공격했다. 방심한 로마 군은 정신을 못 차리고 뿔뿔이 흩어지고 말았다.

'검투사 반란군이 로마 군단을 무찔렀다.'

이 소식은 곧 로마 전체에 퍼졌다. 곳곳에서 노예들이 들끓기 시작했다. 수많은 노예가 해방군이 되겠다고 찾아왔다. 로마 제국 남부(지금의 이탈리아 지역)의 여러 도시에서 싸움의 불길이 거세게 타올랐다. 스스로 들고 일어난 노예가 악덕 노예주를 처단하고 재산을 약탈하는 일도 곳곳에서 벌어졌다. 그러자 스파르타쿠스는 질서를 바로잡아야 한다고 생각했다.

"함부로 약탈하는 것을 금한다. 만일 남의 재산을 약탈하거나 무고한 사람을 해치는 자가 있다면 엄한 벌로 다스릴 것이다. 귀족과 싸워서 얻은 재산일지라도 마음대로 처분하지 말고 반드시 한데 모아서 공평하게 분배해야 한다."

엄격한 규율을 세운 다음 스파르타쿠스의 군대는 당당하게 진군해 갔다. 이들은 로마의 2개 군단을 격파해 남부 이탈리아를 점령했다. 그러자 가난한 농민까지 해방군에 가담했다. 귀족의 라티푼디움 경영으로 피해를 입은 농민이었다. 트라키아인, 갈리아인, 켈트인, 게르만인 노예와 가난한 농민이 모이자 해방군은 이제 12만여 명으로 늘어났다.

승전을 거듭한 혁명군은 마침내 이탈리아 북부 포 강 유역에 이르렀다. 더 이상 나아갈 곳이 없었다. 웅대한 알프스 산맥이 그들을 가로막고 있었다. 당시 로마 제국은 유럽, 아시아, 아프리카 세 대륙에 걸친 대제국이었다. 동쪽은 유프라테스 강 상류까지 이르고, 남쪽은 아프리카 사하라 사막까지, 서쪽은 대서양 연안, 북쪽은 라인 강과 도나우 강 하류까지

서아시아 최대의 강. 터키의 아르메니아 고원에서 발원해 시리아를 가로질러 남동쪽으로 흐르다가 이라크 남부에서 티그리스 강과 합류, 알아랍 강을 형성한 후 페르시아 만에 도달하기까지 약 2,700km를 흐른다. 티그리스 강과 만나는 하류 지역에서 메소포타미아 문명이 일어났다.

이르러 지중해를 둘러쌀 정도였다. 그토록 넓은 로마 제국이 스파르타쿠스 해방군의 손아귀에 들어온 것이다.

시칠리아를 해방구로

스파르타쿠스는 이탈리아 북부에서 갈리아와 게르마니아 출신 노예를 고향으로 돌려보내려고 했다. 그러나 이미 약탈에 맛을 들인 이들은 귀향을 거부했다. 스파르타쿠스는 어쩔 수 없이 다시 남쪽으로 진군하기로 했다. 이탈리아 반도 남쪽 끝까지 내려가서 로마 정부군을 격파한 다음에 시칠리아 섬으로 건너가려는 것이었다. 조직력이 약한 해방군이 언제 정부군에 밀릴지 모를 일이었다. 그 사실을 간파한 스파르타쿠스는 시칠리아 섬에 있는 노예들과 합세해 그 섬을 노예의 해방구로 삼으려고 한 것이다.

해방군은 빠르게 남쪽으로 진격해 내려갔다. 그 무렵 대노예주 크라수스가 지휘하는 로마 정부군은 모든 병력을 이탈리아 남부에 집결하고 있었다. 해방군은 다시 곳곳에서 정부군을 무찌르며 삽시간에 이탈리아 반도의 남쪽 끝에 다다랐다. 그러나 한 가지 어려운 문제가 해방군의 발길을 가로막았다. 수만 명이 바다를 건너기 위해 수백 척의 배가 필요했는데, 한번에 그 많은 배를 구하는 것이 쉽지 않은 일이었다. 스파르타쿠스는 고민에 빠졌다.

그럴 즈음 엎친 데 덮친 격으로, 크라수스의 군단을 격파한 뒤 긴장이 풀린 해방군 사이에서 조금씩 불만이 터져 나오기 시작했다. 시칠리아 섬으로 들어가기로 한 결정에 반대하는 무리가 생겨난 것이다. 이미 살인과 부녀자 능욕에 맛을 들인 일부 노예는 해적이 들끓는 삭막한 시칠리아 섬으로 간다는 사실이 별로 마음에 내키지 않았다. 그때 해적 출신의 노예 한 사람이 스파르타쿠스에게 이렇게 제의했다.

　"저 바다는 해적이 점령하고 있습니다. 그들은 수백 척의 배를 가지고 있는데 협상만 잘 하면 그들의 배를 이용할 수 있을 것입니다."

　스파르타쿠스는 해적과 협상하기로 했다. 그러나 해적 두목에게 간 노예는 아무리 기다려도 돌아오지 않았다. 결국 바다를 건너지 못한 해방군은 다시 이탈리아 본토로 말 머리를 돌릴 수밖에 없었다.

스파르타쿠스

　한편 군단을 다시 일으켜 세운 크라수스는 기회를 놓치지 않았다. 크라수스는 반도의 가장 좁은 곳에 진지를 구축하고 해방군을 기다렸다. 이 정보를 입수한 스파르타쿠스는 거센 눈보라가 휘몰아치는 밤에 군대를 이끌고 기습적으로 적의 방어선을 넘어 이탈리아 반도의 동쪽 해안으로 나아갔다.

　그러나 아드리아 바다에 인접한 브린디시 항 부근에 결집한 해방군의 수는 급격하게 줄어 있었다. 행군 과정에서 일부가 대오를 떠난 것이다. 로마 전역을 휩쓸던 노예 해방군의 힘은 하루하루 약해져 갔다.

기원전 71년, 수십 명의 검투사가 봉기를 일으킨 지 3년째 된 무렵이었다. 노예 해방군과 로마 군은 브린디시 항 부근에서 맞섰다. 스파르타쿠스는 칼을 치켜들고 맹세했다.

"내 손으로 기어이 크라수스를 죽이고야 말겠노라!"

그는 용감하게 적진 깊숙이 침투해 들어갔다. 수많은 해방군이 그 뒤를 따랐다. 그러나 크라수스는 좀처럼 발견되지 않았다. 분노를 삭이지 못한 스파르타쿠스는 적진을 휘저으며 로마 군관 2명의 목을 베었다. 하지만 스파르타쿠스는 어느덧 로마 병사들에게 포위되고 말았다. 스파르타쿠스는 미친 듯이 칼을 휘두르며 포위망을 벗어나려 했지만, 어느새 다리에 통증을 느끼며 바닥에 주저앉고 말았다.

한쪽 다리에서 붉은 피가 흘러내렸다. 중상이었다. 그 사이 로마 병사들은 함성을 지르며 그에게 달려들었다. 상처를 돌볼 틈도 없었다. 스파르타쿠스는 다시 칼을 움켜쥐고 벌떡 일어났다.

"자! 덤벼라. 나는 이대로 주저앉지 않는다."

그는 다리를 절뚝거리면서도 끝까지 용감하게 싸웠다. 그러나 혼자 힘으로는 역부족이었다. 스파르타쿠스는 힘이 점점 빠져나가는 것을 느꼈다. 다리에 난 상처에서는 쉴 새 없이 피가 흘러내렸고 목에서는 갈증이 났다. 정신마저 가물가물해졌다. 그는 자신의 목숨이 다 했음을 직감하고는 다른 해방군이 보이지 않는 곳으로 정부군을 유인했다. 자신이 죽는 모습을 동료들에게 보여 주고 싶지 않았다.

스파르타쿠스는 마지막 힘을 다해 로마 병사들과 맞서 싸웠다. 그러나 이미 그는 제정신이 아니었다. 다만 습관적으로 칼을 휘두를 뿐이었다. 그리고 어느 순간 비명을 지르며 쓰러지고 말았다.

"으악!"

비명을 듣고 해방군 몇이 달려왔으나 그들도 하나 둘 쓰러져 갔다. 그들의 몸은 로마 병사들의 칼날에 갈기갈기 찢겨 나갔다.

내가 스파르타쿠스다!

한편 나머지 노예 해방군도 이탈리아 남부의 루카니아에서 크게 패해 쫓기다가 포로 신세가 되고 말았다. 또한 대오를 벗어나 북쪽으로 돌아간 무리도 폼페이우스 정부군에 격파돼 모두 포로가 되고 말았다.

노예 반란군의 진압에 성공한 크라수스는 카푸아의 광장에 포로들을 모아 놓고 심문을 했다.

"스파르타쿠스가 누구인가?"

그러자 10여 명의 전사가 일제히 일어섰다.

"내가 스파르타쿠스요!"

"아니오, 내가 스파르타쿠스요."

"나도 스파르타쿠스요!"

붙잡혀 온 포로는 저마다 자신이 스파르타쿠스라고 외쳤다. 크라수스는 얼굴에 핏대를 올리며 발악을 했다.

"마지막으로 묻겠다. 스파르타쿠스가 누구인가?"

그러자 앉아 있던 포로 100여 명이 일어나며 모두들 자기가 스파르타쿠스라고 우겨 댔다. 폼페이우스는 거의 미칠 지경이었다.

"저놈들을 모두 처형하라!"

그러자 6,000여 명의 노예가 모두 당당하게 자리에서 일어났다. 비장한 얼굴의 그들은 합창을 하듯이 크게 외쳤다.

"내가 스파르타쿠스다!"

끝내 스파르타쿠스는 밝혀지지 않았다. 아니, 그들은 모두 스파르타쿠스였고 주동자였다. 그리고 그들 모두 (비아아피아) 에서 십자가에 매달려 처참하게 처형됐다. 그 전쟁 중에 무려 6만 명의 노예가 전사했고 그중 6,000명이 예수 그리스도보다 앞서 십자가에 못 박혀 죽어 간 것이다.

고대 로마의 도로 가운데 가장 오래되고 유명한 도로(Via Appia). 흔히 '아피아 가도'라고 불리며 로마에서 남부 이탈리아까지 뻗어 있다. 기원전 312년부터 건설됐으며, 길의 평균 너비는 6m이고 표면이 약간 볼록해서 물이 잘 빠진다. 가장자리는 모르타르로 접합한 무거운 석재로 토대를 만들고, 그 위에 다각형으로 자른 용암을 깔았다. 용암 바닥은 걷기에 좋았고 수세기 동안 견딜 수 있는 놀라운 내구력을 갖추었다.

노예 봉기는 스파르타쿠스 이전 시대에도 있었다. 기원전 464년에스파르타의 노예 (헬로트)는 지진이 일어나 노예주들이 혼란에 빠진 틈을 타 봉기를 일으켰다. 광대한 지역을 휩쓴 봉기군은 스파르타 시로 진군했다. 피가 튀는 격전 끝에 봉기군은 산으로 철수해 10여 년 동안 투쟁을 계속했다. 이 봉기는 스파르타의 노예 통치에 큰 타격을 주었으며 이후 많은 노예가 국경을 벗어나 자유를 얻었다.

고대 스파르타의 국가 소유

농노. 원래 헬로트(helot)는 라코니아(스파르타 수도의 주변 지역)의 원주민이었지만, 도리아인이 라코니아를 정복해 스파르타를 세운 뒤 노예로 전락한 것으로 보인다. 헬로트는 스파르타인의 땅을 경작했는데, 스파르타인은 수적으로 열세였기 때문에 헬로트가 반란을 일으킬지도 모른다는 두려움에 늘 떨었다.

기원전 5세기 말엽, 아테네와 스파르타가 혼전을 계속하고 있을 때에도 이 두 나라에서 많은 노예가 도망을 쳤다. 특히 아테네에서는 한꺼번에 2만 명의 노예가 도망친 적도 있었다. 그들 대부분은 기능공이었는데, 그리하여 수많은 광산과 공장이 문을 닫게 되었고 큰 타격을 입은 아테네의 노예제 경제는 급속하게 무너지고 말았다.

그 뒤를 이은 스파르타쿠스의 노예 해방 전쟁은 가장 규모가 큰 것으로, 로마 제국의 멸망을 알리는 신호탄이었다. 스파르타쿠스는 용맹스럽고 고상한 품격을 갖춘 전설의 인물이 되었고, 억압받는 노예와 가난한 농민의 가슴속에 살아 숨쉬게 되었다. 그 후에도 제2, 제3의 스파르타쿠스 반란은 계속됐다. '노예 계급'과 '살인 계급'이라는 극단의 두 중심 계급이 이룩한 로마 제국은 결국 이들의 대립으로 말미암아 몰락하게 된다.

출세주의자
카이사르의 반란

오늘날 로마의 영웅으로 불리는 카이사르(Julius Caesar, 기원전 101~기원전 44년). 몰락한 귀족 가문 출신인 그는 스타 의식이 대단한 인물이었다. 머리를 곱슬곱슬하게 볶고 몸에 진한 향수를 뿌린 다음 시를 읊고 다니면서 뭇 여성의 눈길을 끌어 많은 여자를 사귀었고, 심지어 동성연애를 즐겼다는 소문도 있다. 그는 로마에서 으뜸가는 바람둥이였던 듯하다.

카이사르는 대단한 허풍쟁이기도 했다. 그가 젊었을 적에 해적에게 붙잡힌 일이 있었는데, 해적은 카이사르의 몸값으로 20달란트를 요구했다. 그러자 카이사르는 거만하게 대꾸했다.

"그대들은 나를 모욕하는가? 당장 50달란트로 몸값을 올려라."

해적들은 어이가 없었다. 몸값을 깎으려는 사람은 봤어도, 자기 몸값이 적다고 화를 내는 사람은 처음이었기 때문이다. 하지만 카이사르의 허풍은 나름대로 효과가 있었다. 해적들은 어처구니없어하면서도, 한편으로는 그가 대단한 사람일지도 모른다는 생각에 기가 한풀 꺾였던 것이다.

몸값이 도착하기를 기다리는 동안 카이사르는 해적과 똑같은 수준의 잠자리와 식사를 요구했다. 값비싼 포로는 그에 걸맞은 대접을 받아야 한다는 게 그의 지론이었다. 해적들은 군소리 없이 그의 요구를 들어 주었다. 그러자 점점 거만해진 카이사르는 그들을 종처럼 부려 먹고, 노름에 끼어드는가 하면, 조용히 하라고 큰소리까지 쳤다. 험악하고 삭막한 해적선에서 마치 주인처럼 행세한 것이다.

카이사르는 멋 부리는 것도 게을리 하지 않았고, 시도 계속 읊조렸다. 해적들은 스스로 몸값을 올리고 제멋대로 놀아나는 이 괴물 같은 포로의 행동을 불쾌하게 여기기보다는 아주 재미있어했다. 그러던 어느 날, 혼자서 시를 읊던 카이사르는 자기 감정에 도취돼 해적들에게 이렇게 외쳤다.

"내가 시를 읽어 줄 테니 귀들 후비고 잘 들어 보라고."

카이사르는 온갖 감정을 잡고 시를 낭송했다. 그러나 해적들은 시큰둥한 표정을 지으며 따분해했다. 더러는 줄곧 하품을 하는 자도 있었다. 그러자 시 낭송을 멈춘 카이사르가 발끈하여 외쳤다.

"시도 모르는 이 야만인들, 내가 자유의 몸이 되면 너희를 모두 십자가형에 처할 것이다."

"낄낄낄!"

카이사르의 엄포에 해적들은 배꼽을 잡고 웃어 댔다.

그러는 사이에 몸값이 도착했다. 카이사르의 말대로 50달란트였다. 횡재한 해적들은 기뻐하면서 카이사르를 기꺼이 풀어 주었다. 자유의 몸이 된 카이사르는 곧바로 소아시아의 밀레투스 항으로 직행했다. 그리고 거기서 여러 척의 배와 수백 명의 군사를 끌어 모은 다음 해적 진영에 다시 나타났다. 그리고 이렇게 외쳤다.

"약속대로 너희를 십자가형에 처하러 왔노라."

뱃전에서 고함을 지르는 자가 바로 며칠 전에 자신들이 풀어 준 카이사르임을 알아본 해적들은 놀라서 뒤로 넘어질 뻔했다. 그들이 벌린 입을 다물지 못하는 사이 카이사르의 병사들은 순식간에 해적선을 점령했다. 붙잡힌 수십 명의 해적에게 카이사르가 말했다.

"내 너희를 십자가형에 처하려 했으나 자비를 베푸노라."

카이사르는 해적들을 십자가에 못 박기 전에 미리 숨통을 끊었다. 이른바 고통을 덜어 주는 '자비'를 베푼 것이다.

로마의 세 '괴물'과 삼두 정치

기원전 78년 공포 정치를 해 온 술라가 사망한 후 로마 사회는 원로원 중심의 권력 체계를 유지하고 있었다. 드넓은 라티푼디움에 노예를 몰아넣고 짐승처럼 부려 먹으며 끝없는 향락과 사치를 추구하던 귀족과 노예주는 스파르타쿠스의 반란을 겪고 나자 정신이 번쩍 들었다. 게다가 스파르타쿠스 이후에도 곳곳에서 크고 작은 봉기가 끊임없이 일어났다. 그러자 로마의 통치자들은 광대한 지역에서 정복 전쟁을 일으키며 강력한 군사력으로 노예들의 반란을 막으려고 하였다.

그들 중에서 로마 제국의 정치권을 쥐고 흔든 세 인물이 있었다. 폼페이우스와 크라수스 그리고 카이사르다. 이들이 등장하면서 로마는 다시 귀족들의 싸움터가 되고 말았다.

이들 중 최강자는 폼페이우스 (Gnaeus Pompeius Magnus, 기원전 106~ 기원전 48년)였다. 그는 당시 공포 정치의 대가였던 술라의 후원으로 출세한, 군인 기질의 정복자였다. 일찍이

탁월한 기지와 용맹스러움으로 오늘날까지도 최고의 지도자로 인정받는 카이사르.

북아프리카 정복 전쟁을 일으켜 로마의 영웅으로 대접받았으며, 에스파냐 정복 중에는 스파르타쿠스의 반란 소식을 듣고 급히 돌아와 노예 반란군을 진압하기도 했다.

폼페이우스는 허영기가 강하고 독단적이어서 마음 내키는 대로 행동했다. 임신한 남의 아내가 탐나자 상관인 술라의 도움으로 결국 그 여자와 결혼했을 정도였는데, 이러한 예는 당시 로마의 지배층이 얼마나 타락했는지 단적으로 보여 준다.

폼페이우스는 전쟁터에서는 명성을 날렸지만 정치 감각은 무딘 편이었다. 스파르타쿠스의 반란을 진압한 후 2년이 지난 기원전 69년, 그

는 서른여섯 살의 젊은 나이로 로마 최고 권력자인 집정관(콘술)이 되려
했으나 귀족의 지지를 받지 못했다. 원로원 귀족에게 따돌림을 당한 그
는 분개하면서 크라수스가 이끄는 평민파에 가담하게 된다.

　로마 최고의 부자 크라수스(Marcus Licinius Crassus, 기원전 115경~기원전
53년)는 폼페이우스가 에스파냐 원정을 하는 동안 스파르타쿠스의 반란
이 일어나자 진압군 대장으로 활약했다. 바로 이런 크라수스와 최고의
장군 폼페이우스가 손을 잡은 것이다. 그리고 크라수스와 손을 잡은 뒤
에도 폼페이우스는 끊임없이 전쟁을 일으켜 지중해 일대의 해적을 소
탕했다.

　한편 해적에게 붙잡혀 죽을 위험에 처해서도 허풍 하나로 위기를 벗
어난 카이사르는 그 뒤 로마의 조영관이 되었다. 조영관은 나라의 행사
를 주관하는 직책으로 그리 대단하지 않은 위치였다. 그러나 화려함을
좋아하는 카이사르에게는 딱 어울리는 자리였다. 그는 크라수스에게
빌린 돈으로 호화로운 행사를 자주 열어 사람들을 즐겁게 해 주었다.

　사치와 향락에 눈이 먼 로마 시민들에게 카이사르의 인기는 날로 높
아만 갔다. 크라수스도 그를 더욱 신임했다. 기원전 60년, 폼페이우스
가 원정에서 돌아오자 세 사람은 아예 동맹을 맺었다. 로마의 걸출한
세 인물이 손을 잡은 이 사건이 바로 '삼두 동맹'이다.

　마침내 세 사람은 삼두 정치(三頭政治)를 시작했다. 이들의 기세는 날
로 높아만 갔다. 최고의 맹장 폼페이우스, 최고의 부자 크라수스, 최고
로 인기 많은 카이사르, 이 세 '괴물'이 평민파의 울타리 안에서 하나

의 세력으로 결집한 것이다.

로마 원로원에는 비상이 걸렸다. 원로들은 이들 때문에 자신들의 지위가 약해질 것을 크게 염려했다. 원로원의 염려는 곧 현실로 나타났다. 삼두 동맹을 배경으로 하여 마침내 카이사르가 로마 공화정의 최고 관직인 집정관에 취임한 것이다.

로마 제국의 통치자가 된 카이사르는 '국유지 분배 법안'을 비롯한 각종 법을 새로 만들었다. 국유지 분배 법안이란, 로마 시민과 군인에게 토지를 분배할 수 있게 한 획기적인 개혁 정책이었다. 사실 그것은 카이사르나 폼페이우스 개인에게도 이익이 되는 것이었지만, 로마 시민에게 더욱 큰 인기를 얻는 계기가 되었다.

로마는 사실상 이 세 사람의 지배 아래 놓이게 되었다. 이들은 어느 한 사람에게 권력이 몰리는 것을 서로 견제하면서 새로운 정치를 펼쳐 나갔다. 마침내 원로원 중심의 정치 체계가 흔들리게 되었다.

카이사르, 갈리아 총독이 되다

원로원은 위기감에 휩싸였다. 세 '괴물'의 행진을 막지 않으면 원로원이 아예 없어질지도 모를 상황이었다. 비참한 최후를 맞지 않기 위해 그들이 한 일이란 서로 헐뜯고 모함하는 것이었다. 이때부터 로마 정치계에 끝없는 암투가 시작됐다. 카이사르는 권력 투쟁에 진절머리가 나기도 했고, 삼두 정치에 위험을 느끼기도 했다. 뭔가 획기적 방안을 마련하지 않으면 모두 망할 것이라고 생각했다. 그리하여 마침내 중대한 결단을 내리게 된다.

중상모략과 권력 투쟁의 불안한 그늘을 피하는 방법은 새로운 땅을 찾는 것이었다. 정복은 모험이 뒤따르지만, 성공하면 커다란 영광을 누리는 지름길이기도 했다. 카이사르는 곧바로 원정길에 올랐다.

기원전 58년, 카이사르는 속주(점령지) 갈리아의 총독이 되었다. 갈리아 지방은 오늘날의 프랑스와 벨기에 지역으로 울창한 숲이 우거진 곳이었다. 카이사르는 8년 동안 갈리아에 있으면서 여러 차례 전쟁을 벌였다. 그는 갈리아를 정복하는 데서 그치지 않고 라인 강을 건너 게르만족의 땅을 두 차례 침공했다. 또한 영국 해협을 건너 브리튼 섬을 두 차례나 침공해 그 위세를 떨쳤다.

한편 카이사르는 갈리아로 떠나기 전에, 폼페이우스와 자신의 딸 율리아를 정략 결혼시켰다. 임신한 남의 아내를 빼앗을 정도로 패륜한 폼페이우스에게 왜 사랑하는 딸을 주었을까? 그 속에는 평민파의 동지라고는 하지만, 언제 적으로 돌변할지 모르는 폼페이우스를 묶어 두어 삼두 정치의 맥을 이어 보려는 얕은 술수가 숨어 있었다.

그러나 기원전 54년, 카이사르가 유럽 정복 전쟁을 벌이는 동안 율리아는 병에 걸려 죽고 말았다. 두 실력자 카이사르와 폼페이우스의 정략 관계는 그것으로 끝났다. 따라서 삼두 정치도 무너지고 말았다. 기회를 얻은 원로원 귀족들은 폼페이우스의 권력욕을 부채질했다. 나라

밖에서 카이사르가 다른 민족을 짓밟고 있는 동안 로마에서는 이 같은 음모가 진행되고 있었다.

삼두 동맹의 한 사람인 크라수스도 몸이 근질거렸는지 시리아를 정복한 후 계속해서 무리한 원정을 시도했다. 명분도 없는 싸움에 크라수스는 재산과 명예를 전부 걸었다. 오로지 카이사르보다 높은 공적을 세우려는 욕심에서였다. 그러나 군사적으로 무능한 그는 기원전 53년, 병사들을 잃고 자신도 메소포타미아에서 쓰러지고 말았다.

한편 카이사르의 공적이 날로 높아가자 그에 대한 시기와 질투에 불타오르던 폼페이우스는 크라수스마저 죽어 버리자 권력을 독차지하고 싶은 욕구를 마침내 드러내기 시작했다. 그는 카이사르를 배반하고 원로원 귀족 편에 가담했다. 기다렸다는 듯이 원로원에서는 그에게 집정관 지위를 내렸다.

이렇게 하여 로마 제국의 첫 번째 삼두 정치는 세 '괴물'이 스스로 분열함으로써 완전히 무너지고 말았다. (제2차 삼두 정치는 카이사르가 죽은 뒤인 기원전 43년경 옥타비아누스, 안토니우스, 레피두스에 의해 이루어진다.)

그러나 승승장구하는 카이사르는 여전히 대정복의 야심을 불태웠다. 그러던 중 기원전 52년에 베르킨게토릭스가 이끄는 갈리아인의 대반란이 일어났다. 카이사르는 이 반란을 단숨에 진압하고 갈리아 전쟁을 끝냈다. 전쟁을 겪는 동안 카이사르의 힘과 명성은 더욱더 높아 갔다.

주사위는 던져졌다!

갈리아 지역에서 카이사르가 로마 전체와 맞먹는 세력을 키워 나가자 폼페이우스와 귀족 계급은 위협을 느꼈다. 게다가 이미 먼저 카이사르를 배신한 폼페이우스는 승승장구하는 카이사르를 그냥 두고 볼 수만은 없었다. 그들은 마침내 기원전 49년 1월, 카이사르에게 통첩을 보냈다.

"군대를 해산하고 로마로 돌아오라. 그렇지 않으면 너를 적으로 간주하겠다."

원로원의 통보를 받은 카이사르는 갈리아와 이탈리아의 국경인 루비콘 강변에서 망설였다. 원로원의 명령에 따라 본토로 돌아가면, 자신이 이루어 놓은 모든 업적을 고스란히 내놓고 원로원 귀족에게 무릎을 꿇어야 할 것이다. 반대로 원로원의 명령을 거부하면, 에스파냐 일대를 무대로 활약하는 맹장 폼페이우스와 결전을 치러야 한다. 로마 제국 전체를 상대로 싸워야 하는 것이다. 무릎을 꿇자니 자존심이 허락지 않고, 명령을 거역하자니 반란이 되는 것이다.

원로원에 굴복할 것인가, 아니면 반란을 일으킬 것인가? 한참을 망설이던 카이사르는 그 특유의 결단력을 유감없이 발휘했다. 두말할 필요도 없이 그는 반란을 선택했다. 자신의 군사력으로 한번 싸워 볼 만하다는 판단이 선 것이다.

"주사위는 던져졌다!"

카이사르는 단호한 어조로 병사들에게 진군 명령을 내렸다.

"루비콘 강을 건너 로마로 진격하라!"

카이사르의 군단은 폼페이우스의 군대가 진을 치고 있는 에스파냐 쪽으로 진격해 큰 승리를 거두었다. 대규모 군단을 잃어버린 폼페이우스는 남은 군대를 이끌고 그리스로 달아났다. 카이사르는 폼페이우스를 집요하게 추격했다. 그리하여 기원전 48년 8월, 카이사르는 그리스의 (파르살루스)에서 폼페이우스의 덜미를 잡을 수 있었다. 카이사르의 군단은 순식간에 폼페이우스의 남은 군대를 격파했다. 대부분의 병사를 잃은 폼페이우스는 겨우 목숨을 건져 이집트로 도망쳤다. 카이사르의 집요한 추격은 계속되었다.

파르살루스 전투. 기원전 48년 지금의 그리스 파르살라 지역에서 벌어진 카이사르와 폼페이우스 사이의 전투. 카이사르보다 두 배가 넘는 전력(카이사르의 병력은 2만 2,000여 명, 폼페이우스의 병력은 4만 5,000여 명)을 갖춘 폼페이우스였지만 카이사르의 훌륭한 보병 전술에 대패하고 말았다.

당시 이집트는 클레오파트라와 남동생인 프톨레마이오스가 왕위 쟁탈전을 벌이고 있었다. 이집트의 항구 도시 알렉산드리아에 로마의 거장 폼페이우스가 나타나자 이들 남매는 일단 그를 환영했다. 그러나 곧 카이사르가 지옥의 사자처럼 쫓아온다는 소문을 듣고는 폼페이우스를 살해하고 말았다.

카이사르는 알렉산드리아에 상륙하기도 전에 폼페이우스가 이미 살해됐다는 소식을 듣고는 씁쓸한 미소를 지었다. 정복자 카이사르는 공격 대상이 사라지자 무척 허전해했다. 그는 늘 싸움을 해야만 직성이 풀리는 인물이었다. 카이사르는 결국 이집트의 왕위 계승 싸움에 참견하기로 했다. 로마의 바람둥이 카이사르는 당연히 미모의 여왕 클레오파트라 편을 들었다.

카이사르가 가담하자 남매의 왕위 쟁탈전은 한층 치열해졌다. '알렉산드리아 전쟁'이라 불리는 이 싸움에서 카이사르와 클레오파트라 연합군은 기원전 47년 3월, 마침내 승리를 거두었다. 카이사르는 클레오파트라를 왕위에 오르게 한 뒤 그녀와 사랑에 빠졌다. 그리고 같은 해 9월, 프톨레마이오스 편에 가담했던 미트라다테스 왕의 아들 파르나케스(보스포루스 왕국의 왕)를 마지막으로 물리치고 이렇게 외쳤다.

"왔노라, 보았노라, 이겼노라!"

그는 이 세 마디 말을 원로원에 전하게 했다.

기원전 46년 4월, 폼페이우스의 잔당 스키피오가 속주인 아프리카의 (타프수스)에서 싸움을 걸어 왔다. 그러나 스키피오는 카이사르의 상대가 되지 않았다. 카이사르는 가볍게 그의 군대를 소탕했다. 이로써 로마 공화정의 실권을 쥐고 있던 원로원은 그 기반을 잃고 말았다. 이듬해인 기원전 45년 3월, 카이사르는 에스파냐의 문다에서 폼페이우스의 두 아들과도 싸워 승리했다. 이제 더 이상 그에게 도전하는 세력은 없었

타프수스 전투에서 카이사르의 군대는 폼페이우스 지지자들에게 결정적 타격을 주었다. 이 전투에서 승리한 카이사르는 3주일 만에 로마 제국의 아프리카 영토를 완전히 정복했다. 타프수스는 오늘날 튀니지의 테불바에서 동쪽으로 8km 정도 떨어진 곳에 있는 아프리카의 항구였다.

다. 원로원은 카이사르에게 무릎을 꿇었다. 드디어 내란의 막이 내렸고, 카이사르는 로마 제국의 유일한 승자가 되어 당당히 귀국했다.

브루투스, 너마저!

로마의 유일한 지배자가 된 카이사르는 각종 개혁 정책을 내놓았다. 새로운 식민지를 개척하고 간척, 항만, 도로 등을 건설했으며, 가난한 시민의 구제 사업을 적극 추진했다. 한편 인자한 지도자의 이미지를 만드는 데도 힘을 쏟았다. 그가 원래 정이 많은 성품이었는지, 아니면 치밀하게 만들어 낸 이미지인지는 알 길이 없지만, 어쨌든 그는 많은 시민의 지지를 받았다.

정복자 카이사르. 전쟁터에서는 용맹한 장수로, 평소에는 풍부한 인간미와 뛰어난 말솜씨로 인심을 휘어잡은 그의 전성기가 비로소 펼쳐지게 되었다. 그를 영웅으로 받든 로마 시민은 그에게 죽을 때까지 최고의 권력을 행사할 수 있는 종신 독재의 바탕을 마련해 주었고 각종 특권도 아낌없이 누리게 해 주었다.

이로써 여러 귀족이 다스리는 공화 정치가 막을 내리고 로마 제국의 권력은 카이사르 한 사람의 품 안으로 굴러 들어갔다. 물론 다수에 의한 통치든 한 사람의 독재자에 의한 통치든, 노예는 여전히 말하는 도구였고 주인의 억압 아래 신음했다. 그들의 생활상은 예전이나 별로 다를 바가 없었다.

한편 카이사르에게 권력이 집중되자 위기에 선 원로원의 귀족들은 또다시 서로 헐뜯고 모함하기 시작했다. 그들 사이에는 카이사르가 황제가 되려 한다는 소문과 함께, 그를 죽여야 한다는 논의가 은밀하게 일어나고 있었다.

물론 카이사르 자신이 황제가 되려는 야심을 드러내기도 했다. 기원전 44년 2월 (루페르칼리아) 때 카이사르는 심복 안토니우스에게 월계관을 준비하게 한 것이다. 월계관은 황제의 상징이었다. 안토니우스는 준비한 월계관을 카이사르에게 건넸다. 그러나 카이사르는 그것

> **고대** 로마의 축제. 매년 2월 15일에 루페르키라 불리는 제사장들의 주관으로 열렸다. 라틴어 '루푸스(늑대)'라는 말에서 나온 것으로 추정되며, 로마의 시조 로물루스와 레무스 형제에게 젖을 먹인 어미 늑대의 전설과 관련이 있는 것으로 보인다. 축제는 루페르키가 여러 마리의 염소와 한 마리의 개를 산 제물로 바치면서 시작된다. 루페르키는 희생된 동물의 가죽으로 끈을 만들어 여자들을 때리며, 그 끈에 맞은 여자들은 임신하게 된다고 믿었다.

을 머리에 쓰지는 못했다. 그를 영웅으로 떠받드는 로마의 시민도 카이사르가 황제가 되는 것만은 좋아하지 않았기 때문이다. 카이사르의 손에 들린 월계관을 본 시민들은 금방이라도 야유를 퍼부을 것 같은 냉랭한 반응을 보였다. 약삭빠른 카이사르는 그런 분위기를 알아차리고는 결국 월계관을 내려놓고 말았다.

그러나 카이사르의 야욕을 눈으로 확인한 공화정 옹호자들은 그것을 빌미로 카이사르를 암살하는 데 뜻을 모았다. 마침내 기원전 44년 3

월 15일 아침, 원로원의 공화정 옹호파 40여 명은 원로원 회의장으로 들어가려는 카이사르를 에워쌌다. 그리고 서서히 포위망을 좁혀 들어 갔다. 카이사르는 칼을 뽑아 휘둘렀다. 원로원 광장에서 일대 접전이 벌어졌다. 힘에 부친 카이사르가 구석으로 몰렸을 때였다. 등 뒤에서 누군가의 칼이 어깨를 내리쳤다. 카이사르가 평소 아들처럼 아끼던 브루투스였다. 카이사르는 쓰러지면서 비통하게 외쳤다.

"브루투스, 너마저!"

카이사르는 파란만장한 생애를 마감했다. 대대로 이어져 내려온 로마 공화정의 틀을 깨고 황제의 자리를 꿈꾸던 카이사르는 허망하게도 부하의 칼에 찔려 죽고 만 것이다.

그런데 카이사르가 죽은 뒤에도 로마는 공화정이 되지 않았다. 카이

패배를 모르고 출세를 향해 내달리던 카이사르. 막강한 그의 권력을 시기하는 세력들에 의해 결국 허망한 죽음을 맞게 된다.

사르의 죽음에 복수하기 위해, 그의 조카이자 양자인 옥타비아누스와 심복 안토니우스, 레피두스가 들고 일어나 공화정 옹호파를 깨끗이 쓸어버리고 제2차 삼두 정치를 시작한 것이다. 이로써 로마 제국의 공화정은 역사의 뒤편으로 밀려나게 되었다.

출세주의자 카이사르는 항상 운명의 여신이 자신과 함께한다고 믿었다. 그는 늘 "사람의 일을 다 하고 운명의 여신에게 도움을 바라야 한다."고 말했다. 패배를 모르고 출세를 향해 내달리던 카이사르의 삶은 그런 신념에서 비롯한 것이었다.

특유의 대담한 용기와 모험 정신을 지녔던 정복자 카이사르는 뛰어난 웅변가이자 문필가이기도 했다. 《갈리아 전기》는 그가 갈리아 총독 시절 자신의 군사 활동을 쓴 것으로, 프랑스·독일·영국의 당시 상황을 말해 주는 귀중한 사료일 뿐만 아니라, 라틴어 문장의 모범으로 꼽힌다. 그리고 그가 결정적인 순간에 내던진 말은 명언이 되어 그가 죽은 지 2000여 년이 지난 오늘날까지 전 세계 사람들의 입에 오르내리고 있다. 당시 로마 시민이 그에게 아낌없는 지지를 보낸 것처럼 오늘날에도 사람들은 그를 영웅 중의 영웅으로 꼽는다. 허세와 사치와 출세의 욕구가 가득한 사람일수록 그를 영웅으로 칭송한다. 하지만 그 영웅의 그늘 뒤에 가려진 수많은 노예와 그의 말발굽에 짓밟힌 정복민의 처절한 비명도 한 번쯤 되새겨 보아야 할 것이다.

삼국 시대를 연
황건적의 난

우리가 잘 아는 《삼국지》는 원래 진나라 학자 진수(陳壽, 233~297년)가 위·촉·오 세 나라에 대하여 쓴 역사책이다. 이 역사 기록은 중국에서 대대로 이야기 형태로도 전해져 왔는데, 원나라 때 소설가 나관중은 이러한 이야기를 모아 《삼국지연의》라는 대하 역사 소설을 완성했다. 그것이 지금까지도 베스트셀러인 《삼국지》다.

그런데 소설 《삼국지》의 앞부분에는 황건적이라는 매우 흉악한 도적 떼 이야기가 나온다. 《삼국지》의 전반부에 나오는 영웅 대부분은 바로 이 도적 떼를 토벌하는 과정에서 힘을 키운 사람들이다. 그러면 과연 당시의 황건적은 정말로 도적 떼에 지나지 않았던 것일까? 또한 황건의 무리를 무참하게 때려잡은 장수들이 역사 속의 진정한 영웅일까?

외척과 환관에 휘둘리는 조정과 고통 받는 백성

중국 역사에는 나라 이름을 '한(漢)'이라고 부르는 왕조가 여러 번 있었다. 최초의 한나라는 기원전 2세기 무렵 유방(劉邦)이 진 왕조에 대한 반란을 제압하고 세운 나라다. 그러나 이 유씨 왕조는 건국된 지 200년을 겨우 넘기자마자 왕망(王莽)에게 패해 위기에 처한다.

왕망은 한나라 유씨 왕조를 멸하고 신(新)이라는 나라를 세우지만, 신나라는 과거의 왕족이던 유씨 일족의 반격을 받아 잠시 반짝하다가 사라지고 만다.

그 후 유씨 일족은 기원후 25년에 새로운 한나라를 세우는데, 이 나라를 유방의 한나라와 구별해 후한(後漢)이라 한다. 각 지역의 호족과 농민의 저항을 짓밟고 천하를 다시 통일해 후한의 기틀을 닦은 이는 바로

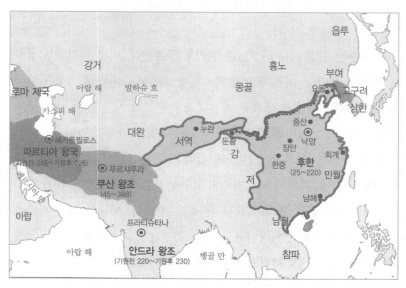

후한 시대의 형세도(2~3세기)

광무제 유수(劉秀)다. 이렇게 시작된 후한은 한동안 평화로운 시기를 맞게 된다.

그러나 105년, 화제(和帝, 재위 88~105년)가 27세의 젊은 나이로 세상을 떠나고 포대기에 싸인 갓난아기가 황제에 오르면서부터 통치 질서가 깨지고 만다. 엎친 데 덮친 격으로 그 갓난아기 황제마저 이듬해에 죽자 왕조의 혈통은 끊어져 버린다.

역사 속에서 늘 그랬듯이 어린 왕 뒤에는 그 어미가 있고, 그 어미 뒤에는 친정 식구가 있게 마련이다. 후한의 황실도 예외는 아니었다. 나라의 모든 통치권은 화제의 황후인 등(鄧)태후에게 돌아갔다. 등태후는 친정 식구들과 의논해 화제의 조카인 13세의 유호(劉祜)를 즉위시켰다. 그가 곧 안제(安帝)다.

등태후는 친정 식구들을 높은 관리로 등용했다. 바로 여기서부터 부패 정치가 싹텄다. 어린 황제가 계속해서 즉위하는 바람에 외척은 황제를 보필한다는 구실로 권력을 마음대로 주무르기 시작했다. 한번 권력의 맛을 본 그들은 어린 황제가 어른이 되는 것을 바라지 않았다.

외척, 즉 등태후의 친정인 양씨 집안 사람들은 안제의 뒤를 이어 순제, 충제, 질제, 환제에 이르기까지 4대에 걸쳐 어린 황제를 계속 갈아치움으로써 권력을 유지하고 사리사욕을 채웠다. 뇌물을 받고 관직을 파는 일이 밥 먹듯이 이뤄지고, 그러한 과정에서 외척들은 엄청난 재산을 긁어모았다. 외척 세력의 중심 인물은 양기(梁冀)였는데, 그는 낙양(洛陽) 근처에 엄청나게 넓은 땅을 소유하고 황제보다 더 사치스러운 생활을 누렸다.

그럴 즈음, 황제 자리를 제법 오래 지킨 환제(桓帝, 재위 146~167년)는 세상 물정을 알게 되면서 더 이상 허수아비 황제 노릇을 할 수 없다고 생각했다. 외척을 눈엣가시처럼 여긴 환제는 그들을 제거할 계획을 세워 나갔다. 그런데 그 계획을 이루려면 믿을 만한 사람이 필요했다. 허수아비에 지나지 않던 황제가 믿을 수 있는 사람은 바로 가장 가까이에 있는 환관이었다.

157년, 마침내 황제는 다섯 명의 환관과 결탁해 20여 년에 걸쳐 실질적인 황제 노릇을 해온 양기를 제거했다. 그리고 그 일에 공을 세운 환관 다섯 명에게 현후(懸侯)라는 제후의 지위를 내렸다. 그 후 '오후(五侯)'라 불리는 이들 다섯 환관은 막강한 권력을 행사하게 되었다.

권력을 움켜잡은 환관의 횡포는 결코 외척보다 덜하지 않았다. 그 우두머리인 후람(侯覽)은 백성의 집을 수백 채나 빼앗고, 황제의 궁궐과 맞먹는 저택에 지내면서 온갖 사치에 여념이 없었다. 뿐만 아니라 죽기도 전에 산 같은 분묘를 만들어 호화롭게 치장했고, 아무 때나 부녀자를 희롱했다. 환관 세력뿐만 아니라 그들의 친척이나 그들과 결탁한 지방의 호족들도 백성들에게 악랄한 횡포를 부렸다.

조정이 환관의 손에 놀아나는 동안 변경의 여러 부족은 반란을 일으켰다. 그러나 지방의 제후는 반란을 진압하기는커녕 안전한 곳으로 도망 다니기에 바빴다. 그러면서 세금을 걷기 위해 백성들도 함께 이주할 것을 강요했다. 이주 명령에 따르지 않는 자에게는 농토를 짓밟거나 집을 부수는 등 보복을 가했다. 오랜 가뭄과 메뚜기 떼의 피해로 생계가 위태롭던 백성들은 관리의 등쌀에 못 이겨 아예 유랑하는 일이 늘어났다.

'창천'은 죽었다. 마땅히 '황천'이 서야 한다!

그 무렵 백성들 사이에 이상한 종교 하나가 빠르게 퍼지고 있었다. 태평도(太平道)라는 종교였는데 교주는 장각(張角)이었다. 그는 후한 순제(順帝, 126~144년) 때 사람인 우길(于吉)이 지은 《태평청령서》라는 책을 독파하고, 그 가르침에 민간 신앙을 보태어 새로운 종교를 창시했다.

장각은 주술을 행하고 부적을 사용해 도술을 부렸으며 신비로운 물로 백성의 병을 고쳐 주었다. 그리고 스스로 '대현량사(大賢良師)'라 칭하고 포교에 힘썼다.

"천재지변이 자주 발생하고 세상이 이토록 어지러운 것은 사람이 지은 죄가 하늘의 미움을 샀기 때문이다. 누구든지 자신의 죄를 먼저 반성하고 참회하라. 그리해야만 질병을 치유하고 태평성대를 구가할 수 있다."

모여든 무리에게 장각은 이렇게 외쳤다. 이러한 가르침은 곧 하급 관리와 가난한 농민의 마음을 사로잡았다. 장각은 제자들을 전국 곳곳으로 보내 태평도 전파에 힘을 쏟았다. 화북, 화중에서 강남에 이르기까지 중국 땅 곳곳에서 사람들이 구름처럼 몰려들었다. 태평도를 따르는 무리는 급격하게 불어났다.

수십만에 달하는 농민이 모여들면서 후한 조정에 가졌던 불만이 터져 나왔다. 특히 지방 관리에게 땅을 빼앗기고 떠돌아다니다가 태평도에 들어온 농민은 후한 조정에 대한 분노로 치를 떨었다. 그리하여 그들은 마침내 무기를 들고 전쟁을 준비하기에 이른다.

장각은 태평도 신도를 1만 명 단위로 나눠 전국에 36방(方)의 교단 조직을 편성했다. 그리고 각 방은 또 '방(方)'이라 불리는 장군을 임명해 통솔하게 했다. 이는 종교 조직이면서 군사·정치 조직이기도 했다.

장각은 스스로 천공(天公) 장군이라 칭하고 두 아우를 인공(人公), 지공(地公) 장군으로 임명했다. 그리고 후한 왕조를 대신해 자신이 황제가 될 것이라는 예언을 흘렸다. 신도들은 그의 예언을 굳게 믿었다. 장각은 황색 천을 허리에 두르고 신도들을 향해 외쳤다.

"창천(蒼天)은 이미 죽었다. 이제 마땅히 황천(黃天)이 서야 할 것이다. 그해는 바로 갑자년으로 천하가 대길하다."

창천은 '한나라'를 뜻하고, 황천은 '황건'을 뜻한다. 즉 한나라는 망하고 황건족이 이끄는 무리가 승리할 것이라는 말이다. 사진은 이러한 구호가 새겨져 있는 벽돌.

현재의 부패한 왕조를 타도하고 새로운 왕조를 세우는 데, 갑자년이 적합한 시기라는 뜻이었다. 장각의 지시에 따라 신도들은 '갑자'라는 두 글자를 가슴속에 깊이 새기고 때를 기다렸다. 장각이 예언한 갑자년은 바로 184년이었다.

장각이 후한 왕조를 끌어내리고 황제에 오른다는 갑자년, 즉 184년 1월 장각은 본격적인 거사 준비에 들어갔다. 어느 날 장각의 숙소로 측근 한 사람이 헐레벌떡 뛰어 들어왔다.

"누군가 배신자가 있습니다."

"그게 무슨 말인가?"

장각은 깜짝 놀라 되물었다.

"계획이 탄로 난 것 같습니다. 관군의 움직임이 심상치 않습니다."

장각은 입술을 깨물었다. 어차피 기밀이 탄로 났다면 그대로 앉아 있어도 당하기는 마찬가지였다.

"좋다. 시기를 앞당겨 지금 곧바로 봉기한다."

청류 운동과 당고

장각이 이끄는 태평교도가 봉기하기 20여 년 전에도 환관 세력의 횡포를 막으려고 노력한 사람들이 있었다. 바로 유학을 공부하는 지식인이었다. 후한의 수도 낙양에는 3만여 명의 태학생이 있었고, 지방에서도 수많은 학사에서 여러 학파가 유학을 공부하며 두꺼운 지식인층을 이루고 있었다. 이들은 환관 세력에 휘둘리는 조정을 흙탕물이라 하여 탁류(濁流)라 불렀다.

이들은 환관 세력의 횡포로 나라가 무너지는 것을 막기 위해 몸을 사리지 않고 황제에게 직언을 올렸다. 그러나 이들의 상소는 번번이 좌절되었다. 태위 벼슬을 하던 충신 양진(楊震)은 환관을 비판하는 상소를 여러 번 올렸다가 황제와 환관의 미움을 받아 결국 벼슬을 내놓고 고향으로 내려가 독약을 마시고 자살하고 말았다. 이후에도 환관의 횡포를 탄핵하다가 옥에 갇혀 죽음을 당한 충신이 줄을 이었다.

이처럼 지식인의 반발이 거세지자 환제도 환관 세력을 더 이상 두둔할 수 없게 되었다. 그리하여 165년, 태위 양병이 환관 후람의 형인 익주자사 후참의 불법과 타락을 고발하자, 황제는 양병의 건의를 받아들여 후람의 관직을 박탈해 고향으로 쫓아 보냈다.

관료들은 환관 세력의 부패상을 계속 고발하면서 공격을 가했다. 그들 중에서도 하남윤과 이응(李膺)은 혼탁한 조정에서도 의연함을 잃지 않아 그 명성이 자자했다. 그러자 여러 곳에서 사람들이 앞 다투어 그의 곁으로 몰려들었다. 이때 이응의 곁으로 다가가는 것을 (등용문) (登龍門)이라 했다.

한편 흙탕물 같은 정치판을 탁류라 부른 것에 반해, 이러한 지식인 출신의 관료 출신을 일컬어 청류(淸流)라 했다. 청류 지식인은 모였다 하면 환관의 횡포를 격렬하게 비판했다.

"환관이란 황제의 개인 생활에 봉사하

황하 상류에 용문이란 계곡은 물길이 세차 오르기 힘드나, 한번 올라서게 되면 용이 되었다고 한다. 여기서부터 '용문에 오른다.'는 말은 성공의 길에 오름, 과거에 합격함을 뜻하게 되었다. 우리나라 창덕궁에 있는 어수문(사진)도 등용문의 한 예라 할 수 있다. 창덕궁의 주합루 2층 건물은 왕립도서관이던 규장각이고 부용지 옆의 공터는 과거 시험을 보던 장소였는데, 부용지의 잉어가 이곳 어수문을 통해 규장각에 들어가는 과정은 과거 시험에 합격함을 상징한다.

는 사람인데, 이들이 정치에 관여한다는 것은 크게 잘못된 일이오."

"그렇습니다. 원래 나라를 다스리는 일은 황제께서 사대부의 도움을 받아 친히 행해야 하는 것입니다."

서원이나 정자에 둘러앉은 사대부들은 이렇게 환관 세력과 조정을 성토하면서 열을 올렸다. 이처럼 환관의 정치 참여 자체를 문제 삼을 정도가 되자 환관들은 위기감을 느꼈다.

마침내 166년(연희 9) 환관 일당은 이응과 그를 따르는 태학생들을 고발했다.

"이응이라는 자가 태학생들과 지방의 학생들을 현혹하고 있습니다. 이들은 서로 모의해 붕당을 만들어서 조정을 비난하며 민심을 어지럽히고 있습니다."

환관의 상소를 받은 황제는 크게 분노했다. 그리고 큰 죄인의 영장을 집행하는 권한을 가진 태위 진번에게 명령했다.

"당장 그들을 하옥하라!"

황제는 즉석에서 200여 장의 체포 영장을 발부했다. 그러나 진번은 황제의 명령을 곧바로 따르지 않았다. 진번은 일찍이 이응이 환관의 모함에 빠져 위기에 처했을 때도 그를 위험에서 구해 준 적이 있었다.

"폐하, 그들은 모두 나라를 걱정하는 충신이요, 천하에 이름난 지식인입니다."

그러나 이미 황제의 분노는 진번의 힘으로도 어쩔 수 없는 지경에 이르러 있었다. 황제는 막무가내로 청류 인사들을 체포할 것을 명령했고, 마침내 대대적인 탄압의 바람이 불었다.
천하에 명성이 자자하던 이들이 하루아침에 체
포되어 옥에 갇히는 신세가 되었는데, 이를
'제1차 당고(黨錮)'라고 한다.

환관에게 빌붙지 않으려던 사대부의 관직을 빼앗고 벼슬길을 막은 것

그런데 이상한 일이었다. 관군에게 체포
되어 끌려가는 청류 인사들은 의연하고 자랑스러운
표정인데, 글깨나 한다는 이들 중 체포되지 않은 사람들이 오히려 부끄
러워하는 것이었다.

'체포 영장을 받은 사람만이 진짜 사대부다!'

항간에는 이러한 소문이 떠돌았다. 그리고 많은 백성이 그렇게 믿었
다. 그런 소문을 증명이라도 하듯 체포된 이들은 취조를 받으면서도 떳
떳하고 의연한 절개를 굽히지 않았다. 탄압을 받을수록 청류의 물결은
거세졌다. 뿐만 아니라, 자기도 청류 당원인데 왜 잡아가지 않느냐고
항의하는 사람까지 나타났다.

결국 황제와 환관 세력은 더 이상 청류 인사들을 탄압할 명분이 없
었다. 청류에 사면령이 떨어지고, 체포되었던 이들은 모두 석방되었다.
비록 관직을 박탈당하기는 했지만 이들이 고향으로 돌아가자 수천의
백성이 나와서 환영해 주었다.

167년, 환관과 더불어 외척을 몰아낸 환제가 죽고 12세의 영제(靈帝)
가 황위에 올랐다. 청류파는 재기할 기회를 얻었다. 청류파의 한 사람
이자 영제의 외척인 두무(竇武)가 실권자인 황후를 움직이게 된 것이다.

흙탕물 같은 정치판에서 의연함을 잃지 않았던 청류 운동의 지도자 이응.

두무는 이응 등의 청류 인사를 관직에 기용하고 모든 환관에게 죄를 물어 죽일 계획을 세웠다. 그러나 그 일을 실행하기 위해서는 황후의 허락을 얻어야 했는데, 두 황후는 좀처럼 이를 허락하지 않았다. 황후의 측근 중에는 아직도 환관 세력이 버티고 있었기 때문이다.

두무 등은 비밀리에 거사를 준비했다. 그러나 계획이 사전에 발각되어 환관의 역습을 받게 되었다. 궁지에 몰린 두무는 전전긍긍하다가 자살하고, 청류 관료들은 모두 관직에서 쫓겨났다. 환관 세력은 이후 청류파가 다시 붕당을 만들어 조정을 위태롭게 한다는 내용의 투서를 황실에 보내 청류파 전체를 투옥하려고 했다.

청류파의 거두 이응은 도망치라는 주변의 권유를 뿌리치고 의연히 버티다가, 결국 체포되어 옥중에서 숨을 거두고 말았다. 청류파를 향한 칼바람은 그칠 줄 몰랐다. 그리하여 100여 명의 청류파 인사들이 살해되었는데, 이를 가리켜 '제2차 당고'라고 한다.

청류 인사들은 유교의 정치 이념에 따라서 자기들이야말로 '세상을 다스려야 할 사람'이라는 자부심이 대단했다. 그러나 생각이 아무리 훌륭한들, 이들은 이미 권력에서 벗어나 있었으며 후한 제국에는 이들의 도덕적 이상이 끼어들 틈이 없었다. 후한 왕조는 그렇게 썩은 냄새를 풍기며 멸망을 향해 치달았다.

후한의 멸망을 재촉하는 황색 바람

청류파의 노력도 물거품이 되고 조정은 갈수록 부패로 얼룩졌다. 굶주림과 질병으로 쓰러지는 백성이 늘어만 갔다. 하지만 조정과 지방의 호족은, 백성들이 감당하기 어려울 정도로 세금을 수탈(강제로 빼앗음)하였다. 고향을 버리고 먹을 것을 찾아 유랑하는 농민이 늘어나게 되었는데, 이들은 곳곳에서 떼 지어 약탈하거나 봉기를 일으켰다.

장각의 태평교도가 일으킨 반란은 농민의 이런 분노가 폭발한 사건이었다. 184년 1월, 계획보다 앞서 봉기를 일으킨 장각은 전국의 교단에 격문을 띄웠다. 전국의 36방은 일제히 봉기의 횃불을 피워 올렸다. 태평교도는 곧바로 관청을 불태우고 마을을 공격했다. 신도들은 모두 황건(황색 두건)을 썼는데, 이것은 한나라를 상징하는 적색을 부정하고 새로운 국가 건설의 의지를 나타내기 위해서였다.

사태가 급해지자 조정의 관료는 권력 싸움을 중지하고 서로 머리를 맞대었다. 그러나 불길처럼 번진 봉기를 잠재울 만한 뾰족한 방법이 없었다. 그런 터에 무장 황보숭이 이렇게 주장했다.

"청류파를 모두 풀어 주어야 합니다. 청류파가 반군과 손잡게 되면 사태는 걷잡을 수 없어집니다."

황보숭의 주장이 받아들여져 청류파 인사들은 풀려났다. 그러나 그들은 오랜 세월 동안 마음속에 담아 두었던 반정부 의식으로 은근히 농민의 봉기를 부채질했다.

그 사이 태평교도는 중국 대륙을 온통 황색으로 물들였다. 한번 타오른 반란의 불길은 좀처럼 꺼질 줄 몰랐다. 수천 수만 규모의 봉기가 전국 각지에서 일어났다. 아무도 그 기세를 꺾을 수 없었다. 낙양은 황건적 군대에 포위되었다. 황실과 조정이 태평교도의 손에 들어가는 것은 시간문제처럼 보였다.

그러나 태평교도와 장각의 꿈은 이뤄지지 않았다. 봉기를 일으킨 그해 말, 장각이 그만 병에 걸려 죽고 만 것이다. 이 틈을 타 조정에서는 황보숭을 파견해 황건적의 주력 부대를 진압했다. 황보숭은 장각의 무덤을 찾아내 관을 파헤쳐서 시신을 낙양으로 보냈다.

장각의 죽음으로 반란의 불길은 잠시 주춤했다. 그러나 황건적의 난에 영향을 받은 농민이 흑산, 백파 등지에서 자발적으로 봉기를 일으켰다. 특히 흑산에서는 100만에 이르는 농민이 봉기했고, 여기저기 흩어진 황건적 군대도 봉기를 계속했다. 게다가 북쪽에서 선비, 흉노 등의 이민족이 침입해 후한 왕조는 돌이킬 수 없는 멸망의 늪으로 빠져들고 있었다.

마침내 반란을 진압할 힘을 완전히 잃어버린 조정에서는 각 지방의 힘 있는 군벌을 시켜 봉기군을 토벌하게 했다. 그러나 이것은 고양이에게 생선을 맡긴 격이었다. 황실 스스로 나라의 운명을 변방의 '싸움꾼'들에게 거저 내준 것이나 다름없는 일이었다.

《삼국지》의 무대가 바로 이 무렵부터 펼쳐진다. 최초로 위세를 떨친 원소(袁紹)와 조조(曹操) 그리고 맹장 동탁(董卓) 등이 출현하면서 군웅할거

(여러 영웅이 한 지방씩 차지하고 위세를 부림)의 시대가 펼쳐진다. 이로써 후한은 사실상 막을 내리게 된다. 소용돌이치는 반란의 물결 속에서 불쌍한 농민의 외침을 힘으로 뭉개 버린 채 권력 쟁탈전을 벌인 이들이 바로 《삼국지》의 영웅들이다.

당나라 건국과
현무문의 변

중국 대륙의 중심부인 중원 땅은 후한이 멸망(220년)한 후 무려 370년 동안이나 전쟁이 그칠 날이 없었다. 이 시대를 '위진 남북조 시대'라고 한다. 이런 내전에 마침표를 찍은 사람이 바로 수나라 문제 양견(楊堅)이었다. 그는 581년 중국 천하를 통일해 수나라를 세우고 제법 정치다운 정치를 펼쳤다.

수 문제는 20년이 넘게 나라를 다스렸다. 그러나 거대한 중국 대륙을 통일 국가로 만들기 위해서 20년은 그리 긴 시간이 아니었다. 나라의 기틀을 제대로 잡기도 전에 문제는 병석에 눕고 만다. 황제의 자리를 놓고 두 아들이 다툼을 벌이다가, 결국 둘째 아들 광(廣)이 태자 용(勇)을 물리치고 주도권을 잡게 된다.

604년, 문제의 뒤를 이어 광이 황제가 되었다. 그가 곧 수 양제(煬帝)다. 그러나 그는 현명한 황제가 아니었다. 아버지의 뒤를 이어 나라를 일으켜야 할 막중한 책임을 지고 있었지만, 백성을 수탈하고 폭정만을 일삼다가 결국 수나라를 역사 속으로 사라지게 하고 말았다.

폭군 중의 폭군, 수 양제

확실하게 밝혀진 사실은 아니지만, 양광은 황제가 되기 위해 병상에 누운 아버지 문제를 죽이고 그날 밤 아버지의 애첩을 범했다고 한다. 아무런 윤리 의식도, 의지도 없는 그에게서 황제의 자질은 찾아볼 수가 없었다. 그는 유명한 진시황제에 버금가는 폭군이었다.

수나라를 패망으로 이끈
수 양제.

양광은 모든 반대자를 잔인하게 탄압하는 한편, 중국 대륙의 남북을 잇는 수천 리의 대운하 공사를 벌였다. 백하, 황하, 양자강, 회수, 전당강의 5대 강줄기를 연결해 남북으로 곧장 통하는 뱃길을 만드는 이 대운하 공사에 6년 동안 수백만 백성이 투입되었다.

공사에 동원된 인부는 온전하게 살아 돌아오는 경우가 드물었다. 인부들은 이역 멀리 타향으로 끌려 다니다가 결국 공사장 근처에서 시체로 나뒹굴었다. 노역에 나가는 것이 전쟁터에 나가는 것과 똑같았다. 그래서 남자들은 노역에 끌려가지 않기 위해 스스로 팔과 다리를 자르기도 했다.

대운하가 완성되자 양제는 용선과 유람선 수만 척을 물 위에 띄웠다. 또한 운하를 따라 길을 닦고 길가에 버드나무를 심었다. 그리고 장안에서 강도 지역에 이르는 길목 중간 중간 화려한 궁궐을 40여 채나 지었다.

수 양제가 수백만 백성을 동원해 건설한 대운하.

백성의 피눈물이 흐르는 운하 완공을 기념하기 위해 양제는 낙양에서 강도까지 유람에 올랐다. 꼬리를 물고 이어지는 배의 행렬이 200리에 달했고 노를 젓는 인원만도 무려 8만 명이었다. 운하 양옆 길로는 말을 탄 병사 수만 명이 황제를 호위했다.

운하 공사가 끝나자 양제는 전쟁에 나섰다. 온 나라에 동원령을 내려 남자란 남자는 보이는 대로 잡아다가 113만 대군을 결성하고 우문술을 총사령관으로 삼아 고구려를 공격했다. 그러나 원정군은 살수 싸움에서 고구려의 맹장 을지문덕에게 패하고 만다. 이 원정에서 무려 30만 병사가 목숨을 잃었다.

양제가 고구려 정복에 매달리는 동안 나라 안에서는 반란의 기운이 싹텄다. 무리한 대공사와 세 차례에 걸친 고구려 원정 실패로 백성의 원성은 높아만 갔다. 관료와 귀족 사이에서도 양제의 폭정에 반대하는 목소리가 공공연하게 흘러나왔다.

613년, 예부 상서 양현감(楊玄感)은 양제의 학정에 반대하는 농민을 부추겨 반란을 일으켰다. 양제는 고구려 원정군의 기수를 급히 돌려 두 달에 걸쳐 반란군을 진압하려 했지만, 한번 타오르기 시작한 반란의 불길은 꺼지기는커녕 곳곳으로 번져 갔다. 이제 양제에게는 사방이 적이었다.

수 양제는 반란군의 칼날을 피해 이리저리 도망 다니는 신세가 되었다. 그러다가 양자강 하류 강도에서 술독에 빠져 세월을 보냈다. 황제 자리가 사실상 비게 되자 각 지방의 힘 있는 군벌들이 야심을 드러내기 시작했다. 그 가운데 세력이 강한 두건덕, 왕세충 등이 수도 낙양을 차지하기 위해 치열한 내전을 벌였다.

천재적 야심가 이세민

그 무렵, 지방의 실력자 중 한 사람인 태원 유수 이연(李淵)은 비장한 긴장감이 감도는 가운데 아들 이세민(李世民)과 심각한 토론을 벌이고 있었다. 이세민이 아버지에게 간절하게 말했다.

"아버지, 기회를 놓치지 말아야 합니다. 곳곳에서 반란군이 일어나 수나라의 운명이 기울고 있습니다. 이대로 가다가는 나라 꼴이 어떻게 될지 걱정입니다."

이연은 야심에 찬 아들의 말을 듣고 무척 놀라며 물었다.

"그럼 어떻게 하자는 말이냐?"

이세민은 거침없이 대답했다.

"어차피 반란군 중 세력이 강한 왕세충이나 두건덕 같은 자들이 황위를 차지하려고 날뛸 것입니다. 지금 당장 군사를 일으켜 그들보다 먼저 장안을 점령하는 것이 좋을 것입니다."

이연에게는 건성, 세민, 원길 세 아들이 있었는데, 북방 민족의 피를 타고난 무인 귀족답게 이들은 누구에게도 뒤지지 않는 용맹한 장수였다. 그중에서도 둘째 아들 이세민이 단연 으뜸이었다. 이세민은 총명하고 사려 깊으며 무술과 병법에 뛰어난 데다 결단력과 포용력까지 갖추어 어려서부터 주변 사람들에게 두터운 신망을 얻던 터였다. 그런 아들이 간곡하게 건의하자 이연은 마음이 흔들렸다.

"좋다. 당장 군사를 일으켜 장안으로 진격하자."

그리하여 군사를 이끌고 장안으로 진격한 이연은 두건덕, 왕세충 등의 군대와 내전을 치른 후 승리자가 되었고, 중원 땅이 그의 발아래 놓이게 되었다. 617년, 마침내 이연은 양제의 손자인 유(侑)를 황제 자리에 올리고, 자신은 대승상 당왕(唐王)이라 칭하여 실권을 장악했다.

한편 이제는 누구 하나 거들떠보지 않을 정도로 폐인이 된 양제는 618년 3월 어느 날 자신의 침실에서 친위대 장교인 우문화급의 손에 목이 졸려 비참한 최후를 맞이했다.

천하의 야심가 이세민은 그 틈을 놓치지 않고 이연에게 건의했다.

"수나라의 운명은 이제 완전히 끝났습니다. 백성은 새로운 왕조의 탄생을 목 놓아 기다리고 있습니다. 아버지께서 황제 자리에 오르셔야 합니다."

이연은 깜짝 놀랐다. 물론 황제의 꿈을 꾸어 보지 않은 것은 아니지만, 그것은 엄연히 반역이었다. 당연히 수많은 저항에 부딪히게 될 터였다. 이연이 난감해하자 이세민이 간곡하게 말했다.

"기회는 딱 한 번뿐입니다. 하늘이 주신 기회입니다. 황제의 자리에 오르실 분은 아버지뿐입니다."

이연은 아들의 용기와 총명함을 믿었다. 그가 있다면 어떤 반대 세력도 두려울 게 없었다. 마침내 이연은 스스로 황제 자리에 올라 국호를 당이라 고치고 새 왕조를 열었다. 이로써 수나라는 건국한 지 40년도 되지 않아 그 운명을 다하고 말았다. 618년의 일이었다.

현무문에서 형제를 살해하다

새 왕조를 열기는 했지만, 나라의 기틀을 잡아 나가는 것이 쉬운 일은 아니었다. 야심에 찬 무리가 끊임없이 공격을 해 왔다. 이연 일가의 가장 강력한 라이벌은 왕세충, 두건덕 등이었다.

621년 왕세충은 두건덕의 10만 군대와 연합해 당 왕조에 저항했다. 이세민은 이들 연합군을 격파했다. 그해 말 왕세충과 두건덕이 당 왕조에 항복해 반란은 대부분 진압되었다. 곳곳에 흩어져 세력을 다투던 크고 작은 군웅(群雄, 같은 시대에 여기저기서 일어난 영웅들)을 모두 평정했을 무렵, 이세민의 나이는 겨우 스무 살 안팎이었다.

한편 건국 과정에서 이세민이 독주하며 빛나는 전공을 세우자 그의 형과 아우는 질투의 눈길로 그를 바라보게 되었다. 황태자인 건성과 동생 원길은 이세민의 눈부신 치적에 위기감을 느끼고 그를 제거할 기회를 엿보았다. 그러나 총명한 이세민은 그들의 음모를 눈치 채고는 자신이 먼저 공격하기로 결정했다.

이세민은 아버지 고조를 찾아가 형과 아우가 자신을 죽이려 한다고 말했다. 이연은 깜짝 놀랐다.

"어떻게 그런 일이 있을 수 있다는 말이냐! 좋다, 내일 아침 둘을 불러 진상을 밝히겠다. 물러가 있어라."

궁을 빠져나온 이세민은 현무문을 지키는 수비대장을 매수해 두었다. 현무문은 황제를 만나러 가려면 반드시 통과해야 하는 궁궐의 북문이었다. 그 문을 통과하기 위해서는 출입증이 있어야 하며 무기를 지녀서는 안 되었다.

626년 6월 4일 새벽, 한 무리의 병사들이 그림자처럼 소리 없이 현무문 안쪽으로 향했다. 이세민이 뽑은 병사들이었다. 성문 안쪽으로 잠입한 병사들은 몸을 숨기고 날이 밝기만을 기다렸다. 드디어 아침이 되자 고조의 부름을 받은 형 건성과 아우 원길이 현무문 밖에 나타났다. 그들 역시 병사들을 끌고 왔지만, 현무문을 통과하려면 무장을 풀고 병사들은 밖에 남아야 했다.

드디어 건성과 원길이 문 안으로 들어서고, 현무문이 닫혔다. 건성과 원길은 여느 때처럼 황제의 침전을

당 태종 이세민.

향해 몇 걸음을 옮겼다. 그때였다. 여기저기서 시커먼 그림자들이 툭툭 튀어나오더니 건성과 원길을 향해 칼을 휘둘렀다. 갑자기 공격을 받은 그들은 이리저리 몸을 피하며 외쳤다.

"어떤 놈들이냐?"

그러나 그림자들은 대답이 없었다. 소리 없이 칼을 휘두르며 포위망을 좁혀 왔다. 그리고 마침내 한 그림자의 칼날이 건성의 가슴팍에 꽂혔다. 건성은 그 자리에 꼬꾸라졌다. 그 순간 다른 그림자의 칼날이 원길의 어깻죽지를 내리쳤다. 원길은 눈을 부릅뜨고 한동안 저항하다가 쓰러졌다.

건성과 원길이 숨을 거두자 숨어서 이를 지켜보던 이세민이 나타났다. 그는 냉담한 표정으로 형과 아우의 주검을 확인한 뒤 병사들을 다시 불러 모았다. 그리고 그들을 곧바로 건성과 원길의 집으로 나누어 보내며 명령했다.

"한 명도 빠짐없이 처단하라."

건성과 원길의 자식들을 말하는 것이었다. 병사들은 곧장 달려가 건성의 아들 다섯과 원길의 아들 다섯을 무참하게 죽여 버렸다. 비록 어린아이지만 그들은 반란의 씨앗이었다.

'현무문의 변'이라 일컫는 이 사건으로 형과 아우를 제거한 이세민은 당 왕조의 모든 권력을 손아귀에 쥐었다. 아무도 그의 권력에 도전할 수 없었다. 심지어 아버지마저 그의 눈치를 살필 정도였다. 일찍이 대담한 용기와 총명한 두뇌로 자신을 황제 자리에 올려놓은 아들이었다. 고조는 침묵할 뿐이었다. 두 아들을 잃은 슬픔도 컸지만, 능력 있는 아들에게 천하를 다스리는 황제의 자리를 물려주고 싶은 마음도 컸던 모양이다.

두 황자가 죽었지만 당나라 황실은 아무 일도 일어나지 않은 듯 조용하고 평온했다. 아무도 이들의 죽음을 이야기하지 않았다. 참변이 일어난 직후에도 관리와 황족은 황제를 알현하기 위해 아무렇지 않게 현무문을 드나들었다.

현무문의 변이 일어나고 사흘 뒤, 궁궐 안은 축제 분위기로 떠들썩했다. 이세민이 태자로 책봉되는 날이었다. 건성과 원길 그리고 그 자식들이 흘린 핏자국이 채 마르기도 전에 당 고조는 둘째 아들 세민에게 황태자의 지위를 내렸다.

그리고 두 달 뒤에는 마침내 고조가 물러나고, 이세민이 황위를 물려받았다. 모든 일은 예정된 것처럼 조용하고 평온하게 이루어졌다. 이세민은 당나라의 2대 황제 태종이 되었고, 그때 그의 나이 겨우 28세였다.

제왕의 모범이 된 '정관의 치'

형제와 조카들을 죽이고 그 피 냄새가 채 가시기도 전에 권력을 잡은 태종이었지만 정치가로서는 매우 탁월한 능력을 발휘했다. 그는 신하들의 의견에 귀를 기울이고, 쓸 만한 인재를 중용해 제법 수준 높은 정치를 펼쳤다.

태종은 무엇보다도 백성의 부역을 줄이는 데 힘을 쏟았다. 조용조(租庸調) 제도를 시행해 성년 남성에게 균등하게 세금과 부역을 부과했으며, 토지 제도로는 균전제, 군사 제도로는 특정 지역에서 병사를 선발하는 부병제를 실시했다. 이러한 제도는 수 양제 시절의 가혹한 부역과 착취에 비하면 상당히 가벼웠으므로 백성의 환영을 받았다. 또한 3성과 6부를 두는 등 행정 기구도 개편해 효율적인 통치의 기반을 닦았다.

한편 그는 학문과 문화를 존중했다. 역사 편찬에도 힘을 기울였고, 역사서의 일부는 직접 집필하기도 했다. 또한 명필 왕희지의 글씨를 사랑했고, 그 자신도 유려한 필적을 남겼다.

태종 이세민은 늘 폭군 수 양제의 실패를 거울로 삼았다. 위징 등 충신의 건의를 받아들여 사심을 누르고 백성을 불쌍히 여기는 공정한 정치를 펴려고 노력했다. 그런 까닭에 후대 사람들은 이 시기를 '정관(貞觀)의 치(治)'라고 칭송했다. 태종이 즉위하면서 붙인 연호(중국이나 우리나라에서 군주의 치세에 붙이는 칭호)가 바로 정관이었기 때문이다.

이 시기 당 태종의 언행을 기록한 책이 《정관정요》이다. 당 현종 말기에 오긍이 편찬한 이 책에는 군주의 도리와 인재 등용술, 형벌과 조세 등이 수록되어 있어 후세 제왕들의 교과서로 읽혔다.

한편 당이 자리를 잡고, 새 왕조를 위협하는 세력도 모두 사라진 뒤부터 태종 이세민은 정복 전쟁에 열을 올렸다. 돌궐, 위구르, 거란이 당나라에 편입되었다. 당나라의 영토는 북쪽으로 바이칼 호 부근과 남쪽으로 베트남 그리고 서쪽으로 아랄 해에 이르렀다. 마침내 당나라는 세계 제국이 되었다. 대륙에 인접한 약소국을 차례로 평정한 태종의 눈길은 자연히 동쪽 끝에 있는 고구려로 향했다. 신하들은 태종을 말렸다.

"고구려는 군사력이 강대한 나라입니다. 지금은 원정하기에 적절한 때가 아닌 듯합니다."

당시 고구려는 만만한 나라가 아니었다. 일찍이 수 양제도 수백만 군사를 동원해 고구려를 공격했지만, 정복은커녕 오히려 파멸의 길을 걸었다. 고구려는 당 제국에 인접한 나라 중에서 보기 드문 군사 강국이었다.

태종은 신하들의 만류에도 신라를 도와 고구려의 실권자 연개소문을 응징한다는 구실로 군사를 일으켰다. 645년, 태종은 친히 대군을 이끌고 고구려 정벌에 나섰다. 태종의 군사는 거침없이 고구려를 향해 돌진했다. 당나라와 신라, 위아래로 공격을 받은 고구려는 위태로웠다. 고구려가 태종의 손아귀에 들어오는 것은 시간문제인 듯했다.

그러나 태종의 정벌군은 고구려의 양만춘 장군이 지휘하는 안시성에서 발길이 막히고 말았다. 마음먹은 일은 반드시 해 내야만 직성이 풀리는 의지의 야심가 이세민. 그는 안시성을 차지하기 위해 무려 1년 가까이 공격을 계속했다. 그러나 안시성은 함락되지 않았다. 태종이 전전긍긍하는 사이에 겨울이 닥쳐왔고 먹을 것도 떨어졌다. 군사들의 사기는 땅에 떨어졌다. 태종은 어쩔 수 없이 군사를 돌릴 수밖에 없었다.

고구려 원정 실패로 처음 맛보는 실패감은 참으로 쓰라렸다. 야심 때문에 형제와 조카까지 살해한 이세민이었다. 그는 분과 치욕을 삭이지 못하고 자리에 눕고 말았다.

649년, 당 왕조가 열린 지도 어언 30여 년의 세월이 흘렀다. 나라의 질서는 잡혔지만 태종의 병세는 깊어만 갔다. 온갖 좋은 약을 구해 먹었으나 소용없었다. 그러던 중 누군가 그에게 불로장생 약을 가져왔는데 조제법이 무척 까다로워 잘못 먹으면 오히려 독이 되는 약이었다. 결국 그 약을 잘못 먹은 태종은 영원히 눈을 감고 말았다. 아버지를 황제로 만들 만큼 뛰어난 능력으로 대륙을 누빈 천재적인 야심가도 병마 앞에서는 어쩔 수 없는 나약한 인간일 뿐이었다.

태종이 죽은 뒤 그의 아홉째 아들인 치(治)가 황제 자리에 올랐다. 당나라 3대 황제 고종인 그는 즉위 초기 아버지 태종의 위업을 이어받아 제법 그럴듯한 정치를 펼쳤다. 그러나 655년 측천무후를 황후로 책봉하면서부터 당나라 정권은 심각하게 동요하게 된다.

5

당을 멸망시킨
안사의 난과
황소의 난

8세기 전반만 하더라도 당나라는 전성기를 누렸다. 그 시기를 주도한 인물은 바로 황제 현종(玄宗, 712~756년 재위)이었는데, 그가 절세미인 양귀비의 치마폭에서 놀아나면서부터 국운이 기울기 시작해 당나라는 끊임없는 반란에 시달리며 서서히 멸망의 길을 걷게 된다.

황실이 타락해 가자 으레 그렇듯이 간신이 날뛰었으며 조정은 문란해졌다. 통치 체제가 흔들릴수록 백성에게는 무거운 세금이 강요되었고, 부담을 못 이긴 백성은 이리저리 떠돌아다니게 되었다. 게다가 만리장성 북쪽에서는 북방 민족의 움직임이 심상찮아서 변경을 지키는 것도 보통 일이 아니었다. 조정에서는 장성 부근에 대군을 주둔시키고 절도사를 두었다.

절도사는 변경 방위군의 사령관 격으로 군사 · 재정 · 행정권을 모두 쥐고 있어서 막강한 권력을 행사하는 직책이었다. 종종 이민족 출신 무장이 절도사에 임명되기도 했는데, 그중 가장 촉망받는 인물이 바로 안녹산(安祿山, 705~757년)이었다.

야심 찬 반역자 안녹산

페르시아인과 돌궐인 사이에서 태어난 안녹산은 어린 나이에 6개 국어에 능통할 정도로 수재였다. 언어 능력을 인정받은 안녹산은 제번호시랑에 임명되었다. 제번호시랑이란 국제 무역 시장의 중개인에 해당하는 직책으로, 여러 나라의 상인을 상대하기 때문에 반드시 외국어를 할 줄 알아야 했다.

안녹산은 유주(북경 근처에 있는 고을) 절도사 장수규의 눈에 들었다. 장수규는 안녹산의 능력을 인정해 자신의 휘하에 들어올 것을 권했다. 출세욕으로 가득 찬 안녹산은 장수규의 권유를 흔쾌히 받아들였다. 장수규 같은 실력자의 휘하로 들어간다는 것은 대단한 행운이었다. 장수규는 뛰어난 능력을 아낌없이 발휘하는 안녹산을 눈여겨보다가 마침내 그를 양자로 삼았다. 안녹산은 이민족 출신이라는 딱지를 떼어 낼 수 있게 되었으니, 물고기가 물을 만난 격이었다.

날개를 단 안녹산은 빛나는 무공을 세웠고 마침내 황제 현종의 눈에 들게 되었다. 황제는 그를 평로 절도사로 임명했다. 그리고 2년 뒤에는 범양 절도사, 7년 뒤에는 하동 절도사를 겸하게 하더니, 마침내 무장에게는 처음으로 '동평군왕'이라는 칭호까지 내렸다. 안녹산은 요령, 하북, 산서 성에 걸친 광대한 영토를 지배하면서 18만 대군을 거느린 강력한 절도사가 되었다. 당나라 황실을 제외하고는 그와 대적할 만한 세력이 없었다. 어찌 보면 당나라 황실이 호랑이 새끼를 키운 것이나 다름없었다.

안녹산의 출세 가도에 가장 위협을 느낀 사람은 양귀비와 육촌간인 재상 양국충(楊國忠, ?~756년)이었다. 양국충은 안녹산이라는 강력한 라이벌의 등장에 위협을 느끼며, 그를 제거할 궁리를 했다. 황실의 실권자인 양국충은 안녹산이 위험한 인물이라는 것을 황제에게 수차례 건의했다. 안녹산은 분개했다. 두 세력가 안녹산과 양국충은 피할 수 없는 대결 상황으로 접어들었다. 양국충의 음모는 '굶주린 호랑이'가 포효할 수 있는 구실을 준 것이나 다름없었다. 안녹산은 양국충의 음모를 구실로 마침내 군사를 일으켰다.

당 멸망의 서곡, 안사의 난

"간신 양국충을 제거하자!"

만리장성의 동북쪽 일대에 15만 대군의 함성이 울려 퍼졌다. 반란의 서곡이었다. 이 함성은 나아가 당 멸망의 서곡이기도 했다. 안녹산은 절도사 장수규를 함께 섬기던 같은 고향 사람인 사사명(史思明, ?~761년)과 손잡고 대대적으로 군사를 일으켰다. 이를 안녹산과 사사명의 이름을 따서 '안사의 난'이라고 한다.

"남쪽으로 진군하라!"

안녹산의 명령을 받은 정예 기마 부대는 당나라 황실이 있는 장안을 향해 성난 파도처럼 진군해 갔다.

안녹산 부대의 진로를 지키던 수비대는 무기도 변변히 갖추지 못한 오합지졸에 지나지 않았다. 755년 12월, 안녹산의 반란군은 장안으로 가는 길목에 있는 대도시 낙양을 간단히 점령했다.

"간신 양국충을 비호하는 황제는 더 이상 황제 자격이 없다."

안녹산은 낙양에서 당나라의 멸망을 선언했다. 그리고 스스로 즉위해 대연황제(大燕皇帝)라 칭하고 새로운 연호를 만들었다. 당나라에 두 명의 황제가 등장하게 된 것이다.

그러나 최고 권력을 두 사람이 나누어 가질 수는 없는 법. 안녹산은 군대를 이끌고 수도 장안으로 쳐들어 갔다. 황실에 비상이 걸렸다.

"안녹산이 반란을 일으켰다."

"역적 안녹산을 제거하자."

당의 권력자들은 안녹산의 막강한 군대를 저지해야 할 공동 운명에 처하게 되었다. 하북 각지의 토호와 지방관은 방위대를 만들어 안녹산의 반군에 저항했다. 백성들도 이민족 출신의 새로운 황제가 출현하는 것을 원하지 않았다. 반란군의 약탈에 분노한 일반 백성은 속속 방위대에 들어오거나, 각

당나라 황실의 총애를 받아 세력을 키운 안녹산. 그가 일으킨 반란은 당나라를 멸망의 길로 이끌고 만다.

지에서 게릴라전을 펼쳐 반란군의 진로를 방해했다. 평원 태수이자 서예가로 유명한 안진경(顔眞卿, 709~785년)도 반란군에 맞서 큰 승리를 거두었다.

그러나 정작 반란군의 표적인 양국충은 장안의 동쪽 요충지 동관(潼關)에서 참패했다. 백성의 방위대는 교묘한 게릴라전으로 반란군의 발목을 붙들고 늘어진 데 반해, 재상 양국충이 이끄는 정규군은 일거에 격파되고 마는 어처구니없는 상황이 벌어진 것이다. 동관이 격파되자 수도 장안의 운명은 바람 앞의 등불이었다. 현종은 양국충, 양귀비와 함께 은밀하게 장안을 탈출했다. 그러나 황제의 탈출을 호위하던 병사들은 도중에 식량이 떨어져 굶주리게 되자 불만에 가득 차 외쳤다.

"우리가 이 지경이 된 것은 모두 저 양씨(楊氏)들 때문이다. 저것들을 죽여야 한다."

안녹산의 난을 피해 도망길에 오른 현종 일행.

분노한 병사들은 순식간에 양국충과 양귀비를 죽여 버렸다.

재상과 사랑하는 비(妃)를 한순간에 잃어버린 현종은 완전히 절망에 빠지고 말았다. 양귀비가 없는 세상에서 황제의 자리는 거추장스러운 짐으로만 느껴질 뿐이었다. 현종은 그 짐을 벗어 버리기로 했다. 그리하여 현종은 아들에게 황제 자리를 내놓고 사천성의 한

시골로 들어가 은둔했다. 그의 아들은 장안에서 멀리 떨어진 영주에서 즉위했는데, 그가 곧 숙종(肅宗)이다.

한편 현종이 황위에서 물러날 무렵 안녹산은 이미 장안을 손아귀에 넣은 뒤였다. 하북 지역이 그의 수중에 떨어진 것이다. 그러나 그는 무리한 진군으로 심각한 병을 앓게 되었다. 시력을 잃어 앞을 분간하지 못했고 부스럼에 시달려 성격은 난폭해졌다. 더 이상 예전의 현명하고 용맹한 절도사 안녹산이 아니었다. 부하들은 지도력을 잃은 그를 신임하지 않았다. 지휘관 사이에서는 그의 뒤를 이을 후계자를 지명해야 한다는 주장이 고개를 쳐들었다. 안녹산도 그럴 필요성을 느끼고 있었다. 그런데 진짜 문제는 여기서 터지고 말았다. 안녹산이 정실에게서 난 아들이 아니라 애첩의 소생을 후계자로 지명한 것이다.

안녹산의 장남 안경서(安慶緖, ?~759년)는 아버지의 결정에 크게 분노했다. 마음속으로 칼을 갈던 그는 어느 날 기습적으로 아버지를 살해하고 말았다.

'안녹산이 살해되었다.'

소문은 이제 막 즉위한 숙종의 귀에도 들어왔다. 숙종은 그 무렵 영주에서 전열을 정비하고 있었다. 변경뿐 아니라 내륙 지방에도 절도사를 설치하고 곳곳에서 군대를 모았다. 당나라 각지의 의용군에 (위구르) 지원병까지

중국에선 회흘이라고도 한다. 중앙아시아와 몽골 지역에서 활동한 투르크계 민족으로, 8세기에 제국을 건설하고 세력을 떨쳤으나 100년 만에 몰락하였다. 북방 유목민족 최초로 정착도시를 세우고 동서 문화를 결합한 독특한 문화를 발전시켰다.

가담해 세력이 커지자 숙종은 반격에 나섰다. 그리고 장안과 낙양을 되찾는 데 성공했다.

안경서는 유주로 후퇴했다. 그러자 이번에는 안녹산의 측근이던 사사명이 안경서를 살해했다. 그러고는 스스로 황제라 칭하고 세력을 회복해 낙양을 점령했다. 그러나 죽고 죽이는 모반과 배신의 꼬리 물림에서 사사명도 예외는 아니었다. 안녹산과 반대로 사사명은 본처에게서 낳은 막내아들 사뢰청을 편애하다가, 첩의 아들 사조의(史朝義, ?~763년)의 칼에 맞아 죽고 말았다.

지도부가 무너지자 반란군은 뿔뿔이 흩어지기 시작했다. 군대를 장악하지 못한 사조의는 결국 자살하고 말았다. 763년, 반란군은 당 황실의 응원군인 위구르 군에 크게 패했고, 그로써 9년여에 걸친 대반란은 결국 막을 내렸다.

분열의 시대, 고통 받는 민중

화북 일대를 짓밟은 안사의 난은 당나라의 정치, 경제, 사회 전반에 막대한 영향을 미쳤다. 비록 난은 평정되었지만 이미 당나라의 운명은 내리막길로 접어들고 있었다. 9년여에 걸친 대반란으로 나라 전체가 피폐해 버린 것이다.

반란을 진압하기 위해 곳곳에 둔 수십 명의 절도사는, 반란이 평정된 뒤에도 그 세력을 유지해 번진(藩鎭)이라 불리는 거대한 지방 세력을 형성했다. 특히 안녹산과 사사명의 지배지이던 하북의 삼진(三鎭)은 겉으로는 당에 투항했지만, 안녹산과 사사명을 성인으로 받들어 모시고 있었다.

한편 강력한 군대를 가진 절도사들은 자기들끼리도 서로 대립했다. 또한 각 지역에서는 서로 절도사가 되려는 야심으로 반란과 배신이 끊이지 않았다. 하지만 여러 세력으로 분열되어 서로 견제하는 바람에 황실을 위협할 만큼 큰 세력은 나타나지 않았다. 그 덕에 이미 권위가 땅에 떨어진 당나라였지만 이후 150여 년간 이름이나마 유지할 수 있었다.

> **범양**·성덕·천웅의 세 번진, 하북 삼진은 항상 자립의 움직임을 보이고, 종종 반란을 일으켜 중앙 정부를 위협했다.

하지만 그 무렵 당은 나라 꼴이 말이 아니었다. 지방에서는 번진이 날뛰고 중앙에서는 관료의 당쟁과 환관의 횡포가 걷잡을 수 없었다. 온 나라가 어수선한 가운데 농민은 살던 고을을 버리고 유랑하게 되었다. 하북 삼진 같은 곳에서는 아예 중앙에 조세를 상납하지 않는 일이 빈번했다. 농민은 유랑민이 되어 떠돌고 지방의 토호는 조세를 바치지 않게 되자 조정은 심각한 재정 위기에 부닥쳤다. 780년경에는 이전보다 조세액이 3분의 1로 감소할 정도였다.

결국 당나라는 세법을 바꾸어, 토착민에게 세금을 부과하는 조용조를 폐지하고 양세법을 시행했다. 이것은 여름과 가을 두 차례에 걸쳐 토지의 많고 적음을 기준으로 호(戶)에 세금을 부과하는 제도였다. 양세법 시행으로 나라의 재정 상태는 조금 나아졌지만, 농민의 부담은 줄어들지 않았다. 게다가 조정의 형편도 다시 어려워졌다. 군사 제도를 부병제(府兵制)에서 모병제(募兵制)로 바꾸었기 때문에 병사에게 지급할 급료를 충당하는 일도 쉽지 않았다. 조세만으로는 군사비를 충당하기 어려웠으므로 별도의 돈벌이가 필요한 상황이었다. 이때 당나라 조정이 눈독을 들인 것이 바로 소금 전매였다.

> **수나라와** 당나라에 이르러 정비된 중국의 군사 제도. 병농 일치를 이상으로 하여 균전(均田) 농민 중에서 군인을 뽑아 부병으로 하고 농한기에 훈련시킨 후 경비를 맡기고 조세를 면제해 주었다. 모병제는 부병제가 무너진 후 당나라 현종이 실시한 직업 군인 제도다.

소금 밀매 상인의 반란

아직 교통이 발달하지 않았던 근대 이전 사회에서 소금은 매우 귀한 물자였다. 대륙의 넓이에 비해 해안선이 짧은 중국 사람들에게는 그 사정이 더욱 절박했다. 바로 그 점을 이용해 역대 중국의 왕조는 소금 판매를 전매(나라에서 독점해서 판매함)하여 막대한 재정 수입을 올렸다. 생산지 원가의 수십 배에 이르는 소비세를 부과하다 보니 배보다 배꼽이 커도 이만저만 큰 게 아니었다. 그러나 일상생활에 꼭 필요한 물품이기 때문에 턱없이 비싼 값에도 농민들은 소금을 사 먹을 수밖에 없었다.

그런데 누군가가 관원의 눈을 피해 원산지에서 직접 소금을 가져다가 비밀리에 싼값으로 판다면 어떤 일이 벌어질까? 가령 전매 소금 가격이 원가의 30배인데, 누군가가 10배 정도의 가격으로 판다면 판매자는 10배의 이익을 남기게 되고, 소비자는 3분의 1 가격으로 소금을 먹을 수 있게 되는 것이다.

당시의 소금장수는 바로 이런 틈을 파고들었다. 조정에서 특권을 받은 소금장수는 정해진 양 외에 은밀하게 소금을 팔았으며, 전문 밀매업자도 생겨났다. 가난한 사람들은 전매 소금보다 싼 밀매 소금을 다투어 찾게 되었다. 결국 조정에서는 소금 밀매를 금지하는 법령을 선포하고 비록 적은 양이라도 몰래 팔다가 발각되면 사형에 처했다. 그러나 밀매 상인은 사라지지 않았다. 그들은 관군에게 쫓기면 무기를 들고 저항했고, 백성들이 쫓기는 밀매업자를 숨겨 주기도 했다. 심지어 밀매업자끼리 비밀 결사를 만들어 관군에게 대대적으로 저항하기도 했다.

소금 전매로 거두어들이는 세액이 감소하자 당나라 조정은 재정을 확보하기 위해서 온갖 명목의 세금을 부과했고, 농민은 그 피해를 고스란히 받았다. 조세를 납부하지 못하면 관가에 끌려가 매질을 당했고, 밀린 조세 때문에 집을 팔거나 아내와 아이들을 파는 일도 있었다. 게다가 해마다 가뭄과 수해가 번갈아 들고 메뚜기 떼가 휩쓸고 지나가는 바람에, 백성들은 말 그대로 풀뿌리나 나뭇잎으로 하루하루를 살아갔으며, 그것도 여의치 않으면 가만히 앉아서 죽음을 기다리거나 먼 곳으로 도망쳐 다니다가 도적이 되었다.

이러한 상황에서 굶주림에 지친 농민이 반란을 꾀하는 것은 어쩌면 당연한 일인지도 모른다. 하남, 산동 일대의 농촌에서는 도망하는 농민의 무리가 끊임없이 크고 작은 반란을 일으켰고, 한번 반란이 일어나면 각지에서 도적의 무리가 이에 가세했다. 860년 절강 지역의 구보가 일으킨 반란과 868년에 군인 방훈이 일으킨 반란은 제법 규모가 큰 것이었다.

873년에는 화북 지방에 심한 가뭄이 들었고, 이듬해에는 거대한 메뚜기 떼가 산동 지역의 농토를 휩쓸었다. 농민은 생활 터전을 잃어버리고 도적 무리에 가담해 약탈로 생계를 이어 갔다. 그러나 더 이상 약탈할 물자도 바닥나고 말았다. 이젠 관헌의 창고를 터는 수밖에 도리가 없었다. 농민의 좀도둑질을 반란으로 조직한 것은 전국에 비밀 조직을 가진 소금 밀매 상인들이었다. 오랫동안 비밀리에 반체제 활동을 해 오던 산동의 왕선지, 황소 등이 본격적으로 반란을 일으키자 그 불길은 순식간에 전국 곳곳으로 번져 갔다.

당 제국, 막을 내리다

875년, 반란의 기치를 먼저 치켜든 사람은 산동성 복주의 소금 밀매 상인 왕선지(王仙芝, ?~878년)였다. 그는 곧바로 여세를 몰아 조주와 복주를 함락하고 화북 일대를 휩쓸었다. 이와 때를 맞춰 황소(黃巢, ?~884년)가 수천의 무리를 이끌고 봉기했다. 이들 반란군은 양자강을 건너 광주 지방으로 진군했다. 그리고 878년 2월, 왕선지가 사망하자 황소는 그

잔당을 모아 총지휘자가 되었다.

황소는 산동성 서부의 부유한 소금장수 아들로 태어났다. 그는 어려서부터 학문에 눈을 떠, 5세에 시를 지을 정도로 총명했다. 나이가 들자 여러 차례 과거에 응시했으나 출신 배경 때문에 번번이 낙방했다. 실력보다 출신 배경에 따라 과거의 당락이 결정되는 현실을 체험하면서 황소는 당나라에 반감을 품고 은밀히 힘을 키워 갔다. 소금장수 일을 하면서 몰래 세력을 끌어 모은 황소는 왕선지의 봉기를 계기로 본격적인 반란의 대열에 서게 되었다.

황소는 곳곳에서 몰려 들어온 반란군을 향해 부패한 정치 현실을 토로했다.

"우리는 썩어 빠진 정치를 뜯어고치기 위해 큰일을 도모해야 한다. 우리 스스로 천하를 움켜쥐어야 한다!"

반란군의 총지휘를 맡은 황소는 친척과 측근을 핵심으로 삼고, 유랑민과 당 왕조에 반감을 품은 여러 부류의 사람들을 끌어 모았다. 그리하여 하남 지역에 이르렀을 때 반란군의 수효는 무려 60만 명에 달했다. 이 엄청난 규모의 반란군은 강서, 복건, 광동, 광서, 호남, 호북을 휩쓸었다.

880년, 황소의 반란군은 마침내 낙양과 장안 등을 함락했다. 궁지에 몰린 황제 희종은 사천 지역으로 피난했다. 황소는 장안에 정권을 세

당나라 멸망의 종지부를 찍은 황소의 난.

우고 국호를 대제(大齊), 연호를 금통(金統)이라 칭하고 항복한 관리도 기용하는 등 통치 기반을 굳히는 데 힘을 쏟았다. 또한 군대의 기율(도덕상 여러 사람에게 행위의 표준이 될 만한 질서)을 엄격하게 지키도록 했고 장안의 빈민에게는 돈을 나누어 주어 백성의 지지를 얻었다. 많은 번진도 황소 편에 가담했다. 천하는 황소의 손에 들어간 것처럼 보였다. 그리고 어느 누구라도 이제 당나라는 다시 일어날 수 없으리라고 생각했다.

그러나 황소 정권은 경제 기반이 취약했다. 빈민에게 베풀 물자는 한정되어 있었고, 식량이 부족해서 병사들의 불만이 싹텄다. 그들은 약탈을 일삼았고 쌀값은 날개 돋친 듯 오르기만 했다. 굶주린 병사들은 나무껍질을 벗겨 먹다가, 그것도 모자라 사람의 살까지 뜯어먹었다.

이러한 혼란의 틈을 타 희종은 화북의 번진을 불러 모았다.

"300년 당나라 역사는 쉽게 무너지지 않을 것이다."

희종은 번진들에게 황소를 무찌를 것을 호소했다. 화북의 번진은 제각기 사병을 풀어 장안의 황소를 포위했다. 황소의 군대는 가까스로 장안을 지키는 처지가 되었다.

마침내 황소의 군사 중에서 당나라에 투항하는 자가 생겨났다. 특히 주온(朱溫, 852~912년)이라는 자가 투항하자 황소의 군대는 더더욱 열세에 몰리게 되었다. 그 틈을 타서 희종은 당나라와 친분이 있던 투르크계 이극용(李克用) 등에게 토벌을 요청했다.

883년, 정예군을 이끌고 온 이극용은 황소의 군대를 가차 없이 격파하면서 장안으로 들이닥쳤다. 황소는 하남으로 도망쳤고 이극용은 그의 뒤를 추격했다. 다음 해 산동의 태산 부근까지 쫓긴 황소는 첩첩산 중에서 죽고 말았다. 이로써 장장 10여 년에 걸친 대반란은 진압되고, 희종은 장안으로 돌아왔다. 그러나 예전 같은 지위를 다시 누릴 수는 없었다. 권력은 지방 번진의 손에 나누어졌고 치열한 세력 다툼이 벌어졌다.

그 가운데서 가장 강력한 군벌로 등장한 사람은 이극용과 주온이었다. 특히 주온은 당에 투항한 뒤 그 공을 인정받아 전충(全忠)이라는 이름을 받았고, 이극용은 진왕(晉王)에 봉해졌다. 두 세력은 천하를 손아귀에 넣기 위해 패권 경쟁을 벌였고, 마침내 주전충이 권력을 장악했다.

산서 지방의 변두리로 이극용을 몰아낸 주전충은 904년 황제 소종(昭宗)을 살해하고 10세의 허수아비 황제 소선제(昭宣帝)를 옹립했다. 그리고 3년 뒤인 907년 4월, 소선제에게서 황위를 물려받는 형식으로 스스로 황제가 되었다. 계속 이어질 것 같던 당나라의 마지막 불씨는 결국 그렇게 꺼지고 말았다. 당 고조 이연이 왕조를 연 지 300여 년 만이었다. 당나라 붕괴의 불씨를 댕긴 안사의 난에서 붕괴의 종지부를 찍은 황소의 난에 이르기까지 치열하게 전개된 각지의 반란으로 당 제국은 마침내 설 자리를 잃고 말았다.

한편 황제의 자리에 오른 주전충은 후량(後梁)을 세웠다. 그러나 후량은 나라 같지 않은 나라였다. 이후 송나라가 들어서기 전까지 중국 대륙은 오대십국(五代十國)으로 분열되어 반백 년 동안 끊임없는 전쟁이 펼쳐진다.

원나라를 세운
쿠빌라이의 반란

세계 역사상 가장 넓은 제국을 건설한 초원의 황제 칭기즈 칸 (1155?~1227년)이 죽은 뒤에도 그의 후손들은 수십 년 동안 정복 의지를 불태우고 있었다. 그러던 1259년, 남송 정벌에 나섰던 몽골 제국의 제4 대 황제 몽케 칸(1208~1259년)이 전사했다는 소식이 전해진 뒤, 몽골 제국의 수도 카라코룸에는 긴장감이 감돌았다.

몽골의 풍습에 따르면 왕족이 쿠 릴타이(부족 회의)를 소집해 칸(khan, 중국 어로는 '한(汗)'으로 표기. 중세에 몽골·터키·타타 르·위구르에서 군주를 이르던 말)을 추대하는

960년 조광윤은 5대 10국 시 대에 종지부를 찍고 송을 건국했다. 송 은 유교 문화의 전성기를 이끌었으나, 북방 민족의 침략으로 1127년부터는 강남으로 천도해 남송을 세웠다. 남송 은 1279년 몽골에 정복될 때까지 유지 되었다.

것이 보통이었다. 그런데 관습상 칸의 후계자 자리는 파오(몽골 유목민의 천막집)에서 불씨를 지키는 아들이 이어받는 경우가 많았고, 대부분 막 내아들이 그 역할을 담당했다. 그러나 칭기즈 칸이 죽은 뒤로 그와 같 은 관습은 한 번도 지켜지지 않았다. 제국의 시조 칭기즈 칸이 죽었을 때도 막내아들 툴루이가 아닌 셋째 아들 오고타이가 유언에 따라 칸이

되었으며, 오고타이가 죽었을 때는 군사력이 강한 구유크가 막내 동생을 무시하고 칸의 자리에 올랐다. 그리고 그 뒤를 이은 몽케도 마찬가지였다.

그 몽케 칸이 원정길에 병사하고 만 것이다. 그의 뒤를 이을 만한 왕족으로는 맏아들 아수타이와 동생인 쿠빌라이(1215~1294년), 훌라구, 아리크부카를 꼽을 수 있었다. 그러나 아수타이는 제국을 이끌어 가기에는 아직 어렸고, 훌라구 역시 칸이 되기에는 역량이 모자랐다.

칸의 자리를 둘러싼 음모

실질적으로 칸의 위업을 물려받을 만한 인물은 아리크부카와 쿠빌라이 두 사람이었다. 그중 아리크부카(?~1266년)는 관습상 가장 유력한 위치에 있었다. 이미 형 몽케에게 칸 자리를 빼앗긴 그는 이번에야말로 절대로 놓치지 않겠다고 다짐했다.

아리크부카는 몽골 전통에 따라 자신이 가장 유리한 위치에 있음을 알고 있었지만, 마음이 놓이지 않았다. 특히 막강한 군사력을 가진 형 쿠빌라이 때문이었다. 그가 쿠빌라이에게 대항할 수 있는 유일한 길은 왕족과 부족장을 매수해 쿠릴타이에서 자신에게 투표하도록 하는 것이었다.

"수도를 지켰던 자가 크게 허물이 없으면 그에게 칸의 자리를 물려주는 것이 애초에 칭기즈 칸이 가지고 있던 생각이다."

아리크부카는 은근히 이와 같은 말을 퍼뜨리며 왕족을 포섭해 나갔다. 다행히도 아리크부카를 지지하는 왕족은 많았다. 그 전까지 몽케 칸의 즉위에 불만을 품고 있던 오고타이와 차가타이의 후손도 아리크부카를 지지했다. 그들은 몽케와 더불어 쿠빌라이가 오고타이계(系)와 차가타이계 왕족을 권력의 중심에서 몰아낸 일에 불만을 품고 있었다. 따라서 칸 자리에 욕심을 내는 아리크부카에게 중앙의 지배권을 보장해 주고, 그 대신 자신들은 각자 한국(汗國, 칸이 지배하는 나라를 뜻함)을 다스리고 싶었던 것이다.

반면 쿠빌라이가 칸이 된다면 그것은 불가능했다. 쿠빌라이는 칭기즈 칸의 뜻에 따라 강력한 통일 제국을 꿈꾸고 있었기 때문에 독립 지배권을 보장받기 어려울 것이 뻔했다. 게다가 쿠빌라이가 옛 북송의 문물과 제도를 도입해 중국에 동화하는 정책을 쓰는 것도 거슬렸다. 그들은 오직 케를렌 강을 중심으로 한 유목 생활이 체질에 맞으며 그곳을 떠나서는 안 된다고 생각했다.

이런 분위기를 감지한 아리크부카는 군사력을 키우는 데에도 힘을 기울였다. 아무리 왕족의 지지를 얻어 냈다 할지라도 군사력을 확보하지 않는다면 쿠릴타이 개최 자체가 불가능할 수도 있었다. 또한 집회가 열린다 하더라도 쿠빌라이가 군사력으로 몰아붙인다면 모든 것이 허사로 돌아갈 것이 뻔했다.

아리크부카는 쿠빌라이가 원정에서 돌아오기 전에 군대를 늘리는 데 온 힘을 쏟아 부었다. 그리하여 심복 아람달과 드리지를 시켜 징집

원 제국과 4한국.

에 나섰다. 그런데 아람달은 몽골 지역뿐 아니라 쿠빌라이의 속령지인 개평부까지 징집의 손길을 뻗쳤다. 그는 쿠빌라이의 지역임을 알면서도 개평부의 백성을 상대로 호구 조사를 실시해 징집을 강제했다.

악주성의 적막과 회군

악주성은 긴장과 고요에 싸여 있었다. 칠흑 같은 어둠과 침묵이 이어졌다. 폭풍 전의 적막 같았다. 악주성을 눈앞에 두고 몽골 제국의 최강 부대인 쿠빌라이의 군대와 가사도(賈似道)가 이끄는 남송의 최정예 부대가 대치하는 중이었다. 이 같은 적막이 보름 넘도록 계속되고 있었다. 가사도의 군대가 악주성 가까이 진군한 이후 시간이 지날수록 긴장감만 고조될 뿐이었다. 게다가 남송의 강화 제의를 쿠빌라이가 거절한 후 긴장감은 극에 달했다.

'과연 쿠빌라이의 몽골 대군이 먼저 악주성 공략을 재개할 것인가? 아니면 가사도의 남송 군대가 먼저 몽골군을 공격할 것인가? 공격을 개시한다면 그 시기는 언제쯤일까?'

대전을 앞두고 고통스러운 침묵의 시간을 마음 졸이며 보내고 있는 양쪽 병사들은 이러한 의문에 휩싸여 잠도 제대로 잘 수가 없었다. 특히 계속되는 적막에 그 누구보다 당황한 것은 남송의 장수 가사도였다. 그는 이 기분 나쁜 고요가 몹시 괴로웠다.

'도대체 쿠빌라이는 어떤 생각을 하고 있기에 아직도 공격 명령을 내리지 않는 것일까? 혹시 우리가 함정에 빠진 것은 아닐까?'

가사도가 그런 생각들로 하루하루 초조하게 시간을 보내고 있을 때, 몽골 제국의 맹장 쿠빌라이는 전혀 다른 문제로 고민하고 있었다. 남송의 대군과 대치한 상황에서 쿠빌라이가 고민한 것은 엉뚱하게도 군사를 돌이켜 돌아갈 것인가, 말 것인가였다. 그 이유는 며칠 전 수도 카라코룸에서 온 급보 때문이었다. 내용인즉슨 카라코룸에서 벌써 쿠릴타이가 소집되었다는 것과 동생 아리크부카가 칸에 옹립될 가능성이 많다는 것이었다. 쿠빌라이는 일단 쿠릴타이를 연기하라는 전갈을 보낸 뒤 깊은 시름에 잠겨 있었다.

그토록 염원하던 악주성 점령을 눈앞에 둔 상황이었다. 비록 남송의

원군이 단 이틀이면 마주칠 거리에 와 있었지만, 가사도는 종이호랑이에 지나지 않았다. 바야흐로 칭기즈 칸의 대업에 한 발 다가설 수 있는 절호의 기회였다. 그러나 아무리 가사도가 종이호랑이라고는 하지만 악주성을 공략하려면 적어도 며칠은 걸릴 테고, 가사도의 반격을 막아내려면 또 한 달 이상이 걸릴 터였다. 그러는 동안 카라코룸에서는 쿠릴타이를 열어 아리크부카를 칸의 자리에 올려놓을 것이 뻔했다.

'제국의 본토에서 칸 즉위를 둘러싸고 음모가 진행되고 있는데 악주성 점령이 무슨 의미가 있단 말인가!'

쿠빌라이가 이런저런 고민으로 잠 못 이루는 동안 악주성의 밤은 깊어만 갔다. 그때 쿠빌라이의 침소에 전령이 급하게 들이닥쳤다. 개평부에 있는 그의 아내가 보낸 전령이었다.

"카라코룸에서는 지금 아리크부카를 칸으로 추대하려고 합니다. 곳곳에서 사병을 모집하고 군대를 늘리는가 하면, 심지어 이곳 개평부에서도 군사를 징집해 가고 있습니다……."

더 이상 고민할 필요가 없었다. 자신의 속령지인 개평부에까지 와서 군사를 차출해 간다는 것은 도저히 용서할 수 없는 일이었다.

"이런 괘씸한……. 여봐라! 장수들을 불러라. 곧 회군한다."

그는 몹시 화를 내며 그 자리에서 회군 명령을 내렸다. 고민은 그렇게 끝났다. 쿠빌라이의 회군 결정으로 한시름 놓은 사람은 가사도였다. 그는 '피 한 방울 흘리지 않고 승리를 거뒀다.'며 병사들에게 큰소리를 쳤다.

1260년 1월, 쿠빌라이는 개평부에서 100리가량 떨어진 곳에 군대를 주둔한 뒤, 500여 명의 경호대만을 데리고 개평부로 들어갔다. 아내의 편지 내용을 비밀리에 확인하기 위해서였다. 그러나 확인할 필요도 없었다. 아리크부카의 심복 드리지가 개평부의 젊은이들을 몽골 본토로 이동시키는 광경과 마주친 것이다.

스스로 칸에 등극하다

크게 분노한 쿠빌라이는 당장 군사를 동원해 드리지를 체포하고 아리크부카의 음모를 직접 확인한 다음 또다시 고민에 빠졌다.

'카라코룸에 입성할 것인가, 말 것인가?'

쿠빌라이는 이미 아리크부카의 사신에게서 몽케 칸의 장례식을 거행한다는 소식을 받은 터였으므로 빠른 시간 내에 결정을 내리지 않으면 안 되었다. 장례식이 끝나면 곧바로 쿠릴타이가 열려 아리크부카가 칸의 자리에 오를 것은 자명한 일이었다. 쿠빌라이는 한 가지 문제를 두고 고민하고 있었다.

몽골의 맹장 쿠빌라이, 그는 일찍이 1244년에 이름난 유생 왕악을 고비 사막 이북 지역으로 초청하는 등 일찍부터 중국 문화에 관심을 보였다. 그리고 1251년 형 몽케가 칸에 오르자 그는 점령지인 옛 북송 지역의 총독에 임명되었고, 고비 사막 남쪽의 금연천을 근거지로 삼아 대리

국, 티베트, 베트남 등을 차례로 공략하면서 중국을 통치했다. 이렇게 오랜 세월을 중국 일대를 누비다 보니 자신도 모르게 어느덧 중국 문화에 매료되고 만 것이다.

몽골의 일본 원정대.

쿠빌라이는 곁에 유병충, 요추, 허형 같은 성리학에 밝은 중국인 지식인을 두었으며, 맏아들에게도 성리학을 공부시켰다. 그러면서 몽골의 야만적인 유목 생활을 은근히 멸시하고 있었다. 쿠빌라이는 초원의 유목 생활에 지쳐 있었다. 그의 측근에는 뛰어난 중국인 지략가도, 장수도 많았다. 그리고 그의 통치 아래 있는 중국인은 비록 몽골에 패했지만 농사를 짓고 한 곳에 머물러 살며 문명에 눈뜬 민족이었다.

쿠빌라이는 마흔이 되도록 토번과 남송, 대리국과 안남 그리고 멀리 호라즘과 러시아, 유럽의 헝가리 제국까지 쉼 없는 원정을 해 수많은 전쟁을 치렀고, 또 승리했다. 그러나 그는 이제 정착하고 싶었다. 그것도 몽골 초원이 아닌 문명 세계 중국에 뿌리를 내리고 싶었다.

쿠빌라이는 그런 생각에 휩싸여 며칠 동안 잠을 이루지 못했다. 그리고 생각에 생각을 거듭한 끝에 마침내 단호히 결정을 내렸다.

'카라코룸에는 돌아가지 않는다. 나는 이곳에 남는다.'

그러나 쿠빌라이는 곧바로 이런 결정을 드러내지는 않았다. 특히 아리크부카의 밀사인 드리지에게는 철저히 비밀에 붙일 필요가 있었다.

"드리지, 카라코룸으로 가기 위해 군사를 이끌고 와야겠다. 너는 남아서 나를 안내하라."

쿠빌라이는 드리지의 발을 묶어 놓고 군대를 이끌고 다시 개평부로 들어왔다. 쇠뿔은 단숨에 빼라고 했던가. 몽케 칸의 장례식에 참석하는 대신 주변의 귀족과 부족장, 군사를 개평부로 불러 모은 쿠빌라이는 기습적으로 쿠릴타이를 개최했다. 참가한 사람들은 만장일치로 쿠빌라이를 칸으로 추대했다. 1260년 3월, 쿠빌라이는 칸 즉위식을 치르고 쉴 틈도 없이 곳곳에 사신을 파견해 자신이 칸에 등극했음을 알렸다. 물론 아리크부카에게도 정식으로 그 사실을 통고했다.

그러나 쿠빌라이의 결행은 분명히 군사력을 배경으로 한 반란이었다. 본토가 아닌 수만 리 이역 땅에서 일으킨 반란이었으나 이 사건은 몽골 제국의 운명을 송두리째 뒤흔들어 놓기에 충분했다.

두 칸의 시대

"이것은 명백한 반란이다."

쿠빌라이의 사신에게 소식을 들은 아리크부카는 충격을 받았다. 워낙 기습적인 쿠릴타이였기 때문에 도무지 손쓸 겨를이 없었다. 그러나 무작정 화만 내고 있을 수는 없었다. 뭔가 대책을 세워야 했다.

아리크부카는 쿠빌라이의 사신에게 말했다.

"이번 쿠릴타이는 명백히 몽골 제국의 전통을 위반하는 행위다. 그러니 장군의 칸 등극을 인정할 수 없으며, 곧 대규모 쿠릴타이를 열 테니 참석하시라고 전해라."

쿠빌라이의 사신이 돌아간 뒤 아리크부카는 일단 주변의 귀족을 모았다. 차가타이가(家)와 오고타이가(家)를 비롯해 자신을 지지하는 모든 부족장을 카라코룸으로 불러들였다. 그리고 그들에게 쿠빌라이의 등극이 부당함을 힘주어 말했다.

"이는 명백히 몽골 제국의 명예를 더럽히는 행위입니다. 쿠빌라이는 소수 지지자들만 모은 가운데 쿠릴타이를 열었으며, 그 장소도 중국 땅인 데다 지지한 사람들을 보면 몇 사람을 제외하고는 모두 중국인입니다. 이것은 독립을 하겠다는 쿠빌라이 장군의 의지로밖에 보이지 않습니다."

몽케 칸의 맏아들 아수타이, 한때 쿠빌라이의 개평부를 감찰하던 유태평(劉太平), 차가타이의 손자 알루구 등이 아리크부카의 말에 맞장구를 쳤다.

쿠빌라이

"군대를 모아야겠소. 우리 쪽이 훨씬 유리합니다. 칭기즈 칸의 네 자손 중에서 세 자손이 우리를 지지하고 있습니다."

그 자리에 모인 사람들은 제각기 임무를 받고 흩어졌다. 일이 몹시 급하게 되었다는 것을 알고 있었기 때문에 그들은 촌각을 다툴 정도로 서둘렀다.

아리크부카 역시 바쁘게 움직였다. 그는 우선 아수타이의 어머니이자 몽케 칸의 아내인 굿다이를 포섭했다. 아리크부카가 칸이 되면 아들 아수타이가 후계자가 될 수 있으며, 나아가 차기 칸의 자리를 노릴 수 있었으므로 굿다이는 아리크부카를 적극 지원했다.

아리크부카는 차가타이의 손자인 알루구와 오고타이가에 속한 대부분의 귀족을 끌어들였다. 특히 쿠빌라이에 버금가는 군사력을 보유한 카이두가 가담하자 아리크부카는 자신감을 가질 수 있었다. 군사력을 충분히 확보했다고 판단한 아리크부카는 쿠빌라이가 도착하기 전에 서둘러 쿠릴타이를 소집했다. 그 자리에서 아리크부카는 역시 만장일치로 칸에 선출되었다. 그리고 곧바로 즉위식을 거행해 자신이야말로 정통 몽골 제국의 칸임을 선언했다.

몽골 제국에 바야흐로 두 칸의 시대가 벌어진 것이다. 왕족의 지지를 받는 아리크부카와 강한 군사력을 가진 쿠빌라이의 대립은 피할 수 없었다. 그리하여 1260년 6월, 쿠빌라이의 중국인 참모 염희헌이 섬서 지방으로 진격해 아리크부카의 선발대를 격파했다. 염희헌은 이어 육반산 쪽으로 기수를 돌려 몽케의 맏아들 아수타이 부대를 공격했다.

그해 9월, 염희헌 군대와 아수타이 군대는 양주에서 치열한 접전을 벌였다. 무려 나흘 동안 계속해서 벌인 전투로 주변의 산과 들은 온통 피로 붉게 물들었다. 결과는 염희원 군대의 승리였다. 이후 주변의 많은 부족이 쿠빌라이 진영에 가담하게 되었다. 또한 몽골 제국의 수도

카라코룸으로 향하는 식량과 각종 물자의 보급로를 차단하여 아리크부카 진영을 곤혹스럽게 만들었다.

식량과 물자가 막힌 아리크부카 진영은 식량을 확보하기 위해 대책을 세웠다. 우선 농산물이 많이 나는 차가타이 한국을 손에 넣기로 했다. 그리하여 쿠빌라이가 임명한 차가타이의 증손 압슈가를 죽이고, 차가타이의 손자 알루구를 차가타이 한국의 칸으로 앉혔다.

아리크부카의 배신과 몰락

차가타이 한국의 칸이 된 알루구는 한동안 많은 식량을 카라코룸으로 공급했다. 그러나 카라코룸에서는 점점 더 많은 징발을 요구했다. 밑 빠진 독에 물 붓는 격이었다. 알루구는 이대로 가다가는 차가타이 한국의 모든 물자가 바닥나고 나라가 황폐해질 것이 뻔하다고 생각했다.

무기력한 카라코룸에서 독립해 자신만의 왕국을 만들고 싶던 알루구는 아리크부카의 명령을 번번이 어기곤 했다. 그렇지만 쿠빌라이의 세력 때문에 아리크부카가 알루구를 강요할 방법은 없었다. 점차 카라코룸은 식량과 물자 부족으로 위기에 처했다. 아리크부카는 칸의 욕망을 접어야 했다. 우선은 먹고살아야 했던 것이다. 그리하여 아리크부카는 쿠빌라이에게 항복한다는 편지를 보냈다. 양쪽이 무장을 풀고 전쟁을 중지할 것과 쿠빌라이의 종주권을 인정해 조만간 다시 쿠릴타이를 열어

중국식 옷에 몽골식 외투를 걸친 쿠빌라이. 유목 생활에
지쳐 가던 그는 문명 세계 중국을 동경했다.

쿠빌라이의 칸 등극을 정식으로 선포하자는 내용이었다.

항복 편지를 받은 쿠빌라이는 아리크부카의 항복을 미심쩍어했지만 일단 제의를 받아들였다. 그리하여 카라코룸을 공격하기 위해 조직한 주력 부대를 해산하고, 부하 장수 에승게와 병사 500여 명만을 카라코룸으로 보냈다. 항복 절차를 처리하기 위해서였다.

그런데 에승게가 이끌고 온 병력이 겨우 500여 명에 지나지 않는 것을 본 아리크부카는 순간적으로 생각이 바뀌었다. 아리크부카는 에승게와 병사들을 포위하고 무자비한 공격을 퍼부어 댔다. 에승게와 병사 대부분은 그 자리에서 죽고 말았다. 몇몇 병사만 간신히 도망쳐 쿠빌라이에게 사건의 진상을 겨우 알릴 수 있었다.

쿠빌라이는 즉시 군대를 다시 소집했다. 주력 부대를 해산하기는 했지만, 병사들 대부분을 일정한 구역에 머무르도록 조치한 터였다. 쿠빌라이의 병사들은 명령이 떨어지자마자 바로 다시 모여 대군을 이룰 수 있었다.

쿠빌라이의 군대는 북으로 이동했다. 그리고 막 사막을 건너온 아리크부카의 군대와 심드 호수 부근에서 마주쳤다. 아리크부카의 군대는 쿠빌라이의 상대가 되지 않았다. 전투는 하루 만에 결판이 났다. 거침없이 밀어붙이는 쿠빌라이 군대에 밀려 아리크부카는 후퇴하기 시작했다. 쿠빌라이의 참모들은 퇴각하는 아리크부카의 군대를 추격해 완전히 섬멸하자고 건의했지만 쿠빌라이는 추격 명령을 내리지 않았다. 그것은 동생에 대한 마지막 배려였다.

그런데 이게 웬일인가. 퇴각하던 아리크부카는 쿠빌라이의 군대가 주춤거리는 것을 보고는 역습을 해 왔다. 쿠빌라이는 그런 상황을 예상하고 있었다는 듯, 철저히 방어하도록 한 다음 아리크부카의 군대가 스스로 지치기를 기다렸다. 아니나 다를까, 공격과 후퇴를 반복하던 아리크부카의 군대는 식량과 보급품이 바닥나 완전히 물러가고 말았다.

한편 쿠빌라이에게 패해 카라코룸으로 도망쳐 온 아리크부카에게 뼈아픈 소식이 또 하나 날아들었다. 차가타이 한국에서 알루구를 감시하며 식량과 물자를 징발하는 일을 맡고 있던 마구가 죽었다는 소식이었다. 아리크부카가 쿠빌라이에게 패했다는 소식을 들은 알루구가 이때다 싶어 마구를 죽여 버린 것이다. 아리크부카는 충격에 휩싸였다. 알루구의 배신에 판단력이 흐려진 아리크부카는 즉시 아수타이에게 차가타이 한국을 공격하라고 명령했다.

"알루구의 부하는 투항을 해 와도 무조건 사살하라. 그의 영토는 풀한 포기 자라지 않도록 폐허로 만들어 버려라!"

그러나 그것은 멸망을 자초한 일이었다. 기근이 들어 가뜩이나 굶주림에 허덕이던 백성들이 아리크부카의 무자비한 통치에 등을 돌리고 만 것이다. 그리하여 수많은 부족장이 속속 쿠빌라이에게 투항하였다.

아리크부카는 더 이상 나아갈 수도, 물러설 수도 없는 곤경에 빠지고 말았다. 어떤 구실을 붙여서라도 전쟁을 끝내는 수밖에 도리가 없게 된 아리크부카는 올가나라는 미인을 알루구에게 보내 화해의 뜻을 전했다.

알루구는 아리크부카의 의도대로 올가나의 미모에 반해, 그 가엾은 여인을 덥석 아내로 맞이했다. 그러면서도 아리크부카의 강화 제의는 무시하고 쿠빌라이에게 투항하고 말았다. 참으로 어이없는 결말이었다. 아리크부카로서는 땅을 치고 통곡할 일이었으나, 이미 엎지른 물이었다.

쿠빌라이, 대륙의 황제가 되다

막다른 길에 다다른 아리크부카는 패배를 인정할 수밖에 없었다. 이제 그가 할 수 있는 일은 쿠빌라이에게 항복하고 목숨을 구걸하는 것뿐이었다. 초췌한 모습의 아리크부카는 부하들을 이끌고 개평부로 향했다. 쿠빌라이는 아리크부카 일행을 너그럽게 맞아들였다. 마치 개선장군을 맞아들이듯 아리크부카가 걷는 길에는 빨간 양탄자가 깔렸고, 주위에는 수많은 병사가 줄을 지어 예를 갖추었다. 또한 쿠빌라이의 막사 안에는 호랑이 가죽으로 만든 호화로운 의자 두 개가 놓였다. 하나는 쿠빌라이의 것이고, 옆의 것은 아리크부카를 위한 자리였다.

아리크부카는 형 쿠빌라이의 발아래 엎드려 머리를 조아렸다. 쿠빌라이는 아우의 그런 모습을 한동안 물끄러미 바라보다가 입을 열었다.

"일어나라, 아우야. 네 자리는 거기가 아니라 여기다."

쿠빌라이는 자신의 옆 자리를 가리켰다. 그러나 아리크부카는 바닥에 엎드린 채 부르짖었다.

"형님, 제가 무슨 면목으로 그 자리에 앉겠습니까? 여기 이렇게 살아 있는 것만도 형님의 은덕으로 생각합니다."

그러자 쿠빌라이는 나지막하지만 힘 있는 음성으로 말했다.

"아니다. 한때는 네가 나의 적이었지만 그것은 실수일 뿐이다. 모든 것을 용서할 테니 이리 와서 앉아라."

아리크부카는 무릎걸음으로 다가와 쿠빌라이의 옆 자리에 앉았다. 쿠빌라이는 비로소 만족스러운 듯 고개를 끄덕였다. 칸 자리를 둘러싼 반목과 갈등은 이로써 막을 내린 듯했다. 그러나 다음 순간 이어진 쿠빌라이의 선언은, 그가 아리크부카를 무조건 용서한 것이 아님을 보여준다.

"형제간의 전쟁이 끝났으니 오늘은 마음껏 마시고 즐겨라. 그러나 오늘뿐이다. 내일은 전쟁의 책임을 물을 것이다."

쿠빌라이는 다음 날 전쟁 책임자 처벌에 들어갔다. 쿠빌라이는 아랍

달을 비롯한 아리크부카의 측근 장수 10명을 사형에 처했다. 아리크부카와 아수타이는 왕족이라는 이유로 처형하지 않고 먼 곳으로 유형을 보냈다.

이로써 몽골 제국의 용장 쿠빌라이는 온전히 칭기즈 칸의 후계자가 되었다. 또한 그가 칸이 됨으로써 몽골 제국의 운명은 바뀌게 된다. 몽골 초원의 유목민 세력을 장악한 쿠빌라이는 한동안 멈추었던 남송 정벌을 다시 시작하면서 그가 꿈꾸던 '중국식 나라' 건설에 박차를 가했다. 1271년, 쿠빌라이의 꿈은 이루어졌다. 그는 자신이 세운 나라 이름을 원(元)이라 칭하고, 새로운 제국의 황제로 즉위했다.

1271년부터
1368년까지 중국 대륙을 비롯하여 동아시아 전역을 지배한 왕조.

한편 쿠빌라이에게 항복하고 유배를 떠난 아리크부카는 잔당을 모아 세력을 키운 뒤 몇 차례 더 쿠빌라이에게 대들었다. 반란은 4년여에 걸쳐 계속되었지만, 아리크부카는 더 이상 쿠빌라이의 적수가 되지 못했다. 마침내 아리크부카의 세력을 완전히 소탕한 쿠빌라이는 도읍을 연경(燕京, 나중의 북경)으로 옮겨 대도(大都)라 하고, 중국 대륙을 통일하기 위해 남송을 공격했다. 그리하여 1279년, 이민족으로는 처음으로 중국 통일을 이루고 고려와 일본으로도 정복의 손길을 뻗쳤다.

7

백년 전쟁과
와트 타일러의 난

14세기 유럽은 그간 절대 권력을 휘두르던 교황의 힘이 줄어들고, 왕권이 커지는 시기였다. 프랑스 왕이 교황을 납치해 (아비뇽)에 발을 묶어 둔 사건을 계기로 전권을 휘두르게 된 국왕들은 중앙 집권 정책을 취하면서 지방 영주의 권위를 축소하려고 들었다. 즉 영주에게 더 높은 공물을 요구한 것이다.

14세기 초 프랑스 왕 필리프 4세는 성직자에게 과세하는 문제로 교황 보니파시오 8세와 대립해 승리하고 교황청을 통제하게 되었다. 이에 로마 교황청은 프랑스 남부 도시 아비뇽으로 옮겨져 1309년부터 1377년까지 프랑스의 지배를 받았는데, 이 사건을 아비뇽 유수(잡아 가둠)라고 부른다. 고대 유대인이 바빌론에 강제 이주된 옛 일을 본떠 '교황의 바

빌론 유수'라고도 한다. 그림은 포로 신세가 되어 프랑스 병사들에게 끌려가는 교황 보니파시오 8세의 모습.

그러자 봉건 영주는 국왕의 요구에 맞추기 위해서 장원(봉건 영주의 대농장)의 휴경지(갈지 않고 내버려 둔 땅)까지 경작을 늘렸다. 국왕에게 보낼 공물을 충당하기 위해 더 많은 작물을 생산해야 했다. 봉건 영주의 이런 잔꾀는 결국 지력(땅의 힘)을 크게 떨어뜨리는 결과를 가져왔다. 땅도 휴식이 필요한

데 계속 경작을 하다 보면 결국은 전체 생산량이 감소하게 되는 것이다.

국왕과 교황이 싸우고, 국가 사이에는 전쟁이 끊임없이 이어지고, 백성은 질병에 시달리던 중세 유럽은 그야말로 암흑기였다. 이처럼 수백 년에 걸쳐 중세 유럽의 하늘에는 먹구름이 드리워져 있었으며, 14세기에 들어와 영주의 경작지가 늘어나면서 농노와 영세 농민은 더 고된 노동에 혹사당하게 되었다.

지력이 쇠퇴해 수확량은 감소해 가는데 오히려 영주는 더 높은 생산량을 외쳐 대는 곤혹스러운 상황에서, 농노의 신음 소리는 높아져 갔다. 그래서 들판에서는 이런 노랫소리가 신음처럼 들려왔다.

뼈빠지게 일하는 사람은 나 하나뿐인데
일이 끝났을 때는,
보라, 제 몫을 챙기러 온 사람들, 세 사람이 서 있구나.
신(神)이라는 자와
황제 폐하 그리고 지주.

허리가 휘도록 일을 하지만 교회에 바치고, 영주에게 바치고, 국왕에게 바치고 나면 당장 먹을 식량마저 거덜 나는 현실을 체념조로 노래한 것이다. 중세 봉건 시대의 농민은 제각각 자신들의 몫으로 토지를 나누어 받아 경작했지만, 많은 시간을 영주의 직영지에 가서 일하거나 많은 양의 연공(해마다 바치는 공물)을 바쳐야 했다. 심지어 농민은 끼니를

잇기 위해 남겨 둔 곡식까지 바쳐야 하는 형편이었다. 유럽 전역에는 굶주림에 지친 거지가 넘쳐났다.

백년 전쟁과 페스트 광풍

이토록 암울한 시기에도 권력의 언저리에서는 싸움이 그칠 날이 없었다. 특히 영국과 프랑스는 줄곧 앙숙 관계였다. 두 나라의 통치자들은 틈만 나면 주도권 다툼을 벌였다. 섬나라 영국은 늘 대륙으로 진출하려 했고, 유럽 대륙의 첨병처럼 버티고 선 프랑스는 영국을 바다 가운데 묶어 두기 위해서 안간힘을 썼다.

14세기 초반, 프랑스 서남부 해안 지역은 영국 왕의 통치를 받고 있었다. 프랑스 국왕은 영국의 세력을 몰아내려고 번번이 시도했으나 영국 왕은 좀처럼 물러나려 하지 않았다. 도리어 영국 왕은 이전의 점령지까지 다시 약탈하려고 했다. 특히 프랑스 북부의 플랑드르(오늘날은 벨기에의 영토)를 차지하기 위해 두 나라는 치열하게 싸웠다. 이 지역은 영국에서 들여온 양모를 원료로 하는 모 방직업이 매우 발달한 곳이었다. 따라서 플랑드르는 당시 유럽 상공업의 기지 구실을 했고, 이곳의 방직업자는 은근히 영국을 지지했다.

이러한 분위기에 힘입어 군사력이 우세한 영국 왕 에드워드 3세는 1338년 노르망디 해변을 침공했다. 후세 사람들이 백년 전쟁이라 부르는 긴 전쟁이 시작된 것이다. 전쟁 초기에는 프랑스가 우세한 듯 보였지만 1346년 크레시 싸움에서 프랑스를 격파한 영국이 주도권을 쥐게 되었다. 이듬해인 1347년, 영국군은 승리의 여세를 몰아서 칼레를 점령하고 계속 프랑스 본토를 공략하려 했다.

그러나 뜻하지 않은 손길이 영국군의 발목을 잡는 바람에 전쟁은 잠시 중단되었다. 페스트(흑사병)가 몰아친 것이다. 흑해 연안의 크리미아 반도 남쪽에서 번지기 시작한 페스트균이 여행자나 상인에 의해 서유럽까지 전파되었고, 위생 상태가 불결하던 유럽 전 지역으로 확산되었다.

도시나 수도원 등 인구가 밀집한 곳에서는 검게 썩어 들어간 시체가 나뒹굴었다. 전쟁보다 더한 공포의 그림자가 유럽 하늘을 뒤덮었다. 페스트로 프랑스 인구는 3분의 1이나 감소했고, 영국도 5분의 1 정도가 줄어들었다. 사람들은 4년여에 걸친 그 숨 막히는 공포를 '신이 내린 저주'라고 일컬었다.

무시무시한 페스트의 공포 앞에서는 적군도 아군도 없었다. 오로지 병에 감염되지 않기를 빌면서 바들바들 떨 뿐이었다. 페스트의 확산이 어느 정도 잠잠해지자, 유대인이 우물에 페스트균을 넣어서 사람들이 병에 걸리게 되었다는 소문이 나돌았다. 화풀이 대상을 찾던 사람들은 근거도 없는 소문을 사실로 받아들였고, 프랑스와 독일의 도시에서

수많은 사람들의 목숨을 앗아 간 페스트의 공포를 나타낸 그림.

는 잔인한 유대인 학살이 행해졌다.

한편 페스트의 공포가 채 사라지기도 전에 영국과 프랑스는 다시 전쟁에 돌입했다. 영국은 1356년 푸아티에 전투에서 크게 승리해 프랑스 국왕을 생포하기에 이르렀다. 그리고 이 승리를 빌미로 프랑스에 막대한 배상금을 강요했다.

프랑스 농민의 봉기

끝없이 이어지는 지루한 전쟁 속에서 가장 큰 고통을 받은 사람은 바로 프랑스와 영국의 농민이었다. 특히 전쟁에서 진 프랑스 농민의 고통은 이루 말할 수 없었다. 더불어 프랑스에서는 상공업이 쇠퇴하고 공장 기술자들이 일자리를 잃었다. 농토가 황폐해지고 인구와 수확량이 급격히 줄었지만 오히려 농민에게는 온갖 세금이 부과되었다. 프랑스 농민들은 영국이 요구한 전쟁 배상금을 고스란히 떠안아야 했다.

농민의 불만이 고조되어 가던 1358년 5월, 파리 북쪽 보베 지방의 농민이 마침내 '귀족 타도'의 기치를 내걸고 봉기했다.

"한 명도 남김 없이 모든 귀족을 없애 버리자."

당시 농민의 대표적 이름인 자크를 상징하는 호칭. 귀족들이 농부를 업신여겨 자크 또는 자크 보놈(촌놈)이라고 부른 데서 나왔다.

자크리 (Jacquerie)라 부르는, 이

들 분노한 농민들은 프랑스 북부를 순식간에 휩쓸었다.

"귀족을 때려죽이자!"

많은 수공업자와 도시 빈민도 봉기에 속속 가담했다. 봉기군은 뛰어난 지도자 기욤 칼의 지휘에 따라 대단한 기세로 봉건 귀족의 간담을 서늘하게 했다. 기겁을 하고 도망친 귀족은 서로 힘을 결집해 봉기를 진압하려 했다. 기욤 칼은 봉기군을 이끌고 지세가 유리한 언덕에 진지를 구축한 다음 봉건 영주들의 진압군을 맞이했다. 봉기군의 강력한 대오를 보고 진압군은 섣불리 덤벼들지 못했다. 영주들은 힘으로 봉기군을 진압할 수 없음을 간파하고 교활한 기지를 발휘했다.

"기욤 칼만 없애 버리면 무식한 저들은 오합지졸에 지나지 않는다. 놈을 꾀어내자."

교묘하게 작전을 세운 다음 날 아침, 진압군 대장은 봉기군 측에 이렇게 제안했다.

"양측 대표끼리 만나서 담판을 짓자."

기욤 칼은 의심스러웠지만, 진압군의 제안을 받아들였다. 자신을 믿고 따르는 농민들에게 비겁한 행동을 보이기 싫어서였다.

"좋다, 중간 지점에서 만나자."

농민군과 진압군이 대치한 중간 지점을 향해 기욤 칼은 조심스럽게 내려갔다. 그때였다. 숨어 있던 10여 명의 진압군이 갑자기 기욤 칼에게 달려들었다.

"이런 비겁한 놈들!"

귀족과 봉건 영주들로 구성된 진압군은 농민을 무참히 짓밟았다.

기욤 칼은 달려드는 병사들에게 호통을 치고 도망치려 했지만 역부족이었다. 곧 온몸이 꽁꽁 묶인 채 진압군의 주둔지로 끌려갔다. 그리고 봉기군이 볼 수 있는 곳에 매달려 잔혹하게 처형되었다.

진압군 대장의 예측대로 기욤 칼이 없는 봉기군은 어찌할 바를 모르고 당황해했다. 그 틈을 타서 진압군은 총공격을 감행해 2만여 농민을 학살했다. 프랑스 북부 지역에는 피비린내가 진동했다.

영국에 타오른 반란의 불길

프랑스에서 반란의 불길이 휩쓸고 있는 동안 영국의 사정도 그리 나은 편은 아니었다. 당시 영국은 인구 비율이 낮은 교회의 성직자가 전체 토지의 3분의 1가량을 차지했고, 나머지 토지도 귀족 영주가 대부분 소유하고 있었다. 농민은 그들에게서 토지를 받아 경작을 했으나 가혹할 정도로 많은 세금과 힘든 부역을 감내해야 했다. 영주나 교회뿐 아니라 영국의 황실 역시 농민에게 온갖 세금을 부과했다. 프랑스와 백년 전쟁을 벌이는 동안 발생한 재정 적자를 보충하기 위해 15세 이상의 전 주민에게 인두세(사람 수에 따라 무조건 부과하는 세금)를 매기는 등 온갖 세금이 줄줄이 늘어만 갔다.

'누구를 위한 전쟁인가?'

영국의 농민들은 점점 전쟁에 환멸을 느꼈다. 전쟁에 승리해 봐야 어차피 자신들에게 돌아올 몫은 없었다. 오히려 막대한 전쟁 비용을 온몸으로 떠안아야 했다. 농민들은 이런 상황을 더 이상 참을 수 없었다. 게다가 그들은 봉건 영주의 지배 체제에도 불만을 품게 되었다.

그 무렵 영국의 농민 사이에는 전설의 영웅 로빈 후드의 무용담이 유행처럼 번져 가고 있었다.

"궁전 근처에 살고 있는 로빈 후드는 어느 날 국왕의 사슴을 죽인다. 그것은 대역죄였다. 붙잡히면 틀림없이 처형감이다. 고민하던 그는 도망치기로 결심한다. 그러나 그의 뒤를 왕의 호위병이 집요하게 추적해 온다. 로빈 후드는 마침내 도적이 살고 있는 산 속으로 들어간 뒤, 현명한 판단력과 용기를 인정받아 우두머리가 된다. 그리고 그는 부패하고 타락한 귀족과 성직자의 재물을 빼앗아 가난한 농민에게 나누어 준다. 그래서 사람들은 그를 의적이라 부르며 영웅으로 칭송한다……."

농민들은 그의 기이한 행적을 이야기하며 그 전설의 주인공을 닮아 보려는 영웅심에 들떴다. 인두세와 강제 부역으로 생활고에 찌든 영국 농민들은 스스로 로빈 후드가 되기를 갈망하고 있었다. 그러던 1381년 어느 날, 와트 타일러(Wat Tyler, ?~1381년)라는 미장공이 불만에 가득 찬 농민들을 선동했다.

"농노를 해방하라!"

"인두세와 강제 부역을 폐지하라!"

와트 타일러의 선동에 이끌린 농민들은 벌 떼처럼 몰려들었다. 드디어 반란이 시작되었다. 그러자 진보적인 성직자들도 가담했다. 특히 탁월한 식견을 갖추고 부패한 사회에 비판적이던 성직자 존 볼(John Ball, ?~1381년)의 활약은 대단했다. 그는 군중을 향해 거침없이 연설했다.

"아담이 밭을 갈고 하와가 베를 짤 때 누가 귀족이고 누가 농민이었겠습니까? 어느 누구도 땀 흘리지 않고 타인이 노동한 결실을 빼앗을 수는 없습니다."

존 볼의 설교는 농민군에게 용기와 확신을 심어 주었다. 어느덧 반란군 수는 10만 명으로 불어났다. 켄트, 에식스, 이스트앵글리아 지방을 중심으로 반란의 불길이 격렬하게 타올랐다. 농민 봉기군은 영주의 장원을 부수고 식량과 가축을 빼앗았으며 농노 문서를 불태워 버렸다.

봉기군은 영국 남부와 동부를 따라 두 갈래로 진군해 갔다. 남부의 봉기군은 와트 타일러의 지도 아래 런던으로 진군했다. 드디어 영국 땅의 3분의 2가 봉기군의 발아래 놓이게 되었다.

"국왕을 만나자. 왕에게 우리 고통을 알리고 영주의 구속에서 해방해 달라고 요구하자."

반란군은 질서 정연하게 움직여 국왕이 있는 런던에 이르렀다. 농민과 마찬가지로 가난에 시달리던 런던의 빈민들은 이들을 환영했다. 빈민까지 가세한 봉기군은 거칠 것 없는 기세로 왕궁을 포위했다.

국왕 리처드 2세는 급히 회의를 열었다.

"봉기군의 요구가 무엇인가?"

"영주에게서 자신들과 토지를 해방해 달라는 것과……."

"그리고?"

"현물 지대를 폐지하고 값싼 화폐 지대를 실시하라는 것입니다."

"으음……."

왕은 곤혹스럽게 신음했다. 참으로 엄청난 요구였다. 농민들의 요구를 무시했다가는 자신의 운명이 위태롭고, 농민의 요구를 들어준다면 봉건 영주가 가만있을 리 없었다. 고민 끝에 리처드 2세는 일단 농민의 요구를 받아들이기로 했다. 그리고 한편으로 반란의 열기를 잠재우기 위해 음모를 꾸몄다.

마침내 리처드 2세는 농민의 요구를 받아들인다는 내용의 헌장을 발표했다.

"와!"

봉기군의 함성이 메아리쳤다. 이들은 리처드 2세의 말을 철썩같이 믿은 채 승리의 벅찬 감동을 부여안고 각자 고향으로 돌아갔다. 그러나

중세 유럽의 농민은 영주의 소유지를 경작하면서 소작료를 지불해야 했다. 현물 지대는 토지에서 생산되는 곡물로 소작료를 납부하는 것으로, 노동 지대에서 땅을 빌린 대가를 돈으로 지급하는 화폐 지대로 이행하는 중간 형태였다.

농민들이 원하는 대로 순순히 일이 풀리지는 않았다. 기득권을 잃을 위기에 처한 봉건 영주들은 곧바로 왕을 부추겨 헌장 철회를 요구했다. 이때 와트 타일러는 몇몇 농민과 함께 런던 교외에 머물고 있었다. 그는 교회의 토지를 몰수해 농민에게 다시 분배할 것과 영주의 모든 특권을 금지할 것을 계속해서 왕에게 촉구했다.

"좋다, 담판을 짓자."

6월 15일, 리처드 2세는 음흉한 미소를 지으며 런던 시장과 함께 와트 타일러와 회담을 나누기 위해 나왔다. 협상이 진행되는 중에 런던 시장의 명령에 따라 와트 타일러는 포로가 되고 말았다. 농민에게 희망을 주던 진보 성향의 성직자 존 볼도 붙잡혔다.

대대적인 복수전이 펼쳐졌다. 리처드 2세는 농민을 회유하면서, 반항하는 농민은 잡아다 무자비하게 처형했다. 결국 농민은 힘을 잃고 다시 영주에게 예속되었다.

그러나 이들의 희생이 완전히 헛된 것은 아니었다. 한 차례 시련을 겪고 난 농민은 예전처럼 영주에게 호락호락 당하지만은 않았다. 그들은 전설의 의적 로빈 후드를 마음속에 담고 언제든 다시 타오를 수 있는 불씨를 간직하고 있었다. 한 차례 혼쭐이 난 영주도 더 이상 농민을 함부로 다룰 수 없었다. 영주 세력은 점점 쇠퇴했고, 많은 농민은 인격을 되찾았다. 자기 땅을 소유한 자영농도 생겨나기 시작했다. 이들은 다음에 올 새로운 사회의 주인공이었다.

국왕을 처형한
청교도 혁명

중세 봉건 제도가 점차 무너지고 강력한 중앙 집권 체제인 절대주의
왕정이 자리를 잡으면서 영국의 튜더 왕조
는 봉건 귀족이나 교회의 제약 없이
권한을 행사할 수 있었다. 왕권을
견제할 수 있는 기구는 오직 의회
뿐이었다.

근세 초기 유럽에서 나타난 정치
형태로, 군주에게 봉건 귀족이나 부르
주아 등 어느 누구에게도 제약을 받지
않는 절대 권력을 부여한다. 중앙 집권
적 통일 국가였다는 점에서 분권적인
중세 봉건 국가와 다르고, 신분 계층제
를 유지하였다는 점에서 근대 국가와
도 구별된다.

영국에서는 13세기 무렵부터 의회 제
도가 성립되었다. 초기 의회는 세습 귀
족과 성직자를 중심으로 한 상원과 지주 출신이 주
축이 된 하원으로 구성되었다. 수백 명에 달하는 의회 의원은 법률을
개폐하고 세금 징수 등과 관련한 국왕의 권한을 견제했다. 그러다 보니
의회는 국왕에게 그리 달가운 존재가 아니었고, 그 때문에 왕권과 법권
이 부딪쳐서 정치는 늘 어수선했다.

1603년, 영국 역사상 절대주의의 절정을 이룬 튜더 왕조의 마지막
여왕 엘리자베스 1세가 70세의 나이로 찬란한 생애를 마쳤다. 그러나

엘리자베스는 평생 독신으로 살았기 때문에 왕위를 이을 자식이 없었다. 그래서 가까운 친척인 스코틀랜드 왕 제임스 6세가 잉글랜드의 제임스 1세(James Ⅰ, 1566~1625년)로 즉위해 잉글랜드와 스코틀랜드를 동시에 다스리게 되었다.

그런데 스코틀랜드의 통치 방식에 익숙한 제임스 1세는 튜더 왕조의 왕들처럼 세련된 정치를 펼칠 수가 없었다. 그는 13세기부터 대헌장에 따라 시작된 영국의 의회 정치를 이해하기 힘들었다. 그는 정치란 국왕의 현명한 판단에 따르면 되는 것이지, 굳이 의회를 두어서 복잡하게 할 필요가 없다고 생각했다.

제임스 1세는, 왕은 신에게서 권한을 부여받았으므로 법 위에 존재한다고 주장했다. 이른바 왕권 신수설이 바로 그것이다. 나아가 그는 의회 자체를 폐기하려 했다.

1215년에 선포된 문서. 왕권을 제한하고 제후의 권리를 확인한 것으로, 영국 헌법의 근거가 된 최초의 문서다. 17세기에 국민의 권리와 자유를 지키기 위한 권리 청원, 권리 장전과 더불어 영국 의회제의 기초가 되었다.

그러나 영국 국민은 제임스 1세의 생각에 고분고분 따르지 않았다. 이미 새로운 정치 형태인 의회 제도의 맛을 본 영국 국민은 제임스 1세의 주장을 비판했고, 특히 법률가 쿠크 같은 인물은 국왕도 법의 지배를 받아야 한다며 법의 우월성을 강하게 주장했다.

1625년 제임스 1세의 뒤를 이어 즉위한 찰스 1세는 절대주의를 한층 더 강화했다. 그는 의회의 승인 없이 관세를 매기고 헌금과 공채를 강제로 거둬들였으며, 이에 응하지 않으면 투옥했다. 뿐만 아니라 병사를 민가에 무료로 숙박하게 하고 군법을 일반 국민에게도 적용했다. 그러면서 그 자신은 더없이 호화로운 생활을 했다.

찰스 1세의 횡포가 심해지자 1628년 5월, 의회는 권리 청원을 국왕에게 제출해 11개의 항목을 요구했다. 요구 내용은 주로 '세금을 국왕 마음대로 징수하지 말 것' '이유 없이 체포하거나 투옥하지 말 것' '민폐를 끼치는 군대를 각 지역에 배치하지 말 것' '군사 재판을 금지할 것' 등이었다.

국왕은 겉으로는 권리 청원을 받아들이는 척했으나 의회의 요구 사항을 이행할 생각은 조금도 없었다. 그는 결국 의회 활동 자체를 방해했다. 그리고 자신의 조치에 반대하는 사람들을 잔인하게 탄압했다. 국왕에게 불만을 토로한 사람은 런던 광장에서 처형되거나 온몸이 피투성이가 되도록 채찍을 맞았다. 그러한 일들이 벌건 대낮에 공개적으로 행해졌다.

1629년 1월, 급기야 찰스 1세는 강압적으로 의회를 해산해 버렸다. 그리고 1640년까지 11년 동안 의회 없이 정치를 행했다. 한편 그는 성실(星室) 재판소와 고등 종무관 재판소를 설치해 청교도를 탄압하면서 본격적인 돈벌이에 나섰다.

의회의 간섭을 받지 않게 되자 찰스 1세는 온갖 세법을 만들어 국민에게 여러 가지 세금을 부과했다. 또한

웨스트민스터 궁전(그림)
'별의 방'에서 열린 형사 재판. 왕이 정적을 탄압하는 데 이용했다.

소금이나 술, 석탄 등의 전매권을 독점해 거액의 이익을 남겼다. 그 바람에 당시 한창 무르익던 상공업의 발전이 주춤거렸고, 그 결과 많은 실업자가 생겨났다. 곳곳에서 세금 거부 운동이 일어났지만 국왕의 명을 받든 관리들은 체납자를 감옥에 가두거나 그들의 재산을 압류했다.

국민을 향한 선전 포고와 제1차 내란

농민과 일자리를 잃은 실업자는 더 이상 견딜 수 없었다. 그들은 생계 수단을 마련하지 못한 채 굶주린 배를 움켜쥐고 살아야 했다. 상처가 곪으면 터지듯 시민 봉기가 여기저기서 일어나기 시작했다. 처음 봉기는 스코틀랜드 민중이 시작했다. 성난 군중은 국경을 넘어 잉글랜드 북부까지 그 세력을 떨쳤다.

찰스 1세는 각지에 번지는 반란으로 통치의 위협을 느꼈다. 봉기의 불길을 잠재우기 위해서는 막대한 군사비가 필요했는데, 그것은 돈줄을 쥔 부르주아(자본가) 세력의 협조 없이는 어려운 일이었다. 찰스 1세는 의회를 열어 주는 대신 그들에게서 군사비를 얻어 내려 했다. 그리하여 문을 닫은 지 11년 만인 1640년 의회가 다시 열렸다.

그러나 의회는 찰스 1세를 지지하지 않았다. 부르주아 계급과 신흥 귀족은 절대 왕정을 반대하며 국왕의 횡포에 맞섰다. 영국의 민중도 이들의 의회 투쟁을 지지했다. 그리하여 이듬해인 1641년 의회에서 3년

회기법, 성실 재판소와 고등 종무관 재판소 폐지법, 선박세의 위법 선언법 등이 잇따라 가결되었다. 이 밖에도 새로 열린 의회는 국왕의 전매권을 취소하고 세금 징수를 마음대로 할 수 없게 하는 등 왕권을 제한하는 여러 가지 요구를 했다.

마침내 의회는 국왕의 권한을 제한하고 의회의 주권을 확고하게 하는 내용의 대간의서 (Grand Remonstrance)를 만들어 표결에 부쳤다. 이 표결은 비록 11표의 근소한 차이이긴 하지만 통과되었다. 찰스 1세는 위기에 몰렸다. 의회를 열어 둔 것을 후회하며 발등이라도 찍고 싶던 찰스 1세는 다시 의회를 폐쇄할 궁리만 했다.

왕의 실정을 낱낱이 열거하고 개선책을 밝힌 문서. 의회를 통과했지만 찰스 1세(그림)는 승인하지 않았다.

그러던 1642년, 찰스 1세의 폭력성이 다시 한 번 발휘되었다. 찰스 1세는 '의회 토벌'을 선언하고 왕실 군대를 이끌고 의회를 덮쳤다. 국왕에 반대하는 의회 대표자 5명은 미리 피신해 화를 면할 수 있었다. 찰스 1세는 빈 의회 건물을 점령했다. 이 사건을 목도한 영국 시민은 분노했다. 런던 부근의 농민과 장인들로 구성된 민병대가 의회를 포위했다. 위협을 느낀 찰스 1세는 추종자를 이끌고 런던에서 요크 시로 도망쳤다. 의회는 다시 시민의 손으로 들어갔다.

도망친 찰스 1세는 비교적 지지 기반이 남아 있는 서부와 북부 지방을 돌며 군대를 모았다. 의회파는 국왕에게 대권을 포기하고 의회의 주권을 돌려 달라고 재차 요구했으나 국왕은 코웃음을 치며 의회를 토벌하겠다고 선언했다. 의회파와 그들을 지지하는 시민을 향한 선전 포고였다.

영국은 이제 국왕을 지지하는 왕당파와 의회의 주권을 주장하는 의회파 간의 전쟁터로 변하고 말았다. 지리적으로 동남부는 의회파가, 서북부는 왕당파가 차지했다. 특히 주요 상공업 지대인 모직물 지대는 의회파의 근거지가 되었다. 종교 면에서 보면 의회파에는 청교도가 많았고 왕당파는 국교회와 가톨릭 중심이었다. 또한 의회파는 부르주아와 신흥 귀족, 자유 농민, 상공업자 등이 주축인데, 왕당파는 구 귀족과 젠트리(gentry)

젠틀맨 계층이라는 뜻으로, 귀족보다 낮은 신분이지만 가문의 문장을 사용할 수 있는 계층을 말한다. 지주가 중심인 젠트리는 지방 유력자로 세력을 키워, 절대 왕정 아래서 사회적 실세로 떠올랐다.

라 불리는 엘리트 그리고 강제 동원된 소작농으로 구성되었다.

크롬웰의 등장과 의회파의 승리

내란이 일어난 처음 2년여 동안은 국왕의 군대가 우세했다. 의회파 지도자는 그때까지도 국왕의 권한을 일부 제한하는 정도로 화해를 취하려는 환상을 가지고 있었기 때문에 과감한 작전을 펼치지 못했으나, 국왕은 무차별 공격을 감행했다. 의회파 군대는 번번이 패하면서 런던으로 향하는 길을 국왕에게 내주었다. 왕당파 군대는 시시각각 런던으로 공격해 들어갔다. 1643년 여름에는 런던을 삼면으로 포위했다.

런던 시내에 거주하던 장인과 빈민은 국왕군의 습격에서 수도를 보호하기 위해 고군분투했다. 그와 동시에 영국 동부의 자유 농민도 스스로 기병대를 조직해 국왕에게 타격을 입혔다. 그러나 런던이 국왕의 손에 떨어지는 것은 시간문제였다.

수세에 몰리던 의회군에게 반가운 소식이 날아든 것은 1644년 7월이었다. 동부 연합군 부사령관인 올리버 크롬웰이 지휘하는 철기군이 마스턴무어에서 국왕의 군대를 크게 격파했다는 소식이었다. 이 승리로 의회파의 사기는 치솟았다. 활기를 되찾은 의회파 군대는 국왕이 런던 공격의 고삐를 늦추는 사이에 여러 가지 대책을 세웠다.

의회군 진영의 지휘 체계에 문제가 있다는 것을 스스로 인정한 그들은 군대를 재편성하고 페어팩스를 사령관으로, 올리버 크롬웰을 부사령관으로 임명했다. 올리버 크롬웰은 잉글랜드 동부 헌팅턴 출신의 신흥 귀족이었다. 케임브리지 대학에서 공부하면서 청교도의 영향을 받은 그는 1628년에 하원 의원에 선출되어 정계에 첫발을 내딛지만 이듬해 의회가 해산되자 세인트, 아이브스 등을 전전하다가 1640년 새로 열린 의회의 신흥 귀족 대표로 뽑힌 인물이었다. 초기에 그는 국왕에게 부분 개혁을 요구하는 온건파였으나 1642년 내란이 발생하자 자영농으로 구성된 60여 명의 기병으로 전투에 참가해 점점 위세를 떨쳤다.

의회군의 지휘권을 사실상 장악한 크롬웰은 청교도인과 자유 농민으로 구성된 군대를 이끌고 곳곳에서 국왕의 군대를 격파했다. 그리고 1645년에는 신형군(New Model Army)을 다시 편성했다. 신형군은 의회파의 2만여 병사를 하나의 체계로 통합한 것으로, 10개의 기병 연대와 12개의 보병 연대로 편성되었다.

크롬웰은 신형군을 이끌고 계속해서 국왕의 군대를 격파했다. 1645년 6월에는 네이즈비 전투에서 결정적인 승리를 거두었다. 그 뒤부터 내란의 양상은 완전히 바뀌어 국왕은 이리저리 도망 다니기에 급급했다. 1646년 5월에는 스코틀랜드로 도망쳤다. 신형군은 끝까지 왕을 추격했다. 마침내 찰스 1세는 투항해 변방에 유폐되었다. 이로써 제1차 내란은 의회파의 완벽한 승리로 마무리되었다.

시민의 승리를 앗아간 기회주의자

내란의 승리는 민중이 흘린 피의 대가였다. 그러나 부르주아 세력과 신흥 귀족은 기회주의적인 속성을 발휘해 승리의 열매를 서로 독차지하려고 했다. 의회는 황실의 토지를 몰수해 경매에 붙이는 방법으로 대부분의 토지를 차지했다. 또한 국왕의 유폐로 지주나 귀족은 세금을 내지 않아도 되었지만 농민은 여전히 지주에게 세금을 바쳐야 했다.

피 흘리며 싸우던 민중은 의회의 처사에 분노했다. 의회 안에서도 여러 세력이 분열되었는데, 신흥 귀족과 상인이 주축을 이룬 장로파와

청교도 혁명을 승리로 이끈 크롬웰. 그러나 권력을 잡은 뒤에는 엄격한 독재 정치를 실시해, 그가 죽은 뒤 영국은 다시 왕정으로 복귀하고 말았다.

크롬웰의 군대를 주축으로 하층민의 지지를 받는 독립파로 나누어졌다.

두 세력은 모두 청교도 교파에서 유래했지만 정치 문제에는 상당한 의견 차이가 있었다. 장로파는 기회를 보아서 국왕을 복권시키고 화해하기를 바랐지만 독립파는 끝까지 왕과 맞설 것을 주장했다. 의회의 주권을 지키고 왕권을 제한한다는 원칙에는 서로 동의했지만 그 밖의 개혁 노선에는 차이가 있었다.

이처럼 두 세력이 분열되어 있을 때 평등파가 제3세력으로 등장했다. 런던의 수공업자와 직인이 주축이 된 평등파는 청교도 사상을 따르고 있었다. 이들은 공화제, 시민 주권, 보통 선거, 기본 인권 등을 주장했으며 하급 병사들의 지지도 받았다.

평등파는 장로파와 그 성격을 완전히 달리했지만 크롬웰이 이끄는 독립파와는 정책 문제에 타협을 시도했다. 그리하여 1647년 10월, 템스 강 유역의 파트니 사원에서 크롬웰과 평등파 간에 회의가 열렸다. 평등파는 정치의 평등을 실현하라고 요구했다. 22세 이상의 모든 남성에게 선거권을 줄 것, 신앙의 자유와 징병 거부의 자유를 보장할 것 등 다섯 가지 기본 인권에 관한 내용이었다. 평등파는 자신들의 요구를 정리해 '인민 협정'이라는 문서로 만들었다. 이 문서는 오늘날의 헌법과 같은 것인데, 평등파는 그것을 개혁의 원칙으로 크롬웰에게 제시했다. 하지만 크롬웰은 단번에 그 요구를 거절했다.

"모든 남자가 선거권을 갖다니, 가당치도 않은 말이다. 그렇게 되면 도대체 어떻게 정치를 할 수 있단 말인가? 국왕과 귀족은 타도되어야 한다. 그러나 정치는 지주나 상인처럼 그것에 걸맞은 사람이 하는 것이지 농민과 직인처럼 재산도 없는 패거리가 할 수 있는 것이 아니다."

크롬웰은 영주를 대신해 권력을 장악하기 시작한 부르주아 세력의 이해를 대변하고 있었지, 결코 민중의 편에서 개혁을 생각한 것은 아니었다. 왕권에 맞서 싸운 것도 국왕을 대신해 새로운 지배자가 되기 위한 것이었다. 결국 평등파의 요구를 크롬웰은 깨끗이 거절했지만, 그 요구 사항은 이후의 오랜 역사 속에서 조금씩 실현되었다.

이와 같이 의회를 둘러싼 각 세력의 분열을 틈타 유폐 중이던 왕은 스코틀랜드로 도망쳐 재기를 노렸다. 게다가 세력이 위축된 장로파는 의회 진영을 벗어나 스코틀랜드의 장로파와 손을 잡았다. 결국 국왕 편으로 돌아선 것이다. 이로써 제2차 내란이 시작되었다. 상황이 급변하자 독립파도 평등파와 손을 잡았다. 국왕 찰스가 돌아오는 것은 그들 모두에게 위협이었으므로 서로 힘을 합해야만 하는 처지가 된 것이다.

크롬웰은 독립파와 평등파의 연합군을 이끌고 웨일스 쪽으로 향했다. 그리고 영국으로 공격해 들어오던 찰스 1세와 스코틀랜드 군대를 프레스턴에서 격파하고, 1648년에는 찰스 1세를 다시 체포했다. 승리한 의회 진영은 이번에는 아예 장로파 의원을 의회에서 추방하고 독립파만으로 구성된 잔부 의회(Rump Parliament)를 열었다.

잔부 의회에서 찰스 1세는 '전제군주 그리고 반역자'라는 판결을 받았다. 의회는 국왕을 어떻게 처벌할 것인지를 놓고 논란을 계속했다. 대세는 국왕을 처형하자는 쪽으로 기울었다.

"반혁명의 뿌리를 뽑기 위해서 왕을 처형하기로 하겠소."

마침내 크롬웰의 선언으로 찰스 1세의 처형이 결정되었다.

찰스 왕의 최후와 크롬웰의 독재 정치

찰스 1세를 처형하는 날이 왔다. 오후 2시쯤 찰스가 처형대 앞으로 끌려 나왔다. 이른 아침부터 처형장 부근에 몰려든 군중은 찰스의 모습을 보자 일제히 술렁거리기 시작했다. 그것은 찰스를 동정하는 술렁거림이었다.

"마지막으로 할 말은 없는가?"

형 집행관이 물었다. 한참 만에 입을 연 찰스 1세는 이렇게 외쳤다.

"백성이 국왕을 재판하는 것은 신권을 거역하고 국법을 위반하는 것이다. 이런 재판이 허용되는 나라는 자유도 정의도 모두 물거품이 될 것이다. 부디 자유와 정의를 끝까지 지키도록……."

말을 마친 찰스 1세는 처형장에 무릎을 꿇고 앉았다. 이어서 형 집행관이 처형을 지시하는 신호를 내렸다. 커다란 도끼날이 국왕의 목을 내리쳤다. 시뻘건 피가 분수처럼 솟구쳐 올랐다. 피투성이가 된 찰스 1세의 머리가 처형장 바닥으로 굴러 떨어졌다.

"으악!"

도끼날이 찰스의 목을 단숨에 베어 버리자 몇몇 사람은 충격을 못 이겨 기절하고 말았다. 형 집행인은 잘린 찰스 1세의 머리를 높이 쳐들고 외쳤다.

"잘 보아라! 이것이 배신자의 머리통이다."

폭군이자 반역자이며, 시민 공동의 적으로 규탄받던 찰스 1세는 형장의 이슬로 사라졌다. 이제 왕 대신 의회가 최고 권력 기구로 자리 잡게 되었다. 부르주아와 신흥 귀족이 주축이 되어 공화정이 수립되었고 크롬웰이 대권을 장악했다.

그러나 말이 공화정이지 영국의 정치 체제는 국왕의 독재에서 계급의 독재로 바뀐 것에 지나지 않았다. 사실 17세기에 일어난 이 혁명을 청교도 혁명이라 부르는 것은 적합하지 않다. 실상 이 혁명의 주인공은 농민과 시민이었지만, 그 열매를 따 먹은 이들은 부르주아와 신흥 귀족이었기 때문에 이들을 청교도라는 하나의 이름으로 묶어서 보기는 어렵다. 그래서 어떤 역사학자는 17세기 영국의 혁명을 '자산 계급의 혁명'으로 보기도 한다.

독재자 찰스 1세를 처형장에 올린 것은 영국 민중의 힘이었지만 정

찰스 1세의 사형 집행 장면과 크롬웰이 서명한 사형 집행장.

작 국왕을 처형하고 난 다음 권력을 탈취한 자들은 의회파의 신흥 귀족
이었다. 새로운 독재 체제를 구축한 의회 안에서도 더 많은 권력을 획
득하기 위한 쟁탈전이 벌어졌다. 그들은 장로파, 독립파, 평등파로 갈
려 권력 투쟁을 일삼았고, 그 골은 점점 깊어만 갔다. 불안한 정치 상황
이 계속되었다.

　게다가 밖으로는 스코틀랜드와 아일랜드에서 반란이 일어나 나라는
갈수록 혼란스러웠다. 오랫동안 영국의 통치를 받던 아일랜드의 민중
이 어수선한 틈을 타서 봉기를 일으켰다. 오랜 전투 끝에 겨우 평화를
맞이한 병사들은 아일랜드 원정에 또다시 동원되었다. 병사들은 급료
조차 제대로 받지 못한 상태였기 때문에 강하게 반발했다. 그러자 크롬
웰은 원정에 성공하면 아일랜드의 토지를 분배해 주겠다며 병사들을

꼬드겼다. 다른 나라를 침략해 그 나라의 토지를 빼앗아 급료를 대신하 겠다는, 참으로 어처구니없는 발상이었다.

마침내 병사들은 아일랜드 원정에 반대하는 집회를 열었다. 그러나 즉시 해산 명령이 내려왔다. 병사들은 거부했다. 그러자 크롬웰은 직접 칼을 뽑아 들고 달려와 집회 주모자인 로버트라는 젊은 병사를 체포했 다. 그리하여 국왕이 처형된 지 3개월이 지난 1649년 4월 27일, 런던 중심가에 있는 세인트 폴 사원 앞 광장에서 로버트 로카이어는 반역죄, 명령 불복종죄, 반란 음모죄로 총살되었다.

병사들의 불만을 무력으로 잠재운 크롬웰은 1649년 가을, 군대를 이끌고 아일랜드로 진격했다. 그곳 인민에게 피비린내 나는 학살을 감 행한 영국 군대는 아일랜드 토지의 3분의 2를 강제로 점령했고, 그 토 지는 크롬웰과 고급 장교와 영국 상인이 차지했다. 이후에도 아일랜드 와 스코틀랜드의 산발적인 반란을 막강한 군사력으로 진압한 크롬웰은 공화정의 주도권을 완전히 움켜쥐게 되었다.

한편 영국 지배층에게 토지를 빼앗기고, 핍박을 견디지 못한 아일랜 드인은 유랑민이 되어 북아메리카 등지로 떠돌아다니는 생활을 했다. 그리하여 1641년에 150만여 명에 달하던 아일랜드의 인구는 1652년 경에는 85만여 명으로 줄어들었다.

이 무렵, 처형된 국왕 찰스 1세의 아들이 은밀하게 왕정 복고를 꾀 하고 있었다. 이 사실을 감지한 크롬웰은 우선 타고난 정치력을 발휘 해 장로파와 손잡고 찰스 1세의 아들을 프랑스로 쫓아 버렸다. 그리고

(항해 조례)를 발표해 네덜란드와 해상권을 다투어 승리를 거두었다.

1653년, 강력한 군대의 지지 기반을 가진 크롬웰은 마침내 의회를 해산하고 호국경(護國卿) 자리에 올랐다. 최고 통치자가 된 크롬웰은 모든 군사권을 장악했다. 재정과 사법 권한

해외 무역에서 외국 선박을 배제하기 위해 발표한 조례. 수입품은 영국 배나 산출국 선박만을 사용하도록 했다.

이 모두 그의 손아귀에 들어갔다. 이처럼 독재 체제를 구축한 크롬웰은 신흥 귀족의 지지를 얻는 데만 급급할 뿐, 민중의 생활은 외면했다.

크롬웰은 오히려 민중에게 총칼을 들이대기까지 했다. 대표할 만한 예가 바로 디거스(Diggers) 운동을 탄압한 것이었다. 디거스란 '땅을 파는 자'란 뜻으로 1649년 봄, 런던 부근의 황무지 개간 문제가 발단이 된 가난한 농민의 반정부 운동이었다. 디거스 운동을 통해 영국의 빈농은 억압된 현실을 여실히 폭로했다. 이들의 운동은 점점 정치 성향을 띠게 되어 마침내 토지 사유 제도를 폐지할 것과 사람은 모두 평등해야 한다는 주장을 제기하기에 이른다. 이러한 운동은 크롬웰의 독재 체제에 위협을 가할 만한 것이었고, 위기를 감지한 크롬웰은 이들을 철저히 탄압했다.

영국 시민은 크롬웰 정권에 반대했다. 이러한 분위기를 타고 다시 왕정을 복고하고자 하는 무리가 서서히 고개를 쳐들었다. 이미 시민의 지지를 잃은 크롬웰 정권은 복고 세력이 고개를 드는 것을 효과적으로 막아 낼 길이 없었다. 그러던 1658년, 병에 걸린 크롬웰은 시름시름 앓

다가 세상을 떠났다. 그러자 아들 리처드 크롬웰이 호국경에 올랐다. 그러나 이듬해, 리처드 크롬웰은 호국경을 사임했다. 그 사이 왕정의 검은 그림자가 고개를 쳐들었다. 정국은 다시 혼란에 휩싸였다. 군사적 실권을 쥐고 있던 기회주의자는 혼란을 틈타 권력을 장악하느라 부산했다. 게다가 농민과 하급 군인도 새로운 봉기를 준비했다.

9

절대 왕정을 무너뜨린
명예 혁명

독재자 크롬웰이 죽은 뒤로 영국의 공화정은 심하게 삐걱거렸다. 게다가 연일 농민 봉기가 일어났다. 절대의 존재로만 보이던 국왕이 목이 잘리는 광경을 목격한 농민은 이제 더 이상 시키는 대로 순종하는 존재가 아니었다. 하지만 시민과 함께 왕권에 반대해 새로운 지배층이 된 부르주아와 신흥 귀족에게도 농민 봉기는 그리 달가운 것이 아니었다.

한편 국왕을 사형에 처하는 극단의 방법으로 공화국이 된 영국의 정치 상황을 본 유럽의 국왕들은 분노했다. 그들은 국왕이 없는 나라는 생각조차 할 수 없었다. 게다가 그런 움직임이 자신들이 통치하는 나라에도 영향을 미치면 큰일이었다. 백성의 손에 목이 달아난다는 사실은 상상만 해도 끔찍했다.

그리하여 어떻게든지 영국에 왕정을 부활시키려는 움직임이 여러 나라 왕들 사이에서 은밀하게 이뤄졌다. 왕이 없는 나라는 존립하기 어렵다는 것을 온 천하에 보여 주고 싶었던 것이다. 특히 프랑스와 에스파냐의 왕정 세력은 처형된 찰스 1세의 아들을 도와 왕위를 탈환하게 하려고 했다. 그 첫 단계로 유럽의 여러 나라는 영국과 무역을 완전히 끊었다.

돌아온 찰스, 그리고 다시 왕정으로

프랑스와 에스파냐의 무역 금지령으로 막대한 손해를 보게 된 영국의 부르주아 세력은 누군가 절대 권력을 휘두르며 농민 봉기를 잠재워주기를 바랐다. 그리하여 이들은 왕정 복고 세력과 결탁했다. 영국 내 곳곳에서 왕정 복고 움직임이 고개를 쳐들었다. 공화정 독재에 반대하는 분위기도 무르익었다. 심지어 '자유를 지키라.'고 말하며 처참하게 죽어 간 찰스를 동경하는 사람까지 심심찮게 나타났다.

물론 민중의 처지에서는 낡은 봉건 제도의 틀로 절대 권력을 휘두르려는 왕이나, 공화정이라는 미명 아래 사실상 독재를 꿈꾸는 신흥 귀족 모두 마음에 들지 않았다. 민중이 피 흘려 이룩한 혁명을 이용해 그들은 권력의 칼자루를 바꾸어 쥐었을 뿐이었다. 영주나 귀족은 자신들의 이익을 실현하는 데 지장만 없다면 공화정이든 왕정이든 가릴 필요가 없었다.

권력의 주변에서 기생하는 세력은 언제든지 힘 있는 자가 등장하면 거기에 동참하게 마련이다. 그리하여 어제까지 원수로 여겼던 자를 받들어 모시기도 하고, 피로 맺은 맹세를 헌신짝처럼 버리기도 한다. 이러한 기회주의 행태야말로 그들의 속성이다.

신흥 귀족은 마침내 프랑스에 망명 중인 찰스 2세(Charles Ⅱ, 1630~1685년)를 데려다 국왕의 자리에 앉히기로 합의했다. 프랑스에서 재기를 노리던 찰스 2세는 그 소식을 듣고 당장 귀국을 준비했다.

권력의 부활을 꿈꾸며 런던으로
입성하는 찰스 2세.

'드디어 때가 왔다. 다시는 지난 역사를 되풀이하지 않겠다.'

오랫동안 힘든 망명 생활에서 뼈저린 교훈을 얻은 찰스 2세의 마음 속에는 아버지 찰스 1세를 처형한 무리와 백성에 대한 원망과 증오도 있었으리라. 하지만 화해의 제스처를 취할 필요가 있었다. 그는 영국으로 돌아오는 길에 네덜란드에서 이런 성명(브레다 선언)을 발표했다.

첫째, 정치범을 석방한다.
둘째, 종교의 자유를 보장한다.
셋째, 혁명 기간 중에 개혁된 재정 제도는 그대로 둔다.

성명의 내용은 영국 국민의 환심을 사기에 충분했다.
"찰스 2세는 아버지 찰스 1세와는 영 딴판이다."
새로운 독재자의 새빨간 거짓말을 곧이 들은 영국 국민은 이렇게 입을 모았다. 1660년 5월 29일, 찰스 2세가 런던에 들어오자 시민들은 환호하며 그를 맞이했다. 그가 가는 길은 꽃으로 수놓이고 종소리가 울려 퍼졌으며 화려한 색깔의 깃발이 휘날렸다. 찰스 1세가 처형된 지 11년 만에 왕정 복고가 이뤄진 것이다. (스튜어트 왕정)이 드디어 복고되는 순간이었다.

스코틀랜드를 다스리던 스튜어트 왕조는 제임스 1세 때부터 영국 왕을 겸했다. 스튜어트 왕조는 1714년 앤 여왕이 죽고 조지 1세가 즉위해 하노버 왕조를 열면서 막을 내렸다.

거꾸로 돌아가는 역사의 수레바퀴

영국 국민은 찰스 2세가 입헌 군주제를 실현해 주기를 기대했다. 즉 왕권보다 법권을 위에 두기를 바랐다. 그러나 찰스 2세의 속셈은 달랐다. 그는 망명지 프랑스에서 루이 14세의 전제 정치를 보면서, 자신도 루이 14세처럼 절대 군주가 되는 꿈을 은밀히 꾸었다. 그가 생각하는 국왕이란 아버지의 복수를 하고 절대 권력을 휘두르면서 쾌락을 추구하는 자리였다.

찰스 2세의 성명 내용은 모두 반대로 이뤄졌다. 그는 국왕이 되자마자 아버지 찰스 1세의 처형에 관여했던 사람들을 대대적으로 숙청했다. 찰스 1세의 처형을 결정했던 판사 13명을 즉시 처형하고, 이미 죽은 크롬웰의 시체를 다시 파내어 그 목을 잘라 버렸다. 정치범을 석방하기는커녕 오히려 더 많은 정치범을 만들어 처형한 것이다.

또한 개혁된 재정 제도를 그대로 두겠다는 성명과 달리 왕당파의 토지를 모두 되찾아 원래 소유주에게 돌려주고, 이미 매각된 토지는 배상할 것을 명령했다. 신흥 귀족은 막대한 배상액을 농민에게 떠넘겼다. 농민의 세금 부담은 날로 늘어만 갔다. 밥을 지을 때도 '부엌 세'를 바쳐야 할 정도로 온갖 종류의 세금이 농민의 생존을 위협했다. 또 가톨릭만 보호하고 청교도를 공직에서 추방하여 종교의 자유를 보장한다는 약속도 공염불이 되었다.

다시 왕당파의 세상이 왔다. 그들은 찰스 2세의 비호를 받으며 순식간에 의회를 점령했다. 청교도 혁명 때와는 정반대의 상황이 되었다. 그때는 크롬웰이 이끄는 독립파와 평등파가 왕당파를 몰아내고 잔부 의회를 열어 찰스 1세를 재판했지만, 이제는 거꾸로 왕당파가 나머지 세력을 의회에서 몰아내 버렸다. 이렇게 만들어진 반쪽짜리 의회를 사람들은 '기사 의회'라고 비꼬았다.

외교 문제도 찰스 2세는 영국민의 이해와 상반되는 정책을 취했다. 1670년 찰스 2세는 프랑스 왕 루이 14세와 비밀리에 협약을 맺었다. 자신이 가톨릭으로 개종하는 대신에 20만 파운드의 돈을 받는다는 것과, 반란이 일어나면 서로 군사를 지원하고, 프랑스를 도와 전쟁에 참가한다는 내용이었다. 또 반(反)네덜란드 정책도 약속했다.

이러한 외교 정책은 종교 문제 등으로 프랑스를 줄곧 적국으로 여기는 영국인의 정서에 맞지 않는 것이었다. 프랑스는 가톨릭이 주류를 이루고 영국은 청교도가 대다수였기 때문에 찰스 2세의 정책은 국민의 환영을 받지 못했다. 다만 일부 가톨릭 세력만이 그의 정책을 지지했다.

왕의 외교 정책을 보고 당황한 것은 왕당파로 구성된 의회도 마찬가지였다. 그들에게도 종교 문제는 중요한 것이었다. 마침내 의회는 비국교도를 공직에서 추방하는 내용의 심사율(법)과 이유 없이 인민을 체포하거나 구금할 수 없으며, 구금된 자는 20일 이내에 재판을 받아야 한다는 내용의 인신 보호율(법) 등을 제정했다.

왕과 의회의 대립은 1679년 왕위 계승 문제를 놓고 더욱 격화되었다. 찰스 2세는 아들이 없었으므로 동생 제임스 2세(James II, 1633~1701년)를 후계자로 임명했다. 그런데 제임스는 형보다 더한 전제 군주를 꿈꾸는 독실한 가톨릭 교도였다. 청교도를 주축으로 한 일부 의원은 이에 반발해 왕위 계승권을 박탈하는 '배척안'을 만들어 왕에게 올렸다. 그러나 찰스 2세의 답변은 의회 해산이었다. 유명한 철학자 존 로크 등 제임스의 왕위 계승에 반대한 사람들은 망명을 떠나기도 했다.

절대 왕정의 상징이라 할 수 있는 찰스 2세(왼쪽)와 루이 14세(오른쪽).

이 무렵 영국 의회는 청교도를 주축으로 하는 휘그당과 제임스를 옹호하는 지주, 귀족, 성직자 중심의 토리당으로 확연히 구분되었다. 오늘날 민주주의 국가에서 일반화된 정당 정치가 싹트기 시작한 것이다. 이러한 정당 탄생의 배경을 꼼꼼히 살펴보면 그 뒤에 존재하는 드러나지 않은 힘을 발견할 수 있다.

정당은 본질적으로 한 계급 또는 특정한 계층과 집단의 이해를 대변하면서 발생했고, 오늘날에도 바로 그 점을 눈여겨볼 필요가 있다. 즉 모든 정당은 어떤 특정한 계급 기반을 가지고 있으며, 따라서 하나의 정당이 전 국민의 이해를 대변하기는 힘들다. 그래서 다당제가 필요한 것이다. 예컨대 오늘날 기업의 정치 자금을 받는 정당은 정책의 초점을 기업에 이익이 되는 방향으로 맞추어 결과적으로 하층민이나 노동자에게는 불리한 정책을 취하기도 한다는 것이다.

어쨌든 17세기 말 영국의 역사는 거꾸로 흐르고 있었다. 청교도 혁명으로 끊어졌던 왕정은 다시 복고되었고, 찰스 2세는 국민의 지지를 받지 못한 채 불완전한 왕정의 명맥을 유지하고 있었다. 그러다가 1685년에 동생 제임스 2세에게 왕위를 물려주었다.

찰스 2세보다 더한 전제주의자 제임스 2세는 프랑스에 더욱 의존하면서 절대 왕정을 구축하는 데 힘을 쏟았다. 게다가 제임스 2세는 가톨릭의 부활을 시도했다. 예컨대 종래의 심사율을 무시하고 가톨릭 교도를 관리로 등용했으며, 국민이 지독히도 싫어하는 상비군을 설치하려 했다. 또한 '신앙 자유 선언'을 발표했다.

신앙 자유라는 그럴듯한 이 선언은 실제로는 가톨릭을 부활시키려
는 명분에 지나지 않았다. 더욱이 제임스 2세는 교회의 설교단에서 이
를 낭송하도록 명했다. 그러자 캔터베리 대주
교를 비롯한 7명의 국교회 주교가 반대하는
청원을 냈지만, 왕은 오히려 그들을 감옥에 가
두었다. 영국민은 제임스 2세의 정책을 결
사 반대했다. 점차 봉기의 움직임이 여
기저기서 감지되었다.

영국 국왕을 우두
머리로 하는 프로테스
탄트 교회 제도. 헨리 8
세의 이혼을 계기로 로
마 가톨릭과 결별해 성
립했다. 성공회라고도
한다.

농민을 비롯한 민중의 봉기를 누구보다 두려워
한 것은 신흥 귀족이었다. 그들에게 농민은 생산의 기반이었다. 생산
계급이 생산에 전념하지 않고 불평불만만을 터뜨리며 반란을 일으킨다면
지주를 비롯한 귀족은 돈벌이에 차질을 빚을 수밖에 없다. 따라서 그들
은 제임스 2세의 독단적인 통치를 막아야 했다. 귀족은 분노한 군중이
국왕을 처형하기 전에 왕 스스로 물러나게 하는 것이 좋다고 생각했고,
그 명분을 찾기에 급급했다.

피 흘리지 않은 혁명

1688년, 제임스 2세의 두 번째 왕비 메리(Mary of Modena, 1658~1718
년)가 아들을 낳았다. 이 왕자가 영국 왕실에 먹구름을 몰고 왔다. 왕자

의 출생을 계기로 마침내 왕과 의회의 대립이 표면에 드러났다. 제임스 2세는 아들이 없었기 때문에 영국민은 자연히 장녀인 메리에게 왕위가 계승될 것이라 믿었다. 그런데 뒤늦게 왕자가 태어나자 문제가 생겼다. 첫째 왕비의 소생인 메리와 앤 공주는 신교도였지만 새 왕비 메리는 가톨릭 교도였다. 그 사실이 영국인의 정서를 건드린 것이다.

의회를 비롯해 영국 국민은 가톨릭 교도인 메리의 몸에서 태어난 왕자가 왕위에 오르는 것을 원치 않았다. 당시 영국의 대다수 국민은 로마 가톨릭과 교황에게 반감을 품고 있었다. 따라서 새 왕자의 왕위 계승을 반대하는 여론이 걷잡을 수 없이 퍼져 나갔다. 제임스 2세에게는 그러한 여론을 수습할 능력이 없었다.

1688년 6월, 서로 손을 잡은 신·구 귀족이 궁정 정변을 일으켰다.

"국왕을 몰아내자."

휘그당과 토리당으로 결집한 그들은 순식간에 제임스 2세를 폐위했다. 그리고 후계자로 첫 왕비의 소생인 메리와 메리의 남편 윌리엄을 지명하고, 네덜란드 총독으로 있는 윌리엄과 메리에게 군대를 이끌고 영국으로 오도록 초대장을 보냈다.

그해 11월 윌리엄과 메리 부부는 1만 5,000의 군대를 이끌고 영국 남서부에 상륙해 런던으로 진격했다. 이른바 아버지를 내쫓으려는 것이었다. 국내의 귀족도 잇달아 이 군대의 대열에 가담했다. 화들짝 놀란 제임스 2세는 처칠(후에 마르바라 공)을 파견했지만, 분위기를 파악한 처칠도 왕을 배반하고 윌리엄 진영에 투항했다. 왕의 둘째 딸인 앤 공

주도 이들에게 가담했다.

사면초가였다. 제임스 2세는 영국에서 더 이상 발붙일 곳이 없음을 직감했다. 결국 국외로 망명할 것을 결심하고 문제의 왕자와 왕비를 먼저 프랑스로 도피시킨 뒤 자신도 탈출을 기도했다. 그러나 그것도 여의치 않았다. 가까스로 목숨을 부지하는 왕의 처지가 너무 딱해 보였는지 메리와 윌리엄은 제임스 2세의 도피를 묵인해 주기로 했다. 제임스 2세는 딸과 사위의 묵인 아래 그해 12월, 겨우 도피에 성공했다. 반대로 윌리엄 부부는 아무런 저항도 받지 않고 런던으로 당당하게 입성했다.

또 한 번 의회의 승리였다. 이번에는 피도 흘리지 않고 조용하게 얻은 승리였다. 그런데 위엄과 형식을 좋아하는 영국인은 왕정 자체를 폐지하는 것은 반대했다. 그들은 불안정한 공화국보다 위엄과 형식을 갖춘 국왕의 통치를 원했다.

이듬해인 1689년 2월, 의회는 메리와 윌리엄을 공동으로 즉위시켰다. 그

명예 혁명이 성공하고 윌리엄과 메리가 왕위에 오른 것을 기념한 그림.

들 부부는 윌리엄 3세(William Ⅲ, 1650~1702년)와 메리 2세(Mary Ⅱ, 1662~1694년)가 되어 새로운 왕정 시대를 열었다. 그러나 의회는 이들에게 많은 권력을 부여하지 않았다. 의회는 국왕의 권리를 제한하기 위해 1689년에 '권리 선언'을 승인하게 했는데, 그 주요 내용은 이렇다.

- 모든 법률의 제정 또는 폐지는 의회를 거쳐야 하며, 의회는 언론의 자유를 갖는다.
- 의회의 동의 없이 국왕은 세금을 거둘 수 없다.
- 평화 시에는 상비군을 둘 수 없으며, 정기적으로 의회를 소집해야 한다.
- 의회 의원의 선거는 국왕의 간섭을 받지 아니하며, 의원에게 활동의 자유를 보장해야 한다.

이러한 선언은 왕권을 철저히 제한하고 의회권을 보장하는 것이었다. 즉 왕의 권한보다 의회에서 제정한 법이 우선하는 시대가 온 것이다. 이로써 영국의 절대 왕정은 무너지고 입헌 군주제가 시작되었다.

권리 선언은 나중에 권리 장전으로 다시 승인을 받았다. 이것은 17세기 왕권과 의회의 항쟁에 종지부를 찍은 사건이었다. 또한 의회의 권리를 수호함과 동시에 왕위 계승까지도 의회가 결정할 수 있도록 하여 그 후 의회 정치 발달의 기초를 확립했다.

신흥 귀족과 봉건 귀족 그리고 딸과 사위까지 합작해 국왕을 외국으로 내쫓은 이 사건을 일컬어 피를 흘리지 않았다는 뜻으로 명예 혁명이

라 한다. 이 혁명은 반세기에 걸쳐 전개된 국왕과 의회의 싸움에 마침
표를 찍고, 영국 정치사에 커다란 획을 긋는 변화를 가져왔다. 영국 민
중이 드디어 봉건 제도의 굴레에서 벗어나게 된 것이다. 물론 그들은
다시 자본주의라는 쇠사슬에 매이는 몸이 되지만 말이다.

볼가 강에 울리는
스텐카 라진의 노래

17세기 중반 러시아 농민의 처지는 고대 로마의 노예와 별 다를 바가 없었다. 이들은 귀족의 딸이 결혼하는 데 딸려 가는 혼수품으로 취급되기도 했다. 또한 가끔 주인이 아닌 다른 귀족에게 살해되는 일도 있었는데, 그 귀족이 자기 영지의 농민 한 사람을 내놓으면 일이 해결될 정도였으니 그 처지가 얼마나 비참했는지 알 만하다.

때는 1600년대 중반, 러시아 볼가 강 중류의 어느 영지에서 한 마름이 영지의 농민을 모아 놓고 일장 연설을 하고 있었다.

"너희들이 날마다 무사히 살아가는 것이 다 주인 나리의 덕이다. 나리의 토지에서 일할 수 있다는 것을 행운으로 여겨야 한다. 그러니 너희는 그 대가를 치러야 한다."

마름은 대단한 선심이나 쓰는 것처럼 말했다. 농민들은 고개를 숙인 채 마름의 말을 건성으로 듣고 있었다. 마름은 헛기침을 해 가면서 말을 이었다.

"해마다 돼지 한 마리와 양 두 마리, 새끼 돼지 네 마리 그리고 거위한 마리와 암탉 네 마리를 바쳐라."

17세기 중엽, 러시아 각지에서는 이런 광경을 어디서나 쉽게 볼 수 있었다. 당시 러시아에는 자유롭게 자기 소유의 토지를 경작하는 사람이 드물었다. 대부분의 농민은 귀족의 영지에서 일하며 하루하루를 고통스럽게 살아갔다. 그들은 쉬는 날도 없이 1년 내내 들판에 나가 일했다. 게다가 힘들여 수확한 농작물도 절반 이상을 지주에게 바쳐야 했다.

귀족은 자기 소유의 토지를 소작지와 직영지로 나눈 다음, 소작지는 농민에게 빌려 주고 지대를 받았으며, 직영지는 소작 농민을 동원해 일을 시켰다. 그래서 농민은 한 달에 절반 정도는 귀족의 직영지에 가서 일을 해야 했다. 그뿐 아니라 남는 시간에도 풀을 베어 거름을 만들고 영주의 집수리를 하는 등 허드렛일까지 도맡았다.

이런 생활을 견디지 못한 농민은 귀족의 영지에서 도망치는 일이 잦았다. 러시아 남쪽 지방의 우크라이나와 돈 강 유역, 우랄 산맥 부근, 볼가 강 유역 등은 이렇게 자유를 찾아 도망쳐 나온 농민이 무리를 이루어 떠돌아 다녔다. 이들은 주인 없는 땅을 개간해서 농사를 짓거나, 병사의 추격을 피해 배를 타고 볼가 강 물줄기를 따라 이리저리 오르내렸다. 하지만 농민 대부분은 여전히 차르와 영주의 지배 아래서 고된 노동에 시달렸다.

그럴 즈음, 러시아 농민에게 복음과도 같은 소식이 입에서 입으로 은밀하게 전해졌다.

"스텐카 라진이 우리를 도우러 온다."

슬라브계 국가에서 군주를 부르는 칭호. 러시아 황제를 칭하는 관습적인 명칭으로 쓰인다.

농민들은 영웅 스텐카 라진(Stenka Razin, 1630년경~1671년)의 무용담을 이야기하며 그의 손길을 기다렸다. 그들은 고달프거나 억울한 일을 당할 때면 석양을 등지고 볼가 강의 웅대한 물줄기를 거슬러 올라가는 스텐카 라진의 장엄한 모습을 상상하며, 가슴속에 희망의 불씨를 소중하게 간직했다.

러시아 농민의 영웅 스텐카 라진

돈 강의 하류 지방에는 카자크(Kazak)라 불리는 사람들이 살고 있었다. 이들을 코사크라고도 하는데 '자유인'을 뜻하는 터키어에서 나온 말이라고 한다. 이들은 러시아 각지에서 영주의 착취를 견디다 못해 도망쳐 나온 농민이었다. 이들 자유인은 숲에서 사냥을 하고, 강에서 고기를 잡으며 살아갔다. 더러 목축을 하거나 황무지를 개간해 농사를 짓는 사람도 있었다. 이들은 어느 누구의 지배도 받지 않았다. 지주나 귀족이 발붙이지 못하도록 했고 스스로 일하며 자유롭게 살아갔다.

그러나 카자크의 자유가 완전히 보장된 것은 아니었다. 이들 주변에는 터키와 페르시아의 유목민이 살고 있어서 늘 위협이 되었다. 따라서 카자크는 생계를 마련하는 것 외에도 유목민의 침입에 대비해 스스로 힘을 키우는 수밖에 없었고, 그런 과정에서 강력하게 무장을 하게 되었다. 그리하여 차르나 귀족도 이들을 함부로 공격하지 못했다.

스텐카 라진은 바로 카자크의 두목이었다. 그는 1630년경 비교적 부유한 카자크 집안에서 태어난 것으로 알려졌다. 그의 원래 이름은 스테판이었다. 어려서부터 정의감이 투철하던 그는 풍족한 생활을 버리고 가난한 카자크의 비참한 생활 속으로 뛰어들었다. 이때부터 그는 '스텐카'로 불리기 시작했다. 스텐카는 스테판을 속되게 부르는 이름이었지만, 격식을 거부한 그는 어떤 이름으로 불리든 개의치 않았다.

1667년, 스텐카 라진은 카자크 중에서도 가장 가난한 무리를 별도로 모은 뒤, 그들을 이끌고 볼가 강 줄기를 따라 카스피 해 쪽으로 나아갔다. 그리고 그곳을 경유해 우랄 강 중류까지 거슬러 올라갔다. 그 주변에 야이크라는 도시가 있었는데, 스텐카 라진은 그 도시를 공략해 근위대를 무찌르고 대상인과 귀족에게서 많은 식량과 옷, 융단, 보석, 식기, 모피 등을 빼앗았다. 라진은 빼앗은 물건을 쌓아 놓고, 그곳에 모인 사람들을 향해 외쳤다.

"여러분은 이제 모두 자유인이오. 부자도 가난한 사람도 없으며, 모두 형제들이오! 또한 여기 쌓여 있는 물건은 여러분의 피와 땀으로 만든 것이므로 모두 여러분의 것이오."

"와아!"

스텐카 라진의 말에 사람들은 일제히 함성을 터뜨렸다. 빼앗은 물건은 이들에게 골고루 분배되었다. 스텐카 라진은 그곳 농민에게 구세주로 여겨졌고, 더 많은 농민이 무리로 들어왔다.

1667년에서 1669년에 걸쳐 스텐카 라진은 볼가 강 하류에서 카스피

민중의 고통을 외면하지 않았던 스텐카 라진. 그의 곁에는 언제나 가난한 민중이 따랐다.

해에 이르는 넓은 지역을 섭렵(두루 찾아다니며 경험함)했다. 그를 따르는 무리는 점점 불어났다. 그러자 문제가 생겼다. 더 많은 식량과 물자가 필요하게 된 것이다. 물자를 얻는 방법은 오로지 약탈뿐이었지만, 러시아에서는 이미 거의 모든 지역을 휩쓸고 난 뒤라 더 이상 얻을 물건이 없었다. 고심하던 스텐카 라진은 중대한 결단을 내렸다. 페르시아 유목민과 일대 결전을 치르고 그들의 재물을 빼앗아 오기로 한 것이다. 물론 큰 위험이 따르는 일이었지만, 사기가 절정에 오른 스텐카 라진과 그의 무리는 주저하지 않고 공격에 나섰다.

"가자, 보물 창고 페르시아로!"

1670년, 스텐카 라진은 마침내 무리를 이끌고 카스피 해의 검은 물결을 가로질러 페르시아로 진격했다. 스텐카 라진이 이끄는 카자크 무리는 용맹스러웠다. 그들은 페르시아 군대와 싸워 막대한 양의 전리품을 얻을 수 있었다.

한편 이 싸움에서 예기치 않은 성과도 얻게 되었는데, 페르시아에 포로로 끌려가 노예가 된 러시아인을 구출하게 된 것이다. 게다가 스텐카 라진은 인질로 잡아 온 아름다운 페르시아 공주와 사랑에 빠지게 되었다.

"스텐카 라진이 페르시아 군대를 혼내 주었다."

이런 소문이 입에서 입으로 전해졌다. 농민들은 통쾌해하면서 스텐카 라진을 더욱 존경하게 되었다. 소문은 러시아뿐 아니라 독일 등 인접 국가에도 퍼졌고, 그 과정에서 스텐카 라진의 이름은 전설 속 영웅처럼 각색되었다.

드넓게 번져 가는 저항의 불씨

스텐카 라진의 명성은 러시아 농민의 가슴에 희망과 투쟁의 의지를 불어넣었다. 농민은 스텐카 라진이라는 든든한 이름을 배경으로 봉기를 시도했다. 그 도화선은 볼가 강 중류의 니제고로드 지역에서 타올랐다. 니제고로드에는 오도예프스키라는 귀족이 살고 있었다. 그의 영지는 엄청나게 넓었고, 직영 농장에만 300여 명이나 되는 농민이 나와서 일을 했다. 추수 때가 되면 주체하기 힘들 정도로 막대한 양의 지대를 거두어들였다.

밭에 씨앗을 뿌리기에 적당한 어느 봄날이었다. 오도예프스키는 어느 농민의 밭에 자신의 직영지보다 먼저 씨앗이 뿌려진 것을 보고 노발대발했다. 가장 적기에 직영지에 곡식을 심은 다음에 각자의 농지에 씨앗을 뿌려야 하는 원칙을 누군가 깬 것이다. 그는 당장 모든 농민을 모아 놓고 호통을 쳤다.

"내 직영지에 아직 씨앗이 뿌려지지 않았는데 누가 먼저 너희 밭에 씨앗을 뿌렸느냐?"

농민들은 대답이 없었다. 그러나 마음속으로는 모두 분노를 삼키고 있었다. 오도예프스키는 한참 호통을 치다가 다시 명령했다.

"모든 일을 중단하고 당장 내 직영지에 씨앗을 뿌려라."

농민들은 모두 어깨에 농기구를 메고 오도예프스키의 직영지로 가서 일을 했다. 그날 밤, 니제고로드에는 편지 한 통이 날아들었다. 편지를 보낸 사람은 전설의 영웅 스텐카 라진이었다.

가난한 농민이여! 나는 여러분과 힘을 합해 니제고로드의 귀족과 관리를 쳐부수려 합니다. 그리고 이미 여러분의 마을에는 카자크가 파견되었습니다. 우리는 한형제니 힘을 모아 귀족과 근위대를 무찌릅시다.

– 여러분의 형제 스텐카 라진

오도예프스키의 눈을 피해 편지를 돌려 읽은 농민들은 잔뜩 흥분했다. 성급한 한 농민은 카자크의 군대에 합류할 준비를 서둘렀다.

"당장 스텐카 라진의 군대를 마중 나갑시다!"

그러나 카자크가 도착할 때까지 사태를 지켜보다가 나중에 합류하자는 주장이 더 우세했다. 의견이 분분하던 중 성질 급한 농민 20여 명이 카자크 군을 맞으러 그날 밤 마을을 빠져나갔다. 다음 날 아침, 이 사실을 알게 된 오도예프스키의 분노는 극에 달했다. 그는 부하들을 시켜서 도망친 농민의 밭을 완전히 짓뭉개 버리고는 남은 농민들에게 명령했다.

"그들이 도망친 것은 너희 책임이다. 너희가 그들 몫까지 맡아라. 어서 일을 시작하라."

그러나 농민들은 오도예프스키의 말에 꼼짝도 하지 않고 저항의 눈길로 맞섰다. 그러자 오도예프스키는 당황했다.

"이것들이…… 내 말이 안 들리느냐?"

오도예프스키는 소리를 버럭 지르며 부하 10명을 불렀다. 부하들은 총으로 위협하며 농민들을 밭으로 내몰았다. 그때 나이가 제법 든 농민이 나서서 총을 거두어 달라고 부탁했다. 그러나 그들은 부탁을 들어주기는커녕 그 농민을 향해 방아쇠를 당겼다. 총에 맞은 농민은 피를 흘리며 쓰러졌다.

그 광경을 본 300여 농민들은 더 이상 참을 수가 없었다. 그들은 낫과 칼을 들고 총을 든 이들에게 달려들었다. 그리고 순식간에 그들의 총을 모두 빼앗아 버렸다. 그리고 나서 농민들은 오도예프스키의 집으로 몰려갔다. 농민들의 손에는 대장간에서 급히 만든 칼과 창이 들려 있었다.

땅거미가 어스름하게 내릴 무렵 농민들과 오도예프스키의 부하 사이에 전면적인 싸움이 벌어졌다. 싸움은 밤새 계속되었다. 그러던 중에 스텐카 라진이 보낸 카자크가 도착했다. 힘을 얻은 농민들은 용맹스럽게 귀족 일가를 공격했다. 농민에게 쫓기던 오도예프스키는 마침내 자신의 저택 문고리에 목을 매 자살하고 말았다.

날이 밝을 무렵, 농민들은 오도예프스키를 비롯한 인근 귀족과 그 하수인을 모조리 제거하고 저택의 창고 문을 열었다. 산더미처럼 쌓인 곡식과 고기, 달걀 등을 마을로 옮겨 분배한 다음, 몇몇 농부는 카자크 무리를 따라 나섰다. 농민 봉기는 볼가 강 유역과 돈 강 유역으로 급속히 번져 갔다. 곳곳에서 이들은 카자크와 함께 영주의 집을 습격하고 자신들의 신분을 옭아맨 문서를 모조리 불태워 버렸다.

공주를 강물에 던져라!

스텐카 라진의 군대는 1만여 명으로 불어났다. 1670년, 스텐카 라진은 그를 따르는 카자크 무리를 이끌고 볼가 강 하류에 있는 도시 아스트라한을 점령했다. 어디를 가든 라진과 카자크 무리는 영웅 대접을 받았다. 스텐카 라진의 마음속에는 러시아 농민에 대한 형제애가 강하게 싹터 올랐다. 이때 라진은 잠시 자신의 행위를 돌아보게 되었다.

지금까지 그가 싸운 이유는 사실상 전리품을 얻기 위해서였다. 자신의 주변에 있는 가난한 카자크와 도망쳐 나온 농민의 굶주림을 해결해 주고 그들에게 존경받는 것으로 만족했다. 그러나 그런 방법으로는 수없이 많은 가난한 농민을 다 구할 수 없었다. 단순히 약탈로 무리의 배를 채워 주는 것 이상의 명분을 찾고 싶었다. 그것은 무엇일까?

고뇌에 찬 스텐카 라진의 마음속에 이전과는 다른 형태의 형제애가 생겨났다. 러시아의 모든 농민을 지주와 관리의 억압에서 구해 내고 싶었다. 말하자면 농노제 자체를 폐지하고 농민이 자기 토지를 경작할 수 있도록 하는 것이었다. 스텐카 라진의 눈은 새로운 의지로 불타올랐다. 그는 무리에게 외쳤다.

"모든 농민은 우리의 형제다. 우리의 형제를 저 악독한 영주와 간악한 관리의 억압에서 구해 내자!"

"와아!"

무리의 함성이 카스피 해의 검푸른 물결 위로 울려 퍼졌다. 드디어 도적질이 아닌 반란의 행군이 시작되었다. 스텐카 라진의 반란군은 차리친, 사라토프, 사마라 등의 큰 도시를 차례로 굴복시켰다. 이들 대도시는 대부분 튼튼한 성으로 둘러싸여 대포 같은 신형 무기로 무장하고 있었지만, 스텐카 라진의 군대는 성 안 주민들의 협조를 받아 승승장구했다. 심지어 성문을 지키던 수비대가 스스로 문을 열어 주기도 했다.

"스텐카 라진이 도시를 점령하면 귀족을 몰아내고 주민의 밀린 세금과 빚을 탕감해 준다."

이런 소문이 돌자 러시아의 농민과 도시민 그리고 하급 병사는 스텐카 라진의 승리를 위해 적극 협력했다. 반란군은 거침없이 나아갔다.

그들 앞에는 어떤 적도 없는 듯 보였다.

그러나 이때 한 가지 문제가 스텐카 라진의 발목을 붙잡았다. 카자크 반란군 내부에서 불만이 싹트기 시작한 것이다. 바로 스텐카 라진과 사랑에 빠진 페르시아 공주 때문이었다. 카자크의 지도자 중에 공주의 오만함을 시기하던 이들이 터뜨린 불만으로 반란군 무리는 분열될 조짐을 보였다.

사랑하는 공주가 동지들 간에 분란의 씨앗이라는 사실을 깨달은 스텐카 라진은 심각한 고민에 빠졌다. 사랑을 택하자니 동지가 울고, 동지를 택하자니 사랑을 버려야 했다. 고심하던 라진은 결국 동지를 택했다. 그리하여 볼가 강물 위에서 동지들에게 외쳤다.

"공주를 강물에 집어 던져라!"

모두들 얼어붙은 듯, 라진의 비장한 얼굴을 바라볼 뿐이었다. 라진은 다시 외쳤다.

"공주를 강물에 집어 던져라, 공주를……."

눈물을 삼키던 스텐카 라진은 차마 말을 맺지 못하고 고개를 돌렸다. 이윽고 공주의 처절한 비명과 함께 '풍덩' 하는 소리가 울려 퍼졌다. 사랑하는 이를 저세상으로 보낸 뒤 라진은 분위기를 수습하며 외쳤다.

"가자, 모스크바로!"

마침내 반란군은 차르 왕조가 버티고 있는 모스크바로 향했다. 그 소문을 들은 곳곳의 농민도 산발적으로 모스크바로 향했다. 러시아 전체가 반란의 소용돌이에 휩싸였다.

스텐카 라진은 살아 있다

1670년 10월, 스텐카 라진이 지휘하는 반란군은 심비르스크(현재의 울리야노프스크) 교외에서 차르가 보낸 정부군과 큰 싸움을 벌였다. 전투는 나흘간이나 계속되었다. 전세는 점점 스텐카 라진의 군대에 불리하게 전개되었다. 그 사이 차르의 지원군이 속속 도착했다.

나흘째 되는 날, 앞장서서 군대를 지휘하며 성곽을 공격하던 스텐카 라진은 적의 총탄에 맞아 머리에 큰 상처를 입고 말았다. 라진의 부상으로 주춤하는 사이 전세는 완전히 역전되었다. 외국에서 잘 훈련된 차르의 군대는 카자크와 농민을 무자비하게 죽였다. 살아남은 반란군의 무리는 있는 힘을 다해 차르의 군대에 저항했지만 역부족이었다. 차르가 보낸 진압군은 점점 강력해지는 반면 카자크와 농민군은 시간이 흐를수록 약해졌다.

스텐카 라진은 머리에 피를 흘리며 볼가 강 하류 쪽으로 도망쳤다. 심비르스크에 남아 있는 반군을 완전히 진압한 차르 군은 도망친 스텐카 라진을 추격했다. 그러나 전설의 영웅 스텐카 라진은 쉽게 잡히지 않았다. 그는 돈 강 쪽으로 도망치다가 카자크의 마을로 숨어들었다. 다시 카자크를 모집해 정부군을 반격할 생각이었다.

그런데 어찌된 일인지, 카자크는 쫓기는 그를 숨겨 주지 않았다. 이미 차르의 군대 쪽으로 대세가 기울었다는 것을 안 카자크가 스텐카 라진을 배신한 것이다. 뿐만 아니라 카자크는 추격해 온 진압군에게 라진이 숨은 곳을 밀고해 버렸다. 그리하여 1671년 4월, 전설의 영웅 스텐카 라진은 마침내 차르의 군대에 붙잡혀서 모스크바로 호송되었다.

1671년 6월 16일, 스텐카 라진은 모스크바 광장으로 끌려 나왔다. 차르와 귀족은 병사들에게 명령했다.

"그놈을 최대한 잔인한 방법으로 처형하라. 반역자의 최후가 어떤 것인지를 보여 주어라."

병사들은 군중이 보는 앞에서 스텐카 라진의 손과 발을 차례로 잘라 냈다. 광장 바닥은 그가 흘린 피로 붉게 물들었다. 구름처럼 몰려든 군중은 전설의 영웅 스텐카 라진의 최후를 지켜보며 마음속으로 눈물을 흘렸다.

한편 스텐카 라진의 처형 소식은 곧 러시아 전역에 퍼져 나갔다. 그의 도움을 기다리며 영주의 학대를 견디던 농민들은 절망했다. 농민의 유일한 희망이 형장의 이슬로 사라진 것이다. 그런데 이상한 소문이 산들바람처럼 러시아 농민의 가슴을 어루만지고 지나갔다.

"스텐카 라진은 살아 있다. 처형된 것은 다른 사람이고, 그는 처형 직전에 탈출했다. 지금은 어딘가 숨어 있지만 반드시 다시 온다. 우리를 구출하러 올 것이다."

농민의 가슴에 한 가닥 희망이 피어올랐다. 그들은 현실이 고통스러울 때면 스텐카 라진이 오기를 기다리며 조용히 노래를 불렀다.

스텐카 라진의 최후.

넘쳐 넘쳐 흐르는 볼가 강물 위에
스텐카 라진 배 위에서 노랫소리 들린다.
페르시아의 영화의 꿈 다시 찾은 공주의
웃음 띤 그 입술에 노랫소리 드높다.
돈 카자크 무리에서 일어나는 아우성
교만할손 공주로다 무리들은 주린다.
다시 못 올 그 옛날의 볼가 강물 흐르고
꿈을 깨친 스텐카 라진 장하도다! 그 모습.

물론 스텐카 라진은 다시 오지 않았다. 그러나 스텐카 라진의 전설
과 노래는 러시아 농민의 입에서 입으로 전해졌다. 스텐카 라진이 죽은
뒤 200여 년이 지나도록 러시아 농민은 입버릇처럼 이렇게 말한다.
　"스텐카 라진은 살아 있다. 러시아의 대지로 그는 다시 돌아온다."
　한편 러시아의 전통 민요인 이 노래는 오늘날 세계적으로 유명해졌
다. 우리나라에서도 1900년대 초반에 독립군이 즐겨 불렀고, 1980년
대에는 민주화 운동가의 애창곡이 되었다.

11

부르주아 시대를 연
프랑스 혁명

신대륙에서 13개 주로 이루어진 아메리카 합중국이 탄생할 무렵,
유럽 대륙의 중심 국가 프랑스에서는 시민 혁명의 원조라 할 수 있는
프랑스 혁명이 일어났다.

18세기 중후반의 프랑스는 아직 부르봉 왕조의 절대 권력이 지배했
지만, 사회 한쪽에서는 공업이 발달하고 있었다. 프랑스 곳곳에서 공업
지대가 새로 형성되었는데, 그중 규모가 가장 큰 곳은 리옹의 견직물
공업 지대였다. 그곳에는 6만여 명의 노동자가 일하고 있었다. 또한 프
랑스 북부에는 4,000여 명이 일하는 탄광도 있었고, 수백 명을 고용한
공장제 수공업도 성행했다.

이처럼 공업이 발달하자 무역도 성행했다. 프랑스의 포도주, 견직
물, 가구 등이 유럽 각지에 수출되었고, 마르세유 같은 큰 무역항도 열
렸다. 그러나 이처럼 자본주의가 발달하고 있음에도 부르봉 왕조에 의
한 봉건 신분 제도의 틀이 전 사회를 지배하고 있었다.

파탄 난 국가 재정과 민주주의 열망

프랑스 국민은 세 신분으로 나뉘어 있었다. 국왕을 중심으로 한 12만 명 정도의 성직자가 제1신분을, 38만 명 정도의 귀족이 제2신분을 이루었다. 전체 인구의 2%에 해당하는 이들 제1, 2신분은 국토의 30%에 이르는 토지를 소유하면서도 세금을 면제받았고, 높은 관리직을 독점했다.

그 밖에 2,450여 만 명에 달하는 대다수 농민과 상인, 노동자 등 평민은 제3신분으로 분류되었다. 이 중에서 자기 토지를 소유한 지주와 하급 관리, 상인, 수공업자, 변호사, 학자 등은 비교적 나은 생활을 했지만, 인구의 절대 다수를 차지하는 농민과 노동자의 생활은 참담하기 이를 데 없었다. 게다가 이들은 각종 세금을 부담해야 했으므로 불만이 점점 고조되었다.

1774년 루이 16세가 즉위하면서 사정은 더욱 심각해졌다. 허영과 사치에 눈이 먼 왕이 통치하는 동안 프랑스는 심각한 재정 적자에 시달리게 되었다. 국왕과 상류 귀족의 씀씀이가 헤픈 데다 몰지각한 외교정책이 심각한 재정난을 부채질했다.

그 무렵 신대륙 아메리카에서는 영국의 식민지에서 벗어나려는 전쟁이 벌어지고 있었다. 미국과 동맹을 맺고 영국에 대항하려던 프랑스 정부는 막대한 전쟁 비용을 미국에 지원했다. 때문에 프랑스 정부는 외국에 엄청난 빚을 졌고, 해가 갈수록 그 액수는 기하급수로 늘어났다.

당시 프랑스 재무 장관 칼론은 (명사회)를 소집하고, 상류 귀족에게 재정을 부담하게 하는 세제 개혁안을 제안했다. 그러나 귀족들은 파리 고등 법원을 매수해 이 정책안에 반발하면서 칼론을 장관 자리에서 끌어내리고 말았다.

샤를 5세가 삼부회를 대신해 소집한 신분제 의회. 성직자, 귀족, 상층 부르주아지 대표로 구성된 일종의 자문 기관이다.

재정 상태가 갈수록 위기에 처하자 프랑스 정부는 1788년 8월, 국민에게 신망이 높은 네케르를 재무 장관으로 재임명하고 삼부회를 소집했다. 삼부회는 1301년 국왕 필리프 4세가 성직자, 귀족, 시민 대표를 모아 노트르담 사원에서 열었던 회의에서 유래한 것으로 일종의 신분제 의회였다. 영국 의회와 달리 회의 소집이나 안건이 모두 국왕의 권한에 속했고, 의원의 의결권도 인정되지 않았다. 그나마 1614년 이래 한 번도 열린 적이 없었다.

1789년 5월, 실로 175년 만에 루이 16세는 삼부회를 열었다. 그러나 삼부회에서 평민의 의견이 반영되기는 힘들었다. 회의 참가자는 귀족이 270명, 성직자가 290명, 평민이 585명으로 평민의 수가 귀족과 성직자의 수를 합한 것보다 많았다. 그러나 표결은 부별 투표 방식이었다. 즉 신분별로 의결을 거쳐서 그 신분의 의견을 정한 다음 한 표를 행사하는 것이다. 따라서 평민은 항상 2 대 1(귀족과 성직자 대 평민)로 패하고 말았다.

이번에도 그랬다. 워낙 이해관계가 다른 각 계급의 대표가 모인 자리였으므로 회의는 결코 순조롭게 진행되지 않았다. 제1, 2신분과 제3

신분의 대표는 첨예하게 대립했다. 자유주의 사고를 가진 귀족과 평민 대표는 모든 대표가 한자리에 모여서 의결하자고 주장했지만, 특권 신분의 대표는 부별 투표를 고집했다. 팽팽한 대립만 계속되고 어떤 해결점도 찾을 수 없었다. 마침내 제3신분 대표들은 삼부회의 존재를 부정했다.

"별도로 국민 의회를 구성합시다. 이 기회에 아예 삼부회를 영국식 의회로 바꾸어 버립시다."

1789년 6월 13일, 평민 출신 의원들은 제1, 2신분 의원들을 배제한 상태에서 별도로 국민 의회를 결성했다. 제3신분의 이와 같은 강경한 태도에 왕은 분노했다. 궁정과 왕당파는 평민파 의원을 위협하며 의사당을 폐쇄했다. 그러나 제3신분 대표들도 만만하게 물러서지는 않았다. 1789년 6월 20일, 이들은 실내 테니스 코트에 모여 대책 회의를 열고 헌법이 제정될 때까지 절대로 해산하지 않겠다고 선언했다. 이것이 이른바 '테니스 코트 서약'이다.

프랑스 민중은 평민파의 요구가 이루어지기를 바랐다. 평민파의 확고한 태도와 민중의 지지를 확인한 제1, 2신분 의원들도 국민 의회에 합류했다. 7월이 되자 국민 의회는 '헌법 제정 의회'로 명칭을 바꾸고, 헌법에 의한 민

루이 16세는 최후의 수단으로 베르사유 궁에서 삼부회를 열었다.

주적인 의회 정치의 초석을 닦느라 분주하게 움직였다.

가자, 바스티유로!

헌법 제정 의회가 분주히 움직이고 있을 때, 국경에 있던 군대가 베르사유를 향해 속속 모여들고 있었다. 의회 정치가 들어설 것이라는 희망에 부푼 파리 시민은 베르사유로 왕의 군대가 집결하는 것을 보고 불안에 떠는 한편, 분노를 느꼈다. 게다가 1789년 7월 11일, 재무 장관 네케르가 파면되었다.

민중의 인기를 한 몸에 받는 재무 장관을 파면한 데다 군대를 동원해 의회를 무력으로 탄압하려 하자, 드디어 파리 시민의 분노는 폭발하고 말았다. 그렇지 않아도 두 해에 걸쳐 계속된 지독한 흉작으로 굶주림에 지쳐 있던 터에 의회 정치의 희망마저 사라져 버리자 시민들은 거리로 쏟아져 나왔다. 그들은 베르사유에 결집한 왕의 군대가 파리로 진격하는 것을 막기 위해 성문을 굳게 닫고 주요 길목에 바리케이드를 구축했다. 또한 빵을 훔치려는 폭동이 각지에서 일어났다.

파리 시민은 시내를 줄지어 행진했다. 행진을 진압하러 나온 병사들 일부도 대열에 합류했다. 시위 대열은 점점 불어났다. 그에 따라 신식 무기로 무장한 왕의 군대도 심상찮게 움직였다. 이때 카미유 데물랭 (Camille Desmoulins, 1760~1794년)이라는 사람이 군중을 향해 외쳤다.

"맨손으로 왕의 군대를 막을 수는 없습니다. 우리도 무기를 들어야 합니다. 바스티유 감옥에 가면 화약이 많이 있을 것입니다. 억울한 정치범도 풀어 주고 무기도 손에 넣도록 합시다."

바스티유 감옥은 왕의 절대 권력을 상징하는 곳으로, 정치범을 가둔 감옥일 뿐 아니라 파리 동부를 방어하는 요새이기도 했다. 왕의 군대를 막아 내기 위해서는 이곳을 점령할 필요가 있었다.

1789년 7월 14일, 군중은 성난 파도처럼 감옥을 공격했다. 격렬한 총격전 끝에 마침내 군중의 손에 바스티유는 함락됐다. 프랑스 왕 루이 16세는 호화로운 베르사유 궁전 뜰에서 사냥에 몰두하고 있다가 이 소식을 들었다. 그러나 그는 별로 놀라지 않았다. 늘 있는 폭동 정도로 생각했던 모양이다. 그래서인지 루이 16세는 그날 일기에 '아무 일도 일어나지 않았다.'고 기록했다. 이 어리석은 왕은 곳곳에서 영주의 성곽이 습격당해 건물이 불에 타고 호적과 토지 대장이 파괴되고 있다는 보고를 받고서야 사태를 파악했다. 그러나 이미 시민과 농민의 분노는 걷잡을 수 없이 타오르고 있었다.

프랑스 혁명의 도화선이 된 바스티유 봉기. 루이 16세가 한가로이 사냥을 즐기고 있을 때 성난 민중은 바스티유를 습격하고 있었다.

루이 16세는 바스티유 요새가 점령된 지 사흘 후인 7월 17일에 파리를 방문했다. 그는 시민의 손으로 선출된 신임 파리 시장에게서 시를 상징하는 열쇠와 3색 휘장을 건네받았다. 휘장에는 파리 시를 상징하는 붉은색과 푸른색 사이에 새롭게 황실을 상징하는 흰색이 칠해져 있었다. 오늘날 프랑스 국기의 모태가 된 이 휘장에는 왕에게 화해를 청하는 파리 시민의 뜻이 들어 있었다. 휘장을 받으며 루이 16세는 이렇게 생각했다.

'일단 화해를 받아들이는 척만 하면 된다. 백성이란 분노하다가도 시간이 지나면 저절로 수그러들어 생업 현장으로 돌아가는 존재들이다. 잠잠해질 때까지 그저 때를 기다리면 된다……'

빵이 없으면 과자를 먹어라?

프랑스 혁명의 열기는 세상을 바꾸려는 민중의 열망이었다. 그리고 변화에 걸맞은 법과 제도를 추진하는 것은 바로 국민 의회의 몫이었다. 파리 시민이 국왕 루이 16세를 굴복시킨 뒤, 국민 의회는 1789년 8월 4일 밤에 열린 헌법 제정 의회에서 봉건 신분제와 영주제 폐지를 선언했다.

그러나 농민이 영주의 지배에서 완전히 벗어나기 위해서는 돈으로 신분을 되사야 했기 때문에 분쟁의 불씨는 계속 남아 있었다. 그것은 헌법 제정 의회가 지닌 한계였다. 그들은 사실상 빈농이나 소작농보다 영주와 지주의 이해를 대변했으므로 편향된 정책을 취할 수밖에 없었다. 그런 한계를 지니기는 했지만 국민 의회의 개혁은 계속되었다.

마침내 8월 26일, 국민 의회는 진보적 군인 라파예트(de Lafayette, 1757~1834년) 등이 기초한 인권 선언(인간과 시민의 권리 선언)을 받아들여 국민 주권, 법 앞의 평등, 사상의 자유, 과세의 평등, 소유권의 신성 등 새로운 사회 질서의 원칙을 제시하며 혁명의 정의와 이념을 세웠다. 인권 선언은 (자연권)(自然權) 사상과 계몽 사상을 표현한 것으로, 미국의 독립 선언서에서 영향을 받았다는 주장도 있다. 인권 선언은 비록 부르주아의 한계를 지니긴 했지만 근대 민주주의 발전을 위한 기념비가 되었고, 세계 정치사에 커다란 영향을 미쳤다.

인간이 날 때부터 가지는 천부의 권리. 자기 보존이나 자기 방위의 권리, 자유나 평등의 권리 따위가 있다.

그러나 문제는 왕의 결정이었다. 루이 16세는 이런저런 이유로 인권 선언의 승인을 미루었다. 게다가 그는 파리 시장에게서 받은 3색 휘장을 짓밟고 군대를 동원해 의회를 습격할 계획을 세우고 있었다.

1789년 10월, 지독한 흉년으로 파리 시민은 굶주림에 허덕이고 있었다. 그 무렵, 베르사유 궁전에서 호화로운 대연회가 열렸다. 귀족 중한 사람이 걱정스러운 얼굴로 왕비 마리 앙투아네트에게 넌지시 이렇게 말했다.

"왕비님, 시민들이 먹을 빵이 없다고 난리입니다."

그러자 왕비는 시큰둥하게 대답했다.

"이상하군! 빵이 없으면 과자를 먹으면 되지 않느냐."

화려한 궁정 생활에 젖어 있던 마리 앙투아네트.

어떤 경로를 통해서인지는 모르지만 왕비의 이 말은 파리 시내로 곧 번졌고, 마치 화약 창고에 불이 붙듯 시민의 분노가 폭발했다.

"가자 베르사유로!"

수천 명의 시민이 행진을 시작했다. 1789년 10월 5일, 빗줄기가 쏟아져 내리고 있었다. 그 폭우를 뚫고 20km가 넘는 거리에 시민의 행렬이 끝없이 이어졌다. 시민들은 바스티유를 점령하던 때처럼 이번에는 기세를 몰아 베르사유 궁으로 쳐들어갔다.

"왕을 파리로 데려가자!"

시민들이 외치는 소리에 기가 질린 왕과 왕비는 벌벌 떨면서 지금까지 미뤄 오던 인권 선언을 승인하겠다고 말했다. 그러나 성난 시민들은 더 이상 왕을 믿지 않았다. 허기진 배를 움켜쥔 여자들이 국왕 일가를 끌어냈다. 몰지각한 왕비의 말 한마디로 루이 16세 일가는 시민의 포로가 되고 말았다. 물론 그 이유가 전부는 아니었지만 말이다.

바렌 도피 사건과 헌법 제정

루이 16세는 아직 왕위에서 쫓겨난 것이 아니었다. 당시 프랑스 시민은 그렇게 모질지는 않았던 듯하다. 하지만 화려한 베르사유의 낙원을 잃어버린 왕은 속으로 분노를 삼켰다.

베르사유에서 파리의 튈르리 궁으로 루이 16세 일가가 소환되자 의회도 곧바로 파리로 옮겨 왔다. 그리고 그해 11월에 국민 의회가 열렸다. 국민 의회는 교회의 재산을 몰수하고(1790년), 길드를 폐지했으며, 행정과 사법 제도를 정비하는 등 개혁을 단행하면서 영국식 입헌 군주제에 기반을 둔 헌법 제정에 들어갔다. 아직까지 그들은 왕의 존재 자체를 부정하지는 않았다.

1791년 4월, 혁명의 주도자 중 한 사람인 미라보(comte de Mirabeau, 1749~1791년)가 갑자기 사망했다. 사실 루이 16세가 시민의 단죄를 받지 않고 왕위를 유지할 수 있었던 것은 미라보의 보호 덕이 컸다. 루이 16세는 마리 앙투아네트의 오빠인 오스트리아 황제 레오폴트 2세에게 도움을 요청했다. 1791년 6월 21일 새벽, 루이 일가는 튈르리 궁을 몰래 빠져나갔다. 파리를 무사히 벗어난 국왕 일가는 마차를 타고 동부 국경으로 향했다. 그러나 국경이 얼마 남지 않은 바렌 지방에서 국왕 일가는 뒤따라온 시민군에게 붙잡히고 말았다.

국왕이 도망치다가 붙잡혔다는 소식이 퍼지자 시민의 분노는 다시 폭발했다. 왕에 대한 배신감과 증오는 극에 달했다. 파리 시민은 튈르리 궁으로 쳐들어갔다. 그리고 왕을 처형해야 한다고 주장했다. 왕정을 폐지하고 공화정을 수립해야 한다는 주장이 곳곳에서 제기되면서 루이 일가의 운명은 이제 바람 앞의 등불이었다.

하지만 의회에는 아직도 왕정을 옹호하는 세력이 있었다. 의회를 중심으로 프랑스의 정치 세력은 공화파와 왕정파로 나뉘어 대립했다. 공화제를 추진하는 세력은 자코뱅 파와 코르들리에 클럽 등이 주축이 된 시민 연합체였다. 이들은 1791년 7월 17일 마르스 광장에서 공화정 수립을 위한 서명 집회를 열었다. 그러나 이 집회는 라파예트가 지휘하는 국민군에게 짓밟혀 무산되고 말았다. 아직은 왕정을 옹호하는 세력이 더 큰 힘을 발휘했다.

파리의 대중적 정치 단체. 성립 시기는 명확하지 않으나 1790년 봄이라고 한다. 파리의 코르들리에 수도원에 본부를 두었기 때문에 이런 이름이 생겼다. 프랑스 혁명 초기부터 매우 전투적인 성향을 띠었고 거대한 인원 동원력을 가지고 있었다.

헌법 제정 의회는 입헌 왕정을 국시로 하는 프랑스 정치 사상 최초의 헌법을 제정했고, 일정 수준의 세금을 내는 성년 남자에게 참정권을 주었다.

라 마르세예즈와 상퀼로트의 승리

프랑스 혁명은 인접 나라에도 영향을 미쳤다. 그러자 혁명의 불길이 번져 오는 것을 두려워한 각국의 왕은 프랑스 혁명의 열기를 견제하려 했다. 그중에서도 오스트리아와 프로이센 등은 노골적으로 루이 16세의 절대 왕정을 지지했다. 이들 나라의 반혁명 의도를 잠재우지 않는다면 프랑스 혁명은 언제든지 좌초될 수 있었다.

프랑스의 혁명 정부는 1792년 4월, 오스트리아와 프로이센에 선전 포고를 하고 10만 대군을 파견했다. 그러나 프랑스 군은 계속 패배했다. 이에 분노한 파리 시민은 날마다 의회에 몰려가서 패전의 책임을 묻고, 책임자 처벌 등을 요구했다.

6월 20일, 시민들은 다시 튈르리 궁을 점령하고 루이 16세에게 여러 가지 요구 조건을 내세웠다. 그러나 왕은 들은 척도 하지 않았다. 계속 되는 패전과 시위 등으로 프랑스는 심각한 위기에 빠졌다. 그러자 의회 는 전 국민을 대상으로 격문을 발표했다.

"조국이 위기에 처했다. 애국심에 불타는 청년들이여, 의용군으로 자원하라!"

1792년 8월, 오스트리 아를 중심으로 하여 프로 이센, 영국 등은 시민이 점 령한 프랑스를 공동의 적 으로 간주하고 쳐들어왔 다. 프로이센 군은 국경을 넘어서 발미 지역까지 육 박해 왔다.

프랑스 의용군은 발미 에서 이들을 막아 냈다. 혁 명의 불길을 꺼뜨리지 않

막강한 군사력으로 무장한 지배 세력도 자유를 향한 프랑스 민중의 뜨거운 열정 앞에서는 손을 들 수밖에 없었다.

으려는 의지로 프랑스의 젊은이들은 속속 전쟁에 자원했다. 조국을 지키고 자유를 쟁취하려는 프랑스 의용군의 군가 소리가 곳곳에서 울려 퍼졌다. 프로이센과 오스트리아의 8만 연합군에 대항하는 프랑스 군은 약 5만 명에 지나지 않았다. 장교들은 싸움에 소극적이었지만, 각지에서 몰려든 병사들은 연합군의 어떤 공격에도 물러서지 않았다. 이들은 연합군의 포격을 받으면서도 총검에 삼색기를 걸고 진격했다.

"나가자, 싸우자! 조국의 아들들이여!"

함성은 점점 거세져서 마침내 거대하고 웅장한 노래가 되었다. 그 노래는 '라 마르세예즈(La Marseillaise)'라 하여 의용군의 대합창으로 바뀌어 갔다.

나가자! 조국의 아들딸들이여!

영광의 날이 왔도다!

독재에 항거하는 우리의 피 묻은 깃발이 날린다.

피 묻은 깃발이 날린다.

보라! 저기 압제자와 야비한 무리의 칼이

우리 형제자매와 처자식을 죽인다.

무기를 들어라!

대오를 이루어라!

나가자, 나가자, 우리 함께!

압제자의 피로 옷소매를 적시자!

오늘날 프랑스의 국가가 된 이 혁명가는 치열한 전장의 골짜기마다 울려 퍼졌다. 오스트리아 · 프로이센 연합군은 이 노랫소리의 위세 때문인지 퇴각하기 시작했다. 조국과 혁명을 지키려는 의용군의 기백이 침략군을 압도한 것이다. 이는 상퀼로트의 승리였다. 프랑스의 농민, 노동자, 시민은 절대 왕정의 탄압과 외국의 반혁명 세력에서 자신들을 지켜 낸 것이다.

귀족이 입는 반바지인 퀼로트를 입지 않은 사람을 뜻한다. 프랑스 혁명 때 활동한 민중 세력을 가리키는데, 이들은 보통 헐렁한 긴 바지를 입었다.

제1공화정의 성립과 왕의 처형

발미에서 프랑스 의용군과 프로이센 간에 치열한 전투가 벌어질 무렵 급진 성향의 공화파는 다시 시민 봉기의 틈을 엿보고 있었다. 1792년 8월 9일 밤 입헌 군주제에 반대하는 시민들은 파리 시청을 급습해 점령하고 이튿날 코뮌 정부를 창설했다. 이를 '8월 10일의 혁명'이라 한다.

코뮌 세력은 입헌 군주제를 지지하는 국민군 사령관을 사살하고 튈르리 궁전을 향해 진격했다. 국왕 일가는 의회로 몸을 숨겼다. 그러나 시민들은 의회를 포위해 국왕 일가를 체포했다. 이로써 왕권은 정지되고 정부, 의회, 코뮌이 서로 대립해 극도의 혼란이 일어났다.

코뮌을 주축으로 한 혁명 세력은 공화 정치를 추구하는 한편, 혁명에 반대하는 사람을 가려내 처형했다. 9월 2일에는 오스트리아 군이 전진한다는 소식과 함께 성직자를 중심으로 한 반혁명 분자를 대량으로 학살하는 사건도 일어났다.

공화정을 추진하는 코뮌 세력이 주도권을 쥐게 되면서 입헌 왕정을 유지하려던 의회는 극도로 위축되었다. 마침내 1792년 9월 20일, 입법 의회는 해산되고 국민 공회가 들어서서 공화정을 선포했다. 이것이 프랑스 제1공화정이다.

공화정이 시작되면서 당파 사이의 다툼도 치열하게 전개되었다. 대립의 중심 세력은 크게 지롱드 파와 자코뱅 파(산악파)로 갈라졌다. 온건한 성향의 지롱드 파는 의회주의를 내걸고 자유주의 경제 제도와 지방 자치를 주장했다. 부르주아 출신의 이들 공화주의자는 (롤랑 부인)의 살롱을 중심으로 모였다.

프랑스 혁명기의 여걸. 파리의 부유한 상인의 딸로 태어나 산업 검찰관 장 마리와 결혼했다. 남편의 일에 협력했고, 남편을 귀족으로 승격시키는 데에도 힘썼다. 프랑스 혁명 후 정치 운동에 참가하여 1791년 이래 지롱드 파의 명사들에게 자기 집을 개방했다. 1793년 루이 16세가 처형된 후 6월에 체포되어 11월에 처형되었다. 그녀가 마지막 남긴 "오, 자유여, 너의 이름 아래 얼마나 많은 범죄가 저질러졌는가."라는 말은 유명하다.

이에 비해 자코뱅 파는 중소 시민과 농민의 이익을 옹호하면서 그들을 신분의 속박에서 벗어나게 하는 일종의 사회 민주주의를 실현하고자 했다. 이들은 파리 코뮌의 자코뱅 클럽을 중심으로 결속했다. 이 두 세력은 국왕 루이 16세의 재판을 둘러싸고도 첨예하게 대립했다. 자코뱅 파는 국왕 처형을 주장했지만 지롱드 파는 국왕의 죄는 인정하지만 처형만큼은 하지 말자고 주장했다.

도저히 타협점을 찾을 수 없다고 판단한 국민 공회는 왕의 처형 여부를 표결에 붙였다. 그 결과 387 대 334로 사형이 결정되었다. 그리하여 1793년 1월 21일, 루이 16세는 파리 시내 중심에 있는 콩코르드 광장의 단두대에서 처형되었다. 그의 나이 39세였다. 그해 10월 마리 앙투아네트 역시 남편의 뒤를 따라 단두대의 이슬로 사라졌다. 왕비의 나이는 38세였다.

로베스피에르의 독재와 공포 정치

루이 16세가 처형되자 왕의 변호를 자처하던 지롱드 파는 위기에 처했다. 초조해진 지롱드 파는 코뮌을 무너뜨릴 음모를 꾸미고 은밀히 쿠데타를 기도했다. 그러자 시민들은 이들을 국민 공회에서 제명할 것을 요구했다. 마침내 지롱드 파는 의석 29석을 잃고 회복 불능 상태가 되고 말았다. 이제 자코뱅 파가 국민 공회를 장악하게 되었다. 1793년 3월, 자코뱅파의 로베스피에르는 행정과 군사를 통솔하는 거국적 위원회 설치를 제안해, 공안 위원회가 설립되었다.

한편 정치 무대를 잃은 지롱드 파는 자코뱅 파에 설욕할 음모를 꾸몄다. 그들은 지방으로 내려가 자코뱅 파를 비방하거나 왕당파와 야합해 반란을 일으키기도 했다. 그러다가 1793년 7월 13일, 자코뱅 파 지도자 마라를 암살했다. 자코뱅 파는 정신이 번쩍 들었다. 권력에 안주

루이 16세의 처형 모습과 로베스피에르. 루이 16세의 처형을 앞장서 주장한 로베스피에르였지만, 그 역시 민중의 삶을 외면한 채 강압적인 권력을 휘두르다가 결국 단두대의 이슬로 사라졌다.

할 때가 아님을 깨달은 그들은 일정 정도 국민의 자유를 제한할 필요가 있다고 판단하고, 그것을 실행에 옮기기 위해 공안 위원회를 로베스피에르(Robespierre, 1758~1794년)가 장악토록 하였다.

그 무렵 프랑스 주변의 왕국들은 동맹을 결성했다. 영국, 네덜란드, 에스파냐, 로마 등이 프로이센과 오스트리아 진영에 가담해 프랑스를 옭죄어 왔다. 정세는 점점 프랑스에 불리해졌다. 그 틈을 타서 지롱드 파와 왕당파는 권력 탈취를 위해 활발하게 움직이고 있었다.

권력의 정점에 오른 로베스피에르는 비상 사태를 선포하고 혁명 정부를 세웠다. 그리고 반혁명 세력을 숙청하기 시작했다. 지방에 은신한 지롱드 파와 왕당파 인사들이 대대적으로 처형되었는데, 그 수효가 무려 1만 명에 달했다. 이른바 공포 정치의 시작이었다.

로베스피에르는 확실히 정치 수완이 뛰어나고 탁월한 감각을 지닌 인물이었다. 그러나 뛰어난 수완으로 정권을 장악하는 것도 중요하지만, 그 정권을 유지하는 것이 더 중요하다. 그런 점에서 로베스피에르는 너무 잔혹한 지도자였다.

그의 공포 정치 아래서 시민의 생활은 무기력한 상태로 빠져들었으며, 관료 통제의 병폐가 곳곳에서 드러났다. 혁명의 대열을 이끌던 훌륭한 지도자 중에는 벌써 권력을 남용하는 변절자가 등장했다. 로베스피에르는 어느덧 미움의 대상이 되었다. 국민 공회 의원들도 그를 곱지 않은 시선으로 바라보았다. 의원들은 은밀하게 로베스피에르를 제거할 계획을 모의했다.

1794년 7월 27일, 기습 회의를 연 공회는 로베스피에르를 재판에 회부해 유죄를 선고한 뒤 그 일파를 체포해 다음 날 모두 처형했다. 루이 16세의 처형을 앞장서서 주장했던 로베스피에르 자신도 단두대의 이슬로 사라지고 만 것이다. 이 사건을 '테르미도르 반동'이라 하는데, 그로 인해 로베스피에르의 독재 정권은 3개월 만에 끝이 났다.

부르주아 공화정 시대의 막이 오르다

로베스피에르가 처형되고 독재 정치의 틀이 무너진 뒤 프랑스에는 짧은 순간이지만 자유의 바람이 부는 듯했다. 그 바람은 부르주아 공화주의자들이 일으킨 것이었다. 여러 해에 걸친 혁명의 주인공은 노동자와 농민이었지만 그 혁명의 결과로 역사의 전면에 떠오른 세력은 바로 상공업과 수공업에 종사하면서 많은 돈을 벌어들인 부르주아 계급이었다. 의회의 주도권을 잡은 그들은 자코뱅 파 집권 시절에 만들어진 농민과 노동자 위주의 정책을 대번에 폐지해 버렸다.

시민들은 더욱 참담한 빈곤에 시달리게 되었다. 가난한 농민과 시민은 부르주아 정권을 비판했다. 한편 왕정 복고를 기도하는 왕당파 세력 또한 반대의 이유로 부르주아 공화정을 무너뜨릴 기회를 노리고 있었다. 프랑스 정국은 1795년 10월, 왕당파가 반란을 일으킬 때까지 불안과 긴장의 나날이 계속되었다.

12

프랑스 혁명의 이단자
나폴레옹의 반란

1792년 8월, 코뮌 정부를 지지하는 시민들이 의회로 도망친 국왕 일가를 체포하여 끌고 가는 광경을 멀찍이서 물끄러미 바라보는 한 사내가 있었다. 20대 초반 나이에 군복 차림을 한 그는 키가 무척 작아 보였다. 사내는 얼굴에 비웃음을 띠며 중얼거렸다.

"천민의 자식들……."

국왕을 끌고 가는 시민들을 향해 내뱉은 말이었다. 그는 이어 국왕 쪽으로 눈길을 주다가 또 냉소적으로 중얼거렸다.

"머저리 같은 자식, 저 원수……."

사내는 군중과 반대쪽으로 유유히 발걸음을 옮겼다. 그 잘난 척하는 사내의 이름은 나폴레옹 보나파르트(Napoléon Bonaparte, 1769~1821년)였다.

코르시카 촌놈

나폴레옹은 프랑스의 식민지 코르시카 섬에서 이탈리아계 지주의 아들로 태어났다. 18세기 초, 코르시카 섬은 이탈리아 제노바 공화국의 식민지였다. 코르시카인은 40여 년간 제노바에 저항해 1755년에 세계 최초로 국민 주권을 인정한 헌법을 바탕으로 하여 독립 국가를 세웠다. 그러나 지배권을 잃은 제노바는 코르시카 섬을 200만 프랑을 받고 프랑스에 팔아 넘겼다. 코르시카인은 반항했지만 프랑스 군대는 대포를 앞세우고 쳐들어와 섬을 점령했다.

나폴레옹이 태어날 무렵, 그의 아버지는 프랑스의 통치에 협력했다. 그 덕분에 나폴레옹은 프랑스의 병사 학교에 입학할 수 있었다. 나폴레옹의 꿈은 해군 장교가 되는 것이었지만, 식민지 코르시카 출신인 그가 본토의 귀족 자제나 가능한 해군 장교가 될 수는 없었다. 그래서 그는 병사 학교 졸업 후 파리에 있는 육군 사관 학교에 들어갔다.

그러나 육군 사관 학교에서도 기병이나 보병은 본토의 귀족 자제에게만 허용되었기 때문에 그는 결국 포병 장교의 길을 택했다. 코르시카 사투리 때문에 그는 늘 '코르시카 촌놈'이라 놀림을 받았고, 친구 하나 없이 외로운 나날을 보내야 했다. 게다가 아버지마저 세상을 떠나자 그는 더욱 외로운 신세가 되었다. 감수성 예민한 사춘기를 소외와 따돌림 속에 보낸 나폴레옹은 이때부터 프랑스 왕과 귀족에 대한 증오를 품기 시작한 것으로 보인다. 그러한 증오와 적대감이 일찍부터 그에게 정복자의 자질을 키워 주었는지도 모른다.

사관 학교 졸업 후 포병 장교에 임관된 나폴레옹은 1789년, 프랑스 남부의 오손 연대에 배치되었다. 그해에 프랑스 혁명이 발발했다. 루이

16세가 단두대의 이슬로 사라진 뒤 파리에는 커다란 소용돌이가 일었다. 나폴레옹은 그 소용돌이 속으로 뛰어들었다. 집권자 로베스피에르의 동생 오귀스탱에게 접근해 신임을 얻어 내는 데 성공한 그는, 왕당파를 돕기 위해 툴롱 항으로 쳐들어온 영국 함대를 격파하는 전과를 올렸다. 나폴레옹은 순식간에 국민의 영웅으로 떠올랐다. 그리하여 1794년, 25세의 젊은 나이로 이탈리아 원정군 포병 사령관이 되었다. 그러나 반대파의 쿠데타로 로베스피에르가 일거에 권력을 잃자 나폴레옹도 체포되어 장교 지위를 박탈당하고 말았다.

운명의 역전과 침략 전쟁의 시작

이듬해인 1795년 10월, 나폴레옹에게 기회가 찾아왔다. 로베스피에르의 실각으로 혼란한 상황에서 왕당파 무리가 쿠데타를 일으키자 당황한 의회는 쿠데타를 진압할 지휘관을 서둘러 물색하고 있었다. 이때 누군가 나폴레옹을 천거한 것이다.

나폴레옹은 진압 부대의 지휘관으로 발탁되었다. 그는 수적으로 훨씬 많은 왕당파 반란군을 대번에 진압했다. 그 덕분에 왕당파의 쿠데타는 물거품이 되었고, 프랑스에는 총재 정부가 들어서게 되었다. 동시에 나폴레옹은 곧바로 정부군 최고 사령관으로 임명되었다. 프랑스의 군사권을 한 손에 움켜쥔 그는 이탈리아 원정군의 총사령관이 되어 출정했다. 원정의 목적은 이탈리아 방면으로 세력을 넓히고 있는 오스트리아를 견제하는 것이었다.

이탈리아는 언덕과 평야가 완만한 경사를 이루며 펼쳐져 있어서 포병이 전투를 치르기에는 안성맞춤인 지형이었다. 나폴레옹은 그런 지세를 십분 활용해 적을 섬멸하고 1796년 당당하게 밀라노에 입성했다. 그는 점령지의 재물을 마음껏 강탈해 병사들에게 나누어 주었다. 또한 막대한 양의 금과 예술품을 본국으로 보내 프랑스 국민의 환심을 샀다.

당시 오스트리아의 지배 아래 있던 이탈리아 국민은 나폴레옹의 군대를 해방군처럼 맞아들였다. 그러나 프랑스 군이 돌아가지 않고 재물을 강탈하는 데 맛을 들이자 그제야 정신이 번쩍 들었다. 나폴레옹의 군대는 이탈리아 민중의 규탄을 받고 철수했지만, 이탈리아 원정은 나폴레옹이 치를 정복전의 첫걸음이었다.

프랑스 권력자들의 눈은 이제 지중해 건너 이집트로 향했다. 당시 오스만 제국의 지배를 받던 이집트는 동양과 서양의 관문에 해당하는 곳이었다. 따라서 그곳을 손에 넣으면 영국의 인도 지배를 견제할 수 있었다. 나폴레옹 군대는 고군분투하면서 이

프랑스의 식민지 출신 나폴레옹. 그는 프랑스의 장교가 되어 정복 전쟁에 앞장섰다.

집트의 수도 카이로에 입성했다. 그런 다음 시리아, 수에즈 방면으로 계속 진격했다.

그러나 나폴레옹 군대는 후방을 차단당해 고립되고 말았다. 식량과 물자 보급이 끊긴 상태에서 반복되는 교전과 더위와 굶주림에 지쳐 병사들은 쓰러져 갔다. 1년 동안 나폴레옹 군대는 별다른 성과도 없는 전쟁을 치르고 있었다. 엎친 데 덮친 격으로 그 무렵 이탈리아에서도 프랑스 군이 영국 해군에 패했다는 소식이 들려왔다. 게다가 본국에서는 왕당파가 쿠데타를 일으켜 불안한 정세가 계속되고 있었다.

나폴레옹은 고민에 빠졌다. 그는 불안한 정치 현실을 감안할 때 이역 하늘 아래서 자신과 병사들만 지리멸렬한 전쟁을 벌일 이유가 없다는 생각에 이르렀다. 오히려 지금의 상황이야말로 권력을 탈취할 절호의 기회라고 여겼다.

브뤼메르 18일의 쿠데타

1799년, 나폴레옹은 군대의 일부를 이끌고 파리로 돌아와 시에예스, 탈레랑, 뤼시앙, 주르당 등과 함께 반란을 계획했다. 이들에게 금융 자본가와 무기 상인이 막대한 자금을 투자했다.

1799년 11월 9일은 프랑스 공화국의 (날짜 계산법)

1793년 국민 공회는 기존의 그레고리력을 폐기하고 공화제 선언일인 1792년 9월 22일을 원년 1월 1일로 하는 혁명력을 채택했다. 1806년에 원래 달력으로 환원되었다.

으로 브뤼메르 18일이었다. 나폴레옹은 자신을 따르기로 맹세한 장군들과 함께 급히 군대를 모아 파리 곳곳에 병력을 배치했다. '500인 회의'와 원로원도 파리 교외의 생클루로 이전시켰다. 그리고 이런 성명을 발표했다.

"자코뱅 당의 테러 음모에 대비해 의회를 파리 교외로 옮기고 나폴레옹을 파리 군사령관으로 임명한다."

1795년 이래 총재 정부라 불리는 프랑스의 통치 제도는 헌법에 따라 5명의 총재가 행정을 집행하고, 의회는 '원로원'과 '500인 회의'의 이원제로 이뤄졌다. 그러나 총재들은 사직당하거나 감금돼, 실제로는 원로원과 500인 회의가 권력을 장악한 형편이었다.

한편 '자코뱅 당의 테러 음모'라는 근거 없는 낭설을 보수적인 원로원은 그대로 받아들였지만, 500인 회의는 이를 수상히 여기고 나폴레옹을 향해 욕설을 퍼부어 댔다. 회의장은 떠들썩한 시장 바닥으로 변했다. 500인 회의 의원들은 나폴레옹을 향해 달려들었다. 회의장을 호위하던 병사들이 달려들어 나폴레옹을 구해 냈을 때 그의 얼굴은 숱한 손톱자국으로 피투성이가 되어 있었다.

나폴레옹이 회의장 밖으로 도망쳐 나오자 500인 회의 의장이 나폴레옹의 뒤를 따라 밖으로 나왔다. 그는 나폴레옹의 동생 뤼시앙으로, 그 역시 쿠데타 음모에 가담하고 있었다. 뒤따라 나온 수많은 의원들 앞에서 뤼시앙은 호위병의 칼을 빼앗아 나폴레옹의 가슴에 들이대며 외쳤다.

"만약 나폴레옹이 시민의 자유를 해칠 것 같으면, 그 전에 내가 먼저 형을 찌르겠다. 하늘에 두고 맹세한다."

병사들은 뤼시앙의 말에 감동하는 한편, 500인 회의 의원들에게 분노를 품었다. 그리하여 병사들은 총검을 들이대고 회의장으로 난입했다. 형세는 역전되었다. 실패 직전의 쿠데타가 뤼시앙의 즉흥 연기로 뒤집어진 것이다.

한편 그날 밤 원로원에서는 삼엄한 경비 속에 회의가 열렸다. 원로원은 정식으로 총재 정부의 해체를 승인하고 임시 통령 정부를 수립했다. 이에 따라 나폴레옹, 시에예스, 뒤코스가 임시 통령에 선출되었다. 긴박한 상황은 계속되었다. 쿠데타 세력은 500인 회의 의원 중 우호적인 100여 명의 의원들을 서둘러 소집해 새 정부를 승인하게 했다.

새벽 2시, 세 통령은 손을 잡고 공화정에 충성을 맹세했다. 나폴레옹은 총재들을 감금하거나 강제 사퇴시켜 정부의 기능을 완전히 탈취했고, 날이 밝자 군대를 이끌고 생클루로 가서 500인 회의마저 해산해 버렸다. 이어서 새로운 정부 형태를 통령제로 할 것과 나폴레옹을 임기 10년의 제1통령으로 한다는 내용의 새 헌법을 공포했다. 그 포고문에서 나폴레옹은 다음과 같이 '혁명의 끝'을 선언했다.

"새로 제정한 헌법은 대의제의 참 원칙인 소유, 평등, 자유의 신성한 권리에 기초해 만들었다⋯⋯. 당초 이러한 원칙으로 확립된 혁명은 이제 끝났다."

그런데 한 가지 문제가 있었다. 애초에 평등, 자유, 소유의 원칙을 내세웠던 혁명의 이념은 나폴레옹 헌법에서 묘한 여운을 남기며 완성되었다. 평등의 원칙을 첫 번째로 내세웠던 시민 혁명의 이념과 달리 나폴레옹은 '소유'를 으뜸 기치로 천명한 것이다. 이것은 무엇을 말하는 것일까?

여기서 나폴레옹의 혁명관을 읽을 수 있다. 무엇보다 그가 바란 것은 순수한 인간의 자유라기보다 '소유의 자유'였다. 즉 그는 쿠데타를 통해서 자본가와 귀족의 이익을 대변하는 독재자로 나섰으며, 재산 소유자와 부르주아의 이익을 무엇보다 옹호했다.

왕이 될 수 없으면 황제가 되리라

10여 년에 걸친 혁명 상황에 종지부를 찍고 유럽의 강국 프랑스의 통치권자가 되었지만, 나폴레옹은 프랑스를 통치하는 것만으로는 욕심이 채워지지 않았다. 그는 삼각 모자와 망토 차림의 군복을 입고 본격적인 유럽 사냥에 나섰다. 첫 사냥감은 이탈리아를 통치하는 오스트리아였다.

새로운 세기가 시작된 1800년 5월, 전열을 정비한 나폴레옹의 군대는 이탈리아로 진격해 오스트리아 군대를 격파했다. 이 전쟁의 승리로 프랑스는 오스트리아에게서 네덜란드 남부를 정식으로 넘겨받았다. 그후 나폴레옹은 무슨 속셈인지 주변 강국들에 잠시 화해의 몸짓을 취했다. 그리하여 영국과 오스트리아, 러시아를 협상 테이블로 끌어들였고, 1802년에는 영국과 아미앵 조약을 체결했다.

휴전의 틈을 타서 나폴레옹은 농민의 토지 소유를 입법화한 다음 원정에 필요한 군수품과 식량을 농촌에서 조달하게 했다. 그러자 농촌 경기가 살아났고, 농민들은 나폴레옹을 열렬히 지지했다. 이 밖에도 공공 교육 시설을 확충하고 실업률을 낮추었으며, 법 앞에서는 모든 인간이 평등한 권리를 갖는다는 내용의 '나폴레옹 법전'을 만들었다.

나폴레옹의 인기는 대단했다. 나폴레옹은 그러한 인기를 놓치지 않고 1802년 임기가 없는 종신 통령의 자리에 올랐다. 국민의 지지를 곧바로 독재 체제를 구축하는 데 활용한 것이다. 이후 나폴레옹은 본격적으로 정복 야욕을 드러내기 시작했다. 그는 이제 왕이 되려는 꿈에 사로잡혔다. 어쩌면 처음부터 왕이 되려 했는지도 모른다. 그러나 '혁명의 아들'을 자처하던 그가 스스로 왕이 될 수는 없는 노릇이었다.

'황제가 되자. 프랑스 최초의 군인 황제였던 샤를마뉴의 정통 계승자임을 선포하면 되지 않는가?'

나폴레옹의 황제 대관식.

1804년 5월, 나폴레옹은 원로원을 조종해 프랑스 공화국을 세습 황제에게 맡긴다는 내용의 원로원령을 발표하고, 이를 국민 투표에 부쳤다. 프랑스 국민은 나폴레옹의 속임수를 압도적으로 지지했다. 마침내 프랑스 제1제정이 시작되었다.

그해 12월, 나폴레옹은 노트르담

사원에서 성대한 황제 대관식을 열고 로마 교황 비오 7세에게 자신의 머리에 왕관을 씌우게 했다. 절대 왕정에 지쳐 숱한 희생을 치르고 국왕 루이 16세를 단두대의 이슬로 사라지게 했던 프랑스 시민은 결국 독재자를 황제의 자리에 앉혀 스스로 역사를 거꾸로 되돌리고 말았다.

황제가 된 나폴레옹, 그가 자신을 지지해 준 국민을 위해 정치에만 전념했다면 프랑스는 어쩌면 태평성대를 누렸을지도 모른다. 그러나 그는 한 곳에 안주하지 않았다. 그는 유럽을 제패할 꿈에 사로잡혀 전쟁 준비에 광분했다.

끝없는 정복욕과 황제의 몰락

나폴레옹은 우선 해군력을 크게 강화해 영국을 침략할 계획을 세웠다. 그러나 트라팔가르 해전에서 영국의 넬슨 제독에게 크게 패하여 그의 정복욕은 잠시 주춤거렸다. 그와 때를 맞춰 영국, 러시아, 오스트리아가 동맹을 맺고 나폴레옹에 대항했다.

그러나 나폴레옹의 정복욕은 여기서 무너지지 않았다. 오스트리아군과 러시아 군을 함정으로 유인한 나폴레옹은 아우스터리츠 전투에서 이들을 격파해 위기를 돌파하고 안정을 되찾았다. 그리하여 1805년에는 이탈리아 왕을 겸했고, 이듬해에는 동생 루이 나폴레옹이 네덜란드의 왕이 되었다.

나폴레옹은 프로이센으로 포문을 돌렸다. 예나 전투에서 프로이센 군을 격파한 다음 러시아 군을 격파하고 1807년에 틸지트 조약을 체결했다. 유럽 대륙 각국에는 이른바 '대륙 봉쇄령'을 내렸다. 어떤 나라도 영국과 통상할 수 없게 한 것이다. 1808년에는 에스파냐를 점령했다. 그러나 그곳 민중이 대대적인 반란을 일으키자 자존심이 크게 상한 나폴레옹은 마드리드에서 에스파냐 시민과 병사 5만여 명을 대학살하는 만행을 저질렀다.

1812년 5월, 나폴레옹은 대륙 봉쇄령에 응하지 않은 러시아를 공격하기 위해 60만 대군을 이끌고 출정했다. 프랑스 침략군이 몰려온다는 소식에 러시아인은 마을을 불태워 모든 식량과 물자를 없애 버리고 도주했다. 스스로를 초토화하는 작전이었다. 나폴레옹 군대는 예상보다 길어진 행군 기간에 각종 풍토병과 부족한 식량으로 고전했다.

천신만고 끝에 나폴레옹은 모스크바를 점령했지만, 이미 초토화된 모스크바에 먹을 것은 없었다. 더구나 이미 병사의 절반을 잃은 상태였다. 군대 주둔 자체가 힘든 상황인지라 나폴레옹은 퇴각을 서둘렀다. 그러나 돌아올 무렵에 겨울이 시작되었다. 날마다 수천의 병사들이 굶어 죽거나 얼어 죽었다. 게다가 후퇴하는 사이 러시아 군이 공격해 와 출정 때의 60만 병력은 거의 전멸하다시피 했다. 무리한 러시아 원정으로 유럽 최강의 프랑스 육군은 회생이 불가능한 지경에 이르고 말았다.

곧이어 유럽 각국의 연합군이 반격을 해 왔다. 1814년 파리는 연합군에 점령됐고, 나폴레옹은 엘바 섬으로 유배되었다. 이듬해 연합군의

모스크바를 점령한 나폴레옹의 군대에게 돌아온 것은 승리의 기쁨이 아니라, 혹독한 배고픔과 추위와의 또 다른 전쟁이었다. 나폴레옹의 끝없는 정복욕은 수많은 병사들과 민중을 죽음으로 몰고 갔다.

감시가 소홀해진 틈을 타 엘바 섬을 탈출한 나폴레옹은 파리로 돌아왔다. 그동안 프랑스에는 왕정 복고가 이루어져 루이 18세가 즉위해 있었다. 돌아온 정복자 나폴레옹은 혁명가로 변신해 루이 18세를 외국으로 쫓아내고 다시 권력을 장악했다.

그러나 워털루 전투에서 영국의 웰링턴 장군과 프로이센에 패함으로써 그의 재집권은 백일천하로 끝나고 말았다. 다시 권좌에서 쫓겨난 나폴레옹은 미국으로 망명을 시도했으나, 영국을 비롯한 주변국이 허락지 않았다. 마침내 추락한 정복자는 남대서양의 외로운 섬 세인트헬

레나로 쫓겨났다. 이로써 정복자 나폴레옹은 역사의 무대에서 완전히 사라지게 되었다.

프랑스 혁명이 낳은 이단자, 창조된 영웅

흔히 프랑스 혁명과 연관 지어서 나폴레옹을 '혁명의 아들'이라고 한다. 그의 정복사를 고려한다면 그는 결코 '혁명'이라는 아버지의 뜻을 따른 착한 아들은 아니었다. 자유와 평등이라는 혁명의 이념을 그는 '정복의 자유'와 인접 국가에 대한 '평등한 박해'로 받아들이면서 유럽 세계를 피로 물들였던 것이다. 그 점에서 아무리 그 자신이 혁명의 아들이라 주장한다 하더라도 결국 이단자일 수밖에 없는 것이다.

나폴레옹은 역사가나 작가에 의해 다분히 재창조된 면이 있다. 예를 들어 나폴레옹은 평생 네 시간 이상 자 본 적이 없다고 하며, 작은 키를 돋보이게 하기 위해 '나폴레옹 모자'라는 것을 만들어 낼 정도로 디자인 감각까지 지녔다고 한다. 그러나 증언에 따르면 그는 하루 여덟 시간을 잤고, 게다가 낮잠까지 즐긴 잠꾸러기였다.

나폴레옹의 정복사를 문학 작품으로 형상화한 어떤 작가는 러시아 원정 시 보로지노 전투에서 만약 나폴레옹이 콧물감기를 앓지 않았다면 그의 탁월한 지휘 능력으로 러시아는 오래 전에 멸망했을 것이며, 세계 지도가 바뀌었을 것이라고 주장했다. 그렇다면 나폴레옹의 콧물감기가 러시아의 구세주인 셈인데, 러시아인에게는 매우 불쾌하고 실례되는 소리다.

오히려 만약 나폴레옹이 10년 정도 일찍 태어났다면 어찌 되었을까 하는 가정을 해 보자. 아마도 그는 한참 활동할 나이에 혁명의 절정기를 맞아 정권 투쟁의 회오리에 말려들었을 것이며, 로베스피에르 같은 독재자처럼 단두대의 이슬로 사라졌을지도 모른다. 그가 출세할 수 있었던 최초의 조건은 혁명의 소용돌이를 교묘하게 피해 갔다는 것, 그랬기 때문에 혁명의 열매를 훔쳐 먹을 수 있었다는 것이다.

물론 그의 콧물감기가 러시아를 구했다는 가정이나, 그가 좀 더 일찍 태어난 상황을 가정하는 것은 의미 있는 일이 못 된다. 시간을 거꾸로 돌릴 수 없는 것처럼 대체 역사란 있을 수 없기 때문이다. 결국 당시대를 살아가는 한 사람 한 사람의 힘이 역사를 이뤄 나가는 것이고, 그러한 힘의 총체가 표출되는 과정에서 나폴레옹 같은 정복자가 탄생하기도 하고, 루이 16세 같은 국왕이 나타나기도 하는 것이다.

역사 속에서 한 인간의 소임을 지나치게 강조하는 것은 결코 바람직한 태도가 아니다. 영웅이 역사를 바꾸는 것이 아니기 때문이다. 잘 살펴보면 오늘날 우리가 영웅으로 칭송하는 많은 역사 속 인물이 사실은 역사와 민중을 농락한 기회주의자인 예가 얼마나 많은지 모른다.

13

1848년 유럽 민중의 봄과
공산당 선언

19세기 초반 유럽 대륙을 피로 물들인 나폴레옹 체제가 몰락한 뒤, 프랑스의 부르봉 왕가는 (과거의 영화)를 되찾으려 했다. 그러나 의회와 민중은 강력히 반발했고, 1830년 7월 또다시 혁명이 일어났다(7월 혁명). 그 결과 입헌 군주제가 수립되었고 은행가와 자본가, 실업가의 옹호를 받아 자유주의자 오를레앙 공 루이 필리프(Louis Philippe, 1773~1850년)가 국왕이 되었다. 7월 왕정(1930~1948년)이 시작된 것이다.

루이 16세의 동생 샤를 10세는 부활한 가톨릭교의 도움을 받아 왕권 신수설의 원칙으로 돌아가야 한다고 생각했다. 그리하여 의회를 해산하고 새로운 선거를 실시했다. 그러나 선거에서 반대파가 승리하자 다시 의회를 해산하고 선거권을 제한했다. 이러한 조치를 담은 칙령이 공포되자 7월 혁명이 발발했다.

프랑스에는 망치질과 기계 돌아가는 소리가 요란했다. 산업 혁명이 시작된 것이다. 더불어 문화에도 많은 변화가 일어났다. 문단과 저널리즘이 확립되어 프랑스 시민 문화가 꽃피었다. 발자크나 빅토르 위고 같은 소설가와 낭만주의 시인도 활약했다.

한편 푸리에나 프루동 같은 사회주의자가 나타나 학생과 노동자의 결집을 촉구해 공산주의 정당이 설립되는 등 각계각층을 대변하는 정당이 생겨났다. 또한 국왕 필리프는 시민 세력에 호의적이어서 사람들은 그를 '시민왕'이라고 불렀다.

그러나 여기서 시민이란 오늘날과 같은 의미가 아니라 소수의 유산 계급을 말하는 것이었다. 이들을 제외한 대다수 노동자와 소시민은 여전히 정치에서 소외되었다. 7월 왕정은 재산이 있는 시민에게만 선거권을 부여했다. 따라서 선거권을 행사할 수 없는 수많은 노동자와 서민은 참정권을 얻기 위해 끊임없이 노력했다.

자산을 많이 소유한 계급, 자본주의에 기초한 근대 사회가 형성되면서 등장한 자본가 계급으로, 부르주아지라고도 한다. 무산 계급은 생산 수단을 소유하지 않고 노동력을 판매하여 생활하는 계급이다.

일명 프롤레타리아트라고 하는 이들 무산 계급의 참정권 운동은 1840년 자유주의자 기조(Pierre Guillaume Guizot, 1787~1874년)가 내각의 총리가 되면서 더욱 거세게 타올랐다. 자유주의자 국왕에 자유주의자 총리가 권력을 쥐게 되었으니 좋았을 법하지만, 사실은 그렇지 않았다.

여기서 말하는 자유란, 봉건 시대의 국왕이나 귀족 지주의 간섭을 받지 않고 자신의 재산을 마음대로 축적할 수 있는 자유를 뜻한다. 즉 생산을 하는 노동자를 적은 비용으로 마음껏 부려 먹을 수 있을 때 자본가에게 이윤 추구의 자유가 보장된다. 따라서 은행가, 기업가 등 유산 계급의 자유가 노동자와 소시민에게는 속박과 고통이었다.

1847년, 더 이상 먹을 것이 없다

민중의 참정권 운동은 극심한 흉년이 든 1846년 들어 더욱 거세졌다. 이듬해 초까지 밀가루 값이 두 배 이상 올랐고, 빵 값도 올랐다. 가난한 사람들의 밀가루 대용식이던 감자는 아일랜드 지역에서 발생한 병충해 때문에 수확량이 떨어져 값이 4배로 뛰었다. 프랑스 정부는 러시아에서 밀을 수입해 사태를 모면하려 했지만 기근은 쉽사리 해소되지 않았다. 가난한 농민과 도시 빈민은 생존에 위기를 맞게 되었다.

식품 가격이 높다 보니 다른 생활 용품도 잘 팔리지 않아 생산 활동 자체가 위축되었다. 1847년, 경제 위기가 절정에 이르렀다. 수많은 기업이 파산하고 공장은 문을 닫았다. 프랑스 전역에서 엄청난 실업자가 발생했다. 흉작으로 굶주리는 농민과 실업자로 전락해 끼니를 거르는 도시민이 급증했다. 범죄도 크게 늘었다. 굶주림을 참지 못한 사람들이 식량과 연료를 도둑질하는 일이 빈번했다.

그러나 프랑스 정부는 이러한 혼란을 해결할 능력이 없었다. 세금 수입이 줄어든 터에 러시아에서 밀을 수입하느라 국가 재정 자체가 적자에 허덕이고 있었다. 국정을 책임진 기조 내각은 원망과 지탄의 대상이 되었다. 사실 영국과 독일 등 유럽 전체가 절대 빈곤의 위기에 처해 있었지만, 경제 위기와 더불어 정치 위기가 사회의 불안정을 부채질한 프랑스에서는 정치권에 대한 국민의 불만이 더욱 높았다.

1840년 공화파의 반란이 있은 뒤 정권을 잡은 기조 내각은 영국에 굴욕적인 외교 정책을 폈고, 1842년에는 의회를 해산하기에 이르렀다. 게다가 점진 개혁이라는 미명 아래 민중을 희생시키고 특권층을 위한 정치를 펼쳤다. 예컨대 국민에게 참정권을 주었다고는 하지만 실제로 선거권을 행사하는 유권자 수는 가장 많은 때에도 전체 국민의 10분의 1을 넘지 못했다. 더구나 서민에게는 상상도 할 수 없는 많은 돈을 세금으로 납부하는 사람에게만 의원으로 선출될 권리가 주어졌다. 서민의 처지에서 보면 프랑스 혁명 후에도 정치적으로 나아진 게 하나도 없었다.

먹을 것이 없는 절박한 생활과 정치적 소외가 뒤섞여 프랑스 국민은 비판의 목소리를 높이기 시작했다. 1847년 여름부터 정치를 비판하는 소규모 집회가 연회 형식으로 열렸다. 공개 집회를 열 수 없었기 때문에 연회를 열어 비판적인 정치 활동을 시작한 것이다. '개혁 연회'라는 이름으로 알려진 이 운동은 초기에는 선거 제도 개혁만을 요구하는 온건한 성격이었지만, 점차 사회와 경제 개혁까지 주장하는 급진 성격을 띠게 되었다.

프랑스 2월 혁명

1848년 2월 22일, 개혁 연회가 한층 발전해 광범위한 계층의 지지를 받으면서 '국민 연회'가 열리는 날이었다. 이날 연회는 파리 제12지구 국민 방위군의 일부 장교가 주동한 것이었다. 파리 마들렌 광장에는 장대같이 쏟아지는 빗줄기를 뚫고 수많은 시민, 학생, 노동자가 모여들었다.

불안을 느낀 기조 내각은 국민 연회를 열지 못하도록 명령했고 반정부파 의원들조차 연회에 나가지 않기로 약속했다. 그러나 정부의 방해 공작과 폭우에도 아랑곳없이 1만여 군중이 모여들었다. 곧이어 광장 바닥을 두드리는 빗소리와 함께 '라 마르세예즈'가 장엄하게 울려 퍼졌다. 노래가 끝난 뒤 군중은 한목소리로 외쳤다.

"개혁 만세! 기조 내각을 타도하자!"

1만여 시위대는 하늘을 찌를 듯한 기세로 마들렌 광장을 출발해 센 강을 건너, 의회가 열리는 부르봉 궁으로 향했다. 의회 주변에는 정규군이 아닌 국민 방위군이 경계를 펼치고 있었다. 국민 방위군은 일종의 민병대로 프랑스 혁명 이후 시민군 형태로 유지되고 있었다. 한때는 혁명군이던 이들은 평소에는 의용군으로 치안 유지를 담당했다.

그런데 국민 방위군은 시위대를 막기는커녕 오히려 구경만 할 뿐이었다. 서민이 많이 사는 제12지구 출신의 국민 방위군 병사들은 자신들도 기조 내각에 반대하는 터라 은근히 시위를 지지했다. 국민 방위군의 대체적인 분위기가 그러하다 보니 부유층 출신 위병들도

1848년 2월 파리 마들렌 광장에는 '국왕 타도'를 외치는 민중의 소리가 울려 퍼졌다.

시위 군중을 적극 진압할 수 없었다.

하지만 정규군이 투입되면서 상황은 긴박해졌다. 정규군은 광장에 모여든 군중을 무력으로 진압하기 시작했다. 갑자기 어디선가 "탕탕 탕!" 하는 총소리가 울렸다. 광장에는 총에 맞은 여자 시체 두 구가 피 투성이가 되어 널브러졌다. 군중은 분노로 치를 떨었다. 걷잡을 수 없 는 분노의 불길이 파리 시내를 휩쓸었다.

이튿날, 국왕 루이 필리프는 3만 정규군과 국민 방위군에게 동원령 을 내려 시위대를 진압하라고 명령했다. 그러나 국민 방위군은 대체로 기조 내각에 반대하는 분위기였으므로 국왕의 명령에 순순히 따르지 않았다. 한편 국왕의 강경한 태도에 어느덧 시위대는 '기조 내각 사퇴' 에서 한걸음 나아가 '국왕 타도'를 외치고 있었다.

"루이 필리프를 타도하자! 공화정 만세!"

시위 군중의 기세는 높아만 갔다. 게다가 국민 방위군까지 민중의 편 으로 돌아섰다. 비로소 사태의 심각함을 깨달은 왕은 성명을 발표했다.

"기조 대신 새 수상을 선출한다!"

국왕은 기조를 퇴임시키면 민중의 분노가 가라앉을 것으로 판단했 다. 그러나 기조 내각은 사임했지만, 그 뒤를 이을 새 내각을 구성하는 일은 쉽지 않았다. 오히려 국민 방위군과 민중은 기조의 사임 소식을 듣고 승리감에 도취되어 혁명의 기치를 더욱 높게 내걸었다. 또 하루가 지났다. 밤이 깊어지자 시위대와 국민 방위군은 바스티유 광장에 운집 해 대오를 갖추었다. 이들은 콩코르드 광장 근처에서 정규군과 마주쳤다. 정규군과 시위대 사이에 총격전이 벌어졌다. 정규군의 무차별 사격으로 수십 명의 사상자가 나왔다.

콩코르드 광장의 학살로 시위는 더욱 격화되었다. 파리 시내 곳곳에 바리케이드 1,500여 개가 세워졌다. 교통은 완전히 차단되었다. 군부대마저 군중에게 점거되었고 어느덧 시청도 포위되었다. 상황은 갈수록 험악해졌다. 시위의 불길을 도저히 잠재울 수 없다고 판단한 루이 필리프는 왕위에서 물러나겠다고 발표했다. 1789년 프랑스 혁명 이후 부활된 왕정이 또다시 붕괴되었다. 그날 저녁 임시 정부 수립이 선포되었고, 공화정 실시가 합의되었다. 또한 노동자의 요구에 따라 '노동의 권리'와 '노동자 조직'도 인정되었다. 그리고 다수의 실업자에게 일할 기회를 보장하기 위한 '국립 작업장' 설립도 결정되었다.

오스트리아의 봄, 빈 혁명

프랑스의 2월 혁명 소식은 순식간에 전 유럽에 퍼졌다. 그리고 2월 말부터 3월 하순까지 도시와 농촌을 포함한 유럽 각 지역에서 정치 투쟁과 농민 반란이 확산되어 역사의 격변기를 맞이하게 되었다. 프랑스 2월 혁명의 열기가 가장 먼저 퍼진 곳은 오스트리아 제국이었다.

합스부르크 왕가가 지배하는 오스트리아 제국은 유럽에서 가장 반동적(진보적이거나 발전적인 움직임에 반대하여 강압적으로 가로막는 경향을 띤)인 나라였다. 특히 행정권을 움켜쥔 영주 메테르니히(Fürst von Metternich Klemens, 1773~1859년)는 민중과 소수 민족을 억압하는 정책으로 국민의 원성을 사고 있었다. 그러한 와중에 프랑스의 2월 혁명 소식이 들려온 것이다.

아름다운 도나우 강의 푸른 물결이 내려다보이는 아담한 도시 빈에서도 혁명의 열기가 달아올랐다. 1848년 3월 13일 아침, 개혁을 요구하는 시민과 학생이 의회에서 시위를 벌였다. 이들은 출판의 자유와 입헌 정치를 요구했고 메테르니히 타도를 외쳤다. 시위대의 수는 점점 불어났다. 오스트리아의 수도 빈은 '리니에'라는 높이 4m가량의 벽으로 도시 외곽이 둘러싸여 있었다. 신분이 낮은 노동자와 빈민은 리니에 바깥에서 살았는데, 마침내 리니에 밖에 사는 노동자들도 시내로 몰려들었다.

상황이 심상찮음을 깨달은 당국은 진압을 위해 군대를 출동시켰다. 군대는 시위대를 향해 무차별 총격을 가했다. 아름다운 도시 빈은 순식간에 진압군의 총소리와 시위 군중의 비명이 뒤섞인 아수라장으로 변했다. 시위 군중은 시내 곳곳을 돌며 진압군의 만행을 폭로했다. 시내 곳곳에서 시위대와 군대가 충돌했다. 그러나 시위 군중의 기세는 좀처럼 꺾이지 않았다. 시간이 흐를수록 '메테르니히 퇴진'과 '민주주의 헌법 제정'을 요구하는 목소리는 높아지기만 했다. 게다가 시위대의 일부는 무장을 했고 시내 곳곳에서 총격전이 벌어졌다.

밤이 되자 메테르니히는 더 이상 권좌를 지킬 수 없음을 알고 망명을

망명하는 메테르니히를 풍자한 그림.

결심했다. 미리 퇴임 의사를 밝히고 외국으로 나가면 적어도 심판대에 오르는 일만은 면할 것이라는 생각에서였다. 그는 폭동 발생에 책임을 지고 사임했다. 민중의 요구에 따르기 위해서가 아니라, 폭동을 잠재우지 못한 책임을 지고 명예 퇴진한다는 명분을 남기고 싶었던 것일까. 형식이야 어찌 되었든 메테르니히의 실각은 유럽 근대사에서 획기적인 사건이었다. 1815년 이래 반동적인 빈 체제의 대표 인물이던 메테르니히가 혁명의 열기에 못 이겨 퇴진한 것이다.

이튿날부터 출판물 검열 제도가 폐지되었고 시민 선발대와 대학생들이 무장을 하고 자위 조직인 국민군을 창설했다. 15일에는 헌법 제정을 약속하는 황제의 담화문이 발표됐다. 여성 해방과 유대인 해방의 목소리도 커졌다. 그리고 리니에 밖의 하급 노동자도 가슴속에 쌓아만 두던 자신들의 생각을 당당하게 드러내기 시작했다.

빈 혁명은 오스트리아 제국의 지배 아래 있던 여러 민족에게 독립과 통일의 의지를 일깨워 주는 계기도 됐다. 당시 오스트리아 제국은 러시아와 투르크(터키)를 경계로 하여 동유럽과 북이탈리아를 지배하는 강대국이었다. 점차 오스트리아 제국의 지배를 받는 헝가리, 슬로바키아,

이탈리아의 민중도 제국의 지배에서 해방과 독립의 기치를 내걸고 속속 봉기의 횃불을 치켜들었다.

거침없이 번져 가는 혁명의 물결

1848년 봄, 프랑스와 오스트리아를 휩쓴 혁명의 물결은 멈추지 않았다. 크고 작은 유럽의 여러 나라가 러시아, 오스트리아, 프로이센 등 반동 국가의 지배에 맞서 민족 해방의 기치를 내걸었다.

오스트리아의 지배를 받던 이탈리아 민중은 1848년 3월, 밀라노에서 대대적인 바리케이드 투쟁을 벌였다. 밀라노 시민의 강력한 투쟁으로 오스트리아 군대는 밀라노에서 철수할 수밖에 없었다. 또한 베네치아에서도 민중 봉기로 승리를 쟁취했다.

이와 비슷한 시기에 폴란드 민중도 봉기했다. 프로이센에 국토의 일부를 빼앗긴 폴란드의 농민과 노동자는 국토를 되찾아 통일 국가를 세우기 위해 무기를 들었다. 프로이센에 병합됐던 포즈난 지방의 민중은 자유 투사임을 내세우며 싸웠고, 결국 이들의 맹렬한 기세에 겁을 먹은 폴란드의 귀족과 프로이센의 왕 사이에 착취를 완화하는 새로운 협약이 체결되었다. 보헤미아의 민중도 오

폴란드 중서부 포즈난 주의 주도. 폴란드에서 가장 오래된 도시의 하나다. 1793년 프로이센에 합병됐다가 1807~1815년 바르샤바 대후국령이 되었고, 그 뒤 프로이센에 다시 병합되었으나 1918년 12월 폴란드 땅이 되었다.

스트리아의 지배에 대항해 봉기했다. 만성 빚에 시달리던 보헤미아의 시민과 농민은 그 부당함을 주장했고, 언론과 집회의 자유를 쟁취했다.

반란의 불길이 가장 격렬하던 나라는 헝가리였다. 애국자이며 혁명 가인 라요스 코슈트(Lajos Kossuth, 1802~1894년)의 지도 아래 헝가리 민중은 오스트리아 합스부르크 왕가의 지배에 대항했다. 헝가리의 민족 해방 투쟁은 이후 2년간 계속됐지만, 러시아 군의 개입으로 결국 쇠퇴하고 말았다.

독일도 프랑스와 마찬가지로 1847년경부터 흉작으로 심각한 경제 위기에 처했으며, 그 와중에 슐레지엔과 동부 프로이센 등지에서 발진 티푸스가 창궐해 병마와 굶주림이 휩쓸고 있었다. 기아 상태의 독일 민중은 곳곳에서 크고 작은 봉기를 일으켰다. 그러나 무장한 군대의 진압으로 세력이 커지지는 못했다. 그러던 중 프랑스에서 2월 혁명이 일어나자 곧바로 독일 남서부에서 혁명의 횃불이 타오르기 시작했다. 노동자, 수공업자, 대학생, 상인과 공장주가 한데 뭉친 도시 봉기군은 민중의 무장, 언론의 자유, 의회의 소집, 사법 체계의 개혁 등을 요구했다. 한편 농민 봉기는 3월 초부터 바덴과 뷔르템베르크 등지에서 시작되었는데, 그 기세가 등등해 마침내 지주와 영주는 강제 노역 포기를 선언했다.

독일 혁명의 최대 봉기는 1848년 3월 18일에 일어난 베를린 성의 시위였다. 이 시위에서 봉기군은 군대의 철수를 요구했으나 프로이센 왕은 이를 묵살하고 진압 명령을 내렸다. 격분한 시위대는 바리케이드를 치고 군대에 맞서 싸웠다. 2만 군대가 시위대를 덮쳤고, 시위 군중

150여 명이 살해되었다. 그러자 시위 열기는 더욱 거세졌고, 프로이센 왕은 결국 베를린에서 군대를 철수했다.

혁명의 열기는 더욱 달아올라 5월 초에는 독일 민족 의회 선거가 실시되었다. 5월 18일, 선거에서 뽑힌 의원들은 프랑크푸르트에 있는 파울 교회에 모여 첫 의회를 열었다. 프랑크푸르트 국민 의회가 개최된 것이다. 그러나 부르주아 출신 의원들은 의회를 장악하고 옛 정권의 대표자들과 협력하는 추태를 보였다.

민중 봉기에 두려움을 느낀 부르주아 대표들은 귀족과 동맹을 맺고 '3월 내각'을 결성했다. 그리고 유산 계급과 수공업자, 자본가, 공무원 등으로 구성된 시민 방위군을 만들었다. 이 군대에 노동자와 빈민은 배제되었다. 이에 민중은 혁명의 성과를 지키기 위해서는 무기를 갖춰야 한다고 생각했다. 그리하여 1848년 6월 14일 밤, 베를린의 병기창을 습격했으나 시민 방위군의 저지로 실패하고 말았다.

부르주아 세력의 음모로 좌절된 혁명

혁명의 열기로 가득하던 봄이 지나고 여름이 왔다. 혁명 운동은 점차 위축되기 시작했다. 혁명이 무르익으면서 노동자, 서민 등 기층 민중의 진출이 두드러지자 불안을 느낀 부르주아 세력이 반(反)혁명으로 돌아섰기 때문이다.

1848년 6월 23일, 프랑스 파리의 노동자는 파리 시내에 500여 개의 바리케이드를 치고 반혁명 세력에 대항했다. 4만여 노동자가 참가한 봉기는 나흘간 계속되었다. 그러나 압도적인 진압군의 위세에 밀려 패하고 말았다. 이는 부르주아와 프롤레타리아 사이에 벌어진 최초의 시민 전쟁이었다. 이제 주도권은 부르주아 세력으로 넘어가고 말았다.

그 후 유럽 전역에서 반혁명 세력은 대대적인 반격을 일으켰고, 피가 튀는 진압이 뒤따랐다. 체코의 노동자와 대학생 봉기, 프라하의 오순절 봉기는 오스트리아 군대에 의해 잔인하게 진압되었고, 폴란드의 독립 운동도 철저히 탄압받았다. 북부 이탈리아에도 합스부르크 왕가의 탄압이 강화되었다. 헝가리의 혁명 운동은 어느 지역보다 강했지만 결국 러시아 군대의 지원을 받은 합스부르크 왕가에 굴복하고 말았다. 이렇듯 오스트리아의 지배를 받던 여러 민족의 해방 혁명이 실패하게 된 것은 공동 운명에 처한 민족끼리 서로 협력하기는커녕 오히려 대립하는 일조차 있었기 때문이다.

한편 반혁명의 거두 메테르니히를 퇴진시킨 빈 혁명의 열기도 꺾이고 말았다. 1848년 10월 6일, 빈의 혁명적 노동자와 대학생 2만 5,000여 명은 합스부르크 근위대가 헝가리 혁명을 진압하기 위해 출정하는 것을 저지하고 혁명 세력의 국제 연대를 실현하기 위해 봉기했다. 그러나 예라치츠가 이끄는 러시아 군과 오스트리아 황제의 연합군 10만여 명이 빈을 포위했다. 피비린내 나는 싸움 끝에 10월 31일, 빈은 진압군의 손에 떨어지고 말았다.

반혁명 세력의 공세는 프로이센에서도 마찬가지였다. 베를린에도 4만여 명의 군대가 진주해 계엄령을 선포했고, 군사 쿠데타로 프로이센 민족 회의는 강제 해산됐다. 반혁명 세력의 잔인한 공세는 이듬해인 1849년까지 계속되었다. 러시아 군이 개입해 헝가리 혁명을 진압함으로써 민족 혁명에 일단락을 지었다. 또한 1849년 7월 공산주의자 중심의 독일 혁명군과 폴란드 자유 투사의 마지막 방어지인 라스타트 요새가 함락되면서 '1848년 혁명의 봄'은 마침표를 찍고 말았다.

노동 운동의 태동과 〈공산당 선언〉

1848년에 일어난 유럽 각국의 혁명을 살펴보면 일정한 리듬이 있다. 먼저 파리의 2월 혁명이 인접한 국가에 충격을 주어 시민 봉기, 농민 반란 등을 불러일으켰다. 독일 중부와 남부에서는 자유주의 성향의 '3월 내각'이 성립했고, 오스트리아에서는 헌법 제정 의회의 개설을 약속했으며 수상 메테르니히가 물러났다. 그뿐 아니라 오스트리아 제국의 지배 아래 있던 헝가리나 뵈멘 등지에서도 자치권을 요구하는 움직임이 높

서부 체코를 체히(Cechy)라고 하는데, 체히를 독일어로 뵈멘(Bömen), 영어로 보헤미아(Bohemia)라고 한다. 보헤미아는 몇 세기 동안 하나의 왕국이었으나 20세기에 체코슬로바키아 서쪽 끝의 주가 되었고, 1968년에는 모라비아, 프라하와 함께 합쳐져 체코 사회주의 공화국이 되었다.

아졌으며, 기타 지역에서도 해방을 위한 반란이 시작되었다.

1848년의 혁명은 각각 그 모습은 다르지만 물결처럼 연쇄적으로 번져 나갔다. 그런 의미에서 1848년 혁명을 '유럽 민중의 봄'이라고 부른다. 세계 변혁사의 보편적 혁명이었던 1848년 민중의 봄은 어떻게 가능했을까?

무기나 군사력을 동원해 일으킨 쿠데타가 아니고 민중의 참여로 이루어진 사회 혁명에서 무엇보다 중요한 것은 민중의 역할이다. 민중이 처한 상황이 혁명을 일으킬 만큼 무르익지 않았을 때는 아무리 야심 찬 영웅이나 정치 단체라 할지라도 사회 혁명을 일으킬 수 없다. 민중은 뛰어난 혁명가나 전략가의 가르침을 받아 혁명에 앞장서는 것이 아니라, 사회와 경제의 부당함을 온몸으로 뼈저리게 느낄 때 스스로 혁명의 대열에 서기 때문이다.

1848년 유럽 각국에서 일어난 혁명은 그 목표를 달성하지 못하고 결국 반혁명 세력의 잔인한 보복으로 막을 내렸지만, 민중의 패배였다고 속단하기는 어렵다. 보수적 반혁명 세력은 엄청난 군사력으로 혁명을 진압했지만, 어느 정도 양보가 필요하다는 것을 알게 되었다.

1848년 혁명은 인류 역사상 대단히 의미 있는 교훈을 남겼다. 막강한 돈줄로 권력을 주무르는 부르주아 세력의 기회주의 속성이 드러난 것이다. 부르주아 세력은 혁명의 절정에서 민중을 배반하고 지배층과 타협했으며 정치적으로 늘 흔들리는 모습을 보였다. 그들은 민중과 독재 권력 사이에서 교묘한 줄타기를 하며 자신들의 이익만을 지켰다. 따라서 1848년 유럽 민중의 혁명은 실패했다기보다는 그 성과를 부르주아 세력에게 빼앗겼다고 해야 맞을 것이다. 1848년 유럽 혁명은 무르익기 시작한 자본주의 세계에서 부르주아 정치 세력이야말로 본질적으로 민중의 적이라는 사실을 확연하게 보여 준 사건이었다.

또한 혁명 전야라고 할 수 있는 1848년 2월에 발표된 마르크스의 〈공산당 선언〉은 각 나라의 혁명에 직접적인 영향을 미치지는 않았지만, 인류 역사에 대단히 의미 있는 사건이었다. 〈공산당 선언〉은 국제 노동자 조직인 '공산주의자 동맹' 제2차 대회(1847년)의 의뢰로 마르크스와 엥겔스가 저술한, 이론과 실천 강령이었다. 1848년 2월 런던에서 〈공산당 선언〉이 독일어로 발간되자 순식간에 영어·러시아어로 번역되어 각국에 소개되었다.

이 선언은 모두 네 장으로 되어 있다. 제1장 '부르주아와 프롤레타리아'에서는 인류 사회의 역사를 계급 투쟁의 역사라고 단정지으며, 프

마르크스(왼쪽)와 엥겔스(오른쪽)는 〈공산당 선언〉을 통해 사회주의 사상을 확고히 하고 자본주의의 폐단을 드러냈다.

롤레타리아 계급을 혁명 계급이라고 했다. 제2장 '프롤레타리아와 공산주의자'에서는 프롤레타리아 해방의 여러 과정을 살피고 공산주의자의 실천 임무를 역설했다. 제3장 '사회주의적 그리고 공산주의적 문헌'에서는 사회주의 사상에 대한 여러 유파의 반동성·보수성·공상성을 검토하고 비판했다. 마지막 제4장 '여러 반대당에 대한 공산주의자의 처지'에서는 모든 사회 질서를 폭력으로 전복하자고 공공연하게 선언했다. 〈공산당 선언〉은 사회·정치 이념과 정치 강령이 포함된 공산주의 이론의 핵심이다.

한편 〈공산당 선언〉은 이전의 민중 봉기에서 숱하게 반복되었듯이 혁명의 주체가 피의 결실을 다른 세력에게 넘겨주는 실수를 저지르지 않는 방법을 제시하고 있다. 다시 말하면 그 시대의 기본적인 사회 모순이 무엇인지, 민중의 적은 누구이며, 그 시대 역사의 주인은 누구인지를 명쾌하게 밝힌 것이다.

14

중국 최초의 반봉건 혁명
태평천국 운동

유럽과 신대륙 미국에서 산업 혁명이 일어나 근대화에 박차를 가하던 19세기 초반까지도 아시아의 대국 중국(청나라)은 비교적 조용히 봉건제의 전통을 지켜 오고 있었다. 하지만 19세기 중반, 서양에서 환각제 두 가지가 유입되면서 중국 대륙은 거대한 소용돌이 속으로 휘말려 들었다.

그중 하나는 아편이고, 다른 하나는 기독교였다. 아편은 원래 의료용 마취약이나 수면제로 오래전부터 사용하던 것이다. 그러나 청나라 말 제국주의의 침략과 함께 서구 자본가들이 자신들의 이윤 추구를 위해 들여온 아편과 기독교는 중국인을 환각 상태로 몰고 갔다.

1830년대 말에 이르면 어림잡아 400~500만의 중국인이 아편에 중독 돼 몸과 마음이 망가져 갔다. 결국 영국과 청나라 사이에 아편 전쟁이 일어나 2만여 명의 사상자가 발생했다. 또한 변질된 기독교는 태평천국 운동이라는, 중국 역사상 가장 무섭고 참혹한 봉기 사건의 배경이 되었다.

중국인의 몸과 마음을 망가뜨린 아편

하얀 양귀비꽃이 지고 나면 그 자리에 동글동글한 열매가 맺히고, 그 열매에 특수한 칼로 상처를 내면 눈물처럼 수액이 흐른다. 이것을 일컬어 '양귀비의 눈물'이라 하는데, 이 수액을 채취해 말리면 바로 아편이 된다. 아편은 기원전 1500년경에 작성된 이집트의 파피루스 문서에도 약용으로 쓴 기록이 남아 있을 정도로 오래된 약물이다.

아편은 이미 13세기경 아라비아 상인에 의해 중국에 전래됐으며, 17세기부터 환각 작용을 목적으로 한 흡연 풍속이 이어져 오고 있었다. 그러나 수입량이 연간 200상자 정도로 제한되어 있어서 극소수의 사람만 손을 댈 수 있었다. 그런데 영국의 동인도 회사가 아편 전매권을 획득한 뒤부터 사정이 달라졌다. 1757년 이후 중국의 아편 반입량은 점점 늘어나 1776년에는 연간 1,000상자, 1790년에는 연간 5,000상자에 이르렀다. 그리고 1830년대에는 매년 수만 상자가 반입되어 인구 100명 가운데 1명 꼴로 아편 중독자가 생겨났다. 왕족, 관리, 군인, 서민 할 것 없이 아편 소굴에 모여 자욱한 담배 연기를 내뿜게 된 것이다.

아편 하루치 가격은 하루 임금과 비슷할

영국, 프랑스, 네덜란드 등이 동인도에 세운 무역 회사. 아시아 독점 무역권을 행사하며 제국주의의 앞잡이 역할을 했다. 그림은 동인도의 여러 섬을 정복한 제국주의 국가의 행태를 풍자한 것.

만큼 비쌌다. 게다가 아편은 중독성이 있어 점점 많은 양을 사용하게 되었다. 사용량이 많아질수록 그만큼 더 많은 돈이 필요하기 때문에 아편 중독자는 재산을 탕진하기 십상이었다. 청나라 황제는 아편 수입을 금하는 법령을 몇 번이나 발표했지만 거의 지켜지지 않았다. 수입을 단속해야 하는 관리가 뇌물을 받고 밀수입을 방치하거나, 관리 자신이 아편에 중독 된 경우도 많았기 때문이다.

아편이 유통된 배후에는 영국 제국주의의 음모가 도사리고 있었다. 동인도 회사는 중국에 은을 팔고 홍차를 사들여 영국 국민에게 팔았다. 영국인은 홍차 맛에 길들여졌다. 홍차 수입량이 늘어나면서 점점 많은 은이 중국으로 흘러 들어갔다. 그러자 동인도 회사는 은을 회수하는 방법을 생각해 냈다. 그것은 바로 중국인에게 은을 받고 아편을 판매하는 것이었다. 계산에 약삭빠른 동인도 회사는 인도 벵골 지방의 농민에게 양귀비를 재배하게 해 독점으로 중국에 수출했다. 그 결과 아편 수출량이 부쩍 늘어났고, 1830년대에는 수입량의 7.5배에 달하는 은이 중국을 빠져나갔다.

중국 내 은 보유량이 줄면서 은 가격이 크게 뛰었다. 농민이 작물을 내다 팔거나 물건을 살 때 사용하는 일상 화폐는 동전이지만 세금은 은으로 내야 했다. 은 가격이 뛰다 보니 동전의 가치는 반대로 떨어졌다. 결과적으로 일상 통화는 그대로인데 세금은 은 가격만큼 올라갔다. 세금은 소작인이나 영세한 자작농에게 부과되었고, 그들의 몰락을 부채질했다. 마침내 아편이라는 마약이 그 사용자뿐 아니라, 중국 경제의 근간을 뒤흔들어 버린 것이다. 그럼에도 청나라 황제와 관리는 뾰족한 대책을 마련하지 못했다.

왼손에는 아편, 오른손에는 성경

영국의 상인은 광주 앞바다의 여러 섬을 거래 장소로 삼아 노골적인 아편 무역을 했다. 일부 상인은 광주에 버젓이 점포까지 차려 놓고 주강 어귀에 무역 거점을 확보한 뒤 아편을 공급했다.

1839년 3월, 청나라 조정은 호광 총독 임칙서(林則徐, 1785~1850년)를 흠차 대신으로 임명해 광주에 파견했다. 임칙서는 영국 상선에서 엄청난 금액에 해당하는 밀수 아편 2만여 상자를 몰수했다. 그는 단호한 결정을 내려 몰수한 아편에 석회를 섞어 소금물에 담근 다음 모두 바다로 흘려보냈다. 그 작업을 하는 데 무려 20여 일이 걸렸다.

반년 뒤에야 사건의 진상을 알게 된 영국은 이를 침략의 빌미로 삼아 중국에 군사 공격을 감행했다. 1840년 3월, 영국 함대가 몰려온다는 소식을 접한 청 황제 도광제(道光帝, 1782~1850년)는 임칙

호북성과 호남성을 합한 호광 총독 임칙서는 아편 엄금론을 주장했다.

아편 전쟁. 최신식 무기로 무장한 영국 군함 앞에서 무력한 청나라 군대는 항복할 수밖에 없었다.

서를 파면해 서역(중국의 서쪽에 있던 여러 나라를 통틀어 이르는 말)으로 보내 버림으로써 사건을 대충 얼버무리려고 했다. 그러나 영국은 공격을 멈추지 않았다. 이른바 아편 전쟁이 시작된 것이다.

전쟁은 2년여 동안 계속되었다. 영국 함대가 남경으로 밀어닥치자 마침내 청은 항복하고 말았다. 1842년 8월, 영국 군함 콘 윌리스 호에서 남경 조약이 체결되어 청은 영국에 홍콩을 이양할 뿐 아니라 600만 달러의 보상금을 내고 다섯 항구를 개항하기로 약속했다. 그리고 이듬해에는 영국 영사의 재판권을 인정했다. 무역품에 매기는 관세율을 청나라 단독으로 결정할 수 없게 된 것이다. 중국을 휘감은 어둠의 그림자는 더욱 짙어만 갔다.

한편 아편 무역상 중에는 청교도도 있었는데, 이들은 아편 밀매와 함께 기독교를 선전하는 전단을 뿌리기도 했다. 그들은 '왼손에는 아편을, 오른손에는 성경을' 들고 중국인을 환각 상태로 몰아넣었다. 도대체 마약 밀매를 일삼는 그들이 중국인에게 기독교를 전파하려는 이유는 무엇이었을까? 아편과 함께 청 말기의 중국 사회를 환각 상태로 몰아넣은 영국의 선교 활동에 대해서도 짚고 넘어갈 필요가 있다. 곧이어 나타나는 태평천국 운동의 실마리가 바로 영국의 선교사와 기독교의 활동에 있기 때문이다.

　유럽 열강의 침략 대상이 된 나라에서 흔히 있는 일이지만 기독교 선교사는 중국에서도 제국주의 침략의 앞잡이 역할을 충실히 수행했다. 중국에서 일어난 많은 분쟁은 서양 선교사와 관련된 것이었다. 선교사는 때로 오만불손하게 굴거나 불법 행동을 저지르기도 했다. 그러나 중국 측은 그들을 법정에 세울 수 없었다. 치외 법권(외국인이 현재 머물고 있는 나라의 법에 의한 제재를 받지 않을 권리)이 적용되기 때문이었다. 나아가 선교사들은 현지인 개종자에게도 치외 법권을 적용하자는 비상식적인 주장까지 내세웠다.

　때때로 선교사와 중국인 신자들은 마을 주민과 다툼을 벌였다. 주민들이 선교사를 살해하는 사건도 벌어졌는데, 제국주의 열강은 그 책임을 중국 정부에 물으며 거액의 배상금을 뜯어내곤 했다.

홍수전의 환상

　태평천국 운동의 지도자 홍수전(洪秀全, 1813~1864년)은 광동성 화현에서 중농의 아들로 태어났다. 총명한 그는 배다른 두 형과 달리 글공부에만 전념할 수 있었다. 21세가 된 수전은 청운의 뜻을 품고 광주로 가서 과거를 보았다. 그러나 결과는 낙방이었다. 그리고 4년 뒤인 25세에 다시 과거를 보았다. 결과는 또 실패였다.

1837년 세 번째로 치른 과거에도 낙방하자 홍수전은 심한 신경 쇠약을 앓았다. 한 달이 넘도록 병에 시달리던 어느 날이었다. 그는 하늘나라의 으리으리한 대궐에서 금발의 노인과 키가 큰 선비를 만나는 꿈을 꾸었다. 금발의 노인은 근엄한 목소리로 말했다.

"지상의 악마를 퇴치하라. 너에게 그 사명을 주겠노라!"

노인의 말이 끝나자 옆에 있던 선비가 입을 열었다.

"나는 맏형이다. 네가 속세의 악마와 싸우게 되면 내가 도와주겠다."

수전이 고개를 들자 노인은 칼 한 자루를 건네주었다. 홍수전은 감격에 겨워 두 손으로 정중하게 칼을 받았다. 그 순간 그는 꿈에서 깨어났다. 생생한 꿈이었다. 노인의 목소리가 아직도 귓가에 맴돌았다.

어느 날, 홍수전은 꿈에서 본 노인이 누군가와 닮았다는 생각이 들었다. 그때 문득 책 한 권이 떠올랐다. 첫 과거에 낙방하고 집으로 돌아오는 길에 우연히 서양인 선교사 양아발이란 사람을 만났는데, 그가 책 한 권을 준 것이다. 과거에 낙방한 터라 심란하던 홍수전은 그것을 장롱 구석에 처박아 두고 잊고 있었다. 그런데 그 책을 건네준 선교사의 노란 머리털이 꿈속에 나타난 노인의 그것과 닮았다는 사실이 갑자기 생각난 것이다.

'그렇다면…….'

그랬다. 꿈속에서 노인에게 받은 칼은 어쩌면 선교사가 건네준 책을 의미하는 것이 아닐까 하는 생각이 들었다. 홍수전은 장롱에서 책을 꺼냈다. 표지에 '권세양언(勸世良言)'이라고 쓰여 있었다.

'맞아, 그 꿈은 틀림없이 상제님의 계시였어. 그리고 키 큰 선비는 예수 그리스도가 틀림없어. 그분이 맏형이라고 했으니까, 나는 예수의 동생인 셈이지······.'

생각이 거기에 미치자 가슴이 마구 뛰었다. 그 책은 말하자면 기독교 입문서였다. 홍수전은 그 책을 독파했다. 그리고 책의 내용을 달달 외울 수 있게 되자, 사람들에게 우상 숭배를 못 하게 하고 상제를 믿도록 하는 것이 자신의 사명이라고 스스로 믿게 되었다. 그는 더 이상 과거 따위에 매달리고 싶지 않았다. 오로지 중국인에게 기독교를 믿게 해야 한다는 사명에 불타올랐다.

중국식 공상적 사회주의

홍수전은 우선 서당에 있는 공자의 위패를 부숴 버렸다. 그 바람에 그는 마을에서 쫓겨났다. 그러나 사명감에 불타오른 그는 기죽지 않았다. 그는 광동성 화현으로 가서 과거에 낙방하고 불평만 일삼던 풍운산 (馮雲山, 1822~1852년)을 포교하여 동료로 삼았다. 1843년 홍수전은 광동성 화현 등지를 돌며 군중에게 설교했다.

"하늘의 주재자인 상제님은 기독교의 여호와시다. 상제님이 여호와라면 나는 모세이며 또한 예수의 동생이다. 나는 상제님께 온갖 악마의 유혹으로 타락의 늪에 빠진 중국을 구하라는 명령을 받았다······."

그러나 화현에서는 포교가 쉽지 않았다. 그는 이웃한 광서성 동남부 지역의 산간벽지 마을로 갔다. 그 마을에는 가난한 농민과 숯 굽는 사람, 광산 노동자 등 다른 곳에서 이주해 온 사람들이 살고 있었는데, 이들을 '객가(客家)'라고 불렀다. 객가는 같은 중국인이라도 천대받던 터라 같은 객가 출신인 홍수전과 풍운산에게 호의적이었다.

중국 전통의 (대동사상)(大同思想)과 비슷하면서도 우상을 엄격히 부정하고, 한족의 정신적 지주인 공자를 서슴 없이 비판하며, 상제라는 신을 모시는 이상한 종교가 마력처럼 중국 민중을 사로잡았다. 광서성에서 어느 정도 포교에 성공한 홍수전은 나름의 정치 이상향을 정하고 이렇게 발표했다.

청나라 말기에 개혁론자인 정치가 강유위와 손문 등이 주장한 정치 사상. 정치의 차별이 없고 자유로운 세상을 목표로 했다.

"옛날 요·순·우 3대에 걸친 태평성대에는 가진 자나 못 가진 자가 서로 통하고 서로를 동정했으며, 대문에 빗장을 걸지 않고 길에 떨어진 물건을 줍지 않으며, 남녀가 같은 길을 걸어가지 않고, 덕망이 높은 사람을 추천해 천자가 되게 했다. 요·순·우 황제는 자국과 타국의 백성을 갈라서 차별 대우하며 나라를 다스리지 않았다. 천하를 나누면 만국(萬國, 세계 모든 나라)이지만 통합하면 기실 하나의 집안일 뿐이다."

인간 평등이 실현된 지상 천국을 역설하는 홍수전의 이상주의는 놀랍게도 비슷한 시기에 프랑스 등 유럽 지식인 사회에서 풍미하던 '공상적 사회주의' 사상과 흡사하다. 홍수전의 설교가 중국 민중에게 이상하리만치 성공적인 반응을 불러일으킨 것도 우연이 아니었던 것이다.

1847년경 그리스도교 비밀 결사 조직인 배상제회(拜上帝會)가 정식으로 결성되었는데, 회원이 2,000여 명에 달했다. 배상제회를 따르는 무리에는 지주와 마을의 지도층도 있었다. 이들은 부유한 편이었지만 조정의 가혹한 세금 징수에 불만을 품은 사람들이었다. 아편 전쟁을 전후해 중국 각지에서는 사병을 거느린 지주와 현직 관리 사이에 무력 충돌이 자주 일어났는데, 배상제회는 이러한 애국적인 지주와도 손을 잡았던 것이다.

"상제를 존경하지 않으면 뱀이나 호랑이에게 물린다. 존경하면 재난과 병을 피할 수 있다."

이와 같은 배상제회의 선전과 신상이나 불상을 파괴해도 뒤탈이 없는 것을 본 농민은 안심하고 배상제회로 몰려들었다. 또한 가난한 그들은 상제의 힘으로 평등 세상을 건설할 수 있다는 희망과 신념을 굳혀 갔다.

태평천국의 시대

1850년, 배상제회의 일부 신도들은 숯장이 출신의 양수청(楊秀淸)과 풍운산 등을 중심으로 반란을 기도했다. 아편 전쟁을 겪으면서 영국군에 반항한 경험이 있는 이들은 무능한 청나라를 뒤엎고 새로운 나라를 일으키고자 했다.

이러한 뜻에 공감하는 사람들이 자연스럽게 광서성 금전촌으로 몰려들었다. 그들은 개인 재산을 모아서 공평하게 나누었다. 또한 엄격한 규율을 정해 금욕적이고 도덕적인 생활을 했다. 모세의 십계명을 본떠 십관천조(十款天條)라는 계율을 만들고, 이를 엄격히 지켜 나가면서 독특한 종교 신념으로 무장했다.

"토지도, 음식도, 옷도 모두 상제님의 것이다. 상제께서는 이것들을 평등하게 나누어 주신다. 그러니 상제를 믿으면 가난한 사람이 없어지고 살아 있는 동안에는 지상의 천국에서 살 것이며, 죽어서는 하늘의 천국에 들 수 있다……."

계속되는 기근과 도적의 약탈, 지주나 고리 대금업자의 압박에 시달리던 광서성의 농민과 일부 소지주, 광부, 실업자가 속속 모여드는 가운데 배상제회 신도 수는 어느덧 1만여 명으로 늘어났다. 이들은 우상 파괴 운동과 더불어 백성을 박해하는 관헌을 향해 무장 투쟁을 벌여 나갔다. 배상제회의 움직임이 심상찮다고 느낀 대지주와 정부군은 군대를 보내 금전촌을 포위했다. 반란은 돌이킬 수 없는 상황으로 치닫고 말았다. 배상제회는 연령과 성별에 따라 군단을 편성하고 봉기 태세를 갖추었다.

1851년 홍수전은 연호를 태평천국이라 하고 스스로 천왕이라 칭했다. 또한 동왕에 양수청, 북왕에 위창휘, 익왕에 석달개 등을 임명해 진용을 구축했다.

'태평천국'이란 상제의 명령과 가호를 받아 평화롭고 평등한 지상

천국을 수립한다는 뜻을 드러낸 것이었다. 1월 11일, 배상제회는 홍수 전의 서른여섯 번째 생일날 금전촌에서 봉기했다.

지상 천국을 건설하겠다는 의지로 똘똘 뭉친 혁명군은 금전촌을 출발했다. 객가 출신의 정부군 수천 명이 태평군 쪽으로 돌아섰다. 혁명군은 더욱 힘을 얻었다. 청나라의 변발에 반발해 머리를 길게 늘어뜨린 태평군은 1년여에 걸쳐 광서 지역을 휩쓸고 북상했다. 그리하여 호북성의 성도이며 천하의 요충지인 무창을 함락하고 곳곳의 빈농, 부랑민, 수공업자 등을 흡수했다. 태평군의 수효는 눈덩이처럼 불어났다. 수군과 육군을 합해 무려 100만 대군으로 성장한 태평군은 순식간에 중국의 절반을 휩쓸었다.

1853년 3월, 남경에 입성해 이름을 천경(天京)으로 바꾸고 수도로 정했다. 이로써 중국에는 두 개의 나라가 존재하게 되었다. 북쪽은 무능한 청나라가, 남쪽은 태평천국이 지배하게 된 것이다.

태평천국은 천조 전무 제도라는 것을 정해 대대적인 사회 제도 개혁

태평천국 군의 지휘부.

에 착수했다. 우선 지주의 토지 소유권을 부정했다. '직접 농사를 짓는 사람이 토지를 갖는다.'는 원칙에 따라 토지를 재분배하고, 노비 제도와 남녀 차별 제도를 폐지해 신분

해방을 선언했다. 도시의 수공업자를 독려해 생산성을 높이고 상업을 장려했으며 세금을 가볍게 하여 생사(生絲), 차(茶) 등을 수출했다. 따라서 아편 무역은 한때 소멸되다시피 했다.

태평천국은 그야말로 반봉건 혁명을 이루어 나가는 듯이 보였다. 그러나 공상적 사회주의가 현실에 적용되는 데 무리가 있었던 것처럼, 태평천국의 이상향 역시 의지와 광기만으로 실현되는 것은 아니었다. 그들의 개혁은 곧 한계에 부딪혔다. 악덕 지주와 부패한 관료 등을 가차 없이 공격하면서 태평군과 농민은 승승장구했지만 태평군의 지도부는 이러한 상황을 체계 있는 토지 혁명으로 제도화하지 못했다. 게다가 남경에 자리한 혁명 정부는 점점 권위를 내세우면서 봉건 왕조를 닮아 가기 시작했다. 또한 지도부 내에서도 권력을 둘러싼 암투가 시작되었다. 태평천국 지도부는 저 암울하고 괴롭던 지난날을 잊어버리고 어느덧 억압자를 흉내 내게 된 것이다.

무너지는 왕국

1853년, 태평군은 수도 남경을 기점으로 북쪽, 서쪽, 동쪽 등지로 정벌군을 일으켰다. 북벌군은 안휘성에서 북상해 하남성을 거쳐 천진을 공격했지만 패배하고 말았다. 천진은 청의 수도인 북경의 관문에 해당하는 곳이었으므로 이 도시를 점령하지 않고는 북경의 문턱을 넘을 수가 없었다.

태평군은 휩쓸고 지나가는 바람처럼 무작정 앞으로 밀고 나갈 줄만 알았지 지나간 곳을 착실히 다스리는 데는 노력을 기울이지 않았다. 예컨대 그들이 세운 수도 천경을 확보하기 위해서는 양자강 중류의 무한을 거점으로 활용해야 하는데도 그곳에 병력을 두지 않아서 나중에 유교 정치가인 증국번(曾國藩, 1811~1872년)이 편성한 상군(湘軍)에게 빼앗기고 말았다.

한편 태평천국의 멸망을 부채질한 것은 지도부의 분열과 권력 다툼이었다. 남경을 태평천국의 수도로 정한 이래 홍수전은 군사 지휘권을 모두 양수청에게 일임했는데, 실권을 손에 쥐게 된 양수청은 권한 밖의 행동을 하면서 홍수전의 비위를 거슬렸다. 홍수전은 위창휘를 시켜 양수청 일당을 몰살했다. 그러자 태평군의 명장 석달개는 홍수전의 행동이 지나쳤다고 비판하면서 결별을 선언하고 사천성으로 떠나 버렸다. 그리하여 태평군 세력은 분열되었고, 이 시기를 고비로 태평천국의 운명은 내리막길을 걷게 되었다.

태평천국의 분열이 점차 커지고 체제가 약해진 틈을 타서 반혁명 의용군이 점차 강하게 반격을 가해 왔다. 1854년에 들어서자 청군의 대대적인 반격이 시작되었다. 증국번이 이끄는 상군은 남쪽을 집중 공략해 양자강 이북 지역을 탈환했고,

홍수전 동상.

새로 부상한 실력자 이홍장(李鴻章, 1823~1901년)도 절강성과 강소성 일대에서 태평군을 평정했다. 게다가 1860년 북경 조약을 체결하면서 태평군에 적대적으로 돌아선 영국 등 열강은 이홍장에게 협력함으로써 태평천국을 압살해 왔다.

태평군의 광기가 중국 영토를 휩쓰는 동안 제국주의 선교사는 반(半) 기독교 교리를 내걸고 봉기한 태평군에게 찬사를 보냈다. 남경이 태평천국의 수도가 되었을 때는 이 새로운 정부를 인정하고 외교 사절을 파견할 정도였다. 그러나 청군과 의용군의 반격이 시작되고 태평군의 기세가 한풀 꺾이자 그들은 재빨리 홍수전을 부인하는 쪽으로 돌아섰다. 열강의 원조를 받는 청군과 의용군의 반격으로 태평천국의 점령 지역은 속속 떨어져 나갔다. 게다가 태평군의 명장들도 하나 둘 전사하거나 병에 걸려 세상을 떠났다.

태평군의 마지막 영웅은 충왕 이수성(李秀成, ?~1864년)이었다. 청년 장군 이수성은 두둑한 용기와 침착한 전술로 수도 남경을 청군의 공격에서 한동안 지켜 냈다. 그러나 태평군의 내부는 예상보다 빠른 속도로 부패해 갔고, 병사들은 의욕을 잃고 있었다. 천왕 홍수전은 이미 자포자기한 상태에서 술독에 빠져 있었다. 이수성은 홍수전에게 건의했다.

"남경을 버리고 다른 곳에서 별천지를 찾아 수도를 세우는 것이 좋을 듯합니다."

그러나 홍수전은 귀담아 듣지 않았다. 그 뒤로도 이수성은 몇 번이나 수도를 옮기자고 건의했으나 홍수전은 쉽게 결정을 내리지 못하고 망설이다가 1864년 어느 날 독약을 마시고 자살하고 말았다. 이 소식이 전해지자 남경을 포위하고 있던 청군은 한꺼번에 공격을 감행했다. 그 와중에도 이수성은 홍수전의 어린 아들을 천왕으로 받들고 탈출을 시도했다. 그러나 몇 발자국 옮기기도 전에 그는 어린 천왕과 함께 붙잡혀 포로가 되고 말았다.

빈농 출신답지 않게 수려한 용모와 고귀한 성품까지 지닌 이수성이 패하자 남경은 곧 함락되고 말았다. 석달개 또한 사천성에서 전사했다. 남은 태평군도 계속 패배해 태평천국은 완전히 몰락하게 되었다.

태평천국이 남긴 의의

광신자들의 반란이 어떻게 그토록 큰 힘으로 중국 대륙을 지배할 수 있었을까? 태평군이 그토록 거센 불길을 지필 수 있었던 것은 중국의 낡은 질서가 파탄 위기에 있었다는 뜻이다. 생계의 위기에 직면한 백성의 불만이 고조되었고, 곳곳에서 크고 작은 반란이 빈번하게 일어난 것도 큰 이유였다. 게다가 아편 유입이나 열강과 맺은 불평등한 무역 관계로 사태는 한층 악화됐고, 그러한 부담이 결국 일반 민중의 어깨를 무겁게 짓눌렀다.

특히 아편은 외국 무역을 이전과는 전혀 다른 양상으로 뒤집어 놓았다. 그리하여 경제 혼란이 한층 가중되었고 유럽 열강의 시장으로 변해 버린 덕에 국제 물가의 영향을 받아서 극도로 첨예해진 중국인의 궁핍상이 반란의 불길이 번지는 데 크게 기여했던 것이다.

홍수전과 농민 반란군이 세운 태평천국은 15년 동안 존속했으며, 반란이 계속되면서 2,000만 명에 달하는 인구가 희생됐다. 그래서 태평천국 운동을 중국 역사에서 가장 참혹한 봉기라고 일컫는다. 그러나 태평군이 일으킨 광범위한 투쟁은 근대 중국 농민 혁명의 출발점이 되었다는 사실 또한 인정하지 않을 수 없다.

15

세포이 항쟁과 인도 민중의
독립 운동

제국주의 침략에 열을 올리는 서구 제국주의자에게 인도는 군침이 도는 나라였다. 중국 다음으로 인구가 많은 데다 동서양의 경계에 자리해 아시아 침략의 발판이 되기 때문이었다.

영국을 위시한 서구의 여러 나라는 19세기 초에 이미 산업 혁명을 완성하고 대량 생산 체제에 들어갔다. 그런데 대량 생산이란 대량 소비가 있어야 가능한 것이었다. 서구 열강은 국내 시장만으로는 소비를 늘릴 수 없자 세계 규모의 시장을 개척해 막대한 부를 축적하려고 했다. 그래서 군사력을 동원해 시장 확대 정책에 열을 올렸고, 이후 인도를 비롯한 수많은 식민지 민중에게 견디기 힘든 고통을 주게 되었다.

대규모 공장에서 쏟아져 나온 상품을 판매할 방대한 시장과 값싼 원료 구입처를 확보하기 위해 경쟁적으로 포문을 연 자본주의 국가의 주된 표적은 아시아였다. 영국, 프랑스, 러시아, 미국 등은 아시아 국가의 주권을 심각하게 손상했고 아시아 각국의 발전을 방해했다.

자본주의가 가장 발달한 영국은 침략의 마수를 전 세계에 넓게 뻗쳐 사상 초유의 식민 대제국을 건설했다. 영국은 아시아의 대국 중국을 침략해 아편 전쟁(1840~1842년)을 일으켜 중국을 상품 시장으로 만들었으며 많은 특권을 탈취했다. 영국은 인도에도 침략의 마수를 뻗쳤다. 은밀하게 인도의 권력 중심부를 잠식해 들어간 영국은 현지에 총독부를 설치해 영토를 관할했다.

인도에 휘몰아친 제국주의 광풍

이미 인도에는 17세기 초 영국, 프랑스, 네덜란드 등 중상주의 정책(상업을 중요시하고 보호 무역으로 수출을 육성해 자본을 축적하려는 정책)을 취한 유럽 열강이 세운 동인도 회사가 설립되었다. 각국의 동인도 회사는 후추, 커피, 사탕, 면포 등의 무역 독점권을 둘러싸고 치열하게 경쟁하면서 동양 각국에 특산품을 강제로 재배하게 해 헐값에 사들였다.

그중에서도 인도 농촌에 대한 영국의 수탈은 제국주의의 속성을 극명하게 드러내는 것이었다. 1757년 (플라시 전투)를 계기로 프랑스를 제치고 인도 무역을 독점하게 된 영국의 동인도 회사는 점점 인도에서 지배 범위를 넓혀 가면서 식민지 정책을 펼쳤다.

1757년 영국의 동인도 회사와 인도 벵골의 태수 웃다울라가 벌인 싸움. 웃다울라는 동인도 회사의 밀무역이 벵골 경제에 큰 타격을 준다고 항의하며 캘커타 북서쪽에 있는 플라시에서 영국군과 결전을 치렀다. 처음엔 인도 군이 우세했으나, 영국에 매수된 부하들의 배반으로 참패하고 태수 자신도 처형됐다. 이로써 영국은 벵골의 지배권을 확립하고 인도의 식민지화를 위한 침략의 교두보로 삼았다.

그리하여 19세기 전반에 영국은 인도를 자본주의의 시장이자 원료 산지로 만들었다. 말이 무역이지 사실상 약탈이었다. 즉 헐값에 원료를 사들여서 최대한 비싼 값에 공산품을 팔았다. 영국의 가혹한 약탈은 인도 농민을 극도의 빈곤 상태로 떨어지게 했다. 인도의 농촌에는 잡초로 가득한 묵은 밭이 늘어났고 농업 생산량은 해마다 줄어들었다. 재해가 들면 굶어 죽는 사람들이 속출했다.

19세기 전반 인도에는 일곱 차례나 기근이 들었는데 굶어 죽은 사람이 무려 150만 명에 달했다. 그와 동시에 영국의 공산품이 대량으로 들어오는 바람에 수공업마저 급격히 몰락했고, 대다수의 수공업 노동자는 일자리를 잃고 떠돌아다니는 거지 신세로 전락했다. 도시 인구가 급격히 줄어들었으며 방직 수공업으로 이름난 곳은 황폐해졌다. 질병까지 창궐해 거리에는 수많은 시체가 나뒹굴었다.

영국의 인도 총독 벤팅크(Lord William Bentinck, 1774~1839년)는 가혹한 식민지 침략에 따른 인도의 궁박한 현실을 이렇게 묘사했다.

"이토록 비참한 정경은 역사상 처음이다. 면방직 노동자의 백골이 인도 평원을 하얗게 뒤덮었다."

이상한 떡과 붉은 연꽃

1856년 인도 주민 사이에서는 이상한 일이 벌어지고 있었다. 영국 식민주의자의 눈길을 피해 인도의 전통 방법으로 얇게 구운 떡이 이 마을에서 저 마을로 신속하게 전달되었다. 그러면 마을 사람들은 조용하게 모여서 그 떡을 조금씩 나누어 먹었다. 떡을 나눠 먹는 그들의 얼굴에 비장한 각오가 서려 있었다. 그런 후 떡 하나를 구워 다른 마을에 전달했다. 떡을 받은 다른 마을에서도 똑같은 일이 되풀이되었다. 무려 1년여에 걸쳐 떡이 전달되는 일이 계속되었다. 그리하여 1857년 봄에는 인도 중부와 북서부 거의 모든 지역이 떡으로 연결되었다.

이웃 마을에서 보내 온 떡을 나누어 먹는 것은 바로 봉기에 참가하겠다는 의사 표시였다. 영국의 식민 지배에 분노한 인도인은 조용히 봉기를 계획하고 있었다. 순박하기만 하던 인도의 농민과 수공업자 사이에 저항의 기운이 감돌기 시작한 것이다.

봉기를 선전하고 준비하는 비밀 조직이 마을 단위로 결성되었다. 일부 큰 도시에서는 식민주의자를 몰아내는 '성스러운 전쟁'을 벌이자는 호소문이 은밀하게 전달되었다. 또한 예술가들은 작품을 통해 식민지 현실을 폭로했다. 희극 〈암남색의 거울〉은 델리, 아그라, 러크나우 등 도시를 돌면서 신전이나 광장에서 공연되었다.

인도의 봉건 귀족 가운데 일부도 영국에 불만을 품었다. 영국의 식민주의자는 인도를 직접 통치하기 위해 봉건 귀족의 영지에 겸병 정책을 실시했던 것이다. 영국 식민주의자에 대한 반항심은 누구보다도 병사들 사이에서 강하게 싹터 올랐다. 각 마을에 얇게 구운 떡이 전달될 무렵 인도인 병사 사이에서도 봉기를 알리는 신호가 은밀하게 전달되고 있었다. 병사들이 신호로 사용한 것은 붉은 연꽃이었다. 각 연대와 대대에서는 비밀 집회가 열렸고, 비밀 조직이 결성되었다.

식민지인의 반란을 잠재우고 탄압할 목적으로 만든 군대의 인도 병사를 세포이라고 했는데, 이들은 영국의 동인도 회사에 속한 용병이었다. 민족의 압박과 차별은 이들 세포이에게도 예외가 아니었다. 세포이에게는 진급의 기회가 주어지지 않았다. 고급 장교에서 중급 장교에 이르기까지 주요 지휘자는 모두 영국인이었고, 인도의 용병은 대부분 일반 사병과 하급 지휘관에 머물렀다.

게다가 영국인 사관은 늘 구실을 만들어 병사들의 봉급을 줄였고, 종교와 신앙의 존엄성마저 노골적으로 무시하는 일이 허다했다. 대부분 청교도인 영국의 식민주의자는 까닭 없는 종교적 우월감에 사로잡혀 식민지 백성의 종교와 신앙을 편견으로 대했다. 다른 차별은 참을 수 있어도 뿌리 깊은 신앙심을 간직한 인도인에게 영국인의 종교적 편견은 견디기 힘든 모욕이었다. 세포이들에게 이러한 불만은 차츰 저항의식으로 쌓여 갔다.

세포이의 분노가 폭발하다

1857년 초 어느 날, 세포이에게 신식 총이 지급되었다. 이 총은 화약 넣는 주머니를 이로 깨물어 총구에 장전하는 방식이었는데, 한 세포이가 그 주머니에 쇠기름과 돼지기름이 칠해진 것을 발견했다. 이는 식민지인의 전통 종교를 비아냥거린 일이었다. 영국군 병기창 주변 어디에선가 소와 돼지를 무참하게 도살하는 일이 벌어진다는 사실을 뜻하기도 했다.

이 소문은 전국의 세포이에게 퍼져 나갔다. 쇠고기와 돼지고기를 주식으로 하는 서구인에게는 지극히 하찮은 일이겠지만, 소를 신성시하는 힌두 교도와 돼지고기를 멀리하는 이슬람 교도로 이루어진 인도 병사들에겐 치명적인 상처를 주었다.

도저히 참을 수 없던 델리 부근 메루트 시의 병사 85명이 영국인 장교에게 몰려가 거세게 항의했다.

"우리의 종교와 신앙을 모독했소. 지급받은 총과 화약을 쓰지 않겠소. 쇠기름과 돼지기름을 바르지 않은 것으로 바꿔 주시오."

그러나 이들의 항의에 돌아온 대답은 군법 회부였다. 이들은 집단으로 군사 재판을 받고 명령 불복종으로 감옥에 갇혔다. 인도 병사들은 분노와 모욕감에 치를 떨었다. 힌두교를 신봉하는 병사들은 갠지스 강물을 두 손으로 받쳐 들었고, 이슬람교를 믿는 병사들은 그들의 경전인 코란에 손을 올리고 성전(거룩한 사명을 띤 전쟁)을 맹세했다.

세포이는 대대적인 무장 봉기를 일으키기로 했다. 그리하여 1857년 5월 10일, 메루트의 세포이는 영국의 식민 지배에 항거해 봉기의 횃불을 치켜들었다. 세포이의 눈에 맨 먼저 띈 것은 십자가 첨탑이 높게 솟은 영국 교회였다. 종교적 자존심에 상처 입은 세포이는 식민 지배의

식민지인의 반란을 잠재울 목적으로 만든 군대의 인도 병사 세포이. 그러나 이들 역시 강압적 식민 지배에 항거해 봉기의 깃발을 치켜들었다.

상징처럼 우뚝 버티고 선 교회를 습격해 기도하던 영국군 장교들을 사살했다. 영국인들은 그들의 신을 애타게 부르며 죽어 갔다. 교회 공격을 끝낸 세포이는 군대 막사와 영국 식민주의자의 관청에 불을 질렀다. 메루트 시는 불길에 휩싸였다. 교회에서 다수의 장교가 사살돼 군의 지휘 계통이 무너지고 관청마저 불길에 휩싸여 버리는 바람에 영국 정부는 미처 손쓸 겨를이 없었다.

주도권을 장악한 세포이는 감옥으로 몰려가 수감된 동료와 인도인 죄수를 풀어 주었다. 날이 어두워졌을 무렵 메루트 시는 완전히 세포이 봉기군에게 장악되었다. 모든 일이 일사천리로 이루어졌다. 어느 곳에서도 영국군의 반격은 없었고, 그동안 당한 수모를 마음껏 되갚은 세포이의 얼굴에는 자신감이 넘쳐흘렀다. 메루트 시에는 더 이상 그들을 억압할 영국인 식민주의자가 없었다.

"델리로 쳐들어가자!"

승리감에 도취된 세포이는 한결같은 목소리로 외치며 수도 델리 쪽으로 공격의 선두를 돌렸다. 세포이가 델리에 도착하자, 어느 틈에 봉기 소식을 들었는지 델리의 시민과 병사들은 성문을 활짝 열고 이들을 맞이했다. 세포이 봉기군은 아무런 방해도 받지 않고 날이 새기 전에 델리 성을 점령했다.

이미 얇게 구운 떡과 붉은 연꽃을 전달하면서 봉기의 의지를 다져 온 인도 각지의 주민과 병사들은 속속 봉기 대열에 가담했다. 봉기군의 수효는 기하급수로 불어났고 한번 터진 인도 민중의 분노는 걷잡을 수 없을 정도로 불타올랐다. 군중은 델리 시 곳곳에서 영국인 장교를 죽이고 식민 지배 기구로 사용되던 관청을 불태웠다.

수도 델리가 영국 식민주의자의 지배에서 벗어나게 되자 봉기의 거센 물결은 아우드, 칸푸르, 잔시 등 중부와 북부 지구를 휩쓸었다. 특히 북인도 지역인 갠지스 강 유역의 평야 지대에서 그 불길이 거세게 타올랐다. 그리하여 세포이 항쟁은 새로운 국면으로 접어들었다.

인도인 병사와 영국군 간의 갈등에서 시작된 봉기의 대열에 몰락한 농민과 일자리를 잃은 도시 수공업자 등도 가세했다. 동인도 회사의 폭력적인 식민 지배에 대한 본격적인 저항이 시작되었다. 농촌에서는 농민 유격대가 조직되어 영국군을 위기로 몰아넣었다. 이와 때를 맞춰 델리의 봉기군은 무굴 왕조의 마지막 황제인 바하두르 샤를 황제로 앉히고 봉기를 이끄는 기구인 행정 회의를 결성했다. 델리 근교에서는 병사와 농민의 공투 회의가 성립되었으며, 지주제를 비판하고 '직접 농사 짓는 사람이 토지를 갖는다.'는 원칙에 따라 경작자에게 토지를 재분배하자는 의견이 제기되기도 했다. 이른바 세포이 항쟁은 식민지에 반대할 뿐 아니라 봉건 제도에도 반대하는 사회 혁명으로 확대되었다.

영국군의 반격과 학살

봉기의 세찬 불길은 영국 식민주의자를 공포에 떨게 했다. 영국인은 거세게 타오르는 봉기의 불길을 끄기 위해 부랴부랴 이란에 진주해 있던 군대를 인도로 이동시키고 중국으로 향하던 군대도 인도로 되돌렸다. 또한 (시크인)과 구르카인 중에서도 용병을 뽑았다.

인도의 펀자브 지방에 사는 민족. 힌두교와 이슬람교를 융합한 시크교를 신봉한다. 구르카인은 18세기에 지금의 네팔 왕국을 건설한 부족으로, 네팔의 중서부 산악 지대에 살면서 농경과 목축에 종사한다.

세포이 항쟁이 시작된 지 한 달쯤 뒤인 1857년 6월 8일, 영국군이 델리를 포위하면서 반격이 시작되었다.

그러자 자발적으로 모여든 4만여 봉기군은 식민주의자의 침략에서 수도를 지키기 위해 용감하게 싸웠다. 전투는 3개월 동안 계속되었다. 8월 말까지 영국 군대는 대대적인 공격을 퍼부었으나 번번이 참패했다. 영국군은 제대로 전진할 수가 없었다. 그러자 그들은 대량의 증원 부대와 대포를 동원했다.

마침내 9월 14일, 영국군은 성벽을 허물고 성내로 밀고 들어갔다. 영국군과 봉기군 사이에 치열한 시가전이 벌어졌다. 전투는 6일 동안 계속되었고, 영국군은 병사 5,000여 명과 사령관 2명을 희생하면서 델리를 점령했다. 영국군은 야만적인 보복을 감행했다. 델리에서는 피비린내가 진동했다. 학살은 한동안 계속되었다. 바하두르 샤와 귀족은 변절하여 영국에 투항했다. 마지막까지 피를 뿌리며 항전하던 인도의 봉기군은 눈물을 머금고 델리 시를 빠져나갔다.

델리는 영국군 수중에 떨어졌다. 그러나 농촌 곳곳에서는 농민 유격대가 영국 식민주의에 맞서 저항을 계속했다. 영국은 이들 농민 유격대를 토벌하기 위해 9만 명의 군대와 대포 100여 문을 모아 1858년 3~4월 아우드의 중심지인 러크나우와 중부 인도의 중심지인 잔시를 공략했다. 잔시는 당시 작은 토후국이었는데, 이곳 왕의 수양딸인 라크시미바이가 스스로 여왕이라 칭하며 직접 말을 타고 전선에 나가 용감하게 싸웠다. 잔시 전투는 3개월여 동안 계속되었다. 그러나 20대 초반의 꽃다운 여왕이 적탄에 쓰러짐으로써 결국 영국군에게 길을 내주고 말았다.

주요 도시 몇 개는 영국군 수중에 떨어졌지만, 봉기의 불길이 수그러든 것은 아니었다. 유격전으로 전술을 바꾼 봉기군 20여만 명은 인도 중부와 남부 등 곳곳에서 영국군을 물리치면서 식민 지배 기구인 동인도 회사의 철수를 주장했다.

전면전으로는 도저히 봉기군을 진압할 수 없다고 판단한 영국은 교활한 방법을 동원했다. 유격대를 무력으로 탄압하는 한편 봉기군 내부의 변절자를 매수해 내부 분열을 유도했다. 또한 인도인에게 분노의 대상이던 동인도 회사의 횡포를 근절한다는 명분 아래, 영국 국왕이 회사를 인수해 '인도 정청'이라는 기구로 바꾸고 동인도 회사가 할 일을 대신하게 했다.

착취의 양상은 바뀌었지만 식민 지배는 변함없었으며, 오히려 인도는 영국의 직접 지배 아래 놓이게 되었다. 영국군은 진압의 강도를 높였다. 전술과 지휘가 체계적인 영국군에 비해, 강력한 통일 조직을 가지지 못한 인도 봉기군은 곳곳에서 격파되었다. 영국의 작전은 적중했다. 봉기군은 차츰 대오가 허물어졌고, 영국군은 그 틈을 놓칠세라 탄압의 고삐를 바짝 죄었다. 그리하여 1859년 7월경에는 인도 전 지역에서 봉기가 진압되고 말았다. 세포이 항쟁으로 시작된 인도 민중의 민족 해방 운동은 강력한 통일 지도 조직을 가지지 못하고, 몰락 직전에 있는 무굴 황제의 복권을 기도하는 등 봉건 잔재를 청산하지 못했으며, 봉기 후 사회 개혁을 제대로 진행하지 못해 여러 전투에서 승리했음에도 결국 성공할 수 없었다.

물론 1857년 인도 민족 봉기의 의의가 완전히 물거품이 되고 만 것은 아니다. 그것은 식민주의 침략에 반발해 민족의 독립을 쟁취하려는 인도 민중의 투쟁 의식이 마음껏 발휘된 사건이었고, 아시아에 대한 영국의 식민 지배 체제는 이 봉기로 심각한 타격을 받았다. 그러나 봉기의 불길이 강제로 진화된 뒤 인도에 남은 것은 시커먼 잿더미뿐이었고, 20세기를 맞이하고도 암울한 식민 상황은 계속되었다.

간디의 비협력 불복종 운동

영국의 식민 지배에 대항하는 두 번째 운동은 1920년을 전후해 전개되었다. 1857년에 일어난 세포이 항쟁이 직접 무장 투쟁이던 것에 반해 두 번째 해방 운동은 세계 역사상 그 유례를 찾기 어려운 특이한 방식으로 전개되었다.

제1차 세계 대전이 발발하자 영국은 식민지 인도에서 병력, 전쟁 비용, 전쟁 물자, 식량 등 전투에 필요한 모든 것을 징발했다. 인도 병사 150만여 명이 강제로 유럽이나 서아시아 전선, 영국의 다른 식민지로 보내졌다. 유럽의 서부 전선에 투입된 연합군 병사 10명 가운데 1명은 인도인이었다.

세계 대전이 길어지면서 영국은 식민지 인도에 더욱 의지할 수밖에 없었다. 영국은 어떻게 해서라도 인도인의 협력을 얻어 내고자 인도에 자치권을 부여하겠다며 회유했다. 당시 인도 최대의 정치 결사인 국민 회의파의 지도자는 어리석게도 그 약속을 믿고 영국에 적극 협력했다.

그 노선에 동참했던 인사 가운데 변호사 간디가 있었다. 간디는 영국의 위생병 부대에서 과로로 병을 얻을 정도로 열심히 봉사했다. 그러나 막상 세계 대전이 끝난 1919년에 영국이 제정한 인도 통치법에는 인도의 자치를 허용한다는 내용이 들어 있지 않았다. 이 법은 주 의회에 입법권을 부여하기는 했지만 선거권자는 국민의 2%에 불과했으며 힌두 교도와 이슬람 교도의 대립을 부추기는 음흉한 내용이 들어 있었다. 게다가 통치법과 동시에 영국은 롤래트 법(Rowlatt Acts)을 제정해 인도인의 언론과 정치 활동을 억압하는 도구로 활용했다. 이 법으로 영국을 비판하고 인도인의 권리를 주장하는 자를 체포하거나 처벌할 수 있었다. 또 의심이 가는 사람을 심증만으로도 체포해 재판 없이 투옥할 수 있었다. 인도인은 이 법안을 '암흑 법안'이라고 불렀다.

청년 간디는 "우리는 빵을 구했으나 대신 돌을 받았다."고 분노를 토했다. 정치에 그다지 관여하지 않던 간디도 이러한 영국의 야만적인 처사에 격분해 전 국민을 상대로 호소문을 발표했다.

"롤래트 법에 불복할 것을 맹세한다. 다른 악법 역시 그 법이 철폐될 때까지 따르지 않을 것이다. 우리는 진리에 따라 투쟁할 것이며 사람의 생명과 재산에 폭력을 가하지 않을 것을 서약한다……."

간디는 법률이 시행되는 첫 일요일을 '하르탈의 날'로 삼을 것을 부르짖었다. 하르탈이란 상복을 입는다는 뜻으로, 아무 일도 하지 않는 보이콧을 의미하는 것이었다. 즉 공장에서는 생산을 하지 않고 가게는 문을 닫는 등 모든 업무를 중단해 총파업을 하자는 것이었다.

1919년 4월 6일, 롤래트 법이 시행된 후 첫 일요일이었다. 인도 국민은 아침 일찍 맨발로 근처의 연못이나 강, 해변으로 나가 성스러운 물로 목욕하고 몸을 깨끗이 했다. 그런 뒤 검은 깃발과 포스터를 들고

아름다운 영혼의 소유자 간디는 총칼을 들지 않고도 저항할 수 있음을 보여 주었다.

광장으로 행진했다. 거리마다 마을마다 모든 일터가 문을 닫았다. 인도 전역에서 총파업이 시작된 것이다. 봄베이에서는 교통수단이 마비되었고 가게 문은 굳게 닫혔다. 시민 대부분은 항의 집회에 참가해 롤래트 법 철회를 요구했

다. 간디는 봄베이 시내의 예배당에서 열린 대중 집회에 출석해 낮고 온화한 목소리로 말했다.

"자유로워집시다. 이 이상 노예가 되는 것을 그만둡시다. 오늘부터 우리는 자유와 진리를 위해 롤래트 법을 깨부수고 앞장서서 감옥에 들어갈 결심을 했습니다."

총파업과 시위는 성공적이었다. 이날을 '사티아그라하(진실의 힘) 데이'라 불렀다. 사티아그라하 데이는 영국의 분열 정책으로 대립하던 전 인도인이 하나로 다시 뭉친 날이었다. 힌두 교도와 이슬람 교도의 대립, 카스트의 대립, 복잡한 인종 간의 대립을 극복하고 간디의 지도 아래 영국에 반기를 든 것이다.

인도 민중의 새로운 힘에 불안을 느낀 인도 정청은 경찰과 군대를 강화해 다시 공포 분위기를 조성했다. 그리하여 4월 13일에는 북인도 펀자브 지방의 도시 암리차르의 잘리안왈라 광장에서 대중 집회 중인 군중을 포위하고 발포하고 말았다. 달아날 곳을 잃은 군중은 영국군의 총탄에 힘없이 쓰러져 갔다. 광장의 낮은 담장 쪽으로 달아나려고 몇천 명이나 되는 사람들이 몰려들었고, 영국군은 그 군중을 표적 삼아 총탄을 퍼부었다. 사망자 379명, 부상자 1,137명. 식민지 국민의 저항 운동에 대한 보복치고는 너무도 잔인한 대참사였다. 이후 인도인은 '암리차르'라는 말만 들어도 학살 장면을 떠올리며 몸서리쳤고, 암리차르는 어느새 학살의 대명사로 인도인의 가슴에 새겨졌다.

내려진 지휘봉

암리차르 대학살로 영국에 대한 인도인의 분노는 극에 달했다. 1920년 9월 캘커타에서 열린 국민 회의파 임시 대회에서 간디가 주창한 영국에 대한 비협력·비폭력 운동 강령이 채택되었다. 그 강령에 따라 모든 인도인은 영국 정부에서 받은 호칭이나 관직을 반환하고, 국공립학교 교사는 파업을 했으며, 영국 상품 불매 운동이 전개되었다. 비협력운동은 점차 공직이나 병역의 파업, 납세 거부로까지 확산되었다.

인도인은 곳곳에서 외쳤다.

"스와데시! 스와라시!"

스와데시란 국산품을 애용하자는 말이고, 스와라시는 자치를 말한다. 인도인은 영국식 옷을 벗어 던졌다. 차르카(물레)를 돌려 실을 뽑고 면포를 지어 옷을 만들어 입었다. 간디 역시 직접 물레를 돌려 가며 운동의 선두에 섰다.

암리차르 대학살 때 순교한 이들을 기념하는 탑.

비협력 운동에 따라 인도 정청의 행정은 거의 마비되었다. 인도 국민은 영국 법률을 무시했다. 간디의 지도 아래 인도 민중의 가슴에는 자신감과 희망이 넘쳐흘렀다.

"폭력은 짐승의 법칙이며 비

폭력은 우리 인류의 법칙이다. 영국이 칼과 폭력에 의지한다면 인도는 불멸의 혼에 의지해 비폭력을 실천한다. 사티아그라하가 우리가 저항할 수 있는 힘이다."

인도 국민은 종교, 계급, 인종의 차이를 넘어서서 간디를 중심으로 하나가 되었다. 1920년 12월 나그푸르에서 열린 국민 회의파 대회에서 간디는 희망적인 미래를 예견했다.

"운동을 계속해 간다면 1년 안에 자치가 실현될 것임에 틀림없다."

그러나 반영 투쟁의 확산에 놀라움과 우려를 품게 된 영국은 간디가 자치의 실현을 예고한 1년 뒤에 역으로 대탄압을 가했다. 국민 회의파 회원 3만여 명이 투옥되어 감옥은 정치범으로 가득 찼다. 제2차 세계 대전 뒤 독립과 함께 수상이 된 네루도 아버지와 함께 투옥되었다. 그러나 인도 정청은 국민에게 미칠 영향을 우려해 간디를 체포하지는 못했다.

전 인도가 시끄러워지고 사태는 절박해졌다. 그러던 1922년 2월 북인도 차우리 차우라 마을에서 사람들이 경찰서를 불태우고 경찰관 대여섯 명을 살해하는 사건이 발생했다. 비폭력 운동에 차질이 생긴 것을 안타까워하면서 간디는 이렇게 외쳤다.

"우유 속에 비소가 들어 있다."

간디는 뜻밖에 일어난 사건을 개탄하면서 일방적으로 비협력 운동의 중지를 명했다. 운동은 혼란스러워졌고 대중의 발걸음은 어지러워졌다. 국민 회의파 지도자는 간디의 독단을 비판했다. 이 틈을 타서 영국 정부는 재빨리 간디를 체포해 버렸다. 간디는 6년의 금고형을 언도 받았다.

지휘봉은 내려졌다. 간디가 운동에서 발을 빼게 되자 반영 운동 역시 위축되었다. 그러나 세계 역사상 비슷한 예를 찾기 힘든 간디 식의 대규모 비협력 · 비폭력 운동은 전 인도 민중의 자치 의식을 고양했을 뿐 아니라 전 인도 민중이 하나로 뭉쳐 식민지 해방 투쟁에 나서게 하는 데 결정적 역할을 했다.

파리 코뮌과
피의 일주일

1870년대를 전후해 유럽의 자본주의는 비약적으로 발전했다. 나폴레옹 3세의 제2제정 시기인 프랑스도 자본주의 전성기를 맞이했다. 그러나 자본주의의 발전이 모든 사람에게 행복을 가져다준 것은 아니었다. 어느 시대든 땀 흘려 일하는 사람과 그 결실을 차지하는 사람이 꼭 일치하는 것은 아니기 때문이다.

당시에도 그랬다. 직접 생산을 하는 노동자는 낮은 임금과 장시간 노동, 직업병, 산업 재해 등에 시달렸고 빈부 격차는 날로 심해졌다. 노동자는 조금 더 나은 노동 환경을 요구했지만, 이윤 추구에 눈이 먼 자본가들은 본 체 만 체 할 뿐이었다. 그리하여 끊임없이 자본가와 노동자 사이에 대립이 일어났고 노동자는 점점 조직을 갖추어 대항하기 시작했다.

프랑스 제정의 몰락과 전진하는 노동자

이 무렵 노동자의 권익 운동에 의미 있는 변화가 일어나기 시작했다. 오직 단결만이 생존할 수 있는 길임을 터득한 노동자가 노동 조합을 만들어 자본가에게 단체로 권리를 요구하게 된 것이다. 물론 노동 조합을 결성하는 것 자체도 정부와 자본가의 방해로 쉽지는 않았다.

수십 년에 걸친 투쟁 끝에 프랑스 노동자는 조합 결성과 쟁의(노동자와 자본가 사이에 일어나는 분쟁)를 위한 노동자의 단결권을 법적으로 인정받았다. 1864년의 일이었다. 그나마 노동 조합의 쟁의권과 단결권이 완전히 보장된 것도 아니었다. 거기에는 온갖 제한이 뒤따랐고, 오히려 자본가의 처지를 대변하는 조항도 많았다. 따라서 노동자는 여전히 생활고에 시달리면서 자본가와 정부를 향해 비판의 목소리를 높여 갔다.

이처럼 나라 안이 시끄러울 때 야만적인 지도자가 자주 쓰는 수법은 바로 전쟁을 일으키는 것이다. 프랑스의 나폴레옹 3세(Napoleon Ⅲ, 1808~1873년)도 예외는 아니었다. 유럽의 황제라 자부하며 군림해 온 그는 1870년 7월, 인접한 나라 프로이센에 시비를 걸었다.

"프로이센 왕실에서 에스파냐 국왕을 파견하는 것은 좋지 않다."

에스파냐 지배를 포기하라고 프로이센에 은근히 압력을 가한 것이다. 온천에서 휴식을 취하던 중 이 같은 전문을 받은 프로이센 국왕 빌헬름 1세(Wilhelm Ⅰ, 1797~1888년)는 기

쿠데타로 황제의 지위에 오른 나폴레옹 3세는 적극적인 팽창 정책을 폈으나, 멕시코 원정과 프로이센 전쟁에 실패한 뒤 실각했다. 나폴레옹 3세를 풍자한 그림.

분이 상했다. 그는 수상 비스마르크에게 이 사실을 알렸다. 프로이센을 중심으로 독일을 통일하려 애쓰던

비스마르크 (Otto von Bismarck, 1815~1898년)는 통일 사업에 걸림돌이 되던 프랑스와 한 번쯤 부딪치기를 은근히 바라던 터였다. 비스마르크는 당장 신문에 다음과 같이 발표했다.

1862년 프로이센 총리가 된 그는 철혈 정책을 내세워 군비 확장을 강행했다. 1871년 독일 통일을 이루고 독일 제국의 초대 총리가 되었으며, 삼국 동맹 등을 통해 프랑스를 고립시키고 국력 강화를 꾀했다.

"나폴레옹은 프로이센 국왕을 협박, 모욕했지만 우리는 이것을 단호히 거절했다."

프로이센 국민은 나폴레옹 3세가 빌헬름 1세에게 협박과 모욕을 했다는 말에 국가 자존심에 상처를 입었다고 생각했고, 프랑스 국민은 빌헬름이 강하게 거절했다는 사실에 노발대발했다.

나폴레옹 3세는 1870년 7월 19일, 프로이센을 공격했다. 그러나 갑자기 공격 명령을 받은 프랑스 군대는 미리 준비하고 기다리던 프로이센 군대의 적수가 되지 않았다. 기세등등하게 프랑스로 밀고 들어온 프로이센 군은 9월 2일, 스당 전투에서 프랑스 군 8만 명을 무찔렀고, 나폴레옹 3세는 프로이센 군의 포로가 되고 말았다.

이 소식을 들은 파리 시민과 노동자는 의회로 몰려가 제정 폐지와 공화제 실시를 요구했다. 이들은 예전부터 나폴레옹 3세의 정책에 불

만을 품고 있던 터라 이 기회에 국왕을 영원히 추방해 버리고자 했다. 이들의 요구를 수용한 프랑스 의회는 제정을 폐지하고 공화제를 실시했다. 그리고 전범으로 몰린 나폴레옹 3세는 프로이센에서 석방된 뒤에 영국으로 망명해 여생을 쓸쓸히 보냈다.

그러나 공화제가 된 후에도 전쟁은 끝나지 않았다. 프로이센 군은 파리로 계속 진격해 왔고, 마침내 파리를 포위하기에 이르렀다. 프로이센 군이 점령한 베르사유 궁에서 빌헬름은 독일 제국의 황제로 화려하게 등극했다.

한편 프로이센 군에 점령된 파리는 점점 위축되었다. 식량도 연료도 떨어졌다. 그러나 국민 방위군을 중심으로 모인 파리 시민은 쥐까지 잡아먹으면서 항전 의지를 불태웠다. 또한 공화제 정부의 내무 대신 강베타(Léon Gambetta, 1838~1882년)는 파리를 탈출해 나라 밖에서 독립 운동을 펼쳤다.

그러나 점령된 파리를 구하는 일은 쉽지 않았다. 파리 시민의 저항 의지는 말 그대로 의지일 뿐, 프로이센 군대의 막강한 힘 앞에서는 가련한 몸짓일 뿐이었다. 1871년 1월, 독일군은 나폴레옹 1세가 프랑스의 승리를 기념해 만든 개선문으로 당당히 들어왔다. 프랑스 정부군은 무장 해제되었다. 프랑스 정부는 비스마르크의 명령대로 재조직되었다. 그러나 파리 시민은 여전히 집집마다 검은 깃발을 내걸고 밤에도 등불을 켜지 않은 채 무언의 저항을 계속했다. 파리 방위를 위해 조직된 시민의 군대인 국민 방위군도 항전을 했지만, 이미 막강한 프로이센 군대를 물리치기에는 힘에 부쳤다. 프로이센 군대는 새로 출범한 임시 정부에 국민군을 해산하도록 명령했다.

세계 최초의 노동자 정부, 파리 코뮌

막대한 전쟁 보상을 치르고 겨우 프로이센 지배에서 벗어난 뒤, 파리 시민과 노동자는 떨쳐 일어나 나폴레옹 정권을 완전히 무너뜨렸다. 1871년 2월 8일에 실시한 선거에서 새로운 의회가 구성되었다. 그러나 이 의회는 왕당파가 3분의 2를 차지했고 나머지 3분의 1도 부르주아 공화파가 차지했다. 노동자 대표는 극소수였다. 정치 형태는 제정에서 공화정으로 바뀌었지만 사회 모순은 해결되지 않은 것이다.

부르주아 공화파와 왕당파는 티에르(Adolphe Thiers, 1797~1877년)를 수상으로 하는 임시 연립 정부를 구성했다. 역시 노동자는 완전히 배제되었다. 이렇게 구성된 공화파 정부는 노동자의 봉기를 두려워하며 각 지구 노동자의 무장 해제를 시도했다. 또 프랑스 혁명의 전통을 간직하며 치안 유지를 담당해 오던 국민 방위군의 대포를 압수하고자 했다.

1871년 3월 18일, 임시 정부의 명령을 받은 정부군은 파리 시내 몽마르트르 언덕에서 국민 방위군의 대포를 빼앗아 내려오고 있었다. 이 소식을 듣고 몰려든 시민이 그들의 앞을 가로막았다. 그러자 정부군 지휘자는 사격 명령을 내렸다. 그러나 병사들은 총부리 앞을 가로막은 부녀자와 어린이를 향해 도저히 방아쇠를 당길 수 없었다.

"우리가 돈을 거두어 만든 대포를 어디로 가져갈 작정이냐?"

대포를 온몸으로 감싸 안은 시민들의 기세는 당당했다. 정부군 병사들은 슬그머니 총구를 내렸다. 사기가 오른 시민들은 사격 명령을 내린 지휘관을 붙잡았다. 그리고 병사들의 총을 빼앗아 지휘관을 사살했다. 마침내 병사들은 시민 편에 가담했다. 몽마르트르뿐만 아니라 파리의 다른 지역에서도 임시 정부의 군대는 계속 노동자와 시민군에 패배했다. 진압에 나선 정부군이 오히려 국민 방위군과 한편이 되어 버린 것이다. 마침내 임시 정부는 파리에서 베르사유로 도피하고 말았다.

되살아난 국민군은 노동자를 중심으로 국민군 중앙 위원회를 결성했다. 그리고 1871년 3월 26일, 마침내 파리에서 코뮌 평의회 선거가 실시되었다. 코뮌이란 자치 행정 구역을 말한다. 이것이 바로 파리 코뮌(Paris Commune, 1871년 3월 18일~5월 28일)으로 세계 역사상 최초의 노동자 정부였다. 파리 시민은 '코뮌 만세'를 외치며 노동자 정부를 환영했다. 파리를 장악한 노동자와 시민 20만여 명이 시청 앞 광장에 모여 축포를 울리며 코뮌 선언식을 열었다.

"파리는 코뮌임을 인민 앞에 선언한다."

리용과 마르세유 등지에서도 코뮌 결성 움직임이 일어났다. 파리 코뮌 정부는 프랑스 전국을 코뮌 연합체로 만들기 위해 노력했다. 4월에는 보궐 선거가 시행되어 시 의원 92명이 선출되었다. 그중 3분의 1가량은 노동자 출신이고 나머지는 학자나 변호사, 예술가, 언론인 등 지

세계 최초의 노동자 정부 파리 코뮌이 수립되자
시민들은 거리로 뛰쳐나와 환호했다.

식인이 대부분이었다. 코뮌 의회
는 동시에 행정부도 겸했는데 육
군, 재무, 식량, 외무, 노동, 사법,
공익 사업, 정보, 보안의 9인 집행
위원회를 두어 활동하면서 새로운
정책을 내놓았다.

상비군 폐지, 공무원 소환제,
교육 자유와 무상 교육, 빈민 생활 보장, 노동자의 공장 관리 등 이들이
내놓은 새로운 정책은 이상적인 사회주의를 목표로 했다. 진보적인 정
권의 모습을 갖추기 시작한 코뮌 정부는 4월 19일, 몇 가지 중요한 정
치 결정을 단행하고 다음과 같은 강령을 발표했다.

첫째, 상비군을 폐지하고 노동자 중심의 국민 방위군으로 대체한다.
둘째, 시의 각 구에서 코뮌 의원을 보통 선거로 선출해 시민에게 책임을
지며 언제든지 소환이 가능한 시 의원을 구성한다.
셋째, 코뮌은 의회 기구가 아니라 행정부와 입법부 기능을 수행하며 시
행정뿐 아니라 지금까지 국가가 취해 온 모든 발의권을 가진다.
넷째, 코뮌은 코뮌 의원을 필두로 임금 수준을 노동자의 그것과 비슷하
게 한다.

이처럼 코뮌은 지금까지의 정치 행태를 새롭게 바꾸고 노동자 계급

의 자기 지배력을 확립하고자 했다. 그러나 경험과 준비 부족, 각 당파의 내부 의견 분열, 집행 기관의 혼란 등 여러 문제에 부딪혔다. 게다가 왕당파와 공화파는 끊임없이 내란을 꿈꾸었다. 베르사유로 쫓겨난 이들 반동 정부를 과감하게 제압하지 않은 것이 화근이었다.

이 밖에도 코뮌은 농민의 지지를 획득하는 일에도 노력을 기울이지 못했고, 재정을 마련하는 일에도 소극적이었다. 당시 프랑스 은행은 30억 프랑에 달하는 돈을 보유하고 있었는데, 그 은행의 자산을 몰수했더라면 재정난에 흔들리는 베르사유 정부에 심각한 타격을 주었을지도 모른다. 이러한 여러 가지 과오로 파리 코뮌의 존재 기반이 흔들리는 사이에 베르사유의 반동 정부는 다시 꿈틀거리고 있었다.

베르사유의 반격과 '피의 일주일'

베르사유로 도망친 임시 정부는 파리를 탈취할 준비를 착착 진행했다. 코뮌이 수립되고 나서 일주일도 채 되지 않아 반격이 시작되었다. 새로운 정책을 내놓고 새로운 정치 조직을 만드는 작업에 쫓긴 코뮌 측은 반격에 나설 충분한 태세를 갖추지 못했다. 리용이나 마르세유와 연락도 끊기고 파리는 고립되었다.

파리 코뮌 결성 일주일 뒤인 4월 2일, 이미 파리 서부 교외에서 국민 방위군에 타격을 입힌 적 있는 베르사유 군대는 계속 남부 지역을 점령하고는 반격의 선두를 파리 쪽으로 향했다. 또한 파리 동쪽 교외에는 프로이센 군대가 주둔하고 있었다. 협공의 포위망이 점점 좁혀지고 있었다.

5월 21일, 드디어 파리 서쪽 상크루 문으로 들어온 베르사유 군대가 저항하는 시민을 향해 대학살을 하기 시작했다. 파리 시민은 노인이고 여자고 어린이고 할 것 없이 도로의 돌을 벗겨 바리케이드를 치고 필사적으로 저항했다. 5월 23일에는 오페라 극장 쪽에서 요란한 총성이 울려 퍼졌다. 베르사유 정부군 병사가 오페라 극장 지붕 난간을 따라 살금살금 기어가면서 총질을 했다. 오페라 극장 꼭대기에는 여전히 코뮌 정부를 상징하는 적색기가 휘날리고 있었다.

코뮌 병사들은 라피트가 위쪽에서 아래쪽 큰길을 향해 총을 쏘고 있었다. 이미 큰길은 베르사유 정부군이 장악하고 있었으며, 코뮌 군대는 포위된 상태였다. 한 차례 충격전 뒤에 오페라 극장 한쪽 끝에 삼색기가 꽂혔다. 곧이어 지붕의 다른 쪽 끝에서 휘날리던 적색기는 정부군 병사의 손에 발기발기 찢겨 나갔다.

오페라 극장을 점령한 정규군은 이제 방돔 광장으로 향했다. 코뮌의 국민군이 힘을 잃은 만큼 베르사유 정부군의 기세는 등등해졌다. 얄팍한 일부 시민은 상황을 저울질하다 코뮌 정부의 신분증을 찢어 없애는가 하면, 진격해 오는 베르사유 포병 부대를 향해 삼색기를 흔들기도 했다.

5월 24일, 코뮌 군대는 베르사유 군을 저지하기 위해 시내 주요 건물에 불을 질렀다. 튈르리 궁전을 비롯해 파리 중심부는 일제히 불길에

휩싸였다. 그러나 그것으로
베르사유 군을 막아 낼 수
는 없었다. 코뮌 병사들은
계속해서 쓰러졌다. 살아남
은 병사들은 시청 안으로
모여들었다. 그 주위로 불
길이 타올랐다.

불길에 휩싸인 파리가 코뮌 군의 절망적 상황을 말해 주
는 듯하다. 코뮌 군은 정부군의 잔인한 탄압 속에서 파리
를 지켜 내기 위해 바리케이드를 치고 끝까지 저항했다.

　파리 시내 곳곳에서 베
르사유 군대가 마치 사냥을 하듯 코뮌 당원을 색출해 처형했다. 며칠
전에 '코뮌 만세'를 외치던 파리 시민은 반동 정부군에게 코뮌 당원이
숨어 있는 곳을 고자질했다. 일부 시민은 정부군 뒤를 따라다니며 체포
된 코뮌 당원을 처형하라고 아우성 치거나 직접 몽둥이를 들고 코뮌 포
로에게 달려들어 뭇매를 가하기도 했다. 베르사유 군대는 점점 피 맛에
길들여졌다. 아니, 이제는 피를 마시지 않고는 살 수 없는 흡혈귀처럼
무참한 살육을 저질렀다. 파리는 광란과 지옥의 도시였다.

　한편 시청 안에 갇혀 있던 코뮌 당원은 절명의 위기를 맞았다. 그야
말로 막다른 골목이었다. 사방에서 시청을 향해 붉은 혀를 날름거리는
불길이 다가오고 있었다. 바리케이드 불길 밖에서는 피 맛을 본 베르사
유 정부군이 몰려오고 있었다. 그들에게는 두 가지 선택의 길만 남았
다. 불에 타 죽을 것인가, 아니면 적의 총탄에 처형될 것인가.

　다음 날도 파괴와 학살은 계속되었다. 5월 25일, 베르사유 군대의

1804년에 문을 연 페르 라 셰즈 묘지는 최초의 정원식 묘지로, 구미 각국 공동 묘지의 효시가 되었다.

대대적인 공격을 막아 낼 길이 없다고 판단한 코뮌 군은 라로케트 감옥에 갇혀 있던 베르사유 왕당파 인질을 모조리 총살했다. 베르사유 군대의 잔인한 탄압에 대한 저항의 표시였다. 더 이상 탈 것이 없는 시청 건물은 마침내 굉음과 함께 무너져 내렸고, 아직 살아 있는 코뮌 당원들은 쇼몽 언덕과 페르 라 셰즈 공동 묘지 등으로 쫓기며 최후의 총격전을 벌였다.

페르 라 셰즈 공동 묘지는 코뮌 군대의 마지막 격전장이었다. 마지막까지 저항하던 시민과 코뮌 당원은 묘지 담장 앞에서 모조리 총살됐다. 담장 앞의 움푹 팬 웅덩이에는 200여 구의 시체가 겹겹이 쌓였다. 산더미 같은 시체 위로 하얀 분가루가 뿌려졌다. 코뮌 병사들이 집단 총살된 페르 라 셰즈의 담장은 '병사들의 벽' 이라 불리며 프랑스인의 성지가 되었다.

5월 28일, 저항은 끝났고 파리 코뮌은 완전히 무너졌다. 그러나 피에 굶주린 베르사유 군은 학살을 멈추지 않았다. 그들은 코뮌 당원으로 보이는 사람은 무작정 체포해 제대로 조사도 하지 않은 채 총살했다.

혁명은 좌절되었는가?

파리 코뮌은 72일 만에 처참하게 무너지고 말았다. 학살된 코뮌 당원과 시민의 수는 정확히 밝혀지지 않았다. 늘 그렇듯이 대량 학살이나 대형 범죄일수록 은폐되기 십상이다. 피의 일주일 동안 학살된 사람은 모두 2만 명이라고도 하고 3만 명이라고도 한다. 비극의 역사 속에서 센 강은 핏빛으로 붉게 물들었고, 자본가와 귀족 정치인은 학살로 얻은 승리의 축배를 높이 치켜들었다.

또다시 실패한 혁명이었다. 그러나 파리 코뮌은 세계의 노동자에게 위대한 교훈을 안겨 주었다. 파리 코뮌은 본질적으로 노동자의 정부였으며, 착취 계급에 대항하여 생산 계급이 투쟁으로 이룬 성과였다. 파리 코뮌이 주는 또 하나의 교훈은, 노동자가 권력을 장악한다 하더라도 그것을 유지할 수 있는 강력한 정치 조직과 지도자 없이는 한 걸음도 전진할 수 없다는 것이다.

1848년 프랑스 혁명에 참가했다가 벨기에로 망명한 《레 미제라블》의 작가 빅토르 위고는 파리에서 도망쳐 나온 코뮌파 사람들에게서 '피의 일주일'에 대한 이야기를 듣고는 분노로 몸을 떨었다. 그는 파리의 정경을 시로 묘사해 《공포의 해》라는 시집을 냈는데, 다음은 그 시집에 실린 〈12세 소년에 대한 시〉다.

죄 있는 피와 죄 없는 피로 붉게 물든 디딤돌 사이

바리케이드 위에서

12세의 소년이 친구와 함께 체포되었다.

이 자식, 너희도 놈들과 한패지?

소년들은 대답했다.

우리는 친구입니다.

좋아.

장교는 말했다.

너희는 총살감이다, 차례를 기다려라.

한 소년이 집에 가서 어머니에게 시계를 전해 주고 오겠다고 말했다.

장교는 의심의 눈초리로 소년을 노려보았다.

그건 핑계지? 도망치려고 그러지?

아닙니다. 틀림없이 돌아오겠습니다.

좋아, 도중에 도망치고 싶으면 도망쳐.

장교는 소년을 풀어 주었고 소년은 곧 돌아왔다.

소년은 벽에 등을 기대어 선 채 떳떳하게 외쳤다.

나는 이곳을 떠나지 않을 것입니다.

실제로 소년은 총살됐지만, 위고는 차마 그 사실을 쓸 수 없었다고 한다.

의화단 운동과
신해 혁명

19세기 후반 만주족이 세운 청 황실은 서태후(西太后)의 손에 놓여 있었다. 아편 전쟁과 태평 천국 운동이 소용돌이친 뒤 내리 흉년이 거듭되었고, 전염병이 퍼졌으며, 비적(匪賊, 무장을 하고 떼를 지어 다니며 사람들을 해치는 도적)이 자주 나타나 농민의 삶은 피폐하기 이를 데 없었다.

1835~1908년. 중국 청나라 함풍제의 황후. 함풍제가 죽자 동치제와 광서제의 섭정을 하였다. 무술정변을 탄압했고, 의화단 운동이 일어나자 이를 선동하여 외세를 배척하는 정책을 취했다.

게다가 1898년에는 독일, 러시아, 프랑스, 영국 등 서양 열강이 들이닥쳐 중국 땅에서 이권 쟁탈을 벌였다. 그들은 중국의 좋은 항구를 상품 기지로 만들고 광산 채굴권, 철도 부설권 등을 빼앗아 막대한 이윤을 얻고 있었다. 서양의 값싼 상품이 대량으로 들어와 농민의 경제 생활은 파탄 직전에 있었다. 중국이 서양 열강에 의해 조각나는 것을 본 일본도 마수를 뻗치기 시작했고, 이듬해인 1899년에는 열강의 따돌림을 받던 미국마저 중국에 문호 개방을 요구하고 나섰다.

한편 혼란한 틈을 타서 점점 세력을 키워 간 비적은 마침내 지방 정부를 장악해 군벌로 성장했다. 서구 열강의 침략으로 가뜩이나 시달리던 중국의 농민은 정부에서 거둬 가는 세금뿐 아니라 비적과 군벌에게도 세금을 바쳐야 하는 처지에 놓이게 되었다.

거대한 고목에 새싹을!

나라의 운명이 위태로움을 감지한 일부 관료는 구국 운동을 일으켰다. 그들은 양무 운동과 변법 운동 등을 통해 청의 멸망을 막으려고 애썼다. 양무 운동은 일종의 실학 운동이었다. 서양의 과학 기술을 배워서 침략자에 대항하자는 것이었다. 그러나 대지주 출신의 자본가로 구성된 운동의 주체는 공장 건설이나 항만 운수업 등 자신들의 이권에 관계된 일에만 관심을 보였다. 게다가 양무 운동의 주도자였던 이홍장은 타이완을 일본에, 베트남을 프랑스에 팔아넘기듯 이양함으로써 국권에 반대되는 일을 저질러 국민의 지지를 잃게 되었다.

양무 운동의 뒤를 이어 1898년에는 변법 운동이 일어났다. 무술년에 일어난 운동이라 하여 '무술 변법'이라고도 부른다. 이 운동은 전통 유교 사상을 존중하되 현실에 적응하고 서구의 과학 기술을 도입하자는 것이었다. 광서제(光緖帝, 1871~1908년)의 신임 아래 강유위(康有爲,

1858~1927년)를 중심으로 전개된 이 운동은 대동 사회(번영하여 화평한 세상)를 꿈꾸며 위로부터의 개혁을 단행하려 했다. 그러나 과거 제도의 개혁 등이 조정의 기틀을 흔드는 것이라 하여 중앙 실권자, 특히 서태후의 반발이 거셌다. 그러자 광서제는 원세개(袁世凱, 1859~1916년)의 힘을 빌려 서태후를 유폐하려 했다. 그러나 서태후는 오히려 원세개를 매수해 광서제를 유폐하는 대단한 수완을 발휘했다.

이로써 청나라의 정치는 서태후의 전제 시대로 되돌아갔다. 변법 운동을 주도하던 강유위는 일본으로 망명하고, 정치 조직을 개혁해 죽은 나무에 새싹을 틔워 보려던 젊은 관료와 지식인의 노력은 실패로 돌아가고 말았다.

의화단과 멸양 운동

서태후가 광서제를 유폐하고 실권을 다시 장악했을 무렵, 지방의 농민과 도시의 직공 사이에서는 '서양인을 추방하고 중국인의 손으로 중국을 만들자.'는 민족주의 운동이 은밀하게 전개되고 있었다. 오직 나라를 구하자는 일념 하나로 맨주먹을 불끈 쥐고 일어선 그들은 바로 '의화권(義和拳)'이라는 비밀 결사 단원이었다.

의화권의 유래는 명나라 이전으로 거슬러 올라간다. 당시 민간에는 세상을 바로잡는 것을 믿음으로 하는 백련교(白蓮敎)라는 비밀 결사가 생겨서 농민 봉기의 원동력이 되었다. 만주족이 세운 청나라는, (백련교)가 만주족에 반대하고 한족 부흥 운동을 일으킬까 두려워 사교(건전하지 못한 종교)로 규정하고 엄중히 단속하고 있었다. 의화권은 바로 백련교의 한 분파였다.

1895년경 청·일 전쟁이 한창일 무렵부터 산동성 일대에서 활동을 시작한 의화권은 서양의 기독교를 눈엣가시로 여겨 교회를 불사르고 기독 교도를 살해했다. 하지만 기독 교도의 횡포에 원한을 품고 있던 중

남송 초기에 생긴 비밀 결사 종교. 미륵을 믿고 주로 천태종의 교의(敎義)에 기초하면서 보(普)·각(覺)·묘(妙)·도(道)의 네 강령을 세웠다. 염불 참회하며 금욕주의를 주장했다. 중국의 중앙 정부와 자주 충돌하는 바람에 풍속 교란의 폐해를 이유로 그 활동이 금지되었다.

국인은 이들을 지지했다. 기독 교도의 횡포란 이른바 치외 법권이었다. 일부 기독 교도는 범죄를 저지르고도 치외 법권 구역인 교회로 피해 버렸고, 따라서 그들의 범죄 행위를 단속하기가 힘들었던 것이다. 의화권은 급속하게 세력을 넓혀 갔다. 산동성 순무도 의화권의 테러 행위를 단속하지 않고 오히려 은밀히 보호했다.

그러나 양무파의 원세개가 1889년 말 산동성 순무로 부임하면서 상황이 바뀌었다. 원세개는 의화권을 엄중하게 단속했다. 더 이상 산동성을 근거지로 삼을 수 없게 된 의화권은 북쪽으로 옮겨 갔다. 그러면서 부만멸양(扶滿滅洋), 즉 '만주 왕조를 돕고 외국을 멸한다.'는 기치를 내세우게 됐다.

'서양인을 추방하고 중국인의 손으로 중국을 만들자.'는 주장 아래 모인 의화단은 거리 곳곳을 누비며 외국인들과 그들 소유의 시설을 공격해 제국주의 침략자의 간담을 서늘하게 했다.

의화권은 외국인 소유의 경한철도, 대운하, 전신 등의 시설을 파괴하고 교회를 불사르면서 북경, 천진 등으로 전진했다. 그리하여 순식간에 화북 일대와 동북 지방 그리고 몽골과 사천 등지를 휩쓸었다.

한편 만주인 귀족층이 중심이 된 보수 관료는 이미 의화권이 탄압하기 어려울 정도로 세력이 커졌다는 사실을 직시했다. 그들은 꾀를 냈다. 의화권을 이용해 서구 열강과 양무파, 군벌에 대항하려는 것이었다. 그리하여 청나라 정부는 의화권의 조직을 인정하되, 무뢰하고 폭력적인 행동만을 단속하기로 했다. 더불어 외국의 공사관을 보호하라는 칙령을 내렸다. 서태후는 의화권을 '의화단'으로 개칭하고, 지방 의용군 명목으로 사실상 그 실체를 합법화했다.

서구 열강에 전면전을 선포하다

어느덧 해가 바뀌었다. 만주족 지배자의 보호 아래 의화단은 마침내 북경에 들어와 외국인 거류지인 교민항과 북경 교회당을 공격했다. 독일 공사관과 일본 서기관이 습격을 당했다. 북경에 세력을 뻗친 의화단은 서양 상품 불매 운동을 벌이는 등 반외세 운동을 본격화했다. 이처럼 반외세 성격을 띠고 운동이 전개되자 의화단은 국민의 환영을 받았다.

1900년 6월 수구파의 묵인 아래 의화단은 마침내 서구 열강에 선전 포고를 했다. 북경을 점령한 의화단은 관군과 함께 열강의 공사관을 차례로 습격했다. 북경이나 천진에서는 의화단 세력이 거리를 활보했으며 그 수효는 점점 불어났다.

의화단은 평등한 인간관계를 바탕으로 공동 생활을 하는 이상 사회를 추구했다. 이들은 제국주의 침략자의 간담을 서늘하게 하며 용맹스럽게 싸웠지만, 지휘 체계도 없고 뚜렷한 행동 원칙도 없었다. 다양한 대중이 참가한 의화권 조직은 동리마다 '대사형'이라 불리는 지도자가 단위의 책임자가 되는 것을 빼고는 이렇다 할 체계가 없었다.

그리고 소년 소녀를 제외하면 실제 전투 인원도 그리 많지 않았던 것으로 보인다. 예컨대 1,000여 명 미만의 병력이 지키는 열강의 공사관을 두 달이 넘도록 수만 명이 포위해 공격을 퍼부었지만 결국 공사관 구역을 점령하지 못하는 경우도 있었다. 의화단은 파산한 농민이 주류를 이루었지만 십대 소년 소녀도 많았다. 소년은 빨강, 노랑 등 원색의 천을 몸에 감고 주역의 원리에 따라 팔괘(八卦)로 대오를 나누어 다녔고, 소녀끼리는 홍등조(紅燈照)라는 조직을 만들어 활동했다.

한편 북경에 갇힌 외교관과 기독 교도를 구출하기 위해 영국, 러시아, 독일, 프랑스, 미국, 이탈리아, 오스트리아, 일본의 8개국 연합군은 대포와 기관총 등을 앞세우고 돌진해 들어왔다. 그러나 의화단과 청 정부군이 이들을 완전히 포위해 더 이상 전진할 수 없었다. 연합군의 첫 공격은 실패로 끝났다. 의화단은 물론 서태후를 비롯한 권력자도 사기가 올랐다.

청 정부와 의화단이 승리에 한껏 고조돼 있을 무렵인 6월 21일, 열국의 함대는 천진 바깥쪽 항구인 대고(大沽) 포구를 공격했다. 이에 격분한 서태후는 분노하여 선전 포고를 명령했다. 그러자 국제 정세에 밝은 대신 영록이 말했다.

"지금 서구 열강과 전면전을 벌이는 것은 득이 되지 않을 것입니다."

그러나 서태후는 고집을 꺾지 않았다. 그러나 원세개, 장지동(張之洞, 1837~1909년), 이홍장 등의 한족 출신 군벌은 서태후의 명령에 따르지 않았다. 오히려 이들은 연합군 측 영사관에 '외국 거류민을 보호하겠다.'는 통지를 하는 등 화해의 몸짓을 취했다.

그 즈음 연합군은 어느덧 천진 항에 상륙했고 의화단은 칼이나 창, 무술로 그들과 맞섰다. 그러나 연합군의 최신 무기 앞에서 의화단은 무력했다. 의화단과 청 정부군은 제국주의 열강의 총포 앞에서 수없이 쓰러져 갔다. 의화단과 관군을 격파한 연합군은 마침내 1900년 8월 14일

북경을 장악하고 그곳에 억류돼 있던 공사 관원을 구출해 냈다. 서태후
와 광서제는 서안으로 달아났다. 이로써 청나라를 지켜 온 수구파는 마
침내 권력을 잃고 말았다.

구국 운동의 결말

의화단 운동의 좌절과 함께 수구파가 권좌에서 물러나자, 권력 쟁탈
의 기회만 엿보던 양무파가 실권을 장악했다. 서태후가 북경을 떠난 뒤
에 실권자가 된 이홍장과 경친왕(慶親王) 등의 양무파는 연합군과 협력했
다. 이들은 의화단 잔당을 잔인하게 학살하고 이듬해인 1901년에 연합
군과 강화 조약을 맺고 북경 의정서에 서명했다. 이후 중국의 식민지화
는 한층 가중되고 군벌 시
대가 펼쳐지게 되었다.

황제가 실권을 잃은 뒤
중국은 온통 군벌 세상이었
다. 게다가 서양의 침략자
는 4억 5,000만 냥이라는
어마어마한 전쟁 피해액 배
상을 요구했다. 이 액수는
당시 중국의 4억 인구가 1

청나라가 의화단 진압에 소극적인 태도를 보이자 서구 열
강은 강한 압력을 가했다. 사진은 청나라 군대가 의화단원
을 처단하고 영국군이 뒤에서 지켜보는 모습이다.

인당 은 한 냥씩을 내도 부족한 액수였다. 게다가 이것을 39년간 나누어 갚게 되어 있어서 이자까지 합하면 무려 9억 8,000만 냥에 이르는 거대한 액수였다.

청나라 국고를 탈탈 털어도 매년 상환액을 채우지 못했다. 청 정부는 매해 2,000만 냥이 넘는 특별세를 거둬들여 겨우 외채를 막았다. 토지세만 제외하고 거의 모든 세금 수입이 외국인 제국주의자의 손에 넘어가고 말았다. 청 정부는 국가 경비를 충당하기 위해서 또 다른 세원을 마련해야 했다. 이때도 모든 부담이 농민과 노동자의 어깨에 지워졌다. 기층 민중의 생활은 더욱 궁핍해졌다.

그 와중에도 일부 군벌은 침략자와 적당히 타협하면서 자기 세력을 키우는 데 급급했다. 그들에게 적은 제국주의 침략자가 아니라 바로 만주족이 세운 청 황실이었다. 그들은 청 황실을 멸망하고 한족이 다시 부흥할 수 있는 기회라며 '멸만흥한(滅滿興漢)'의 기치를 내걸고 침략자와 손을 잡았다.

의화단의 소박한 구국 운동을 계기로 제국주의 열강은 막대한 금전 배상뿐 아니라, 중국 내 군대 주둔까지 요구했다. 북경의 공사관 구역과 철도 요충지 등을 경비한다는 명분이었지만, 사실상 광활한 중국 영토를 무력으로 짓밟은 것이나 다름없었다. 또한 이제는 민족 단체에 가입하는 것도 금지되었다.

구국 운동의 여파는 여기서 끝나지 않았다. 청 왕조가 흔들리는 틈을 타서 러시아 군대가 만주 지역으로 진군해 와 흑룡강성과 길림성을 차지했다. 청 정부는 이번에는 러시아와 비밀 협상을 벌였다. 그 결과 동부 지역의 철도 연선에 대한 병력 주둔권 등을 인정하게 되었다. 그러나 그 비밀 협상은 영국, 미국, 일본, 독일 등 각국에 알려져서 없었던 일이 되고 말았다.

한편 의화단을 부추겨 청나라의 운명을 벼랑 끝으로 몰고 간 최고 책임자 서태후는 서안으로 도피한 뒤, 그곳에서 때늦은 고생을 하며 뭔가 느끼는 바가 있었다. 거의 한평생을 궁중에서만 생활해 바깥 사정, 특히 국제 정세에 어둡던 서태후는 늘그막에 와서야 비로소 시대의 변화상을 실감하게 되었다. 그리하여 1901년, 서태후는 서안에서 변법 신정을 실시한다는 조칙을 발표했다. 조칙의 내용은 이런 것이었다.

"국가에는 물론 바꿀 수 없는 상법(常法)이 있지만 그것을 운용하는 치법(治法)은 늘 일정하지 않다. 조종(祖宗)의 성법(成法)은 바꿀 수 없는 상법이지만 치법은 바뀔 수 있다……."

결국 광신적 애국 운동이 일어나기 전의 원점으로 되돌아가자는 것이었다. 서태후는 두 해 전에 변법 운동을 전개하던 광서제를 유폐하고 강유위를 추방했던 사실을 까맣게 잊은 것일까.

서태후가 발표한 조칙은 이태 전, 강유위 등이 내걸었던 변법 내용과 별로 다를 바 없었다. 하지만 정치 상황은 2년 전과는 완전히 달라졌다. 이미 8개국 연합군이 수도를 점령한 상황이었다. 게다가 의화단 운동의 실패로 만주족 출신 관료의 권위는 이미 땅에 떨어질 대로 떨어진 뒤였다. 따라서 서태후의 조칙은 아무런 실효도 거둘 수 없었고, 청의 운명은 이미 돌이킬 수 없는 상황이었다.

맨주먹으로 제국주의에 대항한 의화단의 구국 운동은 청의 멸망을 1년 혹은 몇 개월 앞당기는 계기가 되었다. 그러나 그것이 청 멸망의 근본 원인은 아니었다. 다만 이미 낡은 왕조가 지배하는 세기말 중국의 내부 모순이 표출된 하나의 현상일 뿐이었다. 또한 거대한 고목 중국이 이제 잠에서 깨어날 때가 되었다는 것을 알리는 외침이었을 것이다.

중화 민국의 새벽을 연 신해 혁명

1900년경 의화단의 구국 운동이 광풍처럼 휩쓸고 지나간 뒤 청나라의 실권자 서태후는 조마조마한 마음으로 열강의 눈치를 살피며 권좌를 겨우 지켜 내고 있었다. 폭풍 전야처럼 불안한 침묵의 시기가 한동안 계속되었다. 그 사이, 봉건 농업국이던 중국에도 대여섯 도시에 공업 시설이 들어서는 등 근대화의 기운이 싹트고 있었다. 하지만 공업은 주로 외국 자본의 지배 아래 있었고, 대다수 농민은 여전히 빚더미에 파묻혀 허덕였다.

그러던 중 충격적인 사건이 일어났다. 러·일 전쟁에서 일본이 강국 러시아에 승리한 것이다. 그것은 청나라의 자존심을 무척 상하게 하는 일이었다. 일본의 승리를 두고 많은 말이 오가는 가운데 서태후는 일본이 일찍이 입헌 군주제를 채택했기 때문에 러시아에 승리할 수 있었다는 견해를 발표했다.

1908년 마침내 서태후는 헌법을 발표하고 1911년에는 최초로 내각을 소집했다. 그러나 서태후가 제안한 입헌 군주제는 청의 명맥을 이어가려는 술수에 지나지 않았다. 내각의 중요한 자리는 모두 만주족 출신이 차지했던 것이다. 따라서 한인 출신 관료와 지식인의 불만이 높아졌고, 일부 지식인 사이에서는 입헌 군주제가 아니라 아예 공화제를 수립하려는 혁명의 기운이 무르익고 있었다.

중국 혁명의 아버지 손문

이 무렵 나타난 혁명가가 바로 손문(孫文)이다. '중국 혁명의 아버지'라 불리는 손문은 1866년 광동성 향산현에서 태어났다. 가난한 농가에서 태어난 그는 어려서부터 태평 천국을 건설한 홍수전의 이야기를 들으며 자라났다. 손문은 홍수전의 후예임을 자랑스럽게 생각했고, 때로는 자신이 제2의 홍수전임을 자처했다.

14세 되던 해에 손문은 맏형 손미(孫眉)가 있는 하와이로 갔다. 호놀룰루의 기독교계 고등학교에서 공부한 손문은 4년 뒤인 18세에 귀국해 세례를 받았다. 그리고 광주 의학교와 홍콩의 서의서원에서 의학을 공부했다. 이 무렵부터 정치 의식이 싹트기 시작했다.

1892년 의학교를 졸업한 뒤 마카오와 광주 등지에서 병원을 개업했

근대화된 중국을 꿈꾸던 손문(가운데).

지만 그는 의사의 길에만 안주하지 않았다. 낡은 청을 멸하고 서양처럼 근대화된 중국을 꿈꾸던 그는 1894년 청·일 전쟁이 터지자 해외 유학생 모임인 흥중회를 조직하고 화교를 모아 귀국했다. 이듬해 10월 광동에서 청 왕조 타도를 기치로 봉기를 일으켰지만, 봉기에 실패한 후 일본으로 망명해 청의 상징인 변발을 자르고 완전히 서양식으로 복식을 갈아입었다.

1896년, 손문은 다시 하와이를 거쳐 런던으로 갔다. 그곳에서 영문으로 《런던 피난기》를 발표해 중국의 사정을 세상에 널리 알렸다. 견문을 넓힌 그는 이곳에서 삼민주의를 구상하게 된다. 삼민주의란 외세의 지배에서 벗어나는 '민족주의', 봉건 왕조를 타도하고 공화정을 수립하는 '민권주의', 경제를 개혁해 국민의 생활 수준을 높이는 '민생주의'를 뜻한다. 삼민주의는 나중에 신해 혁명을 이끄는 지도 이념이 되었다.

1897년 손문은 미국을 거쳐 일본으로 건너갔다. 당시 일본에는 변법 운동에 실패해 망명 중인 중국인이 많았는데, 이들은 대부분 강유위를 우두머리로 한 보황당에 가담하고 있었다. 손문의 흥중회는 수적으로 열세여서 보황당에 압도되고 있었다. 그러나 젊은 청년 중심의 흥중회는 삼합회, 가로회 등을 합병해 전국적인 혁명 단체로 성장했고, 필리핀 독립 운동 원조를 핑계로 강유위와 제휴하기도 했다.

의화단 사건이 수습된 1900년 말, 손문은 광동 부근의 혜주에서 두 번째로 청나라에 반대하는 무장 봉기를 시도했지만 실패하고 말았다. 그런데 의화단의 난을 겪고 난 중국인의 정서는 크게 바뀌어 있었다. 개량주의적인 변법 운동에서 그치지 않고 이미 중국인은 혁명을 꿈꾸고 있던 것이다. 그것은 의식의 대변화였다. 손문은 그와 같은 중국 민중의 모습을 보고 한 가닥 희망을 가질 수 있었다.

1905년에 러 · 일 전쟁이 발발하자 손문은 도쿄로 건너가 중국인 유학생들이 조직한 화홍회, 홍중회, 광복회 등의 혁명 단체를 통합해 '중국 혁명 동맹회'를 결성했다. 그리고 다음과 같은 혁명 목표를 내걸었다.

"만주 왕조를 추방해 한족의 중국을 회복하고 중화 민국을 창립한다."

중국 여명기의 여성 혁명가 추근

중국 혁명 동맹회의 간부 중에는 여성도 있었는데 추근(秋瑾)은 출신지인 절강성 분회의 회장으로 선출되었다. 당시 추근은 1남 1녀를 둔 기혼녀였다. 남편은 대부호의 아들로 태어나 돈으로 관직을 사서 출세한 부패 관료의 전형이었다. 이러한 남편과 외국 군대에 짓밟힌 중국의 현실을 바라보면서 치욕감을 느낀 추근은 1904년 30세의 나이에 도쿄로 건너갔다. 여성의 각성된 삶을 꿈꾸며 새로운 지식과 학문을 접한 추근은 짧은 기간에 유창한 일본어 실력을 갖추고 교육, 공예, 간호학 등을 열심히 공부하는 한편, 무술 모임에 다니면서 사격 연습도 하고 폭탄 제조법도 익혔다.

한편 중국 혁명 동맹회가 성립된 그해 말 청 정부의 요청을 받은 일본 정부는 '청국 유학생 단속 규칙'을 발표해 유학생 활동을 감시했다. 동맹회 회장인 손문은 일본에서 추방되었고 일반 유학생의 행동에도 크게 제약이 따랐다. 그러자 8,000여 명의 중국 유학생은 등교를 거부하면서 규칙 취소를 요구했다. 추근은 여자 유학생의 동맹 휴업을 지도했고 유학생 대표 회의에서 열변을 토해 애국 행동을 호소했다.

이때 유학생 진천화가 도쿄 앞바다에 몸을 던졌다는 소식이 유학생 사이에 퍼졌다. 일본 《아사히 신문》에 중국 유학생의 동맹 휴업이 '방종비열하다'고 보도된 것에 대한 항의였다. 진천화의 죽음을 계기로 유학생들은 즉시 본국으로 돌아가 청나라 타도 혁명을 일으키자는 쪽과 일본에 남아 면학에 힘쓰다가 적절한 시기를 모색하자는 쪽으로 나뉘었다. 추근은 즉시 귀국해야 한다고 주장했다. 추근은 2,000여 명의 유학생과 함께 중국으로 돌아와 여학교 교사로 일하면서, 여성을 위한 잡지 《중민여보》를 발행했다. 그녀는 이 잡지에서 중국 여성에게 글자를 익힐 것과 스스로 떨쳐 일어날 것을 호소했다.

추근은 마침내 비밀 결사 조직인 광복회에 가입해 남성과 똑같은 군사 훈련을 받은 뒤 광복군 결성에 가담했다. 광복군은 한족의 정치를 회복하고 만주국을 멸하기 위한 혁명군으로, 절강성과 안휘성 일대에서 봉기할 계획을 은밀히 세웠다. 그러나 계획은 실패로 돌아갔다. 인근 혁명 세력과 연대를 꾀하는 과정에서 기밀이 탄로 난 것이다. 주동자들은 체포되었다. 추근도 체포되어 1907년 7월 15일, 33세의 젊은 나이에 처형되었다.

신해년 혁명의 불길

혁명의 근거지를 빼앗긴 동맹회 혁명가들은 무려 아홉 차례에 걸쳐 무장 봉기를 시도하고, 청의 고관과 황족 등 주요 인물의 암살을 시도했지만 번번이 실패로 끝났다. 그러나 국민은 이들의 혁명 활동에 감화받았고, 은근히 이들을 지지하는 분위기가 형성되었다. 게다가 청 정부의 군대 내에도 혁명 정신에 공감하는 장교와 병사가 늘어 갔다.

그러던 중 청나라 타도의 기회가 왔다. 추근을 비롯한 지식인 혁명가들이 처형된 다음 해인 1908년, 서태후가 세상을 떠났다. 서태후의 뒤를 이어 두 살배기 황자 부의(傳儀, 1906~1967년)가 즉위했지만 그것은 사실상 청의 멸망을 의미하는 것이었다. 3000여 년 전제 왕정의 종말이 다가온 것이다. 동시에 중국은 커다란 갈림길 앞에서 한 길을 선택해야 하는 상황에 놓이게 되었다.

국민 의회를 소집해 공화정을 실시할 것인가, 아니면 갓난아기를 황제로 모시면서 입헌 군주제를 실시할 것인가. 서태후의 죽음을 계기로, 지식인 혁명가를 주축으로 하는 중국의 개혁 세력은 왕조의 발흥을 저

청의 마지막 황제 부의, 선통제. 그가 쓴 《황제에서 시민으로》가 베르톨루치 감독에 의해 《마지막 황제》로 영화화되면서 유명해졌다.

지하는 데 온힘을 쏟았다. 그들에게 청나라 타도의 확실한 기회가 온 것이다.

그 무렵 손문의 삼민주의 이념은 이미 중국인 지식인의 마음을 사로잡고 있었다. 삼민주의는 태평 천국 운동의 전통을 이어받았고, 19세기의 자연 과학 이론인 진화론과 프랑스 혁명 사상인 인민 주권설, 영국인 H. 조지의 단설론(單稅論) 같은 사회 학설 등을 받아들여 중국 현실에 적용한 것이었다. 손문은 민족주의와 민권주의를 중요시했지만 사회주의적 민생 문제까지도 혁명으로 해결해야 한다는 견해를 제시했다.

그 무렵 청 정부는 재정난에 시달렸다. 안정된 재정 기반을 확보하기 위해서는 대대적인 사업을 정부가 직접 운영하는 길밖에 없었다. 청 정부는 영국, 프랑스, 독일, 미국, 일본에서 막대한 외채를 끌어와 철도를 국유화하려고 했다. 마침내 1911년(신해년) 5월, 청은 철도 국유령을 발표했다.

민영이던 철도를 담보로 열강 침략자들에게서 거액의 자금을 빌려 쓰는 것은 당시 일고 있던 국권 회수 운동에도 위배되는 것이었고, 철도 운영에 참가하던 민간인 자산가에게는 파산 선고와 같은 것이었다. 결국 국유령 결정에 반대하는 저항 운동이 거세게 일어났다. 특히 사천 성에서는 순식간에 대규모 무장 봉기가 발발했다.

그러자 10월 초, 청 정부는 봉기군을 무력으로 탄압하기 위해 무한에 주둔 중인 신군(新軍)에 출동 명령을 내렸다. 그러나 신군에는 혁명을 지지하는 병사들이 적잖았다. 이들은 기회만 닿으면 언제든지 군복을 갈아입고 혁명군 편에 설 수 있는 병사들이었다.

그런 가운데 무한의 한구에서 폭발 사고가 일어났다. 혁명을 지지하는 병사들이 폭탄을 제조하던 중 취급 부주의로 일어난 사고였다. 이 사고로 혁명에 동조하는 병사들의 음모는 들통 나고 말았다. 혁명 세력에 탄압의 광풍이 몰아칠 것은 불을 보듯 뻔했다. 병사들은 자신들이 먼저 반란을 일으키기로 했다.

마침내 10월 10일, 신군은 일시에 총독부를 습격했다(10월 10일은 오늘날 '쌍십절'이라 하여 중화민국의 국경일임). 동맹회 혁명 세력과 일반 민중이 가세했다. 사태를 직감한 무창성의 총독은 상해로 도망쳤고, 혁명군은 순식간에 무창성을 점령했다. 그리고 무창에 남아 있던 여단장 여원홍(黎元洪)을 도독으로 추대하고 청 타도와 한족 국가 부활을 선언하게 했다. 이른바 신해 혁명의 도화선이 된 '무한 봉기'는 이렇게 전개되었다.

신해 혁명의 봉화가 오르자 일본에 남아 있던 유학생은 속속 귀국해 혁명에 가담했다. 중국 혁명 동맹회 집행 위원장 황흥(黃興)은 무창 봉기를 직접 지휘했고, 진기미(陳其美, 1878~1916년)는 상해에서 무장 봉기를 일으켰다. 그리고 탁월한 정치가 송교인(宋敎仁, 1882~1913년)은 혁명 후에 중국 혁명 동맹회를 새롭게 조직해 국민당 결성을 주도하고 헌법 제정과 정당 정치 실현을 위해 노력했다.

청 정부는 진압을 위해 증원군을 파견했지만 한구, 한양, 무창을 이미 점령한 혁명군의 기세를 꺾을 수 없었다. 정권에 위기를 느낀 청 정부는 입헌 정치와 함께 여러 가지 개혁안을 발표했다. 그러나 혁명군은 정부의 조치에 상대조차 하지 않았다. 혁명 운동은 중국 각지로 번져 나갔고, 한 달도 지나지 않아 14개 성이 독립을 선언했다. 각 성의 대표는 남경에서 회의를 열고 중화 민국 임시 정부의 조직 대강을 결정했다.

청의 멸망과 야심가 원세개

청나라는 혁명군 봉기를 진압할 힘이 없었다. 오직 혁명군을 잠재울 수 있는 인물이 있다면 북양(北洋) 군벌 원세개 정도였다. 그러나 그는 일찍이 서태후와 결탁해 무술 운동을 탄압했다는 이유로 정치 일선에서 물러나 있었다.

마침내 어린 황제 선통제(부의)의 간청 형식으로 청나라는 원세개에게 사태 수습을 맡겼다. 원세개는 전투력이 가장 뛰어난 신군을 선발해 직접 이끌고 나섰다. 그리하여 단기간에 한양, 한구 등을 회복하고 무창을 공격했다. 혁명군의 운명은 이제 바람 앞의 등불이었다. 그러나 어찌된 일인지, 원세개는 무창 함락을 눈앞에 두고 갑자기 공격 중지 명령을 내렸다. 그리고 혁명군에 교섭을 청해 왔다.

원세개는 애초부터 쓰러져 가는 청나라에 충성할 생각이 조금도 없었다. 더구나 청 정부는 불과 몇 해 전에 자신을 파면하지 않았는가. 원세개의 속마음은 혁명군을 손 안에 넣고 청나라를 타도해 최고 통치자가 되는 것이었다.

속내야 어찌 되었건 원세개의 배신으로 혁명군은 위기의 순간에서 살아남을 수 있었다. 1911년 10월, 미국에서 군자금을 모금하던 손문은 신해 혁명 발발 소식을 듣고 열강의 원조를 기대하며 유럽을 거쳐 귀국했다. 그리하여 1912년 1월 1일, 중화 민국 출범과 함께 남경에서 임시 대총통에 취임했다.

한편 야심에 찬 북양 군벌 원세개는 남경의 혁명 정부와 비밀리에 협상을 벌였다. 청나라를 타도하고 공화정을 세우되 원세개 자신이 초대 총통의 자리에 오른다는 조건이었다. 임시 대총통 손문은 원세개의 야심을 경계하긴 했지만, 동시에 원세개의 막강한 군사력을 묶어 두어야 하는 상황에 놓였다. 게다가 당시 혁명군은 심한 재정난에 빠져 있었다. 손문은 남경 정부의 위기를 느끼며 원세개의 제안을 받아들였다.

혁명군과 타협한 원세개는 막강한 군사력으로 청조에 압력을 가했다. 원세개는 선통제에게 협박을 가했다.

"조용히 황위에서 물러나면 황실과 황족의 예우에는 변함이 없을 것이오. 또 만주족과 몽골, 티베트족도 한족과 평등하게 대우할 것이오……."

1912년 2월 12일, 마지막 황제 선통제는 조용히 옥좌를 내놓았다. 277년간의 청나라 역사는 이렇게 마감되었다. 그리고 예정대로 원세개는 3월 10일 임시 대총통이 되었다.

원세개가 황제의 자리에 오르려는 야심에 가득 찼다는 사실을 깨달은 손문은 원세개에게 중화 민국의 수도를 계속 남경으로 할 것을 요구했다. 그것은 북양 군벌인 원세개를 본거지에서 멀리 떨어뜨려 놓음으로써 공화정을 계속 유지하려는 의도였다.

그러나 교활한 원세개는 손문의 의도를 알아차렸다. 그는 북경에 주둔한 군대를 조종해 고의로 반란을 일으키게 한 뒤 군사 정세가 불안하다는 이유로 손문의 요구를 거절하고 북경에 눌러 앉아 새로운 정부를 조직했다. 그 후 원세개는 노골적으로 야심을 드러냈다.

한편 새로운 정부 조직에 따라 의회로 진출하려는 야심가들이 속속 정당을 결성했다. 정당이 난립하는 와중에 혁명파는 중국 혁명 동맹회를 개조하고 몇몇 작은 당파를 영입해 국민당을 창립한 뒤 의회 정치를 준비했다. 그러나 이미 반혁명으로 돌아선 원세개는 의회 정치 따위는 안중에도 없었다. 그는 막대한 돈으로 의원을 매수하거나 암살 위협을 하는 등 의원 활동을 방해했다.

남과 북으로 분열된 중국을 풍자한 그림. 끝없는 세력 다툼 아래 가장 큰 고통을 받는 존재는 언제나 민중이었다.

그런 와중에 혁명 정부의 유능한 정치가 송교인이 상해에서 피살되었다. 이 사건의 배후에 원세개가 개입되었다는 것이 확실해지자, 그에게 비난의 화살이 빗발쳤다. 특히 황흥(黃興, 1874~1916년)을 비롯한 혁명군 지휘자들은 원세개와 단호히 결별을 선언하고 독립 군대를 조직했다. 그러나 이들은 두 달도 못 가 원세개의 정예군에게 격파되고 말았다. 제2혁명이 실패하자 손문은 또다시 일본으로 망명해 중화 혁명당을 창설하고 군벌이 얽혀 싸우는 틈에 호법(護法) 운동을 벌여, 광동을 중심으로 정권 수립에 힘을 기울였다.

그러나 혁명 세력의 기선을 제압한 원세개는 1913년 10월 정식 대총통에 취임한 뒤 국민당 해산령을 내렸다. 그리고 새로 약법(約法) 회의를 발족해 대총통의 권한을 강화하고, 군사권까지 장악하기 위해 스스로 대원수 자리에 올라 독재 권력을 구축했다. 제정을 부활해 황제가 되려는 그의 야심은 백일하에 드러났다.

때마침 1914년 8월, 제1차 세계 대전이 발발했다. 서구 열강이 전쟁에 관심을 기울이는 틈을 타서 일본은 중국에 21개조의 요구 사항을 내놓았다. 원세개는 어쩔 수 없이 그 요구 사항을 받아들이면서도 일본 정부의 제국주의적 외교 정책을 비난하는 한편, "공화제는 중국에 적합하지 않다."는 미국인 고문의 말을 인용해 분위기를 잡으며 1916년 1월에 황제 즉위식을 가질 계획을 세웠다.

이에 혁명 세력은 강력히 반발했다. 뿐만 아니라 중국의 개방을 바라는 서구 열강과 일본도 중국의 제정 복귀에는 반대했다. 일부 지방의 군벌과 총독은 제정에 반대해 독립을 선언하기도 했다. 제정을 반대하는 나라 안팎의 목소리에 밀린 원세개는 마침내 제정을 취소했다. 그리고 얼마 지나지 않아 화병으로 죽고 말았다. 더불어 황제가 되고자 하던 그의 야심도 땅 속에 묻히고 말았다. 1916년 6월의 일이었다.

미완의 혁명

원세개의 뒤를 이어 1911년의 무한 봉기 때 무한 도독을 지낸 장군 이원홍이 대총통에 취임했다. 그는 국회 소집에 동의하고 국내 정세를 일단 소강 상태로 몰아넣었다. 동시에 곳곳에서 군벌이 세력 경쟁을 벌이는 바람에 혼란기를 맞이하게 된다. 전제 정치가 붕괴되면서 법률상의 특권을 잃어버린 지주들도 각지의 군벌과 결탁해 파벌을 형성했다. 중국 땅에 새로운 봉건 시대가 도래했다.

꺼져 가는 촛불이 마지막 순간에 힘차게 타오르듯, 위기에 직면한 봉건 지주는 군벌을 부추겨 중국 땅을 춘추 전국 시대의 싸움터로 만들었다. 안휘파 (安徽派), 직예파(直隸派), 봉천파(奉天派) 등 으로 불리는 각 파벌은 저마다 특정 한 열강과 결탁해 세력 쟁탈전을 일 삼았다. 제1차 세계 대전이 일어나 고 러시아에서는 사회주의 혁명이 성공해 볼셰비키 정권이 수립되었으며,

다수파라는 뜻으로, 1903 년에 열린 제2회 러시아 사회 민주 노동 당 대회에서 레닌을 지지한 급진파를 이르던 말. 멘셰비키와 대립하였으며, 1917년 10 월 혁명에서 정권을 장악한 뒤 당명을 러시아 공산당으로 바꾸고, 1952년에 다시 소비에 트 연방 공산당으로 바꾸었다가 1990년 소련의 붕괴와 함께 해산되었다.

독일과 오스트리아, 헝가리 등도 연이어 사회주의 혁명의 여파를 타는 동안 중국 땅은 군벌 간의 각축전이 되어 있었다. 따라서 이상주의자 손문의 삼민주의 이념은 방향을 잡지 못하고 표류하게 되었다.

중국의 민주주의 혁명, 제1혁명이라고도 하는 신해 혁명이 청을 멸하고 3000여 년 전제 정치 역사의 막을 내리게 한 것은 사실이었다. 그리고 중화 민국이라는 공화 정치의 기초를 이루어 낸 것도 사실이었다. 그러나 정작 반제국주의와 반봉건 문제는 여전히 해결해야 할 과제로 남았으며, 1919년 5·4 운동이 촉발되어서야 그러한 문제가 새롭게 제기되었다.

신해 혁명은 확실히 미완의 혁명이었다. 한편 완성된 혁명의 전제 조건이기도 했다. 신해년부터 일련의 국민 혁명이 일어나는 동안 줄곧 망명지를 전전하면서도 중국 혁명 세력의 정신과 사상의 지주 역할을 한 손문은 뒷날 유언을 통해 국민 혁명에 대해 이렇게 말했다.

"내가 무릇 40년간을 국민 혁명에 힘써 온 목적은 중국의 자유와 평등을 구하는 데 있었다. 이 목적을 이루기 위해서는 반드시 민중을 환기시키고 또 세계에서 우리를 평등하게 대하는 민족과 연합해 공동으로 분투해야 한다는 것을 깨달았다. 현재까지 혁명은 성공하지 못했다. 동지들은 내가 저술한 건국 방략, 건국 대강, 삼민주의와 제1차 전국 대표 대회 선언에 의거해 계속 노력해 목적을 달성해야 한다……."

손문은 수많은 좌절을 겪으면서 군벌 뒤에는 제국주의가 있다는 것과 인민과 단결해 반제(反帝)·반군벌 싸움을 벌여야 한다는 것을 깨달았다. 그리하여 그는 러시아 혁명을 본받는 연소(聯蘇) 정책을 취했고, 국민당을 개조한 뒤 공산당과 제휴해(국·공 합작) 노동자·농민과 결속하는 농공 부조 정책을 꾀했다. 그리고 국민 혁명을 추진하기 위해 북벌을 꾀했으나 뜻을 이루지 못한 채 1925년 3월 2일 북경에서 객사했다. 1929년 그의 유해는 남경 교외의 중산릉에 묻혔다.

피의 일요일과
러시아 혁명

1861년 전제 정부가 농노 해방을 단행하면서 러시아에도 근대화 바람이 불어 닥쳤다. 도시에는 공장이 들어서기 시작했고, 토지가 없는 많은 농민은 도시로 나가서 공장 노동자가 되었다. 이들의 값싼 노동력으로 러시아의 부르주아는 공장 생산에 박차를 가했다.

그러나 도시 노동자의 증가는 여느 자본주의 국가에서처럼 고질적인 문제를 가져왔다. 1900년에 들어서면서 심각한 경제 공황과 실업자 증가, 임금 하락, 땅값 폭등으로 노동자는 극심한 생활고에 시달리게 된 것이다. 노동자 사이에서 반정부 기운이 고조되고 있었다. 게다가 제정 러시아에 강제로 통합된 소수 민족의 소요가 그칠 날이 없었다.

하지만 의회조차 없을 정도로 정치가 낙후돼 있던 러시아는 이러한 혼란을 수습할 능력이 없었다. 이때부터 진보 지식인을 중심으로 사회주의 혁명의 기운이 싹트기 시작했다. 사회주의 혁명 운동은 마르크스주의 정당인 사회 민주 노동당을 중심으로 펼쳐졌다.

러시아의 무능한 전제 정부가 체제 유지를 위해 선택한 방법은 전쟁을 일으키는 것이었다. 국민의 관심을 나라 밖으로 돌리는 극약 처방을 쓰기에 이른 것이다. 러시아는 신흥 제국인 일본을 전쟁 상대로 삼았다. 1904년 마침내 러·일 전쟁이 일어났다. 그러나 이미 근대화에 가속도가 붙은 일본은 만만한 적수가 아니었다. 전쟁을 시작한 지 2년 동안 러시아는 번번이 일본에 패했다. 가뜩이나 위태롭게 체제를 유지하던 러시아 전제 정부는 전쟁 패배의 책임까지 떠안게 되면서 더더욱 국민의 원성을 듣게 되었다.

가폰 조합 노동자

러시아의 농민과 노동자는 더 이상 폭압적인 전제 정부를 그대로 두지 않았다. 특히 상트페테르부르크 (Sankt Peterburg) 일대의 노동자는 잇따라 파업을 일으키며 열띤 노동 운동을 전개했다. 그중에서도 1905년 1월 16일에 일어난 푸틸로프 금속 기계 공장 노동자 1만 2,000여 명이 벌인 파업 투쟁은 가장 큰 규모였고, 이후 노동 운동에 불길을 댕긴 사건이었다.

지난 2세기 동안 제정 러시아의 수도로 러시아 역사의 중심 무대였으며, 오늘날에도 공업·문화·항구 도시로 중요한 역할을 한다. 1914년 독일과 전쟁을 치르면서 '부르크'라는 이름이 적국의 말이라는 이유로 '페트로그라드'로 바뀌었고, 1924년 레닌이 죽자 그의 이름을 기념해 '레닌그라드로' 불리게 되었다. 1991년 사회주의 개혁이 진행되면서 시민들의 요구에 따라 '상트페테르부르크'라는 본래 이름을 되찾았다. 사진은 1920년 상트페테르부르크 중심에 있는 겨울궁전 앞 광장의 집회 모습으로, 왼쪽 위쪽에 연설하는 레닌이 보인다.

파업은 동료 노동자 4명이 해고된 데에서 시작되었다. 공장 측은 전면 파업에 당황하며 해고 이유에 대해 변명을 늘어놓았지만, 진짜 사유는 그들 노동자가 가폰 조합 회원이기 때문임을 알 만한 사람은 다 알고 있었다. 흔히 가폰 조합이라 부르는 이 조합의 정식 명칭은 '상트페테르부르크 시 러시아인 공장 노동자의 모임'이었다. 1904년 4월에 탄생한 이 모임을 주도한 사람이 바로 러시아 정교회 신부인 가폰(Georgii Apollonovich Gapon, 1870~1906년)이었다. 사람들은 그의 이름을 따서 이를 가폰 조합이라 불렀다.

가폰 조합은 강연과 토론, 사교와 음악 등의 취미 활동을 하면서 노동자의 단결을 모색했다. 당시 러시아에는 노동 조합 결성이 허용되지 않았으므로 가폰 조합이 그 역할을 대신하기도 했다. 가폰 조합은 당국의 공인 아래 정식으로 발족해 11개 지부를 거느린 노동자 단체로 발돋움했다. 그러자 러시아 전제 정부의 눈에는 이 모임이 점점 불순한 단체로 보였다. 공장주는 자기 공장의 노동자가 이 모임에 나가는 것을

전제 정부에 맞선 노동자들의 파업 투쟁은 1905년 러시아 땅을 뜨겁게 뒤흔들었다. 노동자들이 도시 한복판을 점거하고 총파업을 벌이는 모습.

꺼리게 되었고, 결국 이 모임에 참가한 노동자를 해고하기에 이르렀다.

'푸틸로프 공장 노동자 해고 사건'은 기업가의 횡포와 러·일 전쟁으로 시작된 강제적인 시간 외 노동에 불만을 품고 있던 노동자들의 분노를 촉발했다. 그 분노는 대규모 파업으로 이어졌고, 푸틸로프 공장의 파업은 조선소와 다른 많은 공장의 연대 파업을 불러일으켰다.

훤칠한 키에 흰 피부를 가진 가폰 신부는 집회장을 돌며 노동자의 처지를 이해하지 못하는 전제 정부는 타도되어야 한다고 외쳤다. 어느덧 노동자의 열광적인 지지를 받게 된 가폰은 노동 운동의 지도자로 떠올랐다.

차르는 인민의 벗이 아니다

1900년대 초반 러시아에는 마르크스주의에 기초한 혁명 운동이 시작되고 있었다. 혁명 운동의 갈래는 사회 민주 노동당(나중에 멘셰비키와 볼셰비키로 분열됨)과 사회 혁명당으로 나뉘었는데, 이들은 '차르 타도'를 주장했다. 또한 노동자와 농민의 고통스러운 삶은 봉건 지배 때문이라고 역설하면서 전제 정치의 본질을 일깨우는 데 힘을 쏟았다.

그러나 러시아 민중은 예로부터 진짜 차르는 백성에게 자유와 행복을 가져다준다는 믿음을 갖고 있었다. 사회주의 혁명가가 아무리 차르는 인민의 벗이 아니라고 호소해도 민중은 좀처럼 그 말을 믿지 않았다.

그리하여 기업가의 횡포와 자신들의 처지를 차르에게 알려 자유와 행복을 보장받아야 한다는 목소리가 노동자 사이에서 번져 가고 있었다.

가폰 신부 역시 차르가 노동자의 요구를 결코 받아들이지 않을 것임을 알고 있었다. 그러나 그는 민중에게 전제 정치의 본질을 직접 확인시키기 위해 노동자의 실정을 호소하는 청원서를 차르 니콜라이 2세(Nikolay II, 1868~1918년)에게 보내기로 했다. 가폰은 조합 지부 대표자 회의를 열고 겨울궁전 앞에서 청원 행진을 벌이기로 했다. 청원서에는 입헌 정치 실현, 인권과 자유 확립, 세제 개혁, 러·일 전쟁 중지, 법에 의한 노동자 보호 등 민중의 절실한 요구가 들어 있었다. 가폰은 노동자들에게 말했다.

"차르는 우리 이야기를 듣지 않으려고 할지도 모릅니다. 그때 우리에게 차르는 없습니다!"

가폰의 외침에 노동자들이 합창을 했다.

"그때 우리에게 차르는 없다!"

그리하여 작가 (막심 고리키)(Maxim Gorki, 1868~1936년) 등 문화계 대표 10명은 청원서를 미리 정부에 제출하고 성의 있는 답변을 촉구했다. 그러나 예상대로 차르 정부는 청원서를 보자마자 고개를 흔들었다.

사회주의 리얼리즘을 창시한 소설가. 부모를 여의고 이곳저곳을 방랑하며 가난과 고독에 허덕이던 어린 시절의 비참한 체험을 바탕으로, 노동자 계급에 대한 애정과 그들의 현실을 담은 작품을 발표해 프롤레타리아 문학에 크게 공헌했다. 《어머니》, 《밑바닥에서》 등이 유명하다.

마침내 전제 정부의 본질을 확인한 노동자들은 분노했다. 1905년 1월 21일, 각 지부는 파업에 들어갔다. 그리고 다음 날 청원 행진을 벌이기로 했다. 456개 공장에서 파업에 참가한 노동자 수는 11만여 명으로, 상트페테르부르크 전체 노동자 수가 18만 명임을 고려할 때 엄청난 수였다. 차르 전제 정부는 보병 1만 2,000명, 기병 3,000명을 주요 광장과 다리, 도로에 배치하고 삼엄한 경비를 펼쳤다.

피의 일요일

1월 22일 일요일 아침, 상트페테르부르크는 흰 눈에 덮여 있었다. 노동자들은 몇 개 지부로 나뉘어 출정식을 가진 뒤 목숨을 건 행진을 시작했다.

가폰 신부는 푸틸로프 공장 근처 나르바 지부의 노동자 대열에 참가했다. 행렬의 선두에는 커다란 현수막과 차르의 초상화, 교회 깃발, 십자가, 성상(예수나 성모 마리아 상) 등을 든 사람들이 늘어섰다. 가폰은 십자가를 들었다. 현수막에는 이렇게 쓰여 있었다.

"병사들이여, 인민에게 발포하지 마라!"

페체르코프 거리에서 북쪽으로 나아간 행렬이 나르바 개선문 앞에 이르렀을 때였다. 보병들이 그들 앞을 막아섰다. 노동자들이 문 앞으로 다가가자 기병대가 달려 나와 선두에 선 노동자를 향해 긴 칼을 휘둘렀다. 노동자 몇 명이 피를 흘리며 쓰러졌다. 그 순간 대열이 흐트러지면서 소란이 일었다. 그때 가폰이 외쳤다.

"여러분, 흔들리지 말고 전진합시다!"

흩어진 노동자들이 가폰의 호소에 다시 모여들었다. 때마침 낮 미사를 알리는 종소리가 울려 퍼졌다. 동시에 군대의 나팔 소리가 길게 세 번 울렸다. 그러자 보병들의 총구가 일제히 불을 뿜었다.

"탕! 탕! 탕!"

맨 앞에서 차르의 초상화를 들고 있던 노동자가 피를 흘리며 쓰러졌다. 한 노인이 땅에 떨어진 차르의 초상화를 주워 들었다. 그러나 곧 노인도 쓰러지고 말았다. 한 소년은 총탄에 맞아 쓰러지면서도 손에 든 등불을 놓지 않았다. 소년은 비척비척 다시 일어났지만 두 번째 사격이 가해지자 결국 숨을 거두고 말았다.

모두 다섯 차례에 걸쳐 사격이 행해졌다. 나르바 개선문 앞 광장은 벌건 피로 물들었다. 그 무렵 네바 강 북쪽의 비보르크 구와 상트페테르부르크 구에 있던 노동자 2만 4,000여 명도 네바 강을 건너는 다리 앞에서 군대의 칼부림과 총격에 희생되었다. 상트페테르부르크 시 어디에서든 피비린내가 진동했다.

그런 가운데서도 총칼로 무장한 군대의 저지선을 뚫고 많은 노동자가 겨울궁전 앞 네프스키 대로에 모여들었다. 폭이 60m나 되는 네프스키 대로는 일요일이면 많은 시민이 모여드는 곳이었다. 노동자는 시민과 함께 네프스키 대로를 행진했다. 겨울궁전 앞은 총과 대포로 무장한 군대가 삼엄한 경비를 펴고 있었다. 궁전 앞 알렉산드르 황제 광장에 다다른 가폰 신부와 노동자, 군중은 차르가 나타나기를 기다렸다. 그러나 아무도 나타나지 않았고, 군대가 해산을 명령하는 소리만 들려왔다. 그러나 군중은 물러서지 않았다. 이들은 이때까지도 나르바 개선문 앞에서 수많은 사람이 군대의 총에 죽거나 다친 것을 모르고 있었다.

"쏠 테면 쏴라. 해산하지 않겠다."

"일본에 당하고, 이젠 같은 러시아인까지 쏠 참이냐?"

군중은 군대가 진짜로 발포하리라고는 생각지 않는 듯했다. 해군 본부의 시계탑에서 2시를 알리는 종소리가 들렸다. 곧 군대 진영에서 나팔 소리가 길게 세 번 울려 퍼졌다. 그 순간 근위대 병사들의 총구가 불

1905년 1월 22일 일요일, 흰 눈에 덮인 겨울궁전 앞 네프스키 대로는 차르 전제 정부의 폭력 앞에 용감히 맞선 노동자들의 피로 붉게 물들었다.

을 뿜었다. 대열의 선두에 섰던 몇 사람이 피를 뿌리며 쓰러졌다. 광장에 쌓인 흰 눈 위로 선명한 붉은빛 핏물이 흘렀다.

"동포에게 총을 쏘다니……."

"더 이상 못 참겠다. 차르 전제 정부를 타도하자!"

분개한 군중이 병사들에게 대들었다. 그러나 그들을 향해서 다시 총구가 불을 뿜었다. 군중은 우왕좌왕했다. 광장 앞은 순식간에 아수라장으로 변했다. 군중은 후퇴했다. 그러나 흩어지는 군중의 뒤를 기병대가 뒤쫓으며 무참히 살육했다. 청원 시위에 참가한 7만여 명 가운데 수천 명의 사상자가 생겨났다. 처참하게 얼룩진 '피의 일요일'이었다.

분노로 타오르는 혁명의 불길

차르 군대가 퍼부은 총탄에 수많은 사람이 피 흘리는 것을 보고 나서야 러시아 민중은 차르 전제 정부의 본질을 알게 되었다. 전국으로 파업의 불길이 거세게 번져 갔다. 피의 일요일 이후 한 달 동안 러시아의 40만 노동자가 탄압에 항의해 파업을 일으켰다. 지난 10년 동안의 파업 참가자보다 훨씬 많은 수였다. 드디어 혁명의 거센 바람이 불기 시작한 것이다.

농민도 봉기를 일으켰다. 쿠프스크 현에서 일어난 농민 폭동은 전국 농민 봉기의 기폭제가 되었다. 2월에는 니콜라이 2세의 숙부 세르게이 대공이 사회 혁명당 당원에게 암살되는 사건이 일어났다. 자유주의자들도 개혁을 해야 한다는 주장을 내세웠다. 그러나 정부는 여전히 민중의 요구를 짓밟고 있었다.

한편 피의 일요일에 대한 소식은 스위스에 망명 중인 러시아 혁명가들에게도 전해졌다. 1905년 1월 23일 아침, 제네바 도서관에 가던 레닌(Vladimir Ilich Lenin, 1870~1924년)은 '러시아 혁명'이라는 머리기사를 단 신문을 보았다. 때마침 뮌헨에 있던 트로츠키(Leon Trotsky, 1879~1940년)도 제네바에 들러서 이 소식을 들었다.

당시 26세였던 트로츠키는 노동자 봉기의 무장 필요성을 절감하고, 동요하는 병사들을 포섭해야 한다고 생각했다. 그는 러시아로 돌아가기로 했다. 시베리아에서 도망 나온 적이 있기 때문에 본국에서 발각되면 더 무거운 형벌을 받게 된다는 것을 알고 있었지만 그는 위험을 무릅쓰고 빈을 거쳐 키예프로 숨어 들어갔다.

트로츠키와 반대로 피의 일요일 직후 제네바에 망명한 가폰 신부는 그곳에서 러시아의 모든 혁명 세력을 집결해 전제 정치 타도를 위한 무장 봉기에 나서자고 호소했다. 볼셰비키의 레닌은 가폰의 주장을 환영했다. 사회 혁명당도 동의했지만 (멘셰비키)(Mensheviki)는 지금은 그럴 때가 아니라며 소극적 견해를 보였다.

그 즈음 러시아 안팎의 정세는 급박하게 전

러시아어로 '소수파' 라는 뜻으로, 레닌이 이끄는 볼셰비키와 대립한 러시아 사회 민주 노동당의 자유주의적 온건파를 말한다. 당의 지도적 역할을 부정하고 합법적 테두리 안에서 혁명 운동을 펼칠 것을 주장했다.

개되었다. 러시아 전제 정부는 우선 대외적으로 불리하게 전개되는 러·일 전쟁을 종결짓고, 그 다음으로 국내의 혁명 세력을 뿌리 뽑기로 했다. 그리하여 1905년 9월 일본과 강화 조약을 맺고 국내 혁명 운동에 대한 전쟁을 선포했다. 대대적인 탄압의 바람이 러시아를 휩쓸었다.

그러나 더욱 거칠게 번져 가는 혁명의 불길은 좀처럼 수그러들 기미가 보이지 않았다. 10월에 들어서자 노동자들은 마침내 총파업을 시작했다. 모스크바와 카잔의 철도 노동자들이 10월 19일 밤부터 파업에 들어갔고, 8일 뒤에는 모스크바와 상트페테르부르크의 모든 공장과 우편, 전신, 은행, 학교 등이 파업을 시작했다. 이 두 도시만이 아니었다. 하리코프, 스몰렌스크, 사마라, 민스크 등 많은 도시에서 연이어 파업 투쟁이 일어났다.

파업의 주된 요구는 '8시간 노동제'와 '보통 선거에 의한 헌법 제정 회의 소집'이었다. 8시간 노동제는 서유럽의 선진적인 노동 운동이 아직 10시간 노동제도 완전히 실현해 내지 못하던 상황임을 고려할 때 매우 파격적인 요구였다.

이처럼 활발한 노동 운동을 지도하는 조직은 소비에트(soviet)였다. 소비에트란 비례 대표제(각 정당의 득표수에 비례해 의원을 선출하는 선거 제도)로 선출된 노동자 대표 단체로, (발틱 함대)가 동해 해전에서 궤멸된 다

유럽 공격을 담당하던 제정 러시아의 주력 함대. 러·일 전쟁 때 일본 원정 임무를 띠고 총 38척의 군함을 이끌고 러시아를 출발해 무려 9개월에 걸쳐 항해했다. 동해에 도착, 대기하고 있던 일본의 연합 함대와 해전을 벌인 결과 겨우 2척만이 온전할 정도로 참패했다.

음 날인 5월 28일 이바노보 보즈네센스크에서 조직되었다. 10월에는 모스크바와 상트페테르부르크에도 소비에트가 생겨났다. 상트페테르부르크 소비에트 대의원은 500명 안팎이었는데, 그중 트로츠키는 훌륭한 연설로 영향력을 발휘하기 시작했다.

'10월 선언'과 좌절된 혁명

총파업의 불길이 타오르는 가운데 러시아의 혁명 운동은 절정에 다다랐다. 탄압만으로 혁명 운동을 잠재울 수 없다고 판단한 러시아 정부는 불가피하게 개혁을 단행해 10월 30일에 개혁안을 공포했다. 이른바 '10월 선언'이다. 포츠머스 조약을 맺고 귀국해 대신 회의 의장에 임명된 비테(Sergey Yulyevich Witte, 1849~1915년)가 기초한 내용에 차르가 서명한 선언서에서, 러시아 정부는 '기본 인권의 승인' '의결권을 갖는 국회의 설립' 등을 약속했다.

그러나 10월 선언은 자유주의자를 혁명 세력과 떼어 놓기 위한 것이었다. 10월 선언의 찬반을 둘러싸고 혁명 세력은 분열되어 갔다. 이로써 차르 정부는 위기를 넘기게 되었으며, 도시의 대규모 혁명은 내리막길을 걷게 되었다. 트로츠키는 꺼져 가는 혁명의 불씨를 되살리기 위해 상트페테르부르크에서 열변을 토했다.

"우리는 스스로 칼을 들고 자유를 지켜야 합니다. 차르의 증서(10월 선언) 따위는 한낱 종이쪽지에 지나지 않습니다. 그들은 오늘 우리에게 자유를 준 것처럼 행세하지만 내일은 그것을 빼앗아 갈 게 틀림없습니다."

트로츠키의 열변에 감화한 시민과 노동자는 10월 선언 뒤에도 봉기의 불길을 이어 갔다. 그러나 근본적으로 러시아의 혁명 운동은 위축되고 있었다. 이때를 놓치지 않고 차르 정부는 탄압의 강도를 점점 높여 갔다. 극동에서 서북부 지역으로 군대를 이동시켜 연말까지 혁명 운동을 짓밟았다. 그 와중에 상트페테르부르크 소비에트 의장 트로츠키는 체포되었고, 11월에 귀국한 레닌은 검거를 피해 핀란드로 건너갔다.

차르 정부는 1905년의 위기를 극적으로 돌파했다. 혁명은 좌절되었고 차르 정부는 건재했다. 1906년 5월에는 최초로 간접 선거에 의한 형식상의 의회 '두마(Duma)'가 구성되어 러시아 제1차 혁명은 사실상 막을 내리게 되었고, 1907년부터 혹독한 반동 정치가 행해졌다.

제1차 혁명의 뜨거운 맛을 본 차르 정부는 더욱 강하게 혁명 운동을 탄압하기 시작했다. 군대는 농민 봉기가 발생한 지역을 돌며 보복을 감행했고, 도시에서는 조그만 소요만 일어나도 가담자를 색출해 사형이나 구금 같은 무거운 형벌을 내렸다. 역사는 거꾸로 돌아가는 듯 보였다. 이러한 분위기는 1917년 러시아 사회주의 혁명의 불길이 타오를 때까지 10여 년간이나 계속되었다. 1905년의 혁명은 바로 1917년 혁명을 위한 연습이고, 러시아 혁명의 개막을 알리는 종소리였다.

한편 러시아 혁명에 처음 불을 지핀 가폰 신부는 어떻게 되었을까? 청원 시위를 주도한 뒤 제네바로 망명한 가폰은 힘든 망명 생활을 오래

견디지 못하고 그해 9월 러시아로 귀국하고 말았다. 그 무렵 러시아의
노동 운동은 사회 혁명당 세력이 이끌고 있었
다. 노동 운동의 주도권이 사회 혁명당으
로 넘어간 현실에 반감을 느낀 가폰은 점
차 러시아 정부의 거래에 응하기 시작했
고, (비밀 경찰)과도 내통했다.

드러나지 않게 활동하는
경찰로, 주로 어떤 정치 체제나 정권
을 유지하기 위해 반국가 활동을 감시
하는 역할을 한다. 나치스 독일의 비밀
경찰인 게슈타포는 수많은 유대인과 자유
주의자, 공산주의자를 탄압했으며, 일제시
대 고등 경찰은 한국의 독립 운동가와 양
민을 무참히 학살했다.

1906년 1월, '피의 일요일' 1주년
무렵이었다. 가폰은 청원 시위 때 부상
한 자신을 도와준 노동자 루첸베르크에
게 정부 쪽으로 전향할 것을 권유했다. 그
러나 사회 혁명당에 가담해 이미 혁명 사상에 심취한 루첸베르크는 가
폰의 권유를 거절했음은 물론, 심한 배신감까지 느꼈다. 가폰이 루첸베
르크를 포섭하려 했다는 사실을 알게 된 사회 혁명당 지도부는 1906년
4월 11일 가폰을 살해했다. 노동자의 권익과 정의를 위해 싸우던 가폰
은 차르 정부에 매수되어 스스로의 업적을 물거품으로 만들고 말았다.

역사의 뒤편으로 사라진 '두마'

1905년 혁명을 겪으면서 민중의 힘에 놀란 차르 정부는 의회 정치
를 흉내 낸 두마를 설치해 정치 개혁의 몸짓을 취했다. 1906년 3월에

두마 의원을 뽑는 선거가 실시되었다. 이 선거에서는 자유주의자로 구성된 입헌 민주당이 전체 의석의 3분의 1을 차지해 다수당이 되었다. 그리고 같은 해 5월 제1차 두마가 겨울궁전에서 개최되었다. 이 회의에서 기본법이 공포되었다.

그러나 궁정의 반동 보수파가 끊임없이 압력을 가하는 바람에 두마는 황실의 들러리 역할밖에 하지 못했다. 정부 각 부서의 대신은 차르가 임명했고, 외교 업무도 완전히 차르에게 위임되었다. 또 군사비와 궁정 예산 심의권도 두마의 권한 밖이었다. 궁정의 압력을 견디다 못한 총리 비테는 사퇴했고, 비틀거리던 두마는 결국 해산되었다.

제2차 두마는 1907년 4월에 소집되었다. 그러나 이때는 스톨리핀(Pyotr Arkadyevich Stolypin, 1862~1911년)이라는 보수주의 정치가가 총리로 등장해 엄격한 정치 분위기를 연출했다. 차르의 행동 대장 격인 그는 1905년 혁명 당시 봉기군 수백 명을 사형에 처했고, 1906년에는 과감한 농지 개혁을 실시해 그 잔인성과 행동력을 인정받은 인물이었다. 그런 스톨리핀이 버티고 선 제2차 두마는 일방적으로 정부 쪽 의견에만 귀를 기울였다.

그러나 제2차 두마에서는 입헌 민주당과 극우파 세력이 약화된 대신 노동당과 사회주의 계열의 정당이 서로 협력하면서 제도 정치의 발판을 마련했다. 그러자 극우파는 두마 의원이 차르의 목숨을 노린다고 모함하여 혁명 계열의 정당을 두마에서 제거하려는 음모를 꾸몄다. 결국 1907년에 실시된 제3차 두마 선거에서는 우파 정당인 '10월당'이다수당이 되었고 혁명 정당들의 힘이 위축되어 러시아의 의회 정치는 더욱 허울뿐인 권력 기구로 변질되고 말았다.

제3차 두마는 1912년까지 5년의 임기를 겨우 채웠다. 그 사이 스톨리핀은 타다 남은 혁명의 불씨까지 뒤적여 완전히 꺼 버리고 말았다. 그러나 그는 지나친 독단으로 니콜라이 2세와 대공들의 미움을 받아 임기가 끝나기 직전 총리 자리에서 쫓겨났다.

1912년의 제4차 두마 역시 황실의 추악한 압력에서 자유롭지 못했다. 새로 선출된 총리는 당시 황실의 총애를 받으며 무소불위의 권력을 휘두르던 라스푸틴(Grigory Yefimovich Rasputin, 1872?~1916년)의 음모로 해고되었다. 제4차 두마는 명목상 1916년까지 유지되었으나, 온 대륙이 전쟁과 혁명의 열기로 흔들리는 격변기를 맞아 사실상 기능을 상실하고 말았다.

사실 두마는 전제 왕정이나 혁명 세력 그 어느 쪽에도 큰 의미가 없었다. 두마는 제대로 된 의회 정치 흉내를 한 번도 내보지 못하고 몰락해 가는 왕조의 운명과 함께 역사의 뒤편으로 슬그머니 사라졌다.

신비주의자 혈우병을 앓던 황태자 알렉세이 니콜라예비치의 병세를 호전시켜 니콜라이 2세와 황후 알렉산드라의 절대적 총애를 받으며 권력을 휘둘렀다. 가운데 수염이 덥수룩한 남자가 라스푸틴으로, 자신을 따르는 사람들에게 둘러싸여 있는 모습이다.

제1차 세계 대전과 살아나는 혁명의 불씨

1905년부터 1914년 사이에 유럽의 국가들은 팽팽한 긴장 관계를 유지하고 있었다. 전쟁 직전 상황까지 치달은 적이 여러 번 있었으나 가까스로 위기를 넘기곤 했다. 그러나 1914년 6월 28일, 사라예보 (Sarajevo)에서 울려 퍼진 총성과 함께 화약고는 드디어 폭발하고 말았다. 제1차 세계 대전이 터진 것이다. 전쟁의 불길은 순식간에 전 유럽으로 번졌다. 동시에 유럽 각국에는 광신적 애국주의의 열풍이 불어 닥쳤다.

보스니아헤르체고비나의 수도. 1914년 6월 28일, 이곳에서 오스트리아의 황태자 부부가 2명의 세르비아 청년에게 암살된 사건이 일어나 제1차 세계 대전의 도화선이 되었다.

1914년 8월 1일, 독일은 러시아에 선전 포고를 했다. 로마노프 왕조의 마지막 차르 니콜라이 2세는 기다렸다는 듯 전쟁에 임했다. 변변찮은 무기와 장비로 겨우 무장한 러시아 군대는 오직 저돌적인 열정 하나로 유럽의 파시즘(fascism)에 맞섰다. 그러나 러시아 군대는 곧 위기에 처했다. 이듬해 봄, 러시아는 우크라이나를 비롯한 광대한 영토를 잃고 말았다.

그 무렵 러시아의 중도파 자유주의자들은 서로 손을 잡았다. 카데트 (Kadet, 부르주아 성격을 띤 정당으로 입헌 군주제 도입을 주장함)를 중심으로 결성된 이들 진보 블록은 정부의 실정과 전쟁 실패를 강하게 비판했다. 또

일반적으로 모든 국가주의
적 전체주의 운동이나 그러한 정부를
가리킨다. 파시즘의 가장 중요한 특징
은 국가의 절대 우위로, 개인의 뜻을
굽혀 국가의 뜻과 지배자에 대한 절대
복종을 강요한다. 대외적으로 철저한
국수주의와 군국주의를 지향하여 민족
지상주의, 반공을 내세워 침략 전쟁을
찬양한다.

한 전쟁에서 이기는 길은 국민과 정부가 협조하는 방법밖에 없다며, 이를 담당할 특별 부서를 설치하자고 건의했다. 하지만 차르는 정부와 국가를 무지한 황후에게 맡겨 두고 스스로 러시아 군대의 총사령관이 되어 전장을 떠돌아다니는 것으로 답했다.

전쟁은 끝날 기미가 보이지 않았다. 수백만의 병사가 투입됐으나, 결과는 신통찮았다. 막대한 비용이 드는 가운데 차르 정부는 계속 동원령을 내리고 가축을 징발했다. 농업이 황폐해졌고, 전쟁 물자 조달을 위해 군수 공업에 치중하다 보니 생활필수품이 턱없이 부족해졌다. 특히 도시에서는 식량과 연료 사정이 극도로 나빠졌다.

한편 황후 알렉산드라(Aleksandra, 1872~1918년)는 국정에 관한 어떤 일도 스스로 판단해 처리할 만한 능력이 없었다. 따라서 대부분의 결정은 사이비 수도승 라스푸틴이 내렸다. 라스푸틴은 적어도 당시에는 신성함과 미덕의 상징이었다. 그러나 실제로는 대단한 난봉꾼이며 교활한 음모꾼이었다. 두마 의원이나 진보 성향의 자유주의자 가운데 몇몇은 그의 주제넘은 행위를 폭로하다가 황후의 미움만 잔뜩 사게 되었다. 1915년 9월 이후 라스푸틴은 러시아 궁정의 절대 권력을 움켜쥐게 되었다.

전쟁은 계속되었다. 1916년, 전쟁에 동원된 병사는 무려 1,300만 명이 넘었고 농업과 경공업은 심각한 상황이었다. 농민은 곡식을 내놓으려 하지 않았고, 파업으로 공장도 문을 닫기 시작했다. 도시에서는 식량을 사려고 가게 앞에 줄을 서는 사람이 늘어 갔다.

민중의 분노는 정점을 향해 치닫고 있었다. 혁명의 기운이 무르익고 있었다. 기층 민중뿐 아니라 지식인, 두마 의원, 심지어 정부 관료와 치안 당국마저 혁명의 속삭임에 귀를 기울였다. 그러나 라스푸틴의 품 안에서 놀아나던 황후와 차르는 궁정 바깥에서 들려오는 목소리에 귀를 막아 버린 채 왕조의 수명을 연장시키는 데만 연연했다.

1916년 12월 30일 밤, 페트로그라드의 한 송년 연회에 참석한 라스푸틴은 독약인 청산칼륨이 든 술을 마시고 비틀거렸다. 그가 금방 쓰러지지 않자 한쪽 구석에서 몇 개의 총구가 불을 뿜었다. 라스푸틴 살해를 계획하고 지도한 사람은 막강한 귀족 가문의 젊은이였다. 차르와 황후는 라스푸틴의 죽음을 매우 슬퍼했다. 그러나 페트로그라드 사람 대부분은 안도의 한숨을 내쉬며 역사적인 1917년 새해를 맞이했다.

'2월 혁명'과 전제 왕정의 종말

러시아의 1917년은 추위와 굶주림, 전쟁의 공포 속에서 밝아 왔다. 공장에서 다시 파업이 일어났다. 한 달 사이에 1,000여 건의 파업이 발생해 각 공장의 생산 라인은 가동을 중지했다. 식량난은 더욱 심해졌다. 2월 중순부터 수도 페트로그라드에서는 배급제가 실시되었다. 밀가루와 우유 보급량은 전쟁 전보다 절반으로 줄었다. 빵과 설탕 등을 사려면 추위에 떨며 지겹도록 줄을 서야 했다. 때로는 빵집이 습격당하는 일도 있었다.

3월 8일(러시아력으로는 2월 23일)은 '국제 부인의 날'이었다. 이날도 수도 페트로그라드의 빵가게 앞에는 영하 20도의 혹독한 추위에도 아랑곳하지 않고 빵을 배급받으려는 사람들이 늘어서 있었다. 그러나 줄이 절반도 줄어들기 전에 빵은 동이 나고 말았다. 더 이상 빵이 없다는 말을 들은 사람들은 격분해 거리로 뛰쳐나왔다. 파업 중인 노동자 수만 명이 가세했다. 페트로그라드 거리는 순식간에 시위 군중으로 물결을 이루었다. 군중은 눈덩이처럼 불어났다. 페트로그라드의 노동자 38만 5,000명 가운데 24만여 명이 파업에 참여했다. 전제 정치를 타도하자는 목소리가 곳곳에서 쏟아져 나왔다.

그러자 시위대 앞을 수백 명의 군인이 가로막았다. 젊은 장교의 명령에 따라 기마병과 근위병이 일제히 행동을 개시했다. 그러나 사람들은 움츠러들지 않았다. 때때로 벽돌과 장작개비를 던지며 혁명가를 소리 높여 불렀다.

"자유를! 시민의 행복을! 조국 러시아의 부흥을!"

이미 시위는 진압이 불가능한 상황이었다. 병사들은 무표정하게 길가에 서 있을 뿐이었다.

"당신들의 형제를 쏠 테냐, 독일인을 쏴야지!"

군중은 군인을 향해 떠들어 댔다. 그 순간 장교의 사격 명령이 떨어졌다. 그러나 병사들은 총구를 허공으로 겨눈 채 방아쇠를 당겼다.

니콜라이 2세는 카발로프 장군에게 진압을 명령하고 군대를 출동시켰다. 그러나 카발로프 또한 성난 군중과 맞붙고 싶지 않았다. 게다가 그날 저녁에는 파블로프스키 연대의 제4중대가 시위대에 가담했다. 며칠 뒤에는 수도를 지키던 군대마저 잇따라 반란을 일으켜 속속 시위대에 가담했다. 본격적인 혁명의 시작이었다.

어느덧 7만에 달하는 병사들이 혁명군의 대열을 이루었다. 이들은 병영의 무기고를 습격해 노동자와 함께 무장하고 법원과 경찰서 등에 불을 질렀다. 감옥을 습격해 3,000여 명의 정치범을 풀어 주고 차르 정부에 복종한 관리와 장교, 경관 등을 그곳에 가두었다. 이제 페트로그라드 일대에서 혁명을 진압하기 위해 나서는 군대는 없었다. 혁명군과 싸우려는 군대는 더더욱 없었다. 벼랑 끝에 몰린 차르 정부는 독일 전선에 있는 군대를 불러들여 진압하려 했지만 철도 노동자가 이들의 수송을 거부했다.

사태를 수습하겠다고 나선 두마 지도자는 임시 위원회를 구성해 노

1917년 2월 러시아에서는 군인들과 군중이 하나가 되었다. 혁명군을 진압하려고 왔던 군인들이 '볼셰비키'라고 적힌 깃발을 들고 혁명군 대열에 가담한 모습.

동자와 병사, 소비에트 대표와 협의를 했다. 임시 위원회는 군주제를 살리는 길은 니콜라이 2세가 퇴위하고 새 내각을 구성하는 길밖에 없다고 판단했다. 니콜라이 2세는 동생 미하일 대공에게 황위를 물려주겠다고 발표했다. 그러나 미하일 대공은 몰락한 낡은 왕조의 굴레를 뒤집어쓰고 싶지 않았다. 그래서 제헌 의회(헌법을 제정하는 의회)의 추대를 받지 않는 한 황위를 계승하지 않겠다고 밝혔다. 결국 르보프 공을 수반으로 하는 임시 정부가 들어서는 길밖에 없었다.

마침내 3월 15일 임시 정부 수립과 동시에 제정이 폐지되었고, 300년간 전제 정치의 아성으로 군림하던 로마노프 왕조는 막을 내렸다. 기아 상태에 처한 러시아 민중이 아무런 도움도 없이 자연 발생적으로 봉기를 일으켜 순식간에 전제 군주제의 뿌리를 송두리째 뽑아 버린 이 혁명을 러시아력에 따라 '2월 혁명'이라 부르게 되었다.

볼셰비키 지도자 레닌의 귀국

2월 혁명은 자연 발생적인 것이었다. 그리고 엄밀히 말하면 봉건적 정치 체제를 무너뜨린 부르주아 혁명이었다. 일찍이 100년 전 혹은 그보다 훨씬 이전에 유럽에서 일어난 시민 혁명과 비슷한 것이었다.

혁명의 결과 구성된 임시 정부는 전제 왕조가 무너진 광대한 러시아의 대권을 장악할 만큼 힘이 없었다. 러시아는 여러 가지 정치적 가능성이 열려 있으면서도 어디로 가야 할지 방향을 알 수 없는 안개 속에 놓여 있었다. 이런 상황을 분명하게 정리한 사람이 바로 볼셰비키 지도 자 레닌이었다.

러시아 혁명이 유럽의 시민 혁명처럼 부르주아 민주주의 단계에 머 물지 않고 인류 역사의 획을 긋는 대사건으로 발전하게 된 것은 바로 레닌 같은 뛰어난 혁명가가 있었기 때문이다. 레닌은 1870년, 교육받 은 부모 밑에서 태어났다. 어머니는 의사의 딸이었고, 아버지는 장학사 였다. 레닌은 25세에 이미 상트페테르부르크의 마르크스주의 단체에 서 열정적으로 활동했고, 경찰에 체포돼 3년간 시베리아에서 유배 생 활을 했다. 1898년 2월에는 마르크스주의자들과 함께 '러시아 사회 민 주 노동당'을 창설했다가 1900년 여름 외국으로 망명했다. 이후 1905 년 러시아 혁명 때 잠시 귀국한 것을 제외하고는 외국에서 기나긴 망명 생활을 보냈다.

2월 혁명 당시에도 레닌은 스위스 취리히에 망명 중이었다. 그가 고 국에서 일어난 혁명 소식을 접하게 된 것은 니콜라이 2세가 물러난 3월 15일이었다. 레닌은 귀국하기로 마음먹었다. 그러나 차르는 타도되었 지만, 차르가 시작한 전쟁은 계속되고 있었다. 연합국이나 러시아 임시 정부는 '제국주의 전쟁 반대'를 주장하는 레닌의 귀국을 허용하지 않을 터였다. 레닌은 비행기로 은밀히 잠입하는 방법, 변장을 하고 열차를 타 는 방법 등 여러 묘책을 연구하다가 결국 교전국인 독일을 통과하는 방 법을 선택했다. 레닌은 독일에 협조를 요청했다. 독일 군부는 레닌의 예상대로 전쟁을 반대하는 혁명가를 러시아로 보내면 러시아의 전력을 약화시키는 데 도움이 될지 모른다고 판단, 그에게 특별 열차를 제공했다.

레닌과 32명의 러시아 망명가들을 태운 이른바 '봉인(封印) 열차'가 취리히 역을 출발했다. 열차는 이름 그대로 문을 봉한 채 여권이나 화물 검사도 없이 스위스 국경을 넘어 독일을 통과했다. 그리고 스웨덴, 핀란드를 지나 4월 16일 밤 혁명의 도시 페트로그라드에 도착했다. 역 앞 광장을 메운 군중은 레닌을 열렬히 맞이했다.

"아, 이것은 진짜 혁명이다."

흥분한 레닌은 이렇게 중얼거렸다. 그리고 그들의 요구에 따라 장갑차 위에 올라가 연설을 했다.

"친애하는 병사, 노동자 동지 여러분! 나는 여러분을 러시아 혁명의 승리, 세계 프롤레타리아 군대의 전위로 여기며 경의를 표합니다. 세계는 사회주의 혁명의 새벽을 맞았습니다. 독일에서는 모든 것이 들끓고 있고, 유럽의 제국주의는 오늘 아니면 내일 중에 무너질 것입니다. 여러분이 이루어 낸 혁명은 새로운 시대를 열었습니다. 세계 사회주의 혁명 만세!"

빵과 평화와 자유를!

레닌이 귀국했을 무렵 러시아는 멘셰비키, 볼셰비키, 사회 혁명당 등의 혁명 정당이 주도권을 둘러싸고 맹렬히 대립하고 있었다. 그중에서도 레닌이 이끄는 볼셰비키는 '다수파'라는 말뜻과는 반대로 실제로는 아직 소수파였다. 임시 정부는 사회 개혁은 뒷전으로 미루고 오직 연합국의 요청에 따라 독일과 계속 전쟁을 벌이고 있었다. 멘셰비키와 사회 혁명당도 임시 정부의 방침을 지지했다. 그러나 레닌은 정면으로 도전했다.

"조국 방위 전쟁이라는 허울 좋은 명목으로 국민을 속이는 임시 정부를 타도하고 당장 소비에트 정권을 수립하자."

소비에트의 지도자는 레닌의 주장을 받아들였고, 볼셰비키의 규모는 점점 커졌다. 자신감을 얻은 레닌은 빵과 평화와 자유를 부르짖었다.

"군대에는 평화를, 농민에게는 빵을, 프롤레타리아에게는 자유를!"

레닌이 부르짖은 '평화와 빵'이라는 슬로건은 대중의 가슴속에 파고들었다. 반면 임시 정부를 바라보는 국민의 신뢰는 점점 무너지고 있었다. 볼셰비키의 영향력이 커지자 임시 정부는 소비에트를 왕성하게 지도하던 트로츠키를 체포했고, 레닌을 수배했다. 레닌은 경찰의 추격을 피해 노동자로 변장하고 각지를 떠돌다가 핀란드로 잠시 망명했다.

한편 독일 공격 실패로 임시 정부를 타도하자는 열기가 높아지는 가운데, 7월 3일부터는 볼셰비키가 소비에트의 무장 시위 운동을 이끌었다. 임시 정부는 전선에서 군대를 소환해 이를 진압했다. 그리고 케렌스키(Aleksandr Fyodorovich Kerensky, 1881~1970년)가 수상에 취임해 급진 성향의 노동자, 병사, 볼셰비키에 탄압을 가했다. 이러한 상황에서 트로츠키 파가 볼셰비키에 가담했다. 그러자 임시 정부는 케렌스키를 중심으로 자유주의와 온건 사회주의 정당 연합체로 재구성했다.

가을이 되어도 전쟁은 계속되어 러시아 민중의 생활은 2월 혁명 이전보다 더 나빠졌다. 얼어붙은 전선에서는 전투 의욕을 상실한 병사들이 굶주리며 죽어 갔다. 철도는 파괴되었고 식량은 부족했으며 공장은 폐쇄되었다. 게다가 병사들은 때때로 1,600km나 떨어진 페트로그라드로 차출돼 시위대를 진압해야 했다. 수많은 병사들이 전쟁에 반대하는 목소리를 높였고, 볼셰비키 당원들은 병영과 공장을 돌아다니며 임시 정부가 자본가와 야합해 전쟁을 계속한다고 비난했다. 민중은 급속히 볼셰비키를 지지하는 쪽으로 돌아섰다.

10월 초 레닌은 페트로그라드로 돌아왔다. 이때 이미 평화적으로 권력을 잡는 것이 불가능하다고 판단한 레닌은 볼셰비키 중앙 위원회를 강력히 설득해 무장 봉기 방침을 결정했다. 이에 따라 페트로그라드 소비에트 의장 트로츠키의 지도 아래 군사 혁명 위원회가 설치되었고 구체적인 계획이 진행되었다.

사회주의의 승리, 10월 혁명

임시 정부는 볼셰비키가 무장 봉기를 계획한다는 정보에 화들짝 놀라 먼저 공격을 가해 봉기를 차단하려고 했다. 11월 6일(러시아력으로 10월

"군대에는 평화를, 농민에게는 빵을, 프롤레타리아에게는 자유를!" 레닌의 외침은 계속되는 전쟁과 전제 정부의 억압에 고통 받던 민중의 가슴을 사로잡았다.

24일. 그래서 러시아 볼셰비키 혁명을 '10월 혁명'이라고 함) 임시 정부는 전선에 있는 군대를 페트로그라드로 불러들이는 한편, 경찰에 소비에트 군사 혁명 위원회 위원들을 체포하라는 명령을 내렸다.

소비에트 군사 혁명 위원회는 더 기다릴 필요 없이 곧바로 무장 봉기의 불길을 댕겼다. 페트로그라드 노동자 적위대와 각 연대의 병사들은 미리 세워 놓은 전략에 따라 역과 다리, 발전소 등 주요 시설과 우체국, 전화국, 무기고, 은행 등을 습격했다. 일사분란하게 움직이는 혁명군의 앞길을 아무도 가로막지 못했다. 11월 6일, 단 하루 만에 혁명군은 많은 피를 흘리지 않고도 수도의 주요 거점을 모조리 점령했다.

무장 봉기의 깃발을 올린 이튿날 오전 10시, 소비에트 군사 혁명 위원회는 소비에트 정권의 수립을 선언했다. 그러나 혁명군은 임시 정부가 있는 겨울궁전만은 남겨 두었다. 육군 사관 생도 1,000여 명이 지키는 겨울궁전에서는 임시 정부 각료들이 전선에서 군대가 오기만을 기다리고 있었다. 그러나 원군은 오지 않았다. 아니, 그들은 오고 싶어도 올 수가 없었다. 이미 소비에트를 지지하는 철도 노동자가 태업(노동 쟁의 수단의 하나로, 일을 느리게 해 작업을 지체시키는 일을 말함)을 하는 바람에 발이 묶였기 때문이다.

11월 7일 오후 6시 30분경, 소비에트 혁명군은 최종 공격을 단행했다. 2만 3,000여 혁명군은 장갑차까지 동원해 겨울궁전을 포위했다. 그리고 겨울궁전 뒤로 흐르는 네바 강에는 군함 아홉 척이 대기 중이었다. 오후 9시, 네바 강에 대기하던 군함 오로라호에서 포성이 울렸다. 바로 공격 신호였다. 혁명군은 단 몇 시간 만에 겨울궁전을 완전히 장악하고 임시 정부 각료들을 체포했다.

한편 볼셰비키의 본부로 쓰이는 스몰니 학교에서는 승리를 눈앞에 두고 제2차 러시아 소비에트 대회가 열리고 있었다. 각 지구의 소비에트 대표자들이 모여 혁명 이후에 처리해야 할 여러 가지 문제를 논의했다. 의견 차이로 멘셰비키와 사회 혁명당원 일부가 퇴장했지만 사흘 동안 계속된 회의에서는 러시아 민중의 혁명을 승인하고, 모든 권력을 소비에트로 이양할 것을 결의했다. 또한 레닌이 제안한 '평화에 관한 포고'와 '토지에 관한 포고'가 채택되었다.

소비에트는 인민 위원회라는 새로운 정부 형태를 갖추었다. 인민 위원회 의장에 레닌, 외무 인민 위원에 트로츠키, 내무 인민 위원에 스탈린(Joseph Stalin, 1879~1953년)이 각각 취임했다.

20세기 세계사에서 가장 획기적인 혁명은 이렇게 일단락되었다. 그러나 이것은 새로운 투쟁을 위한 준비 과정에 지나지 않았다. 소비에트 혁명 정부의 앞길에는 풀어야 할 과제가 수두룩하게 놓여 있었다.

첫 번째, 반혁명 세력의 도전이었다. 11월 7일에 겨울궁전을 탈출한 임시 정부의 케렌스키는 전선의 병력을 이끌고 수도 탈환을 꾀했다. 그리하여 혁명 이듬해에는 이른바 적군(赤軍)과 백군(白軍)의 내전이 한동안 계속되었다. 그런 와중에서도 사회주의를 지향하는 소비에트 정부의 일정은 차질 없이 진행되었다. 혁명 이듬해인 1918년 1월에 개최된 제3차 전 러시아 소비에트 대회에서는 노동자 소비에트와 농민 소비에트의 통합을 이뤄 냈으며, '근로 피착취 인민의 권리 선언'을 채택하여 혁명의 열매를 기층 민중에게 돌리려는 열정을 보였다.

러시아 혁명 당시 혁명군의 깃발은 붉은색을, 러시아 황실 군대의 깃발은 흰색을 사용해 적군(붉은 군대)과 백군(하얀 군대)으로 구분되었다.

그리하여 1918년 2월에는 그 열기가 전국의 농촌 지역으로 확대되었다. 그해 3월 볼셰비키는 '공산당'으로 이름을 바꾸고 페트로그라드에서 모스크바로 수도를 이전해 소비에트 헌법을 제정했다. 한편 러시아의 마지막 차르 니콜라이 2세와 황실 가족은 1918년 7월 16일 처형되었다. 그리고 1922년에 이르러 소련(USSR, 소비에트 연방)이 성립되었다.

세계사의 새로운 이정표라 할 수 있는 러시아 혁명은 후대에 완전히 상반되는 두 가지 평가를 받는다. '위대한 마르크스주의의 승리'라는 평가와 '사상 유래 없는 공산당 독재의 시작'이라는 평가가 그것이다. 혁명은 단순히 '낡은 세력과 새로운 세력의 싸움'이라는 이분법적인 시각이나 '선과 악의 싸움'이라는 흑백 논리로 따질 수 없는 것이다. 혁명은 그 시대의 모든 복잡한 상황의 총체이기 때문이다. 따라서 러시아 혁명이 발생한 지 70년 뒤에 일어난 소련의 붕괴 상황도 어느 한쪽의 논리로만 해석해서는 아니 될 일이다.

파시즘에 맞선 에스파냐 혁명과
독재자 프랑코의 반역

'상처 입고 울부짖는 말, 땅바닥에 쓰러진 사람들, 찢어진 깃발과 부러진 칼, 무심한 눈빛의 소…….'

유명한 화가 피카소의 대형 벽화에는 이런 것들이 복잡하게 뒤얽혀 암울하고 참담한 분위기를 자아낸다. 에스파냐 공화파의 지지자였던 피카소는 에스파냐 내전을 일으킨 파시스트를 향한 분노와 전쟁의 공

파시즘이 빚어낸 참혹함을 상징적으로 드러낸 피카소의 그림, 〈게르니카〉.

포, 에스파냐 민중의 슬픔과 분노를 1937년 가로 7.8m, 세로 3.5m의 대형 벽화에 격정적으로 표현하고 그 그림에 〈게르니카(Guernica)〉라는 이름을 붙였다.

게르니카는 대서양에 인접한 에스파냐 북부 비스케이 지방의 작은 도시다. 1937년 4월 26일, 이 작은 도시에 피카소의 그림보다 훨씬 더 참혹한 일이 일어났다.

파시즘의 공격으로 폐허가 된 게르니카

그날은 마침 게르니카의 장날이어서 사람들이 많이 붐비고 있었다. 오후 4시경에 시장은 문을 닫기 시작했다. 그 무렵부터 독일의 전투기 편대가 거의 나무 꼭대기를 스칠 만큼 낮게 날면서 폭격을 시작했다. 도시는 순식간에 불타올랐다. 폭격을 피해 이리저리 뛰는 시민을 향해 독일 전투기는 소나기처럼 총탄을 퍼부었다.

무차별 폭격은 오후 내내 계속됐다. 이미 날은 어두웠지만 게르니카의 상공은 벌겋게 물들었다. 도시 전체가 불바다가 되어 타올랐기 때문이다. 집과 건물이 무너지고 거리마다 잿더미가 쌓였다. 얼굴이 온통 시커멓게 된 생존자들은 불에 탄 가족과 이웃의 시체를 거두며 울먹였다.

그러나 시체를 거두어 묻는 일도 수월하지 않았다. 독재자 프랑코(Francisco Paulino Franco, 1892~1975년)를 지지하는 병사들이 나타나 시체를 모두 소각해 버린 것이다. 그 후 며칠 동안 게르니카에는 살이 타는 냄새가 가시지 않았다.

공습 이틀 뒤, 게르니카의 끔찍한 참상은 전 세계에 알려졌지만 프랑코 일당은 자신들이 저지른 일을 부인했다. 몇 주 뒤에 영국의 조사단이 들어왔지만 이미 시체들은 불에 타 모두 사라진 뒤였다. 조사단은 무너진 게르니카 시를 간단히 둘러본 뒤 다음과 같은 결과를 발표했다.

"게르니카는 공산주의자에 의해 계획적으로 방화되었다."

내전의 참상은 게르니카에서만 벌어진 것이 아니었다. 2년 반에 걸쳐 계속된 에스파냐 내전은 파시스트 반군과 인민 전선 양측에 100만여 명의 사상자를 낸 뒤, 독재자 프랑코를 탄생시켰다. 또한 에스파냐 내전은 19세기 초반을 풍미한 파시즘적 제국주의 국가들과 소련 연방 간의 대립이 엉뚱하게도 후진국에서 전쟁으로 나타난 것이기도 했다.

에스파냐 내전을 체험한 영국의 작가 조지 오웰(George Orwell, 1903~1950년)은 전투에 참가한 지 열흘쯤 지났을 때 목에 총탄을 맞았다. 그가 피를 흘리며 지켜본 에스파냐 내전의 참상은 이러했다.

"커다란 폭음이 있었고, 눈을 멀게 할 듯한 섬광이 온몸을 감쌌다. 그러고는 엄청난 충격이 내 몸을 훑고 지나갔다. 통증은 없었지만 마치 전기에 감전된 듯한 격렬한 충격을 느꼈다. 동시에 온몸에서 기운이 쑥 빠지면서 몽둥이에 세게 얻어맞은 듯 아무 정신이 없었다. 다음 순간 다리에서 힘이 빠져 나가면서 '쿵' 하는 소리와 함께 나는 땅바닥에 쓰러졌다. 머리가 먼저 바닥에 닿았지만 다행히 큰 상처는 없었다……."

에스파냐에서 파시스트 반란의 참상을 목격한 조지 오웰은 그 체험을 바탕으로 《동물농장》《1984년》 등의 정치 소설을 집필했다.

에스파냐 내전의 뿌리

유럽 대륙의 남서쪽 끝 이베리아 반도에 있는 에스파냐는 투우와 플라멩코(에스파냐 민속춤), 축구 열기로 늘 열정이 넘치는 나라다. 그런 열정과 도전적인 민족성으로 16세기에는 신대륙 발견의 선두에 서서 세계적인 대제국을 건설하고 라틴 아메리카 일대에 수많은 식민지를 건설하기도 했다.

그러나 19세기에 들어와 서구 열강의 주도권 다툼에 휘말리면서 사회적으로 불안해지기 시작했다. 그리하여 20세기 초에는 농업 문제, 지방의 독립 운동, 노동 공세 등이 얽힌 만성적인 사회 정치 위기를 극복하지 못한 채 국왕 알폰소 13세(Alfonso XIII, 1886~1941년)가 가까스로 정권의 명맥을 이어 가고 있었다.

그러던 중 1923년 파시스트 프리모 데 리베라(Miguel Primo de Rivera, 1870~1930년) 장군이 등장해 정권을 장악했다. 그는 즉시 국회를 해산하고 무력 통치를 펼쳤다. 공화파를 탄압하고 사전 검열과 계엄령을 동원해 독재 체제를 유지했다.

이탈리아의 파시스트 무솔리니(Benito Mussolini, 1883~1945년)가 자산 계급의 지지를 받으며 비교적 든든하게 독재 정치를 행한 데 반해, 리베라의 지지 기반은 오로지 군부뿐이었다. 따라서 군부가 등을 돌려 버리면 모든 것이 끝이었다. 리베라 정권의 취약성을 알게 된 국왕은 1930년, 리베라의 반대파를 등에 업고 그를 파면해 버렸다.

그 무렵 세계적인 공황의 물결에 휩쓸려 사회 불안이 가중되고 있었다. 이때 라르고 카바예로(Francisco Largo Caballero, 1869~1946년)를 위시한 사회주의자들이 공화제 기치를 내걸고 사회 개혁을 준비하고 있었다. 나라 안에서는 혁명의 열기가 무르익고 있었으며 국민은 공화제에 희망을 걸었다. 그리고 1931년 지방 선거에서 에스파냐 국민은 공화파를 대거 진출시켰다.

한편 공화파의 진출은 동시에 왕권의 약화 또는 왕당 정치 자체의 폐지를 가져올지도 모르는 일이었다. 그 결과에 놀란 왕은 지레 겁을 집어먹고는 외국으로 망명해 버렸고 곧바로 임시 정부가 수립되었다. 동시에 에스파냐의 전제 정치는 붕괴하고 공화제 정부가 들어섰다.

공화파는 왕당파 잔당과 교회의 낡아빠진 지배 사상에 맞서는 투쟁을 펼쳤다. 그러나 여전히 에스파냐 농민과 노동자의 생활은 열악했고, 낡은 봉건 제도의 틀이 사회의 밑바탕에 깔려 있었다. 특히 가톨릭 교회는 넓은 토지와 재산을 소유하고 에스파냐 전체 부의 3분의 1가량을 장악하고 있었다. 새로 태어난 공화국 정부는 교회의 힘을 약화하고 국민의 생활수준을 끌어올리는 정책을 취했으나 그 성과는 미미했다.

혁명이 성공해도 부의 재분배가 이뤄지지 않으면 의미가 없는 법이다. 에스파냐 공화국의 '어두운 2년간'이라고 불리는 그 시기가 바로 그러했다. 대통령인 사모라 자신이 토지 귀족인 데다, 아사냐 수상이 이끄는 공화국 정부는 민주 정치 실현의 기초라 할 수 있는 토지 개혁을 효과적으로 실현하지 못했다. 농지 개혁법 실시에 지주는 완강하게 저항했고, 무정부주의자는 정부의 농지 개혁이 속임수라고 비난했다.

1933년, 전 독재자의 아들인 호세 안토니오 프리모 데 리베라가 이끄는 극우 정당인 팔랑헤 당(Falange)이 협동 국가주의를 내걸고 급속히 성장했다. 이들은 자본주의와 사회주의 양쪽을 반대하고, 이탈리아의 파시즘과 비슷한 국가 권위주의를 주창했다. 정치 현실에 불만을 품은 일부 청년을 중심으로 결성된 팔랑헤 당은 파시즘 독재를 꿈꾸며 급격히 세력을 키워 갔다.

1933년에 창당한 에스파냐의 파시즘 정당. 국가 지상주의를 주장했다. 1937년에 다른 우익 정당들과 통합해 프랑코를 총통으로 하는 에스파냐 유일의 정당이 되었다.

1933년 11월, 다시 총선이 열렸다. 사회당은 왕당파와 교권주의자의 파시즘을 내세운 우파 민족주의 단체인 에스파냐 자치권 연합(CEDA)에 권좌를 내주어야 했다. CEDA 정권의 행동대 격인 인민 행동당이라는 청년 단체는 사회주의와 마르크스주의자를 적으로 규정하고 집요한 탄압을 가했다.

1934년 5월, 우익 CEDA 정권의 탄압에 대항해 카바예로를 위시한 사회주의 세력이 파업을 일으켰다. 그러나 경찰은 수천 명의 노동자와 농민을 총으로 위협해 트럭에 태운 다음 먼 곳에 내버리는 등 야만적인 탄압을 감행했다.

결국 파업은 실패로 끝나고 말았다. 그러자 10월에 이르러 카바예로는 전면 봉기를 호소했다. 그에 따라 마드리드 시에서 동맹 파업이 일어났고, 바르셀로나에서는 '카탈로니아 공화국' 독립이 선포됐다. 그러나 공화국의 독립은 겨우 10시간가량 지속되었을 뿐이다.

북부의 아스투리아스 광산 노동자도 사회당의 지도를 받아 노동자 혁명 위원회를 결성했다. 그곳 노동자는 다이너마이트를 무기로 2주일간 혁명 위원회(코뮌)를 지켜 냈다. 그들은 마드리드와 바르셀로나 노동자의 동조를 기대했으나 그 바람은 이뤄지지 않았고, 아스투리아스 혁명 코뮌은 결국 진압되고 말았다.

에스파냐 정규군과 모로코 식민지 군대로 구성된 제4대대를 이끌고 아스투리아스 혁명 코뮌을 물거품으로 만들어 버린 이가 바로 프랑코였다. 이후 프랑코와 좌익 세력 사이에는 무너뜨릴 수 없는 장벽이 가로놓이게 됐다. 또한 그것은 에스파냐 민중을 공포의 늪으로 몰고 가는 독재자의 선전 포고이기도 했다.

인민 전선의 승리와 비극의 시작

1936년, 사회당 계통의 노동 총동맹(UGT)과 무정부주의자 그룹인 전국 노동 연합(CNT)이 손을 잡았다. 이른바 인민 전선이 형성된 것이다.

인민 전선은 아사냐 이 디아스(Manuel Azaña y Díaz, 1880~1940년)를 대통령으로 추대했다. 그리하여 1936년 2월 16일 마침내 총선거가 실시됐고 인민 전선이 과반수의 지지를 얻었다. 집권에 성공한 인민 전선은 제2공화국을 열었다. 인민 전선 정부에 에스파냐 국민은 좋은 정치를 기대했다. 에스파냐 민중의 '좋은 정치'에 대한 갈망은 뿌리 깊은 것이었다. 다음과 같은 전설은 그러한 갈망의 표현이다.

"예로부터 에스파냐 사람은 신의 사랑을 듬뿍 받았다. 좋은 땅과 기후, 좋은 과일, 훌륭한 말과 칼, 아름다운 노래와 춤, 아름다운 여성과 건강한 남성……. 신은 에스파냐 사람의 소원을 다 들어 주었다. 그러나 마지막 소원인 '좋은 정치'만은 들어 주지 않았다. 좋은 정치까지 갖게 된다면 신의 나라와 다를 바가 없다는 이유에서였다."

아사냐는 파시즘에 반대하면서 '좋은 정치'를 실현하는 데 힘을 쏟았다. 1934년 10월 사건에 연루되어 체포된 정치범을 석방하고, 농민의 조세와 지대를 경감해 주었다. 또 노동자의 임금 인상과 실업 대책, 중소 기업 보호, 교육 개혁, 국제 연맹 옹호 등 자본주의의 틀 안에서 할 수 있는 한 민주주의 정책을 단행했다. 또한 아사냐 정부는 팔랑헤당의 활동을 불법화하고 10월 사건을 탄압한 참모총장 프랑코 장군을 좌천했다. 프랑코의 새로운 지위는 아프리카 서해안 카나리아 제도의 경비 사령관이었다.

한편 가톨릭 교회, 지주, 대자본가, 군부 등은 이처럼 대대적인 개혁 정책을 펼치는 아사냐 정부를 눈엣가시처럼 여겼다. 총선에 실패한 뒤 우익 공화파를 해체하고 대지주 중심의 왕당파와 중소농, 도시 중간 계층 중심의 팔랑헤 당으로 분열되어 있던 이들은 다시 범파시즘 세력을 형성했다.

이들은 온갖 수단을 동원해 인민 전선 정부를 방해했다. 어떤 자본가는 고의로 생산을 중단해 노동자를 실업 상태로 내몰았고, 인민 전선 지도자의 집에 폭탄 테러를 감행하거나, 기관총을 장착한 차를 몰고 다니며 인민 전선 지지자를 사살하기도 했다. 보수 세력 편에 선 법원은 이러한 폭력 범죄를 대수롭지 않게 처리했다.

파시즘 세력은 일부러 어수선한 분위기를 만들면서, 인민 전선 정부가 질서를 유지할 능력이 없다고 선전했다. 그리고 은밀하게 인민 전선 정부를 전복할 계획을 추진했다. 그러던 중 왕당파 지도자 한 사람이 피살되는 사건이 일어났다. 그것은 쿠데타 기회를 엿보던 파시즘 세력에게 좋은 구실을 만들어 주었다. 보수 기득권 세력을 등에 업은 군부는 마침내 1936년 7월 17일, 에스파냐령 모로코에서 쿠데타를 일으켰다.

이튿날 아침, 카나리아 제도에 있던 프랑코 역시 반란을 선언한 뒤 모로코의 군부와 합세하기 위해 비행기를 타고 에스파냐령 모로코의 테투앙에 도착했다. 프랑코는 비행기에서 내리자마자 '에스파냐는 구출되었다.'는 제목으로 군사 쿠데타 성명을 발표했다. 굶주린 늑대가 양 우리에 뛰어들면서 자신이 구원자라고 말하는 격이었다. 프랑코의 말도 안 되는 객기야말로 에스파냐 비극의 시작이었다.

독재자 프랑코의 등장

냉혹한 성격과 냉철한 두뇌의 소유자 프랑코. 그는 해군 장교의 아들로 태어났다. 그는 여자도, 술도, 도박에도 눈을 돌리지 않고 에스파냐의 지도를 들여다보는 데만 열중했다. 그리하여 22세에 최연소 육군 대위가 되었고, 33세에는 역시 가장 어린 나이에 육군 대장이 되었다.

1920년대에 프랑코는 모로코의 리프 전쟁 등에 참전해 풍부한 실전 경험을 쌓았고, 1925년에는 대형 상륙 작전을 직접 지휘했다. 일련의 전투에서 프랑코는 기동전을 중요시했으며, 1928년에는 에스파냐 육군 사관 학교의 교장이 되어 개혁을 단행했다.

애초에 그에게 정치 이상 따위는 존재하지 않은 듯하다. 다양한 목소리가 나오고 서로 충돌할 수밖에 없는 민주주의 체제를 그는 피곤한 것으로만 여겼다. '에스파냐에 없는 것은 좋은 정치뿐'이라는 속담에도 그는 시큰둥했다. 군인 기질이 몸에 밴 그에

프랑코(오른쪽)와 히틀러(왼쪽).

게 필요한 것은 권력이었지, 정치가 아니었다. 특히 그는 인민 전선 정부 같은 정치 형태는 복잡하고 불필요한 것, 타도의 대상으로 치부했다.

어쨌든 에스파냐를 구출하겠다고 공언한 프랑코는 모로코의 쿠데타 세력을 직접 지휘하게 되었고, 에스파냐 본토의 각 부대에도 반란을 종용하는 전보를 발신했다. 바르셀로나를 비롯한 에스파냐 곳곳의 도시 부근 병영에서 반란이 일어났다. 또한 수도 마드리드의 반란군은 몬타냐 병영을 거점으로 삼고 인민 전선 정부를 전복시킬 기회를 노렸다. 에스파냐 각지의 반란군은 인민 전선 정부를 물어뜯기 위해 마드리드로 달려들었다. 그러나 노동자 중심의 의용군과 정규군 그리고 민병대가 그들의 발길을 막았다.

"놈들을 통과시키지 마라! 파시스트는 마드리드를 점령하려 하지만 마드리드는 파시스트의 무덤이 될 것이다."

시 외곽과 연결된 마드리드 시의 진입로 곳곳에는 이 같은 내용의 현수막이 내걸렸고, 스스로 무장한 노동자는 신속하게 반란군 진압에 나섰다. 그리하여 에스파냐 본토의 반란은 불과 이틀 만에 대부분 진압되었다. 반란군 지휘자 몇 명은 체포되었고, 나머지 지휘자와 병사들은 모로코로 도주해 프랑코 휘하로 들어갔다.

한편 프랑코가 지휘하는 모로코 반란군은 아직 건재했다. 프랑코는 모로코 현지 병사들을 반란군에 편입시키는 등 군사력 증강에 힘을 쏟았다. 뿐만 아니라 독일과 이탈리아 등 파시스트 국가에 원조의 손길을 내밀었다. 국내외 파시스트의 원조를 등에 업은 프랑코는 1937년 8월

6일부터 에스파냐 본토 상륙을 시도했다. 독일과 이탈리아의 원조를 받은 반란군 진영을 교회는 '신(新)십자군'이라 부르며 환영했다.

에스파냐 내전의 본격적인 막이 올랐다. 파시스트와 인민 전선의 맞대결 상황이 된 것이다. 이것은 단순한 내전이 아니었다. 세계 파시즘 국가의 지원을 등에 업은 기득권자들의 반혁명 기도를 인민 전선 정부와 민중이 자발적으로 나서서 막아 내려는, 특별한 형태의 내전이었다.

프랑코는 1937년 4월 19일, 교권 정치(敎權政治, 유럽 중세 때처럼 사제나 승려 등 '신의 대리인' 조직이 행하는 정치를 말함)의 부활을 주장하는 카를로스 당과 협동 국가를 내세우는 팔랑헤 당을 통합해 자신의 세력 배후를 확립했다. 그리고 4월 26일에는 반란을 지원 나온 독일 공군이 에스파냐의 작은 도시 게르니카 상공에 무차별 폭격을 감행했다. 이 사건이 바로 피카소의 그림 〈게르니카〉 속 실제 상황이었다.

무너지는 인민 전선과 독재 야욕

파시스트 반군의 공격이 거세졌지만 인민 전선 정부는 무려 2년여에 걸쳐 프랑코의 반군을 그런대로 막아 냈다. 인민 전선 공화국 측에서는 노동 조합을 중심으로 시민군을 결성해 프랑코의 반란군에 맞서 싸우는 한편, 파시스트의 재산을 몰수하고 공공 사업을 정부가 통합해 경영하는 등 사회 개혁을 급속도로 추진했다.

한편 독일과 이탈리아 등 파시즘 국가의 손길이 에스파냐에 미치는 것을 경계한 소련은 에스파냐 공산당을 통해 공화국 정부에 병기를 지원했으며, 코민테른(Comintern)은 국제 의용군을 보내 공화국을 도왔다.

인민전선 내의 사회당 좌파와 아나키스트(국가나 사회의 권력을 부정하고, 개인이 완전한 자유를 누릴 수 있는 사회의 실현을 주장하는 사람. 무정부주의자)는 사회 혁명을 실현하기 위해 직접 항전을 했고, 인민 전선의 또 다른 세력인 공산당은 소련의 원조를 받아 세력을 키웠다.

각국 공산당의 연합 조직. 제3인터내셔널이라고도 한다. 1919년 레닌의 주도 아래 소련 공산당과 독일 사회민주당 좌파를 중심으로 창립되어 국제 공산주의 운동을 지도하다가 1943년에 해산되었다. 세계 혁명의 증진을 공식 목표로 했지만, 실제로는 주로 소련의 통제 기관으로 기능했다.

그러나 인민 전선의 각 세력은 독자 전술을 택함으로써 큰 힘을 발휘하지 못했다. 무정부주의 색채가 짙은 전국 노동 연합(CNT)과 제2차 인터내셔널 노선을 따르는 사회당 지도하의 노동 총동맹(UGT), 공산당 등 혁명 세력 사이에 이합집산이 거듭되었고 심지어 무력 충돌을 빚기도 했다.

일찍이 이들은 아사냐 정부를 사회 혁명 완수를 위한 과도기 정권으로 여기던 터였다. 즉 그들은 서로 선거 연합 수준에 머물러 있었다. 그리하여 아사냐 좌익 공화파 단독 정권을 '에스파냐의 케렌스키(러시아의 온건한 사회주의 혁명가)'라 부르며 궁극적인 정권 획득을 위해 조직별로 무장 민병대를 결성해 토지 수용과 재분배 등을 추진한 것이다.

에스파냐 공화국은 무너지고 있었다. 엎친 데 덮친 격으로 공화국 정부를 지원하던 소련은 국제 정세를 고려해 군사 원조를 줄였고, 영국과 프랑스는 불간섭이라는 이름으로 병기 수출을 중지했다. 반면 프랑코의 반군은 점점 힘을 키워 가고 있었다. 밖으로는 독일과 이탈리아, 포르투갈 등의 원조를 받았고 안으로는 기득권층의 경제 지원을 받았다.

마침내 힘의 우위를 확보한 프랑코는 점점 강한 공세를 퍼부었다. 그리하여 1939년 1월에는 에스파냐 제1의 항구 도시 바르셀로나를 점령했다. 에스파냐 본토에 상륙한 프랑코 반군은 그토록 바라던 파시스트 정권의 출범을 준비하는 한편, 수도 마드리드를 향해 속속 진군했다.

위기를 느낀 인민 전선 정부는 최후의 선택으로 정전 협상을 준비했다. 그러나 인민 전선 내 각 세력의 의견이 하나로 모이지 않아 협상은 이뤄지지 않았다. 그 사이 프랑코 반군은 어느덧 마드리드 근교까지 진군해 왔고, 3월 말에는 마침내 수도 마드리드에 들어왔다.

결국 파시스트의 승리였다. 이로써 2년 8개월 동안 100만 명에 달하는 에스파냐 민중을 희생시키고 막대한 피해를 가져온 내전은 끝을 맺었고, 인민 전

파시즘에 맞선 에스파냐 인민 전선을 돕기 위해 세계 곳곳의 젊은이들이 에스파냐 내전에 참가했지만, 프랑코가 이끄는 파시스트 정권의 출범을 막지는 못했다. 에스파냐 내전에 참가한 국제 의용군의 모습.

선 정부는 냉엄한 독재자에게 자리를 내주었다. 프랑코는 당연하다는 듯 최고 지배자 자리에 올랐다. 파시즘 진영의 독자 세력을 구축해 온 프랑코는 누구의 제지도 받을 필요가 없었다. 내전 중에 불간섭주의를 표방하던 영국과 프랑스는 거리낌 없이 프랑코 정권을 승인했다.

마음 놓고 독재 가도를 달릴 수 있게 된 프랑코는 1939년 10월 국민 정부의 주석이자 총사령관에 취임했다. 그로써 팔랑헤 당을 앞세운 독재 파시즘 국가가 수립되었고 프랑코의 장기 독재가 시작되었다.

프랑코는 제2차 세계 대전 중에 독일과 이탈리아 등 (추축국)을 지원했다. 그 덕에 국제적으로 고립 위기에 처한 프랑코는 세계 대전 뒤 미국에 추파를 던지며 국제 연합에 가입하는 등 외교 노력을 기울이면서 자신의 독재 지위를 견고히 다져 나갔다.

집권 야욕에 눈이 먼 프랑코는 해가 갈수록 그 도를 넘어서더니 1947년에는 마침내 종신 국가 주석이 되었다. 하지만 권력을 향한 그의 집착은 거기서 그치지 않았다. 1969년에는 자신이 죽거나 집정이 불가능한 상황에서는 부르봉 왕가의 후안 카를로스 왕자를 왕위에 오르게 한다는, 참으로 어처구니없는 법안을 국회에서 통과시킬 정도였다.

제2차 세계 대전 때 일본, 독일, 이탈리아가 맺은 삼국 동맹을 지지해 미국, 영국, 프랑스 등의 연합국과 대립한 여러 나라를 말함. 1936년 무솔리니가 "유럽의 국제 관계는 로마와 베를린을 연결하는 선을 추축으로 변화할 것이다."라고 연설한 데서 유래했다.

20

대륙의 붉은 물결
중국 사회주의 혁명

러시아에서 1917년에 볼셰비키 혁명이 성공하면서 시작된 사회주의 혁명의 바람은 독일, 오스트리아 등을 거쳐 동아시아에도 불어 닥쳤다. 그 여파는 이제 막 근대화의 발걸음을 내딛는 중국에도 미쳤다.

그러나 20세기 초반까지도 자본주의가 제대로 발달하지 못한 중국에서 마르크스 · 레닌주의는 소수 지식인과 대학생을 중심으로 조금씩 전파되었다. 그러다가 일본 제국주의 침략에 항거하는 5 · 4 운동을 겪으면서 예전보다 조직적인 형태로 사회주의 운동이 전개되었다. 그럼 중국 사회주의 혁명의 아침이라 할 수 있는 5 · 4 운동은 무엇일까?

중국 사회주의 혁명의 씨앗 5·4 운동

중국은 당시 아시아의 여러 나라가 그랬듯이 일본 제국주의의 침략으로 산동 반도를 빼앗기는 등 자주권을 크게 손상당한 터였다. 1919년 제1차 세계 대전을 청산하는 파리 평화 회의가 열렸다. 이 회의에서 중국의 산동 문제도 거론되었다. 중국인은 미국 대통령 윌슨이 주창한 민족 자결주의 원칙에 따라 산동 반도의 권익을 되찾을 수 있을 거라고 굳게 믿었다.

그러나 산동 반도의 권익 반환은 불가능했다. 이를 불가능하게 한 '교환 공문'의 체결 당사자인 조여림(曹汝霖), 육종여(陸宗與), 장종상(章宗祥) 세 사람은 지탄의 대상이 되었다. 그러한 불만과 분노를 최초로 터뜨린 것은 바로 북경 대학 학생들이었다.

1919년 5월 4일, 중국의 수도 북경 천안문 앞에서 학생 3,000여 명이 집회를 연 뒤 시가 행진을 벌였다. 학생들은 일본 공사관 진입을 시도했으나 경찰의 저지로 실패하고, 방향을 바꾸어 친일파 관료 조여림의 저택으로 향했다. 조여림은 교묘하게 집을 빠져나가고 없었다. 그러나 때마침 그 집에 와 있던 장종상은 학생들에게 붙잡혀 몰매를 맞고 중상을 입었다. 학생들은 기물을 부수고 불을 질렀다. 경찰에 학생 31명이 체포되었다.

동료 학생들의 체포와 파리 평화 회의의 결정에 항의해 북경의 많은 학교가 동맹 휴업에 돌입했다. 민족 자결권을 되찾기 위한 학생 운동은 점차 조직화되었다. 북경을 필두로 상해, 천진, 남경

1919년 5월 4일 민족의 자주권을 침해 받은 중국 민중의 분노가 폭발했다. 5·4 운동 당시 북경 대학 앞에 모인 학생들 모습.

등 대도시에서 중학생 이상 학생들로 학생 연합회가 발족되었다. 그리고 한 달 뒤에는 전국 학생 연합회가 상해에서 결성되었다.

학생들의 반일 · 반정부 운동이 거세지자 상공업자와 노동자 등도 파업으로 호응했다. 총파업이 8일간이나 계속됐고, 일본 상품 거부 운동은 중국 자본 계층까지 포함해 전 국민의 호응을 받았다. 중국의 자본가는 국산품 증산에 힘써 일본 상품을 중국 시장에서 몰아내는 데 일조했다. 이처럼 전 국민이 하나가 되어 벌인 국산품 애용 운동은 실제로 일본 상품의 중국 수출과 일본의 중국 경제 활동에 상당한 타격을 주었다.

걷잡을 수 없이 번지는 운동의 불길을 잠재우기 위해 단기서(段祺瑞) 정부는 교통부장 조여림을 파면하여 학생들의 요구를 일부 들어주는 한편, 계속되는 파업과 시위에는 탄압을 가했다. 그 결과 북경 대학은 휴업한 지 두 달 만에 다시 강의실 문을 열었고, 운동의 열기는 잠잠해지고 말았다.

그러나 5 · 4 운동의 폭풍은 중국 사회 전반에 큰 영향을 끼쳤다. 그것은 단순하게 반일 · 반봉건 요구에서 멈추지 않고, 광범위하고 거대한 문화와 사상의 소용돌이를 몰고 왔다. 요컨대 당시 중국의 학생과 지식인은 《신청년(新靑年)》이라는 잡지가

1915년 9월에 창간된 국민 계몽 잡지. 창간사를 대신한 진독수의 '청년들에게'에서 "자주적이되 비노예적이며, 진보적이되 비퇴영적이며, 진취적이되 비은일적이며, 세계적이되 비쇄국적이며, 실리적이되 비허영적이며, 과학적이되 비상상적이다." 등 여섯 가지 대의를 표방한 반봉건 · 반고전 문학의 바탕 위에서 민주 혁명을 고취한 잡지다.

주도하는 신문화 운동의 영향을 받고 있었다. 신문화 운동이란 중국의 전통 유교 관습과 봉건 가족 제도를 타파하고 주체적 인간으로 자유로운 활동을 펼쳐 나가자는 것이다.

중국의 청년 지식인을 사로잡은 새로운 문화와 사상이란 서구적인 합리주의, 민주주의, 과학주의, 마르크스주의, 무정부주의 등 다양한 사상의 물결을 말한다. 5 · 4 운동 무렵에 복잡하게 뒤얽혀 있던 이런 사상들은 조금 혼란스럽기는 했지만 새 시대에 걸맞은 여러 가지 이념의 가능성을 열어 주었다. 5 · 4 운동의 주역들은 반제, 반봉건 문제를 제기하면서 이후 중국이 지향해야 할 사회상을 여러 각도로 모색한 것이다. 결국 5 · 4 운동은 중국 사회주의 혁명의 씨앗이 되었다.

중국 사회주의 혁명의 지도자 모택동

역사 속의 한 개인이 혁명적 사건을 창조할 수는 없다. 혁명은 한 시대의 총체적 모순으로 발생하는 것이기 때문이다. 그러나 뛰어난 지도자가 없는 혁명은 방향을 잃고 표류하기 십상이다. 러시아 볼셰비키 혁명이 레닌이라는 탁월한 혁명가의 지도 아래 이뤄진 것처럼 중국의 사회주의 혁명 또한 모택동(毛澤東, 1893~1976년)이라는 걸출한 혁명가와 따로 떼어 내 생각할 수 없다.

모택동은 호남성 상담현에서 태어났다. 1911년 신해 혁명이 발발하자 어린 나이에 무창 혁명군에 가담했다. 1913년에는 호남성의 제1사범학교에 입학했고, 그 무렵부터 혁명 사상에 물들었다. 특히 잡지 《신청년》에 실린 중국 최초의 마르크스주의자 이대소(李大釗, 1888~1927년)의 글을 읽고 큰 감화를 받았다.

1919년 5·4 운동이 발발하자 모택동은 고향에서 학생 연합회를 조직하고 기관지 《상강평론(湘江評論)》을 만들었으며, 학생 총파업과 함께 일본 상품을 배척하자는 일화배척(日貨排斥) 운동을 주도했다. 이듬해에는 북경의 소학교 교사로 일하면서 러시아 혁명과 마르크스주의를 공부했다. 그 무렵 그는 이론과 실천 면에서 완전한 마르크스주의자가 되었다. 이제 막연한 이상이 아니라 과학적인 사회주의 이념에 따라 혁명을 추구하게 된 것이다.

모택동은 러시아나 동유럽처럼 혁명을 지도할 마르크스주의 정당이 필요하다고 생각했다. 1921년 7월, 상해의 한 여학교 기숙사에 중국인 학생 13명이 모였다. 이것이 바로 전국을 통틀어 57명밖에 안 되는 중국 공산당 창립 대회였다.

군벌 타도를 위한 국·공 합작

5·4 운동을 전후한 시기의 중국 땅은 군벌의 격전장이나 다름없었다. 특히 안휘파, 직례파 등의 북방 군벌은 막강한 세력을 형성해 서로

권력 투쟁을 벌였다. 그 와중에 봉천파 군벌인 장작림(張作霖, 1873~1928년)이 급부상해 두 파를 누르고 패권을 장악했다.

중국의 군벌은 중앙 정부가 안정되었을 때는 지방 영주의 역할에 머물지만, 격변기에는 여기저기서 툭툭 불거져 나와 정치판을 어지럽히는 존재였다. 따라서 군벌은 근대화를 추진하려면 반드시 제거해야 할 거대한 장애물이었다.

일찍이 1917년에 광동을 본거지로 삼아 중화 혁명당을 중국 국민당으로 개편한 손문도 군벌을 타도하기 위해 애를 썼다. 그는 영국, 미국, 일본 등의 원조를 받아 군벌을 타도하려 했으나 여의치 않자, 사회주의 국가가 된 소련에 눈길을 보냈고 1921년 말 코민테른(국제 공산당)과 제휴해 국 · 공 합작을 결의했다.

1923년 모택동은 중국 공산당 제3차 대회에서 중앙 위원에 선출되면서 국민당과 통일 전선을 펴기로 했다. 1924년 제1차 국 · 공 합작이 현실로 이뤄졌다. 모택동을 비롯한 공산당원은 개인 자격으로 국민당에 입당했다.

1925년 북방 군벌을 타도할 북벌군을 창설하기 위해 북경으로 간 손문이 암으로 사망하자, 장개석(蔣介石, 1887~1975년)이 북벌군의 지휘권을 물려받았다. 장개석의 북벌군은 중소 지주와 상공업자의 지원을 받아 북상을 계속했다. 그러나 북벌군의 진군은 그리 오래 가지 않았다. 국 · 공 합작의 북벌군이 진군하는 동안 노동자의 임금 인상 투쟁과 농민의 소작료 인하 투쟁이 거세지는 등 사회 개혁을 지향하는 민중의 움직임에 두려움을 느낀 지주와 상공업자들이 공산당과 결별할 것을 요구하며 자금 줄을 조인 것이다. 게다가 북벌 작전은 지지부진했다. 장개석은 회의를 느꼈다. 그는 체질적으로 사회주의 혁명에 목숨을 거는 투사형이 아니었다. 오랜 고민 끝에 장개석은 살육을 반복하면서 혁명을 좇기보다는 사상적으로 타협하는 것이 낫다는 결론에 도달했다. 그는 보수주의자들의 요구를 수용하고, 외국 자본에도 원조를 기대했다.

장개석의 배신과 국·공 분열

1927년 4월 12일 새벽, 장개석의 국민당 군대는 공산당원과 노동자를 살해하는 만행을 저지르며 공산당을 배신했다. 결국 국민당과 공산당은 적으로 돌아섰다. 공산당과 결별한 장개석은 1927년 10월 남경정부를 세웠다. 이에 맞서서 공산당 측은 노동자가 주축이 되어 무장봉기를 일으키고 광주 등 광동성 내 여러 도시에 소비에트 정권을 세우기로 했다. 스탈린도 중국 공산당에 국민당과 손을 끊고 독자 권력을 수립할 것을 촉구했다. 그리고 호남, 호북, 강서, 광동 등지에서 이를 지지하는 농민 봉기를 지원했다.

광동은 국민당원의 내분이 심한 곳이고, 인접 지역인 동부에 해륙풍 소비에트(1927년 중국 광동성의 해풍과 육풍 현 일대에 서향전과 팽배가 세운 소비에트 정권)가 이미 성립되어 있어서 지원을 기대할 수 있었다. 이런 조건을 주시한 공산당 지도자 구추백(瞿秋白, 1899~1935년)은 코민테른의 지지를 얻어 내고 즉시 광동성에 혁명 군사 위원회를 편성했다. 러시아 볼셰비키 혁명의 경험을 본뜬 것이었다.

1927년 4월 국민당 군대가 공산당원을 무참히 살해한 뒤, 두 당은 서로 다른 길로 갈라서게 된다.

12월 11일 새벽에 타오른 봉기의 불길은 순식간에 전 도시로 번졌다. 아침 7시경에는 국민당 군 사령부 몇 군데를 제외하고는 광주 시의 대부분을 점령했다. 이른바 광동 코뮌이 성립되었다. 그러나 그 세력은 크지 않았다. 코뮌의 병력은 3,000~4,000명에 이르는데 무기는 권총 몇 자루와 수류탄 50여 개, 소총 수십 정뿐이었다.

아침 9시, 노동자를 비롯해 30여 만 명의 군중이 모인 가운데 소비에트 수립이 공포되고 집행부 11명이 선출되었다. 소비에트 정부는 하루 8시간 노동, 노동법 제정, 실업 보험, 지주 토지의 재분배, 식량 보장, 여성에게 남성과 동일한 임금과 동일한 법적 지위 보장 등을 약속했다. 그러나 '소비에트 정부'라는 이름은 붙었지만 실제로 노동자·농민·병사의 소비에트는 조직할 틈이 없었다. 또한 봉기 성공 이후의 프로그램이 취약했고 부근의 해륙풍 소비에트와도 연대가 잘 이뤄지지 않았다. 따라서 곧바로 국민당 군의 포위 공격을 받았다. 코뮌의 지도자인 장태뢰(張太雷, 1899~1927년)는 사망하고 노동자 2,000여 명만 남긴 채 지

호남 봉기를 이끄는 모택동.

도부는 와해되었다. 이로써 광동 코뮌은 3일 천하로 끝나고 말았다.

그 무렵 모택동은 당의 결정에 따라 호남 봉기의 책임자로 임명되어 4개 연대를 이끌었다. 그러나 애초부터 허술한 봉기 전술은 시민의 호응을 받지 못해 모두 실패하고 말았다. 모택동의 부대도 예외가 아니었다. 뿐만 아니라 모택동은 중국 국민당과 손잡은 지주의 자경단에 포로로 붙잡히고 말았다. 자경단은 모택동을 본부로 압송하기로 했다. 그대로 끌려갔다가는 살해될 것이 뻔하다고 생각한 모택동은 무성한 수풀 사이를 지날 때 탈출을 시도했다. 자경단 병사들이 추격해 왔지만 가까스로 빠져 나와 동료들이 있는 곳으로 돌아갈 수 있었다.

혁명의 해방구 정강산의 홍군

모택동은 도시 탈취를 우선하는 공산당 지도부의 전술이 잘못되었다고 생각했다. 그리하여 도시 공격을 중지하고, 남은 동지를 규합해 남쪽으로 철수했다. 독자 전술을 감행한 것이다.

그 무렵 모택동의 부대는 국민당 군의 추격을 받았다. 모택동이 이 끄는 혁명군은 동요했다. 결국 탈주자가 나오기 시작했다. 강서성 녕강현에 도착했을 때 모택동의 휘하에 남은 부대원은 고작 1,000여 명이었다. 이때 모택동은 혁명가다운 결단을 내렸다. 그는 고향으로 돌아가기를 바라는 병사들에게 여비를 나눠 주고 남은 사람들로 다시 군대를 편성해 호남성과 강서성 경계에 있는 정강산으로 향했다. 그곳은 깎아지른 듯한 높은 산으로 둘러싸여 혁명의 근거지로 적당한 곳이었다.

모택동은 이곳에서 노동자와 농민으로 구성된 혁명군을 창설하고, 그 이름을 홍군(紅軍)이라 했다. 홍군은 국민당 군대나 군벌의 용병과 달리 도덕적이었다. 또한 구타가 없는 군대였다. 전투 시에는 장교의 지휘를 받지만 일상에서는 장교들과 똑같이 먹고 똑같이 입으며 평등하게 생활했다. 물자가 차단된 상태라 병사들은 모두 굶주렸고 정해진 급여도 없었다. 그러나 그들은 가난한 인민을 해방하는 군대라는 자부심으로 배고픔을 이겼고 엄격한 규율을 지켜 나갔다.

홍군의 명성은 농민에게도, 다른 지역의 공산당 군대에도 널리 퍼졌다. 그리하여 주덕(朱德, 1886~1976년)이 이끄는 1만 군대가 정강산으로 들어와 홍군에 합류했고, 얼마 뒤에는 팽덕회(彭德懷, 1898경~1974년)의 부대 3만 명도 정강산으로 들어왔다. 강력해진 홍군은 공산당 군대의 주력군이 되었다.

정강산을 근거지로 공산군이 세력을 넓혀 가자 이를 두려워한 장개석은 호남의 군벌로 하여금 세 차례에 걸쳐 정강산을 공격하게 했다. 그러나 홍군은 유격 전술과 농민의 협조를 받아 몇 배나 되는 적을 번번이 물리쳤다.

홍군은 정강산 부근에서 세력을 넓혀 갔다. 그리하여 1928년에는 주덕이 군사장이 되고 모택동이 당 대표가 되어 호남과 강서성 지구에 공산당 자체 정부를 수립했다. 또한 하남, 호북, 호남, 광서 등지에도 근거지를 만들어 나갔다. 1930년 초에 이르러 그 수는 어느덧 15개로 늘어났고 마침내 공산군은 300여 개의 현을 지배하게 되었다.

이처럼 공산군의 활동이 활발해지자 1930년 6월, 공산당 중앙 지도부는 혁명의 시기가 무르익은 것으로 판단하고 양자강 유역의 대도시를 무력으로 탈취하기로 결정했다. 하나의 성을 먼저 장악한 다음 단번에 전국 혁명으로 나아간다는 전술이었다.

1930년 7월 28일, 팽덕회가 이끄는 군대가 장사를 공격해 점령에 성공했다. 모택동과 주덕의 군대는 8월 1일 강서성의 남창을 공격했다. 그러나 우수한 화기로 무장한 국민당 군의 공격을 받은 공산군은 24시간을 버티지 못하고 철수했다. 장사를 점령한 팽덕회 군대도 국민당 군의 반격으로 고전하다가, 국민당 군을 원조하는 미국, 영국, 일본 군함의 포격을 받고 다시 장사를 국민당 군에게 내주고 말았다.

그러나 공산당 중앙 지도부는 장사를 포기하지 않았다. 모택동은 장사 공격에 반대했지만 공산당 지도부는 장사 탈환 명령을 내렸다. 어쩔 수 없이 모택동은 장사 공격에 나섰고, 13일에 걸친 죽음의 전투를 벌였다. 적의 포탄 세례를 받고 무수히 쓰러져 가는 병사들을 안타깝게 바라보던 모택동은 당 지도부를 설득했다. 엄청난 유혈 희생을 직접 확인한 당 지도부는 모택동의 건의를 받아들였다. 그리하여 모택동은 남은 군대를 이끌고 강서성의 근거지로 돌아왔다.

국민당의 대토벌전

1930년 말 장개석은 강서성 남부의 공산군을 공격했다. 반년 사이에 세 차례나 포위 토벌전이 전개되었는데 각각 10만, 20만, 30만 군대가 투입되었다. 홍군의 병력은 압도적으로 적었지만 특유의 유격 전술로 국민당 군을 격파했다.

이듬해인 1931년 9월 18일, 만주 사변이 발발했다. 일본 군대의 침략 앞에서 정권 찬탈을 향한 내전은 잠시 중단될 수밖에 없었다. 장개석은 일단 토벌전을 중지하고 남경으로 돌아갔다.

일본의 침략으로 공산군의 전술에도 변화가 왔다. 1931년 9월 22일, 공산당은 '반제 항일, 국민당 타도, 소비에트 확대' 등을 내걸고 소비에트 정부 수립을 서둘

1931년 일본군의 중국 동북 지방에 대한 침략 전쟁. 일본은 동북 삼성(흑룡강성, 길림성, 요령성)을 점령하고 이듬해 내몽골의 열하성 지역을 포함하는 만주국을 수립했는데, 훗날 중·일 전쟁의 발단이 되었다.

렀다. 11월, 강서성의 서금에서 제1회 전국 소비에트 대회가 열렸다. 이 대회에서 서금을 수도로 21개 현 250만 인구를 포괄하는 중화 소비에트 공화국이 탄생했다. 그리고 모택동은 임시 소비에트 정부의 중앙 집행 위원회 주석과 인민 위원회 주석을 겸했다.

한편 일본 침략군은 중국 동북 지역에서 점령지를 넓혀 가면서 청나라의 마지막 황제 선통제를 추대해 '만주국'을 세우려고 시도했다. 그 무렵 장개석은 일본군보다는 공산당 쪽의 움직임에 더욱 촉각을 곤두세웠다. 그리하여 1932년 5월 일본군과 정전 협정을 맺은 다음 4차 공산당 토벌전을 전개했다.

이듬해 가을, 장개석은 독일의 폰 젝트 장군을 군사 고문으로 영입해 공산군 토벌에 전력을 기울였다. 국민당 군은 강서 소비에트 부근에 콘크리트 포대를 쌓아 총안(몸을 숨긴 채 총을 쏘기 위해 성벽 따위에 뚫어 놓은 구멍)만 뚫은 토치카(콘크리트와 흙 주머니 따위로 단단하게 쌓은 사격 진지)를 여러 개 만들고 5차 토벌전을 감행했다. 이 토벌전에는 100만 병력이 투입되었고, 비행기 200여 대와 전차까지 동원되었다.

한편 공산군의 작전은 모스크바 코민테른의 지휘에 따라 소련 적군 장교 오토 브라운(중국명은 '이덕')이 지도했다. 오토 브라운은 국민당 군과 정면으로 대결하는 진지전을 취했다. 그는 모택동의 유격 전술을 '비적이나 쓰는 수법'이라고 비웃으며 정면 대결로 포위망을 뚫으려 했다. 그러나 토치카의 집중 포화를 벗어날 수가 없었다. 오토 브라운이 이끄는 공산군은 계속해서 패했다. 더군다나 모택동마저 말라리아에 걸려 앓아눕게 되었다. 공산군은 부득이 강서 소비에트 구역을 탈출하기로 결정했다. 그러나 탈출이 성공할 수 있을 것인지는 미지수였다.

중국 혁명의 전설, 1만 2,000km의 대장정

모택동은 탈출 작전 결정에 직접 관여하지 않았다. 그가 병중이던 것도 이유였지만, 국민당 군의 대대적인 토벌전이 감행되는 동안 모스크바의 지휘를 받던 당 지도부는 모택동을 강하게 비판했고 결국 모택동은 지휘 일선에서 물러나 토지 개혁 사업에만 관심을 기울이고 있었기 때문이다.

모택동은 탈출 결정에 반대했다. 그러나 당 지도부는 탈출 계획을 실행에 옮겼다. 그리하여 홍군 병사 10만여 명은 강서 땅을 벗어나 서남쪽으로 향했다. 중국 혁명 역사상 전설로 전해지는 '대장정'이 시작된 것이다. 홍군의 첫 목적지는 하룡(賀龍, 1896~1969년)의 부대가 있는 호남성과 호북성의 접경 지역이었다. 탈출 작전은 처음부터 무모한 것이었다. 홍군은 은밀하게 포위망을 벗어났지만 곧 국민당 군의 추격이 시작되었다. 강서 땅을 떠난 지 두 달 후, 남아 있는 홍군 병사는 3만여 명에 지나지 않았다. 무려 7만여 병사가 폭격에 쓰러지거나 대열을 이탈했다. 모택동은 하룡 군대와 합류하는 계획을 포기하고 적의 세력이 약한 귀주성으로 남하해 휴식을 취하자고 주장했다. 당 지도부는 모택동의 주장을 겨우 받아들였다. 그리하여 짧은 휴식을 마치고 홍군은 다시 장정에 올랐다. 국민당 군의 집요한 공격을 피하고 매서운 추위와 싸우며 고난의 행군이 계속됐다.

그 사이 해가 바뀌었다. 1935년 1월 5일 홍군은 귀주성에서 두 번째로 큰 도시인 준의를 점령했다. 그곳에서 홍군은 처음으로 12일간의 긴 휴식을 취했다. 병사들이 휴식을 취하는 동안 당 간부들은 회의를 열었다. 이 회의에서 모택동은 당 중앙의 지도 노선을 신랄하게 비판했다. 실권자 진방헌(秦邦憲, 1907~1946년)과 오토 브라운 등은 모택동의 비판에 강하게 반발했지만, 군사부장 주은래(周恩來, 1898~1976년)는 지도부의 오류를 솔직하게 시인했다. 그리고 그 책임으로 직책을 내놓고 평당원으로 돌아갔다.

주은래의 결단은 다른 지도자들에게 귀감이 되었다. 마침내 모택동은 중앙 정치국 주석에 임명되었고 군사 지도권을 받았다. 모택동은 무엇보다 먼저 장정의 목표와 방향을 분명히 했다. '북상 항일'을 홍군의 투쟁 노선으로 정하고 주은래, 장문천(張聞天)과 함께 '3인 지휘 소조'를 구성해 군의 지휘권을 장악했다. 모택동은 항일 투쟁의 거점을 섬서성 북부 지역으로 설정하고 다시 장도(壯途, 중대한 사명을 띠고 떠나는 길)에 올랐다. 그러나 여전히 길은 험난했다. 사천 지방에 진을 친 장개석 군대가 곳곳에서 기습 공격을 해 왔다. 모택동은 교묘한 기동 전법을 구사했다. 그것은 사천, 귀주, 운남 등지로 돌아 반격을 가하면서 커다란 원호를 그리며 북상하는 전술이었다.

홍군은 양자강 상류에 이르렀다. 모택동은 이번에도 적의 의표를 찔렀다.

"적이 기다리지 않는 곳으로 도하한다."

적과 부딪치지 않는 길이 가장 빠르다고 판단한 모택동의 전술은 역시 단순 명쾌했다. 국민당 군은 강을 건너기 가장 쉬운 곳에서 홍군을 기다렸지만, 모택동은 적군이 진을 친 곳에서 무려 140km나 떨어진 강 상류 쪽으로 은밀히 이동해 노정교를 도하 지점으로 택했다. 그곳에는 쇠사슬로 된 길이 700m가량 되는 다리가 있었고 홍군은 그곳으로 멋지게 강을 건넜다.

하지만 강을 건너자 해발 4,000m에 달하는 눈 덮인 산이 가로막고 있었다. 죽을힘을 다해 설산을 넘었지만 이번에는 대초원이 가로막았다. 때마침 우기를 맞은 초원은 늪을 방불케 했다. 수많은 희생자가 나왔다. 겨우 초원을 벗어났을 때는 국민당 군이 기다리고 있었다.

가까스로 국민당 군을 격파하고 섬서성 오기진에 이른 때는 1935년 10월 20일이었다. 드디어 장정은 끝났다. 출발할 때 10만여 명이던 병사는 8,000여 명으로 줄어들어 있었다. 무려 1만 2,000km에 달하는 대장정을 마친 홍군 병사들의 옷은 누더기처럼 헤지고 피부는 거칠어졌지만 그들의 눈동자만은 맑게 빛났다. 홍군 병사들의 가슴에 온갖 감회가 새롭게 되살아났다. 대장정은 끝났지만 중국 혁명은 바로 그 순간부터 새로운 전기를 맞이하게 되었다.

항일 통일 전선의 성립과 붕괴

대장정을 마친 뒤 모택동은 섬서성에 홍군의 근거지를 확보하는 데
노력하는 한편, 홍군 대학에서 강
의를 하며 혁명 전술을 연구했다.
또한 중국 공산당 지도권을 놓고
대립 관계에 있던 장국도(張國燾,
1897~1979년)의 우익 분열주의와 투
쟁했다.

중국 공산당 창립자 중 한 사람으
로 모택동을 주석으로 선출한 준의의 당
중앙회의 결정을 인정하지 않고 대장정의
종착지에 대해서도 이견을 보이는 등 모택동
과 대립하던 인물이다. 훗날 국민당 군에 투항
했다.

한편 1935년 12월 9일, 북경에서 학
생들이 봉기해 항일 애국 운동을 부르짖었다. 그 영향으로 항일 분위기
가 전국에 확산되고 있었다. 모택동은 〈일본 제국주의에 대항하는 싸
움 전술에 대해〉〈중국 혁명전의 전략 문제〉 등의 글을 발표하면서 국
민당과 내전을 종결하고 항일 통일 전선을 결성해 일본 제국주의에 대
항하자고 주장했다. 장개석의 국민당 정부에 사실상 휴전을 제의한 것
이나 마찬가지였다.

그러나 장개석은 공산군을 완전히 섬멸하는 데만 혈안이 되어 있었
다. 장개석은 1936년 12월 서북 지역의 홍군을 공격하기 위해 서안 지역
으로 이동했으나 그곳에서 봉천파 군벌 출신의 장학량(張學良, 1898~2001
년)에게 발목이 잡히고 말았다. 장학량은 공산당과 싸우지 말고 민족 통
일 전선을 수락하라고 장개석을 다그쳤다. 힘에 밀린 장개석은 일단 장

학량이 시키는 대로 공산당과 항일 전선에 관한 협상을 벌였다.

1937년 7월, 북경 교외의 노구교에서 훈련 중이던 일본군이 정체 불명의 실탄 사격을 받은 사건을 계기로 중국에 대규모 침공을 감행했다. 중·일 전쟁이 시작된 것이다. 그 바람에 중국의 모든 군대는 선택의 여지가 없어졌다. 항일 통일 전선을 펼치지 않을 수 없게 된 것이다.

공산당은 장개석 정부의 많은 요구 사항을 대폭 받아들이면서 제2차 국·공 합작을 추진했다. 그 결과 공산당은 중화 소비에트 정부를 해체하고 지역 자치 정부로만 남겨두는 한편, 명목상의 최고 지휘권을 장개석에게 이양했다. 또 공산당의 홍군은 팔로군과 신사군으로 개편되어 국민당 군에 편입되었다. 그리고 1939년부터는 국·공 합작에 따른 항일 작전이 본격적으로 시작되었다.

항일 전쟁 때 화북에서 활약한 중국 공산당의 주력군. 1937년 제2차 국·공 합작 후의 명칭이며 1947년에 인민 해방군으로 바뀌었다.
신사군은 항일 전쟁 때 활동한 중국 공산당의 주력군. 1937년 국·공 합작으로 국민 혁명군 제4군으로 편입, 1948년 중국 인민 공화국 제30야전군으로 바뀌었다.

그러나 국·공 합작을 했음에도 사실상 이들은 제각각 항일 투쟁을 벌였으며, 두 진영 모두 그다지 효과적인 싸움을 벌이지는 못했다. 기실 그들이 바라는 것은 서로 상대방을 일본군과 충돌하게 하여 전력을 약화시키는 데 있던 것이다. 그나마 일본군에 맞붙어 싸운 것은 공산당 쪽이었다. 공산당 소속 항일군은 병력의 열세에도 굽히지 않고 일본군의 깊숙한 후방으로 침투해 유격 전술을 구사하며 열심히 싸웠다.

한편 장개석이 이끄는 국민당 군은 지지부진한 싸움 끝에 서쪽으로 퇴각했다. 장개석과 모택동의 숙적 관계는 점점 굳어져 갔다. 그동안에도 모택동은 끊임없이 혁명 전술을 연구했다. 1937년에는 극좌 군사주의와 주관주의를 비판하는 내용의 《실천론》《모순론》 등을 집필했고, 1938년에는 《지구전론》《항일 게릴라전의 전략 문제》 등을 발표했다.

1939년 제2차 세계 대전이 발발하면서 중국의 항일 투쟁도 새로운 국면에 접어들게 되었다. 이때 모택동은 신민주주의론을 제시하며 통일전선과 연립 정부의 구성 형태에 관해 언급했다. 이렇듯 모택동의 리더십은 꼭 필요한 시기에 일반 병사와 인민이 납득할 만한 혁명 전술을 명쾌하게 제시해 투쟁의 방향을 세워 주는 것이었다. 반면 장개석에게는 그러한 능력이 없었다. 따라서 시간이 흐를수록 공산당원과 홍군의 규모는 급속도로 늘어 갔으나, 반대로 국민당의 사기와 규모는 점점 위축되어 갔다.

마침내 수세에 몰린 장개석은 공산당의 근거지인 연안을 포위하고 공산당 계열의 항일 부대인 신사군을 공격했다. 그리고 1941년 1월, 황하 남부에서 공산군 9,000여 명을 사살했다. 이로써 두 번째 국·공 합작마저 장개석의 배신으로 완전히 무너지고 말았다. 공산당과 결별한 장개석은 그때부터 미국의 원조를 등에 업었다. 그 무렵 공산군은 여러 지역에서 게릴라 전술을 확대했다.

한편 1942년을 기점으로 모택동은 당내 주도권을 거머쥐게 되었다.

특히 이 시기에 실시된 (정풍 운동) (整風運動)을 통해 교조주의와 타협주의를 비판하고 당원들의 사상을 검토함으로써 모택동은 막강한 지배력을 행사하게 되었다. 그리하여 1943년, 모택동은 당 중앙 위원회와 중앙 정치국 주석에 취임했다.

태평양 전쟁이 한창이던 1944년, 미국은 장개석과 모택동의 화해를 시도했다. 장개석 정부의 무능함과 공산당의 팽창을 두려워한 나머지 "국민당과 공산당이 연립 정권을 만들어 합동군 사령부를 설치한다면 그에 필요한 재정을 원조하겠다."고 제의한 것이다. 이러한 미국의 제의는 장개석의 거부로 이뤄지지 않았다.

당원에게 마르크스·레닌주의를 교육시키고, 당 조직을 정돈하고, 당의 기풍을 새롭게 하기 위한 운동. 학습의 주관주의, 교조주의(특정한 사상이나 교의를 절대적인 것으로 받아들여 현실을 무시하고 이를 기계적으로 적용하려는 태도), 섹트주의(당내 한 분파가 제 주장만 내세우고 남을 배척하는 태도), 문장 표현의 형식주의 등을 극복해야 한다는 주장을 담고 있다.

내전의 끝, 그리고 공산당의 승리

1945년, 일본의 무조건 항복으로 태평양 전쟁이 끝났다. 이로써 중국의 두 라이벌 모택동과 장개석은 공동의 적을 잃어버렸다. 이제 본격 내전만이 남은 것이다.

한편 태평양 전쟁에서 승리한 미국은 다시 국민당과 공산당을 연합시키려고 시도했다. 소련의 스탈린도 모택동에게 '중국에서 봉기를 일으키는 것은 전망이 없다. 차라리 국민당 정부에 협력하고 군대를 해산하라.'고 충고했다. 그러나 장개석과 모택동은 이를 받아들이지 않았다. 그 무렵 중국공산당은 모택동 사상을 당 지배 강령으로 채택하고 있었다. 당원들은 모택동을 '중국 역사에서 가장 위대한 혁명가이며 정치가일 뿐 아니라 가장 위대한 이론가이며 과학자'라고 칭송했다. 그런 마당에 군대를 해산하라니 말도 안 되는 소리였다.

미국은 중국이 통째로 사회주의화하는 것을 막으려 했으나 국민당과 공산당의 연합이 이루어지지 않자, 일단 국민당 정부를 지지했다. 이에 1945년 말, 장개석은 몇 달간 형식적으로 정권을 잡았다.

이 시기에 중국의 경제는 땅으로 곤두박질쳤다. 무능하고 부패한 국민당 정부는 끝없이 치솟는 물가를 진정시킬 수 없었다. 한 달 사이에 물가가 다섯 배나 폭등했다. 배고픔을 견디지 못해 굶어 죽은 시체가 날마다 수백 구씩 거리에 나뒹굴었다.

하지만 장개석은 단순히 정책의 오류 정도로 생각할 뿐, 물가 상승의 심각함을 깨닫지 못했다. 근본적인 문제를 해결하려고 노력하기보다 아들 장경국(蔣經國)을 경제 책임자로 임명하는 등 미봉책으로 일관했다. 미국이 태평양 전쟁에서 얻은 10억 달러의 잉여 물자를 중국에 제공했지만 장개석 정부는 국민당 군을 무장하는 데 그 돈을 써 버렸다. 그 사이 물가 상승은 공황 상태로 치달았고, 경제 위기는 결국 군사력까지도 무력하게 만들었다.

국민당 군대는 임금으로 지폐를 받았지만, 이미 교환 가치를 상실한 지폐로 식량을 구할 수는 없었다. 그러자 그들은 무기나 군수 물자를 팔아 넘겼고, 그 무기들은 중국 공산당 수중으로 흘러 들어갔다. 결국 미국의 원조는 국민당 군과 공산군 양쪽을 동시에 무장시키는 결과를 초래했다. 그리하여 국민당 군은 병력이나 무력 면에서 급격히 약화된 반면, 공산군은 전력이 강화되었다.

중국 내전기 국민당 군과 공산군의 전력 비교

	국민당 군	공산군
1945년 8월	병력 370만 명	병력 32만 명
	대포 6,000문	개인 화기 16만 정
1948년 6월	병력 210만 명	병력 150만 명
	대포 2만 1,000문	대포 2만 2,800문
1948년 12월	병력 150만 명	병력 162만 명

장개석의 부패한 관료 정부는 말 그대로 실패작이었다. 전력 약화와 경제 위기로 국민의 지지를 잃어 더 이상 정통성을 유지할 수 없었다.

그 틈을 타서 세력을 키운 공산당은 1946년, 국민당 군에 대대적인 반격을 가했다. 초기에는 밀렸지만 1948년 말부터 몇 개월 동안 혁혁한 승리를 거두었다. 국민당 군은 급속히 무너졌다. 반면 공산군은 만주 지역을 완전히 장악하고 1949년 1월에는 천진과 북경을 함락했다.

1949년 4월, 모택동의 공산군은 양자강 하류를 가로질러 남경을 점령하고, 그 여세를 몰아 중국 본토 대부분을 장악했다.

숨 돌릴 사이도 없이 쫓기던 장개석의 국민당 군은 마침내 타이완 섬으로 후퇴할 준비를 했다. 그때까지도 미국과 소련은 여전히 중국의 남부와 북부를 국민당과 공산당이 나누어 지배할 것을 권했다. 그러나 장개석은 타협안을 거절하고, 1949년 5월 측근을 이끌고 중국 남부의 섬 타이완으로 도피했다. 이로써 30년 가까이 계속되던 두 라이벌의 대결은 모택동의 승리로 끝났다. 드디어 중국 대륙이 다시 통일된 것이다.

1949년 10월 1일, 모택동을 수반으로 하는 중국 공산당은 북경에서 중화 인민 공화국 성립을 선포했다. 모택동은 중국 인민 정치 협상 회의, 중앙 인민 정부, 인민 혁명 군사 위원회의 주석에 취임했다. 동시에 1840년 아편 전쟁 이래 100년이 넘도록 계속된, 외세에 의한 굴욕적인 역사도 끝이 났다.

중화 인민 공화국 탄생의 의미

광활한 중국 대륙을 앞에 놓고 숙명의 대결을 벌이던 모택동과 장개석. 이 두 인물을 놓고 역사가들은 각기 다양한 평가를 내리고 있다. 반공 이데올로기에 물들어 공산주의를 지극히 싫어하는 역사가는 모택동을 폭력 혁명으로 정권을 탈취한 독재자라고 치부하며 장개석 정부에 정통성을 부여하고, 상대주의 역사관을 가진 역사가는 이 두 인물을 제정이 붕괴된 중국 혼란기에 대륙 통일의 야심을 불태우며 대결한 일개 군벌 정도로 본다.

그러나 이러한 주관적 역사 해석만으로는 그 복잡하고 어마어마한 사건을 제대로 이해할 수 없다. 무릇 모든 혁명의 역사는 필연성에서 기인한다. 중국 혁명의 역사 또한 청나라에 대항한 의화단 사건이나 신해 혁명 등의 사건과 연속선상에서 고려해야 한다.

요컨대 중국 국민 혁명의 1세대라 할 수 있는 손문을 '혁명의 아버지'라 한다면, 장개석과 모택동은 혁명 2세대라 할 수 있다. 그런데 사실 손문은 혁명의 회오리가 중국 대륙에 몰아칠 즈음 줄곧 망명지에 있었다. 손문은 강력한 의지를 지닌 혁명가라기보다 온유한 이상주의자에 가까웠다. 그럼에도 손문이 중국 혁명의 아버지로 추앙되는 것은 중국 인민에게 삼민주의라는 이상을 심어 주었고, 그 장밋빛 이상으로 민중과 혁명가에게 용기를 북돋워 주었기 때문이다.

사회 혁명은 대다수 민중의 집단 이상을 추구한다는 점에서 권력을 움켜쥐기 위한 쿠데타와는 차원이 다르다. 그런데 손문이 죽은 뒤 그 지휘봉을 물려받은 장개석은 선임자의 이상을 구체적으로 발전시키기는커녕 오히려 그것을 짓뭉개고 민중의 가슴에 허무의 그림자를 드리웠다. 그에게는 자신의 정적인 공산당을 물리치는 일이 민중에게 역사 전망을 제시하는 것보다 더 급했다.

반면 모택동이야말로 명쾌한 이상주의자였다. 가장 중국적인 혁명

새로운 세상을 꿈꾸던 많은 젊은이들이 중국 인민에게 '삼민주의'라는 이상을 심어 준 손문의 죽음을 안타까워했다. 1925년 3월 사망한 손문을 추모하는 북경의 청년들.

가로 일컬어지는 그는 단순한 마르크스주의자나 교조적인 공산주의자가 아니었다. 그는 사회주의 혁명의 형님 격인 소련 공산당을 무조건 추종하지도 않았다. 그가 꿈꾸고 실천에 옮긴 것은 중국의 실정에 가장 적합한 사회주의 국가를 건설하는 것이었다. 그는 손문이 주창한 삼민주의라는 다소 추상적인 이상을 구체적이고 과학적이며 현실 가능한 것으로 만들었다.

　이처럼 장개석과 모택동은 근본적으로 추구하는 바가 달랐다. 한 사람은 지주와 자본가 편에 서서 점점 반혁명가로 위세를 떨쳤고, 다른 한 사람은 점점 기층 민중과 밀착한 혁명 운동을 전개했다. 그런 의미에서 중화 인민 공화국 건설은 단순한 권력 투쟁이 아니라 봉건 지주에 대한 농민의 승리이자 낡은 체제에 대한 근대화 세력의 승리였다. 또한 제국주의와 착취 군벌에 대한 민중과 민족의 승리이기도 했다.

혁명 이후의 중국과 문화 혁명

사회주의 혁명 이후 모택동과 공산당은 반혁명의 요소를 제거하는 데 지나칠 정도로 철저했다. 이는 권력 구조 안에서 서열을 둘러싼 암투로 이어지기도 했다. 게다가 1959년 이후 자연 재해가 일어나고 소련과 관계가 악화되면서 중국의 사회주의 경제는 위기에 직면했다.

혁명 이후 중국의 최대 위기는 1966년 8월, 문화 대혁명으로 표출되었다. 모택동이 병으로 잠시 일선에서 물러난 동안 실권자가 된 유소기(劉少奇)의 부르주아적 편향과 그를 추종하는 세력을 제거하는 데 역점을 두고 시작된 문화 대혁명은 애초부터 무리하게 시도되었다.

문화 대혁명을 주도한 세력은 모택동의 아내 강청(江靑)을 비롯해 요문원(姚文元), 왕홍문(王洪文), 장춘교(張春橋)였다. '사인방'이라 불리는 이들은 대대적인 정풍 운동을 벌였다. 문화 대혁명은 그 이름과 달리 살벌하게 전개되었다. 특히 새로 조직된 청년 조직 홍위병(紅衛兵)은 반동 실권파에 대한 무력 공격을 서슴지 않았다.

문화혁명의 추진력이 된 대학생과 고교생 집단. 준군사 조직을 이루어 투쟁했으며 모택동을 지지하였다. 이들은 문화 혁명 당시 거리를 휩쓸고 다니며 관리, 부유한 자, 지식인 등에게 폭행과 살인을 일삼았다.

지나치게 좌경 성향을 드러내던 사인방은 마침내 국가의 최고 지도권에 도전했다. 그들의 행보가 위험

수위에 도달했음을 간파한 모택동은 1974년에 이르러 사인방 쪽으로 비판의 화살을 돌리면서 문화 대혁명을 멈추게 했다. 또한 1976년 4월에는 화국봉(華國鋒), 섭검영(葉劍英) 등을 부주석과 국무원 총리에 임명해 이들로 하여금 사인방의 지나친 좌경 편향을 견제하게 했다.

　문화 대혁명은 모택동의 혁명 인생에서 가장 중대한 오점으로 평가된다. 하지만 그러한 오류에도 중국 공산당은 사인방 몰락 이후 모택동 사상을 마르크스 · 레닌주의와 함께 사회주의 혁명의 위대한 결정체라고 강조했고, 그것을 지도 사상으로 학습했다.

21

아프리카의 검은 별
알제리 민족 해방 운동

알제리(Algeria), 정확히 말해서 알제리 민주 인민 공화국은 지중해에 접한 자주 독립 국가다. 이 나라는 한반도의 10배가량 되는 영토를 가지고 있지만 대부분 사막과 고원 지대라 2,000만 명에 달하는 인구는 주로 북부 지중해 연안에 몰려 살고 있다. 알제리 하면 흔히 아프리카 대륙 북서부 모퉁이에 위치한 후진국 정도로밖에 상상하지 못할지도 모른다. 그러나 132년간이나 프랑스의 식민지였다가 오로지 자신들의 힘만으로 민족 해방을 달성하고 독립 정부를 수립한 승리의 역사를 안다면, 알제리 민중에게 저절로 고개가 숙여질 것이다.

알제리는 아주 오랜 역사를 갖고 있다. 아틀라스 산맥 북사면에서는 선사 시대부터 베르베르족이 유목 생활을 했다. 그리고 수천 년 전에는 흑인계 주민이 농경과 목축을 하면서 발자취를 남겼다. 그러나 기원전 9세기경 카르타고에 점령되면서 피지배의 역사가 시작된다. 그 피눈물 나는 역사는 기원전 2세기경 로마 제국의 지배로, 7세기경에는 아랍의 지배로 이어졌다. 이때부터 알제리에는 원주민인 베르베르족과 아랍인이 섞여 살게 되었고 이슬람교가 전파되었다.

11~13세기에 알제리는 다시 모로코, 튀니지와 함께 베르베르족 왕조의 지배를 받게 된다. 그 뒤 지배자 집단 내부에 분열이 일어났고, 16세기에 이르러 에스파냐의 침략을 받다가 다시 터키의 통치 아래 놓였다. 터키 제국의 통치는 상당히 오래 지속되었지만, 17세기 들어 오스만투르크 제국이 쇠퇴하기 시작하면서 실제로는 독립국에 가까웠다.

강력한 오스만투르크 제국의 눈치를 보느라 입맛만 다시던 유럽 열강은 19세기에 들어 오스만투르크 제국이 몰락하자 앞 다투어 알제리에 점령의 손길을 뻗쳤다. 알제리가 위치한 지중해 서부 연안은 아프리카와 유럽을 연결하는 역할을 하는 동시에 군사적으로나 무역 기지로 중요한 곳이었기 때문이다. 유럽 열강은 기니 만 연안에 무역 기지를 만들고 활발하게 바닷길을 열면서 해상 무역의 주도권을 놓고 첨예하게 대립했다. 특히 16세기 이래 알제리를 통치해 온 터키인 총독에게 일정한 조세를 바치면서 통상 관계를 유지해 오던 프랑스는 알제리 침략에 가장 적극적이었다.

다시 압제의 역사가 시작되고

알제리 침략의 기회만 노리던 프랑스는 1826년 알제리 총독이 일방적으로 조세를 인상함으로써 예전의 통상 관계를 깨뜨리자 이듬해부터 조세 납부를 거부했고, 이에 맞서 알제리 총독은 프랑스 영사를 폭행했다.

이 사건으로 양국 관계는 완전히 파국을 맞이했다. 알제리 점령 욕구에 들뜬 프랑스는 알제리를 통치하는 터키인과 한판 승부를 벌이기 위해 1830년 육군과 해군 병력 3만 6,000여 명을 이끌고 알제리의 수도 알제 앞바다를 침략했다. 승부는 너무나 싱겁게 끝나고 말았다. 신형 무기로 무장한 프랑스 군은 순식간에 알제리 총독의 군대를 격파해 버리고, 수도 알제를 점령했다. 132년간의 식민지 역사가 시작되는 순간이었다. 프랑스 점령군은 알제리를 보호령으로 삼았다. 당시 지중해 연안에 출몰하던 해적의 침입에서 알제리를 보호한다는, 그럴듯한 명분을 붙인 것이었다. 1840년에는 알제리 전역을 무력으로 점령해 식민지 건설에 박차를 가했다.

침략자는 식민지 침탈 후 알제리의 토지를 약탈했다. 당시 알제리는 일반 국민의 토지 사유 제도가 제대로 정착되어 있지 않았다. 따라서 이전의 침략자인 터키인이 소유한 관구 토지를 제외하면, 나머지는 대부분 군주나 부족민 전체의 것이었다. 프랑스 군은 터키인 소유의 관구 토지는 물론 이슬람 종교 재단의 토지까지 몰수해 자신들의 소유로 삼았다. 알제리에 자본주의적 사유 제도의 씨앗이 뿌려진 셈이다.

프랑스는 또 알제리의 전통 대부족을 해체하고 주민을 이주시켰다. 부족의 독립된 힘을 해체해 저항을 막으려는 것이었다. 각 부족의 주민은 두아르(douar)라는 새로운 단위의 집단으로 재편성되었고, 두아르를 통해서만 토지 소유권이 제한적으로 인정되었다. 부족이 해체되고 부족장의 힘이 약화되어 알제리의 민족 공동체는 위기에 처했다.

식민지 침탈은 거기서 그치지 않았다. 알제리의 전통 문화 또한 뿌리째 뽑혀 나갔다. 침략자들은 이슬람의 관습법이나 코란을 허용한다고 하면서도 온갖 금지법을 만들어 실제로는 종교의 자유를 박탈했다. 조세 불납 금지법, 정치 행동 금지법, 순례 여행 및 대중 집회 금지법, 무단 여행 금지법 등 별의별 관습을 다 금지했다.

프랑스의 식민 지배는 100년이 넘도록 계속되었다. 순진무구한 수천 년의 역사를 이어 내려온 알제리 민중은 잔혹한 압제의 기간 동안 분노의 칼을 갈았고, 곳곳에서 봉기의 싹을 키우고 있었다.

민족주의의 횃불이 타오르다

알제리에서 봉기의 조짐이 보이기 시작한 것은 1920년대 중엽이다. 조짐은 먼저 나라 밖에서 나타났다. 프랑스 군에 소속된 알제리 출신 퇴역 장교, 프랑스에 유학 중인 학생, 해외 취업 노동자 등이 슬픈 조국 알제리를 생각하며 앞장을 서게 된 것이다.

마침내 1924년에 유학생 메살리 하드지(Ahmed Messali Hadj, 1898~1974년) 등을 중심으로 하여 알제리 민족주의를 표방하는 신문이 발간되었고, '북아프리카의 별'이라는 독립 운동 조직이 결성되었다. 메살리 하드지 같은 민족주의자는 신문과 조직을 통해 조국 알제리가 식민지라는 사실을 국민에게 상기시켰다. 그리고 조국의 독립과 프랑스 침략군의 철수, 토지 소유권 반환, 광공업의 국유화 등을 부르짖었다.

이러한 분위기는 사회주의 이념의 전파와 함께 이루어졌다. 특히 메살리 하드지는 조국 알제리에서 사회주의 이념을 실현하기 위해 노력했다. 때마침 프랑스에 인민 전선 내각이 출범했다. 프랑스의 노동자 계급은 부르주아 권력이 저지른 침략의 만행을 정당하지 못한 것으로 보고, 이슬람 국가의 민족주의 운동을 부추겼다. 또 이집트와 터키 등이 알제리의 독립 운동과 민족주의 운동을 지원하도록 다리를 놓았다.

무려 100년 동안 프랑스 식민 통치의 압제를 온몸으로 받으며 견뎌 낸 알제리 국민은 1932년 드디어 민중 봉기의 횃불을 치켜들었다. 그때부터 1947년까지 무려 15년 동안 곳곳에서 크고 작은 봉기가 끊이지 않고 일어났다. 프랑스는 군대를 동원해 무력으로 저항하는 알제리 민중을 무자비하게 탄압했다. 그러나 알제리 민중은 굴하지 않고 저항을 이어 갔다.

민족 해방 운동의 영웅으로 존경받는 알제리의 반(反)프랑스 운동 지도자. 1832년 아미르(이슬람 국가의 왕의 칭호)에 취임해 비(非)이슬람교도인 프랑스의 침략에 대해 지하드(성스러운 전쟁)를 선포하고, 반프랑스 투쟁을 계속했다.

초창기 봉기군 지도자는 아브드 엘 카데르(Abd el Kader)였다. 카데르는 단호하고 냉철한 사고를 가진 사람이었다. 그는 단순히 프랑스 제국주의자뿐 아니라, 과거 역사에서 알제리를 지배해 온 터키인과 그에 협력한 부족장까지도 민중의 적이라고 생각했다. 그야말로 인간 사회 집단의 본질을 정확히 꿰뚫어 본 것이다. 카데르는 이렇게 외쳤다.

"프랑스 제국주의 침략자와 터키는 우리 민중의 적이다. 또한 터키가 지배했을 때 막대한 혜택을 받으며 그들에게 협조한 부족장들도 우리 민중의 편에 설 수 없다."

한편 카데르의 주장에 부족장들은 당연히 비위가 상했다. 그래서 카데르에게 온갖 압력을 행사했다. 그러나 카데르는 뜻을 꺾지 않았고, 민족 독립 운동의 지도자로 자리를 굳혔다. 부족장들은 봉기에 반대하며 프랑스 침략자에게 협조하고 각종 특혜를 받았다. 역설적이게도 이들의 매국 행위는 카데르가 지적한 대로, 그들 스스로 민중의 적임을 입증해 보인 것이었다.

프랑스는 부족장들의 힘이 커지는 것 또한 두려워했다. 그래서 앞잡이로 활용하던 부족장들을 헌신짝처럼 내던져 버리기도 했다. 이렇게 버림 받은 부족장들은 제국주의에 반대하는 봉기를 일으키기도 했는데, 그것은 조국의 독립을 위해서라기보다 자신들의 이해관계를 지키기 위해서였다.

한편 조국으로 돌아온 메살리 하드지도 1937년 PPA(알제리 인민당)를 조직하는 등 열심히 활동했다. 이에 화답하듯 카데르는 오랑 지방에서 맹위를 떨쳤다. 식민지 민중의 봉기를 무척 두려워한 프랑스는 한때 카데르의 세력을 인정하는 듯한 화해의 몸짓을 보이기도 했다. 알제리 민족주의 운동은 점점 열기를 더해 갔다.

그러던 중 1939년 9월 1일, 독일이 폴란드를 침공하면서 제2차 세계 대전이 터졌다. 전 세계에 비상이 걸렸다. 따라서 알제리 민족주의 운동도 잠시 주춤할 수밖에 없었다. 메살리 하드지가 이끄는 알제리 인민당은 지하로 잠적했고, 그 밖의 모든 평화적 민족주의 운동도 활동을 멈출 수밖에 없었다. 인류 역사상 가장 규모가 컸던 이 전쟁은 1945년까지 계속되었다. 전 세계가 전장이었다. 알제리도 전쟁의 소용돌이에서 자유롭지 못했다. 1942년 12월, 알제리에 연합군이 상륙했다. 하지만 연합국 소속이던 프랑스가 독일에 패하자 알제리에 대한 지배력은 오히려 느슨해지고 있었다.

민족 해방 전쟁의 시작

그 상황을 틈타 아바스(Ferhat Abbas, 1899~1985년) 등의 알제리 민족주의자는 보통 선거를 실시해 의회를 구성하게 해 달라고 프랑스 정부와 연합군 사령부에 요구했다. 그러나 프랑스 측은 이 요구를 무시해 버렸다. 그러자 1943년, 아바스는 '알제리 인민 선언'을 발표했다. 그 내용은 이런 것이었다.

"알제리를 독립국으로 창설함과 동시에 튀니지, 모로코와 더불어 북아프리카 연방을 설치한다. …… 또한 아랍어를 알제리의 공용어로 사용한다……"

그러나 프랑스 국민 해방 위원회는 그 선언 역시 거부했다. 그러자 아바스 등의 민족주의자는 한 발 물러나 AML(자유 선언 동지회)을 조직하고 프랑스 연방을 인정하는 형태의 알제리 자치 공화국 창설을 제의했다. 그러나 프랑스는 이 제의마저 외면했을 뿐 아니라 오히려 AML을 해체하라고 강요하며 이들을 탄압했다.

아바스는 법에 의한 평화 운동의 한계를 절감했다. 제국주의의 본질을 깨달은 것이다. 그리하여 마침내 전쟁을 선언했다.

이즈음 노동자 사이에는 무장 투쟁을 주장하는 기운이 감돌고 있었다. 1947년, 지하에 숨어 있던 PPA가 MTLD(민주 자유 승리 운동)라는 무장 조직으로 발전하여 준군사 활동을 시작하는 한편, MTLD 내에 특수 조직 OS를 만들어 비밀 테러 활동을 벌였다. OS에 속하는 패기만만한 20대 청년들은 제국주의자의 침략을 물리치기 위해서는 무력을 사용할 수밖에 없다고 믿었다.

OS는 크고 작은 테러 활동을 벌이다가 마침내 오랑 시 우체국을 공격해 300만 프랑을 탈취했다. 이 사건으로 OS의 지도자 벤 벨라(Ahmed Ben Bella)가 투옥됐고, 1952년에 출옥해 카이로로 망명했다. 그리고 또 다른 지도자 무하마드 키히데르 역시 외국으로 탈출했다.

두 지도자를 잃은 뒤 OS 활동은 잠시 침체되었다. 그러나 1954년 OS의 주요 지도자 4명이 중심이 되어 MTLD를 활성화했으며, 이들은 해외에 망명 중인 지도자를 모아 1954년 3월 CRUA(통일 행동 혁명 위원회)를 결성했다. 그리고 7월에는 합동 회의를 열었다. 이 회의에서 알제리 혁명의 지도 노선과 유격 부대 및 지하 단체의 재정비를 논의했다. 이어서 10월에는 제2차 회의를 열어 CRUA의 명칭을 FLN(민족 해방 전선)으로 바꾸었다.

FLN이 결성된 후 알제리 민중의 민족 해방 운동은 이제 무장 투쟁의 단계로 접어들었고, 그 징표는 여실히 나타났다. FLN이 탄생한 지 겨우 20일 뒤인 10월 31일 밤, 오레스 산을 근거지로 하여 최초의 무장 봉기가 일어났다. 엽총 500여 자루로 무장한 3,000여 민족 해방군은 30여 곳에서 침략자의 병영과 경찰서, 검문소, 소방서 등을 공격했다. 주로 무기가 보관된 곳이었다.

여러 지역에서 싸움이 벌어졌다. 그러나 민족 해방군은 오레스 산 지역에 제1군사 지구를 배치하고 여러 지역에서 치고 빠지는 전술을 구사했다. 오레스 산은 해방 전쟁의 기지가 되었다. 그 일대는 베르베르어를 사용하는 부족이 살고 있었는데, 이들은 프랑스 지배 아래 있는 중앙 정부에 유독 반감을 가진 채 민족 해방군을 지원했다.

하지만 FLN의 무장 투쟁은 내부 분열로 위기를 맞기도 했다. 민족 해방 운동에 대한 각 조직이 처한 상황과 방법이 달랐기 때문이었다. 특히 유일한 대중 정당인 PPA가 FLN에 대한 지지파와 반대파로 나뉜 것도 심각한 위기였다. PPA의 창립자이자 지도자인 메살리 하드지는 FLN의 혁명 노선을 공공연하게 비판했다. 이런 분열 때문에 FLN은 대중 동원과 물자 보급에 어려움을 겪었다.

알제리 공화국 수립과 민족 해방 전쟁의 위기

어려움 속에서도 투쟁의 고삐를 늦추지 않던 FLN은 프랑스가 베트남 등지의 인도차이나에서 패배한 것을 계기로 다시 자신감을 얻었다. 그리하여 1956년에는 투쟁 노선에 서로 다른 의견을 보이던 알제리의 모든 민족 해방 조직과 정당이 FLN에 참여했다. 군사 지구는 6개로 늘어났고 병력도 부쩍 늘었다. 민족 해방 전사가 약 8,500명, 보조 병력이 2만 1,000여 명이었고, 각 지역의 게릴라, 사보타지 요원, 테러리스트까지 합하면 그 수는 수만 명에 이르렀다.

당시 5만여 병력만으로는 알제리 식민 지배가 어렵다고 판단한 프랑스는 프랑스 본토와 프랑스령 서아프리카 제국에서 병력을 모집해 무려 20만에 달하는 증원군을 알제리로 보냈다. 그리하여 1956년 4월부터 프랑스의 25만 대군이 알제리 전역을 휩쓸었다. 인구가 밀집한 도시는 다수의 병력을 배치해 장악하고 산악 지대에는 공수 부대 요원을 별도로 투입했다. 또한 그 유명한 외인 부대를 동원해 수색을 맡겼다. 흔히 영화나 만화에서 흥미진진한 영웅담으로 등장하는 외인 부대는 사실 식민지 민중을 총칼로 위협한 용병들이었다.

엄청난 군사력을 동원해 알제리 민족 해방군을 섬멸하려던 프랑스의 작전은 큰 효과를 거두지 못했다. 산악 지역에서 활동의 제약을 받아 잠시 주춤거리던 민족 해방군은 프랑스 군의 허를 찌르는 게릴라 공격을 감행했다. 모든 도시에서 동시 다발로 공격하는 등 1956년 12월에만 무려 120건에 달하는 테러 활동을 벌였다.

그러나 1957년, 알제리 민족 해방 전쟁에 위기가 닥쳤다. 그해 2월부터 10월 사이에 마수 장군이 이끄는 프랑스 공수 부대가 알제리 테러 조직의 거점을 파괴한 것이다. 프랑스의 대대적인 공격과 학살이 시작되었다. 국내에서 더 이상 발붙일 곳이 없게 된 이들은 결국 인접 국가인 모로코와 튀니지로 향했다. 이미 1년 전에 독립을 쟁취한 이들 두 나라는 자국 내에 알제리 민족 해방군이 기지를 설치할 수 있도록 허락했고, 신병도 새로 모을 수 있도록 도왔다. 이에 프랑스는 모로코 국경에 삼엄한 경비 태세를 갖추고 감시를 강화했다.

1958년에 이르러 민족 해방군에 대한 경계가 더욱 강화되었다. 활동이 제한된 민족 해방군은 무장 봉기 초기의 소규모 전술로 후퇴할 수밖에 없었다. 그러나 프랑스 제국주의자의 물리력에도 한계가 있었다. 전쟁에 동원된 인명과 국력의 손실은 물론, 나날이 늘어나는 군사비를 감당할 수 없었던 것이다. 제2차 세계 대전에 패배한 후유증에다가 인도차이나 반도 식민지 전쟁의 패배 등으로 고전을 면치 못하던 프랑스에서는, 제4공화국이 무너지고 드골 장군이 이끄는 제5공화국이 등장했다.

알제리의 FLN은 프랑스의 힘이 약화된 틈을 타서 1958년 9월 19일 알제리 공화국을 선포하고, 이집트 카이로에 임시 정부를 수립했다. 그리고 아랍 제국과 아시아, 아프리카와 여러 사회주의 국가의 승인을 받아 독립 투쟁을 더욱 강화했다.

한편 알제리 민족 해방군은 결정적인 반격의 기회를 노렸다. 이러한 분위기를 간파한 프랑스는 미국과 손을 잡고 북대서양 조약 기구의 원조를 받으며 현대식 무기로 무장한 60만 병력과 경찰 20만 명을 알제리에 투입하고, 전쟁 비용으로 83억 달러를 지출했다. 일개 식민지의 민족 해방군을 격파하기 위해 세계 역사에서도 그 유례가 드문 가공할 만한 규모의 병력을 투입한 것이다. 이 전쟁에 미국은 42억 달러의 군사 원조를 했고, 군 장비의 75%를 지원했다. 게다가 서독(독일 서부 지역에 있던 연방 공화국. 1990년 동독과 통합해 독일 연방 공화국을 이루었음)에서도 3만 5,000명가량의 용병을 파견했다. 프랑스, 미국, 독일 등 세계 초유의 강대국 세 나라가 북아프리카에 붙어 있는 식민지 국가 알제리에 포문을 집중한 것이다.

알제리 민중의 위대한 승리

　'벼룩 한 마리 잡기 위해 초가삼간을 태우는' 식의 무지막지한 군사 공격이었다. 그런데 초가삼간이 다 타도 벼룩은 살아났다. 알제리 민족 해방군은 자체 충당한 군사력과 세계 평화를 애호하는 민중의 지원으로 제국주의 침략자에게 큰 타격을 입혔다. 그와 동시에 해방구에서는 임시 정부의 지방 행정 기관을 조직하고 제도 개혁을 실시했다.

　1961년, 알제리 FLN은 대대적인 공세를 퍼부었다. 침략군에 대한 포위 작전이 전개된 것이다. 이 싸움은 알제리 민족 해방 전쟁의 마지막 전투가 되었다. 드디어 민족 해방군은 큰 승리를 거두었고, 프랑스군은 회생 불능의 타격을 입었다.

마침내 프랑스의 드골 대통령은 1961년 11월, 알제리의 자결권 및 정부 수립에 관한 국민 투표를 수락했다. 이어서 1962년 3월 18일에는 벤 헤다(Yusūf Ben Kheddha)의 임시 행정부를 인정했으며, 에비앙에서 알제리 공화국 임시 정부와 휴전 협정을 맺음으로써 사실상 알제리의 독립을 승인했다.

알제리에서 참패한 점령군은 패잔병이 되어 철수했다. 이때 미국의 손길이 알제리를 향해 뻗쳐 왔다. 그들은 자신들을 알제리 민중의 벗으로 가장하고 원조라는 허울 좋은 명분을 앞세워 친미 예속 정권을 조작

1830년 식민 통치가 시작된 이래 기나긴 투쟁 끝에, 마침내 1962년 알제리 민중은 독립의 깃발을 들 수 있었다.

하려 했다. 그러나 식민주의자의 음모를 일찍부터 몸으로 느껴 온 알제리 민중은 미국의 침략 음모를 적극적으로 막아 냈다.

1962년 7월 5일, 알제리는 국민 투표를 거쳐 독립을 선포했다. 이어서 9월 25일에는 오늘날의 국가 형태인 알제리 민주 인민 공화국을 수립했다. 이로써 8년간의 민족 해방 전쟁에서 승리하고, 132년 동안 계속된 제국주의 식민지를 청산했다.

1963년에는 최초로 대통령 선거가 실시되었고, 이 선거에서 벤 벨라 수상이 초대 대통령으로 선출되었다. 대통령에 취임한 벨라는 범아프리카 운동, 아시아 · 아프리카 · 라틴 아메리카의 반식민주의 운동의 지도자로 활발한 활동을 벌였다. 그러나 벨라 대통령은 임기를 채우지 못한 채, 1965년 6월 19일 부통령이던 부메디엔 대령의 쿠데타로 실각하고 만다.

22

카리브 해의 외로운 섬
쿠바 혁명

빼어난 경관, 온화한 기후, 농사에 적당한 토질 그리고 니켈, 철, 크롬, 망간 등 풍부한 지하자원을 가진 기름진 땅 쿠바는 카리브 해에 올망졸망 떠 있는 서인도 제도 1,600여 개 섬 가운데 최고의 섬이다.

쿠바는 1492년 10월 28일, 콜럼버스가 발견하면서 세계사에 등장했다. 대서양을 가로지른 오랜 항해 끝에 쿠바를 발견한 콜럼버스는 아름다운 섬의 모습에 벌어진 입을 다물지 못하고 감탄사를 연발했다. 쿠바에는 원주민 수만 명이 논밭을 일구며 평화롭게 살고 있었다. 그러나 1511년, 침략자 에스파냐에 강제 점령되어 쿠바 원주민들은 불행한 문명 시대를 맞이하게 되었다.

에스파냐는 해상 교통의 요지인 쿠바를 식민지(총독령)로 만들고 아메리카 신대륙 경영의 기지로 삼았다. 또한 태고의 순수성을 간직한 채 농경 생활을 하던 원주민 5만여 명을 사금 채취장과 농장으로 몰아넣었다. 혹독한 노동과 착취를 견디다 못한 원주민들은 1528년 에스파냐 지배자들을 상대로 저항 운동을 일으켰으나, 실패해 대부분 처형되었다. 게다가 1530년에는 악성 유행병까지 번져 원주민들은 거의 전멸

지경에 이르고 말았다.

　노동력을 상실한 에스파냐 침략자들은 궁여지책으로 아프리카에서 흑인 노예를 수입하기 시작했다. 19세기까지 쿠바에 수입된 흑인 노예는 무려 100만 명에 이르는데, 이들은 담배나 사탕수수 재배 농장에 투입되어 에스파냐에 엄청난 이윤을 남겨 주었다.

젊은 혁명가 호세 마르티

　혹독한 강제 노동에 시달리던 흑인 노예들은 17~18세기에 들어와 여러 차례 저항을 일으키며 노예 해방을 요구했다. 그러나 에스파냐 군대의 가혹한 탄압으로 그 꿈을 이루지 못했다. 결국 흑인 노예 그리고 이들과 백인 사이에 태어난 혼혈인은 19세기 말까지 줄곧 쿠바의 기층 민중으로 에스파냐 제국주의에 착취당하게 되었다.

　당시 에스파냐는 쿠바 외에도 라틴 아메리카 각지에 많은 식민지를 거느리고 있었다. 19세기 초 라틴 아메리카의 여러 식민지에서 에스파냐에 저항하는 독립 운동이 활발하게 일어났다. 1811년에는 멕시코 독립 운동이 시작되었고 미란다, 베네수엘라, 파라과이 등 중남미 여러 국가에서도 독립 운동이 펼쳐졌다.

　쿠바에도 독립 운동의 바람이 불어 왔다. 그리하여 1812년에는 아폰테의 지도 아래 흑인들이 대규모 봉기를 일으켜 독립과 노예 제도 폐지, 농민 혹사 금지를 요구했다. 나아가 1868년에는 최초로 무장 봉기가 일어났고, 그 후 10년 동안 독립 전쟁이 이어졌다. 이를 제1차 독립 전쟁이라 부른다.

쿠바 민중의 독립 운동을 두려운 눈으로 바라보던 에스파냐 지배자들은 한발 물러섰다. 그리하여 공화제 헌법을 공포하고 정치 · 경제 개혁과 노예 해방을 약속한 '산혼 조약'을 체결함으로써 전쟁을 일단 종결했다. 하지만 독립 전쟁의 열기가 수그러들자 에스파냐는 약속 이행을 차일피일 미루다가 결국은 산혼 조약을 헌신짝처럼 날려 버렸다.

쿠바 민중은 다시 봉기했다. 1895년에 호세 마르티 (José Julián Martí, 1853~1895년)를 중심으로 제2차 독립 전쟁이 시작되었다. 호세 마르티는 16세의 어린 나이에 독립 전쟁에 몸을 던졌고 17세에 투옥돼 6년 동안 감옥살이를 한 뒤 식민지 본토 에스파냐로 추방된 젊은 전사였다. 그는 추방당한 기간 동안에 마드리드 대학을 졸업하고, 다시 중남미로 돌아와 1892년에 쿠바 혁명당을 세웠다.

쿠바 해방을 위해 에스파냐에 대항해 싸우다 목숨을 잃은 쿠바 독립 운동의 상징적 인물. 라틴 아메리카에서 그의 이름은 자유를 상징하게 되었다. 한편 그는 작가이기도 한데, 라틴 아메리카의 독립과 통일을 주제로 한 진실된 시와 신문으로 유명하다.

호세 마르티는 독립, 자유, 평등의 중요성을 역설했다.

"특정한 인종이라는 이유로 특권을 누릴 수는 없습니다. 인간의 권리는 모든 사람의 것입니다. 우리가 수립해야 할 국가는 만인을 위한 만인의 국가이어야 합니다. 이것이 쿠바 공화국입니다."

호세 마르티의 혁명 사상은 민중의 가슴속에 파고들었다. 그리고 수 많은 민중이 혁명군의 대오에 뛰어들었다.

1895년 7월, 마침내 호세 마르티가 이끄는 쿠바 혁명군은 독립을 쟁취하고 쿠바 공화국을 수립했다. 그러나 이때 혁명군을 이끌고 쿠바로 들어오던 그는 제국주의 군대의 총탄에 쓰러지고 말았다. 그의 나이 42 세였다. 마르티가 죽자 에스파냐는 쿠바의 독립 운동에 대대적인 탄압을 가했다. 봉기 용의자로 보이는 사람은 닥치는 대로 잡아들이거나 처형했고, 독립 운동에 가담할 가능성이 조금이라도 있는 사람들까지 무더기로 체포해 집단 수용소에 가두었다.

새로운 지배자, 미국과 친미 군사 독재의 등장

1898년 2월 15일, 아바나 항구에 정박 중이던 미국의 6,000톤급 전함 메인호에서 갑자기 천지를 뒤흔드는 폭음과 함께 불길이 치솟았다. 연달아 또 한 차례 폭음이 울렸고 거대한 메인호는 서서히 가라앉았다. 그와 함께 미국인 장교 2명과 사병 258명도 물 밑으로 잠겨 버렸다.

메인호는 쿠바에서 설탕이나 담배 농장 또는 큰 광산을 경영하는 미국인의 생명과 재산을 보호할 목적으로 미국 정부에서 파견한 전함이었다. 미국 정부는 즉시 사고 원인을 조사했으나, 이미 부서진 채 물 속에 잠겨 버린 상태라 명확한 사고 원인을 밝혀 낼 수가 없었다. 그러나 미국 신문들은 그 사고가 에스파냐의 음모에 의한 것이라는 추측 기사를 내보내 미국인의 감정을 부추겼다.

미국에서는 에스파냐와 전쟁을 치러야 한다는 목소리가 점점 높아 갔다. 그럴듯한 전쟁 명분도 제시되었다. 미국은 일찍이 독립을 쟁취한 나라로서 쿠바 공화국의 독립을 지원해야 한다는 것이었다. 한편 쿠바를 합병해야 한다는 주장도 제기되었다. 1898년 4월, 마침내 미국 정부는 에스파냐에 최후 통첩을 보냈다. 쿠바에서 군대를 철수할 것과 쿠바의 독립을 보장하라는 내용이었다.

막다른 골목에 몰린 에스파냐는 미국에 선전 포고를 했다. 미국은 기다렸다는 듯이 군대를 출동시켰고, 전쟁은 4개월 만에 미국의 압도적인 승리로 끝났다. 1899년, 무려 400년 가까이 계속된 에스파냐의 쿠바 통치가 막을 내린 것이다.

이로써 쿠바는 독립을 쟁취하는 듯 보였다. 그러나 에스파냐 군대가 물러나자마자 미국은 속마음을 드러냈다. 그 후 3년간 미국은 쿠바에 군대를 보내 군정(軍政)을 실시했다. 더불어 1901년에는 껍데기뿐인 공화제 헌법을 제정하면서 미국의 내정 간섭과 군사 기지 설치를 인정하는 조항을 추가했다. 그리하여 관타나모 만 등에 미국의 해군 기지가 설치되었고, 쿠바는 미국의 반(半)식민지로 전락하고 말았다.

1902년, 미군정이 끝나고 에스트라다 팔마(Tomás Estrada Palma, 1835~1908년)를 수반으로 한 공화제 정부가 수립되었다. 그러나 이때는 이미 미국 자본이 쿠바 경제를 지배하고 있었다. 또한 새로운 공화제 정부는 고메스, 가르시아, 사야스, 마차도, 바티스타 등으로 이어지는 부패한 독재자의 손아귀에서 놀아났다.

1912년, 미국의 음모와 독재 정권의 횡포를 보다 못한 아프리카계 쿠바인이 봉기를 일으켰다. 그러나 무력 진압으로 봉기군 3,000여 명이 살해됐다. 그렇게 야만적인 시대가 이어졌다. 특히 미국의 지지로 권력을 장악한 마차도 정권을 1933년 쿠데타로 전복한 바티스타는 속임수와 테러를 통해 권력을 유지한 인물로 악명이 높았다.

혁명의 지도자, 피델 카스트로

피델 카스트로(Fidel Castro)는 오리엔테 주 마야리의 제법 부유한 사탕수수 농장주의 아들로 태어나 어려움 없이 자랐다. 아바나의 벨렌 예수회 고등학교에 진학한 그는 훤칠한 키에 잘생긴 얼굴, 우수한 학업 성적, 게다가 농구와 야구 선수로 활약하는 등 못 하는 게 없는 팔방미인이었다. 화려한 고교 시절을 마치고 전체 3등으로 졸업한 그는 아바나 대학 법과에 진학하면서 현실에 눈을 떴다. 바티스타, 마르틴 등의 친미 독재 정권에 분노를 느낀 카스트로는 망설임 없이 학생 운동 대열에 뛰어들었다.

학생 시절 카스트로는 미국의 예속에 반대하며 사회 정의와 개혁 등을 내세운 정통 정당 치바스와 쿠바 독립의 선구자 호세 마르티의 영향을 강하게 받았다. 이미 1925년에 쿠바 공산당이 창설되어 반미·반독재 투쟁을 벌이고 있었지만, 쿠바 공산당은 극좌 노선을 걷고 있었으므로 대중의 지지를 넓게 받지는 못했다. 카스트로와 같은 진보파 학생들도 공산당을 적극 지지하지는 않았다.

1945년 대학을 졸업한 카스트로는 변호사가 되었다. 바티스타 독재 정권 아래서 그는 노동자, 농민, 정치범을 변론하기 위해 바쁘게 뛰어다녔다. 또한 해박한 혁명 이론가이자 뛰어난 선동가로 명성을 날렸다. 공산주의자도 그의 능력을 인정할 정도였다.

1952년, 바티스타의 임기가 끝나 6월에 대통령 선거가 실시될 예정이었다. 그러나 정권 연장을 노린 바티스타는 선거를 치르기 전인 3월

1952년 아바나의 시위 행렬. 바티스타의 쿠데타에 카스트로와 같은 청년 운동가와 학생들은 격렬하게 저항했다.

에 군사 쿠데타를 일으켜 선거를 무산시키고 말았다. 공정한 선거를 치르면 당선될 가능성이 희박하다고 판단한 것이었다.

피 끓는 청년 운동가 카스트로는 바티스타의 쿠데타에 울분을 참지 못하고 '바티스타의 권력 탈취에 대한 선언'을 발표했다. 그리고 바티스타 정권의 불법성을 낱낱이 파헤쳐 헌법 재판소에 고발했다. 마침내 아바나 법정에서 재판이 열렸다. 카스트로는 격정적인 목소리로 바티스타의 불법을 고발했다.

"쿠바에 법이 존재한다면 마땅히 바티스타를 처벌해야 할 것입니다. 만일 그가 처벌되지 않으면…… 그의 압제로 인해 법정의 존재도 없어지게 될 것입니다. 법에 따라서 쿠바를 도탄에 빠뜨린 바티스타를 총 108년의 징역형에 처할 것을 주장합니다."

카스트로의 주장에 재판관은 코웃음을 치며 항소를 기각했다.

쿠바 민중을 일깨운 몬카다 병영 습격 사건

바티스타 고발 사건을 겪으면서 카스트로는 '말보다는 주먹이, 법보다는 혁명이 필요하다.'는 사실을 깨달았다. 그 무렵 쿠바 공산주의자는 당시의 상황을 평가하면서 혁명의 시기가 무르익었느냐, 아니냐 하는 문제로 옥신각신 다투고 있었다.

그들이 싸우는 동안 피델 카스트로는 바티스타 친미 정권을 무너뜨리기 위한 혁명을 준비했다. 우선 젊은 학생이나 대학을 갓 졸업한 이들 중에서 동지를 모았다. 남자 200여 명과 여자 2명이 카스트로를 따랐다. 이들은 무장을 준비했다. 그러나 무기를 얻을 수 있는 방법은 병영 무기고를 터는 수밖에 없었다. 목표는 몬카다 병영이었다. 피델의 고향 산티아고 부근에 있는 몬카다 병영에는 쿠바에서 두 번째로 큰 무기고가 있었으며 1,000여 명의 병사가 주둔하고 있었다.

카스트로는 병영에 보관된 기관총과 탱크, 총, 탄약 등을 탈취해 무장한 뒤 라디오 중계소를 점령할 계획이었다. 그리하여 쿠바 민중을 반독재 투쟁에 참여하도록 선동해 혁명을 촉발하고자 한 것이다. 1953년 7월 26일, 카스트로와 그의 동지들은 계획대로 병영을 기습했다. 그러나 무기를 손에 넣기도 전에 경비병의 기관총이 불을 뿜었다. 공격대원 중 절반 가까이 사살되거나 체포되고 말았다.

첫 무장 계획은 깨끗이 실패하고 말았다. '7·26 운동'이라 하여 훗날 쿠바 민중의 가슴에 혁명의 전설처럼 각인된 몬카다 병영 습격 사건은 이렇게 허망하게 끝을 맺었고, 피델은 동지들과 함께 체포되었다. 정부 당국은 비공개 재판으로 신속하게 이 사건을 처리하려고 했다. 그러나 카스트로는 정식 재판을 강력하게 요구했다. 쿠바 민중에게 자신들의 의지를 알릴 수 있는 좋은 기회라고 생각한 것이다.

결국 재판이 열렸고, 카스트로와 그의 동지들은 법정 투쟁을 벌였다. 카스트로는 최후 진술에서 장장 다섯 시간에 걸쳐 열변을 토했다. 그가 진술하는 동안 법정 안에는 숙연한 분위기가 감돌았다.

"우리는 호세 마르티의 이념에 따라 쿠바의 진정한 독립을 위해서 일어섰습니다. 대통령이 범죄자요, 약탈자인 이 공화국에서 정직한 인간은 감옥에 갇히거나 죽을 수밖에 없습니다. 나에게 유죄 판결을 내려도 좋습니다. 그것은 전혀 중요하지 않습니다. 역사가 나를 무죄로 할 것이기 때문입니다."

'몬카다 병영 습격 사건'으로 체포된 후 1953년 10월 법정에 선 카스트로. "역사가 나를 무죄로 할 것이다."라는 유명한 말을 남겼다.

법정은 일반 가담자에게는 징역 15년, 주동자인 카스트로에게는 19년간 강제 노역을 선고했다.

7·26 운동은 쿠바 민중에게 하나의 충격이었다. 쿠바 민중은 피델 카스트로를 비롯한 젊은 혁명가들의 용기에 찬사를 보내며 반(反)바티스타 투쟁 전선에 적극 참여했다. 민중은 또한 유형의 섬에 갇힌 카스트로와 그 동지들의 석방을 요구하는 대대적인 투쟁을 벌여 나갔다. 때마침 독재자 바티스타는 차기 대통령 선거를 앞두고 야당과 정치 협상을 벌이던 터여서, 정치범 석방을 요구하는 민중의 압력에 큰 부담을 느꼈다. 마침내 바티스타는 야당 측과 절충하여 정치범을 특별 사면하기로 결정했다.

1955년 5월 15일, 카스트로와 동지들은 유형의 섬에서 풀려났다. 아바나로 돌아오는 그들을 수많은 시민이 뜨겁게 환영했다. 학생들은

쿠바의 국가를 부르며 아바나 역에서 플랫폼까지 카스트로를 어깨에
태워 행진했다.

체 게바라와 카스트로의 운명적인 만남

2년 가까운 옥살이로 쌓인 피로를 풀 겨를도 없이, 카스트로는 곧바
로 반독재 투쟁 현장으로 뛰어들었다. 그리고 오직 무장 투쟁만이 독재
타도와 민주주의 혁명을 성공으로 이끌 수 있다고 생각했다. 그러나 무
장 투쟁에는 많은 준비가 필요했다. 무엇보다도 무기를 구해야 했고,
무장 조직을 이끌 막대한 자금도 있어야 했다. 그러한 모든 문제를 해
결하기 위해 카스트로는 조국을 떠나기로 결심했다.

출옥한 지 두 달 만인 1955년 7월, 카스트로는 동지들과 함께 쿠바
를 떠났다. 그리고 멕시코, 미국, 중남미 등을 유랑하며 쿠바 혁명의 대
의를 선전하고 자금과 무기를 확보했다. 그 결과 5만 달러의 자금을 모
을 수 있었다. 한편 그 기간에 아르헨티나 출신 혁명가 체 게바라(Che
Guevara, 1928~1967년)를 만난 일은 커다란 성과였다. 오늘날 세계의 젊
은이들에게 혁명가의 우상으로 추앙받는 체 게바라를 만난 것이야말로
이후 카스트로의 혁명 여정에 결정적인 영향을 미치게 되었다. 체 게바
라의 삶을 빼고는 쿠바 혁명을 논할 수 없으니, 잠시 체 게바라의 지나
온 삶을 더듬어 보기로 한다.

게바라는 아르헨티나의 로사리오에서 태어났다. 본명은 에르네스토 게바라 데 라 세르나. 귀족의 후손인 아버지와 군인 집안 출신인 어머니 사이에서 태어난 게바라는 자유롭고 활달한 성격이었다. 탐험과 여행을 무척이나 좋아해서 이미 17세 때부터 남미 대륙을 휩쓸고 다녔다.

1947년 부에노스아이레스 대학 의학부에 입학한 뒤에도 게바라는 기회만 있으면 여행을 떠났다. 대학을 졸업한 게바라는 의사가 되었다. 하지만 의사가 된 지 두 달 만에 가운을 벗어 던지고 아르헨티나를 떠났다. 그는 새로운 정권이 수립된 볼리비아에서 변호사 리카르도 로호와 만났고, 페론(Juan Domingo Perón, 1895~1974년) 정권을 반대하다 추방된 로호의 영향으로 혁명 이념에 눈뜨기 시작했다.

게바라의 발길은 중남미의 작은 나라 과테말라로 향했다. 1954년 자유주의 좌파인 하코보 아르벤즈가 선거에서 승리해 대통령이 된 과테말라는 미국 기업의 토지를 국유화하는 등 혁신적인 정책을 펴고

아르헨티나의 군인이자 정치가. 대통령에 취임한 후 사회 보장 정책과 고임금 정책을 폈으나, 강한 독재 성향 때문에 1955년 군사 쿠데타로 실각했다. 1973년에 다시 대통령이 되었으나 심장병으로 급사했다.

있었다. '민중은 물질적으로 굶주렸을 뿐 아니라, 인간의 존엄성에 더욱 굶주려 있다.'는 아르벤즈의 사상에 경외심을 느낀 게바라는 의사라는 자신의 능력을 이곳에서 봉사하기로 마음먹었다.

그러나 미국의 자금 원조를 받은 우익 망명자 호세 카스티요 아르마가 쿠데타를 일으켜 아르벤즈 정부를 전복하고 말았다. CIA의 조종을

받는 이 정권에 분노를 느낀 게바라는 해방 투쟁에 직접 뛰어들어 레지스탕스 조직에 가담했다. 그러나 CIA의 사주를 받은 과테말라 정부 재판부는 게바라를 사형에 처할 것을 결정했다. 더 이상 활동이 불가능해진 게바라는 1954년 9월, 과테말라인 친구 엘 파토호와 함께 멕시코의 수도 멕시코시티로 떠났다.

체 게바라와 카스트로. 그들은 새로운 세상을 향해 나아가는 혁명 동지요, 영원한 친구였다.

멕시코시티에서 게바라와 파토호는 극도로 비참한 생활을 하며 마르크스주의 혁명 이론과 각국의 민족 해방 투쟁 전술을 두루 섭렵했다. 굶주림과 억압 그리고 독서를 통해 게바라는 철저한 급진주의자로 변해 갔다. 그리하여 이듬해인 1955년 여름, 멕시코로 건너온 피델 카스트로 일행과 운명적인 만남을 갖게 된 것이다.

피델 카스트로와 체 게바라. 이 걸출한 두 혁명가는 밤을 지새워 토론을 했다. 그리고 그날 밤 게바라는 쿠바 혁명 부대의 전속 의사가 되기로 결정했다. 볼리비아와 과테말라 등지에서 잔인하게 숨통을 죄어 오던 제국주의의 실체를 본 게바라는 압제자에 대항하는 혁명이라면 기꺼이 한 몸을 바치리라 마음먹은 터였다.

목숨을 건 그란마호 상륙 작전

피델을 비롯한 7 · 26 운동 전사들은 체 게바라와 함께 1년 남짓 게릴라 훈련을 받으며 바티스타에 대항할 철저한 준비를 했다. 훈련은 알베르토 베이요(Alberto Bayo) 대령이 맡았다. 쿠바인으로 에스파냐 마드리드 사관 학교 출신인 알베르토는 63세의 노인이었으나, 일찍이 에스파냐 외인 부대 대장으로 여러 전투에 참가하여 게릴라전 경험을 쌓은 사람이었다.

훈련이 끝날 무렵, 이들은 카리브 해를 건너 자신들을 무사히 쿠바까지 실어다 줄 튼튼한 배를 구했다. 그리하여 베라크루스 주의 작은 항구에 정박해 있던 낡은 배 한 척을 찾아냈는데, 그 배의 이름은 '그란마호'였다. 1939년에 건조된 그란마호는 거의 모든 부분을 수리해야 할 만큼 고물이었다. 크기도 작아서 고작 20명이 겨우 탈 수 있을 정도였다.

그란마호는 1956년 11월 25일 일요일, 동이 틀 무렵 닻을 올렸다. 정원의 네 배가 넘는 82명이 승선했고 거기에 연료, 무기, 전투복, 식량

비정규군이 정규군을 상대로 소규모 싸움을 벌이는 전투 형식. 유격전이라고도 한다. 게릴라는 정규 복장을 착용하지 않고 약식 무기와 장비를 사용하며, 공식 보급선이 없고 고도로 변칙적인 전술을 쓴다.

까지 더해졌으니 배는 출발하자마자 위태롭게 흔들렸다. 더구나 항해 도중 미국이나 멕시코 경찰에 발각되지 않으려면 길고 비효율적인 항로를 선택할 수밖에 없었다. 언제 뒤집힐지도 모르는 배 안에서 혁명가들은 모두 심하게 뱃멀미를 했다. 식량도 충분치 않은 터에 연료마저 떨어져 결국 항로를 잃고 말았다.

상륙 목표 지점 해안에서 2km가량 떨어진 곳에서 배는 산호초에 걸려 좌초하고 말았다. 탑승자는 모두 바다에 뛰어들어 수영으로 간신히 육지에 닿을 수 있었다. 그러나 날카롭게 부서진 조개껍데기와 바늘처럼 돋아난 나무뿌리로 뒤덮인 갯벌을 지나는 것도 쉬운 일이 아니었다. 발을 옮길 때마다 미끄러지기 일쑤인 데다 몰려드는 파리 모기 떼와 싸우느라 세 시간이나 걸려서 간신히 단단한 땅을 밟을 수 있었다.

그러나 늪지대를 막 벗어나자마자 귀청을 때리는 폭음이 들려왔다. 바티스타의 군대와 비행기가 그들이 상륙한 것을 발견하고 폭격을 개시한 것이었다. 혁명대원들은 뿔뿔이 흩어져 도주했고, 일부는 사탕수수밭에 숨었다. 바티스타 군 140여 명은 사탕수수밭을 포위하고 공격을 퍼부었다. 이 전투에서 세 사람이 전사하고 게바라를 포함해 다수가 부상을 입었다.

바티스타 군의 공격으로 혁명 전사들은 대부분 살해되거나 체포되었다. 끝까지 살아남은 사람은 모두 12명에 지나지 않았다. 쿠바에 발붙이는 일 자체가 대단히 위험한 작전이었던 것이다.

살아남은 12명의 전사는 오리엔테 주의 시에라마에스트라 산악 지대로 들어가 본격적인 무장 게릴라 투쟁을 시작했다. 시에라마에스트라 산악 지대는 게릴라 투쟁의 근거지가 될 수 있는 유리한 조건을 가지고 있었다. 우선 오리엔테 주는 수도 아바나에서 멀리 떨어져 있었고, 험준한 산악 지대여서 숨어 있기에 좋았다. 게다가 전설의 독립 운동가 호세 마르티와 고메스 장군이 활동하던 유서 깊은 고장이었으며, 주민 대부분이 사탕수수 농장에 속박된 농업 노동자였다. 따라서 농지 개혁과 반제 · 반독재 운동을 펼치기에 적격인 곳이었다.

몬카다 병영에 휘날린 혁명의 깃발

카스트로를 위시한 전사들은 혁명 정신을 내세우며 무장 투쟁을 준비하는 한편, 그 지역의 노동자, 농민, 소작인 등 기층 민중과 밀접하게 결합해 나갔다. 바티스타의 학정에 시달려 온 농민과 노동자는 이들에게 전폭적인 지지와 호응을 보냈다. 민중의 지지는 예상을 뛰어넘는 것이었다. 바티스타 독재 정권에 환멸을 느낀 쿠바 민중은 마치 이들의 무장 봉기를 학수고대하고 있었던 듯했다. 그리하여 피델 카스트로의 게릴라 부대는 몇 달도 안 되어 수백, 수천 명으로 늘어났고 주민 자치 해방구도 급속도로 확대되었다.

7 · 26 운동 전사들에 대한 민중의 열기가 그토록 뜨겁게 달아오르는 것을 확인한 제도권 야당 역시 이들 게릴라 부대를 지지하고 나섰

고, 나라 밖에서 지지하는 세력도 늘어났다. 그리하여 어느덧 반바티스타 연합 전선이 광범위하게 구축되었고, 카스트로의 게릴라 부대는 반독재 진영의 핵심 세력으로 자리를 잡아 갔다. 1958년 3월에는 쿠바의 동남부 지역이 완전한 해방구가 되었다. 혁명군은 라디오 방송을 통해 전 국민에게 반바티스타 투쟁에 나설 것과 4월 5일을 기하여 전 국민의 총공격·총파업을 호소했다. 혁명군의 이러한 선전 공세는 바티스타 정권을 곤혹스러운 처지로 몰아넣었다.

곤경에 처한 독재자가 취할 수 있는 길은 오직 무력으로 혁명군을 탄압하는 일뿐이었다. 1958년 5월부터 바티스타 정부군의 대대적인 소탕 작전이 시작되었다. 바티스타는 혁명군 300여 명을 소탕하기 위해 무려 1만 2,000명의 병력을 동원했다. 그러나 혁명군은 험한 산악 지대와 울창한 정글을 활용해 효과적인 방어전과 적절한 게릴라전을 펼치며 바티스타 정부군의 탄압을 막아 냈다. 정부군은 전의를 상실한 반면, 혁명군은 '무장한 반동 세력에는 무력으로 맞서자!'라며 전 민중을 향해 부르짖었다.

혁명군의 무장 투쟁 슬로건은 쿠바 전역에 불길처럼 퍼졌다. 마침내 8월부터 쿠바 혁명군은 친미 군사 임시 혁명 정부에 대한 총반격을 개시했다. 1959년 1월 1일에는 아바나 노동자가 총파업의 횃불을 치켜들었고, 시민은 대대적인 봉기의 깃발을 올렸다. 이와 때를 맞추어 카스트로의 혁명군은 아바나로 진격해 들어갔다. 그러자 이미 운명이 다했음을 통감한 바티스타 일당은 그날 밤 미국 마이애미로 줄행랑치고 말았다.

다음 날 새벽, 피델 카스트로가 이끄는 혁명군은 별다른 저항 없이 산티아고의 몬카다 병영을 점령했다. 바티스타 독재를 뒷받침한 무력의 상징이던 몬카다 병영이 이제 바티스타를 몰아낸 혁명군의 손에 장악된 것이다. 1953년 7월 26일, 무모하게 그곳을 공격했다가 쓰라린 패배를 맛본 지 5년 5개월 만에 7 · 26 운동 전사들은 그 무모함을 현실로 이뤄 냈다.

쿠바 혁명은 사회주의 혁명인가?

바티스타 정권이 도망친 뒤 임시 혁명 정부가 들어섰다. 그러나 카스트로가 이끄는 혁명군은 권력을 장악하지 않았다. 새로 창설된 임시 혁명 정부의 대통령에는 최고 재판소 판사였던 마누엘 우르티에가, 수상에는 아바나 변호사 협회 회장인 호세미로 카르도나가 취임했다. 모두 반바티스타 투쟁에 소극적이나마 동조하던 자유주의 지식인들이었다. 임시 정부의 각료 또한 우르티에 대통령이 임명했다.

사실 혁명의 주체는 자유주의 부르주아 세력과 혁명적 민주주의 세력이 연립한 형태였다. 이들은 임시 혁명 정부를 수립한 초기에는 그런대로 온건한 민주 개혁을 추진했다. 그러나 연립 정부의 두 주체 간에는 사회 개혁과 공산당에 대한 견해 차이가 있었다. 그러한 차이는 심각한 갈등으로 확대되었고, 결국 자유주의 부르주아 세력이 혁명의 대열에서 이탈하게 되었다.

한편 바티스타는 망명지에서도 쿠바에 잔존한 일당을 부추겨 쿠바 혁명을 뒤엎으려 했다. 그러나 쿠바 민중은 '혁명군에게 모든 권력을 이양하라.'는 슬로건을 내걸고 총파업을 일으켰다. 이로써 반혁명 분자들의 환상은 대번에 깨지고 말았다.

그런 와중에 카르도나 수상이 사임하고, 피델 카스트로가 수상이 되었다. 동시에 7·26

1959년 1월, 바티스타 독재 정권을 물리치고 당당히 아바나에 입성하고 있는 카스트로(둘째 줄 가운데).

혁명군이 핵심 권력을 장악했다. 카스트로는 '쿠바 혁명은 노동자와 농민에 의한 민중 혁명'이라고 강조하면서 민주 개혁을 단행했다. 바티스타와 그 일당의 재산을 몰수하고 독재의 공범자와 반혁명 분자를 숙청했다. 또한 독재의 도구에 지나지 않던 정부군을 해산하고 혁명 군대로 대체했다. 부패한 관료 사회와 부정 행위를 근절했으며, 노동자의 권리를 온전히 보장하는 방향으로 개혁을 추진해 나갔다. 예컨대 의료비, 주거비, 교통비, 숙박비 등 공공요금을 인하했고 언론의 자유를 확실하게 보장했다. 무상 의무 교육, 의료 보험 등의 사회 복지 정책도 추진했고 인종 차별을 금했다.

이러한 일련의 과정은 마치 사회주의 국가를 건설해 나가는 것처럼 보였지만 사실 카스트로는 자본주의도 공산주의도 아닌, 당시 쿠바가 처한 현실에서 가장 절실한 문제를 해결해 나갈 뿐이었다. 실제로 그는 1959년 뉴욕에서 "나는 공산주의자가 아니며 공산주의에 찬동하지도 않는다."고 연설했다. 미국도 그를 공산주의자로 보지 않았다. 게다가 쿠바의 공산당은 그를 패거리의 우두머리쯤으로 보았고, 라틴 아메리카의 다른 공산당들도 쿠바 혁명을 권력 투쟁의 '한판 승부'로 여겼다. 그러한 카스트로 정권을 사회주의로 몰고 간 것은 바로 미국이었다.

1959년 5월 17일, 제1차 농지 개혁법이 공포되었다. 이 법에 따라 대토지 소유제가 폐지되고, 토지는 농민에게 재분배되었다. 또한 미국 대기업 소유의 농장을 몰수하고 농지와 농산물의 생산 가격을 통제했다. 이로써 농촌의 극심한 실업은 해소되었고, 식량 문제가 해결되었으며, 농업 생산력이 높아졌다. 더불어 미국 갱단이 소유한 카지노를 폐쇄 조치했다. 또한 전기세와 전화세를 인하해 역시 미국인이 소유한 전기 회사, 전화 회사의 매출을 감소시켰다.

이와 같은 개혁 일정에서 바티스타와는 견줄 수도 없는, 미국이라는 막강한 적이 등장하게 되었다. 특히 카스트로 정부가 석유법을 단행해 석유 회사를 국유화한 뒤인 1959년 10월, 미국은 혁명의 수도 아바나에 비행기 폭격을 가해 수십 명의 사상자를 냈다. 이처럼 쿠바에 노골적인 적대감을 표출한 미국은 1960년 1월부터 쿠바에 경제 봉쇄 조치를 취했다.

미국은 물론이고 서유럽 국가와 중립국의 원조가 중단되었고, 무기 공급도 끊어졌다. 쿠바가 생존하려면 오직 소련에 원조를 청하는 길밖에 없었다. 그리하여 1960년 2월 4일, 소련의 부수상 미코얀이 아바나를 방문했고 두 나라는 무역 협정을 맺었다. 소련은 매년 100만 톤씩 쿠바산 사탕을 구매하기로 했고, 앞으로 12년간 쿠바에 1억 달러의 경제 원조와 무기 지원을 약속했다.

이 같은 외교 관계의 변화로 쿠바와 미국의 관계는 더욱 악화되었으며, 그럴수록 쿠바는 더욱더 소련 쪽으로 기울어졌다. 결국 1960년 5월에 이르러 쿠바는 소련과 정식으로 국교를 수립했다. 사회주의의 종주국 소련을 든든한 후원자로 얻은 쿠바는 미국과의 관계에서 이전보다 더한 자신감을 발휘했다. 1960년 8월 6일 미국 독점 기업 소유의 정유 회사와 전기·전화 기업 및 36개의 설탕 공장 등을 국유화하고, 9월 2일에는 '아바나 선언'을 채택해 미국의 제국주의적 본질을 규탄하고 '사회주의 국가와 관계를 강화하겠다.'고 공공연히 선언했다. 비로소 '쿠바 혁명은 사회주의 혁명'임을 선언한 것이다.

새로운 국가 건설을 위한 쿠바 민중의 노력

사회주의 체제로 편입을 선언한 제1차 아바나 선언 이후 미국은 사실상 쿠바를 완전한 적국으로 간주했다. 쿠바 전역에서 미국의 첩보 기관인 CIA의 사주를 받은 반혁명 세력이 은밀히 활동했다. 카스트로 정부는 전 민중의 무장을 결정했다. 아바나 전역에 계엄령이 내려졌고, 각 마을에는 혁명 수호 위원회가 조직되어 반혁명 세력을 색출하는 활동을 벌였다.

그러한 분위기 속에서도 쿠바 혁명 정부는 개혁 일정을 늦추지 않았다. 10월 13일에는 쿠바 내 모든 은행과 383개의 대기업을 국유화했고, 10월 14일에는 농지 개혁법을 입법화했다.

미국은 마침내 1961년 1월, 쿠바에 국교 단절을 선언했다. 쿠바는 이제 본격적으로 사회주의 체제로 개조를 시작했다. 한편 미국은 국교 단절에 그치지 않고 1961년 4월 쿠바 현지에서 돈으로 산 용병대와 미국의 해병대를 동원해 무장 반란을 일으켰다. 쿠바 민중은 힘을 모아 이들의 반란을 사흘 만에 진압했다.

미국은 쿠바의 사회주의 건설을 계속 방해했다. 1962년 미주 기구(OAS) 외상 회의에서 미국은 각국의 의원을 사주해 쿠바의 제명을 결의하는 등 국제 사회에서 쿠바를 고립시키기 위해 온갖 책동을 벌였다. 쿠바 혁명 정부는 당당히 이에 맞섰다. 그리하여 라틴 아메리카 대륙의 반제국주의 혁명을 표방하면서 다음과 같이 '제2차 아바나 선언'을 발표했다.

"미국 제국주의는 중남미 인민의 공동의 적이며, 반제·반봉건 혁명의 승리는 불가피하다. 양키 제국주의의 지배 아래 라틴 아메리카 대륙 전체는 미국에 대항하는 반제 혁명을 목표로 설정하고 민중 세력이 주체가 되어 사회주의 혁명의 틀 속에서 그 목표를 완수해야 한다.”

사회주의 쿠바 건설을 저지하기 위한 미국의 노력은 계속되었다. 1962년 10월에는 쿠바 영해를 완전히 봉쇄해 이른바 ‘카리브 해 위기’를 조성했다. 당시 쿠바는 소련에서 미사일을 제공받아 기지를 설치하고 있었다. 미국은 그 미사일 배치를 문제 삼았다. 카리브 해에 일촉즉발의 긴장감이 감돌았다.

전쟁을 꺼리던 소련의 (흐루시초프)(Nikita Sergeevich Khrushchov, 1894~1971년)는 미국의 협박에 굴복하고 말았다. 소련은 쿠바와 상의도 없이 미사일을 철수했고, 미국의 케네디 대통령은 쿠바를 침공하지 않겠다고 굳게 약속했다. 그러나 그 후에도 미국은 한동안 봉쇄망을 풀지 않았다. 또한 스파이를 보내 쿠바 국영 기업의 태업

소련의 정치가. 스탈린이 죽자 공산당 중앙 위원회 제1서기가 되어 중심 지도자가 됐다. 스탈린 개인 숭배를 비판하고, 1958년 이후 총리를 겸임해 평화 공존을 내세우며 긴장 완화에 노력했으나 1964년에 실각했다.

흐루시초프(왼쪽)와 케네디(오른쪽).

을 선동하고 언론을 조작해 혁명 정부를 비방하는가 하면, 국제적으로 쿠바를 고립시키려고 안간힘을 썼다.

그러나 쿠바 전 민중의 단결된 힘 앞에서 미국은 섣불리 쿠바를 공격할 수 없었다. 카리브 해의 위기 상황을 무사히 넘긴 쿠바는 다시 사회주의 건설에 박차를 가했다. 1963년 10월에는 제2차 토지 개혁을 실시했으며, 법에 따라 개인의 토지 소유 한도를 67ha로 제한했다. 그 결

과 전 토지의 70%가 국유화되었다.

'사탕수수 1,000만 톤 생산 5개년 계획'이 시작된 1965년, 쿠바에는 정치적으로 중요한 변화가 있었다. 그해 10월, 혁명 당시의 7·26 운동, 3·13 혁명 간부회, 인민 사회당 등이 통합해 쿠바 공산당을 발족한 것이다. 쿠바 민중은 통일되고 견고한 정치 지도부를 갖게 되었다.

쿠바 공산당은 진정으로 대중의 혁명 열의를 높이기 위해서는 단지 배고픔을 해결하는 것보다 공산주의 이념을 고취하는 데 역점을 두어야 한다고 생각했다. 또한 낡은 사회의 찌꺼기를 청산하고 정치·경제·문화·사상·생활의 모든 영역에서 큰 변혁을 일으켜야 한다고 여겼다.

공산당의 출현으로 공업 부문의 사회주의 개조가 완성되었고, 제2차 토지 개혁 이후 협동 조합 정책이 꾸준히 실행되어 농촌의 사회주의 역시 성과를 거두었다. 사회주의 국가 쿠바는 공업과 농업에서 비약적인 발전을 이룩했다. 뿐만 아니라 라틴 아메리카에서 최초로 문맹 퇴치를 이루었고, 무상 교육 제도와 무상 의료 등 사회 복지 제도를 정착시켜 나갔다. 1970년대를 전후해 쿠바는 사회주의 국가로 안정된 체제를 구축하게 되었다. 1975년에는 정치 권력의 분권화와 민주화를 위해 '민중 권력'이라는 의회 제도도 창설했다.

그러나 혁명에 성공한 지 30년 이상 지난 오늘날, 쿠바는 최대의 위기를 맞고 있다. 교육·보건 등의 공공 분야는 라틴 아메리카의 어느 나라보다 높은 수준이고 공업 기반도 구축되었지만, 아직도 계속되는 미국의 경제 봉쇄 정책과 적대적인 태도로 말미암아 경공업 분야가 낙후성을 면치 못해 생필품이 턱없이 부족한 상태다. 특히 사회주의 종주국 소련의 몰락으로 쿠바 전체 교역량의 75%를 차지하던 소련 무역이 단절되었고, 물자 부족 현상은 한층 심각해졌다. 게다가 미국은 러시아 등 옛 사회주의권 국가에 쿠바에 대한 경제와 군사 원조를 중단하라고 압력을 가해 카스트로의 몰락을 재촉하고 있다. 그러나 오늘도 쿠바는 세계 자본주의의 중심 국가인 미국의 '안마당' 카리브 해 한가운데서 홀로 우뚝 버티고 있다.

23

미국을 물리친
베트남 민족 해방 전쟁

미국 워싱턴 연방 의사당 부근의 아름다운 공원 한 모퉁이에는 '베트남 전몰 용사 위령비'라는 기념물이 있다. 높이가 3m나 되고 부채 모양의 검은 화강암으로 만들어진 이 커다란 비석의 매끄러운 벽면에는 베트남 전쟁에서 사망한 미국인 5만 8,000여 명의 이름이 깨알같이 새겨져 있다. 정확하게는 1987년 당시 5만 8,132명이었지만 전쟁 중에 행방불명되거나 포로가 되었다가 사망이 확인된 사람들이 추가되어 그 수는 해마다 늘고 있다.

하지만 희생자는 6만에 가까운 전사자뿐이 아니었다. 300여만 명이 부상했고, 그중 7만 5,000여 명은 신체의 일부를 잃고 장애자가 되었다. 엄청난 인명 희생과 천문학적 규모의 물적 손실만 입고 물러난 베트남 전쟁은 미국인에게 뼈아픈 상처였다. 전쟁이 끝나고도 7년이 지나서야 겨우 미국인은 그 엄청난 역사를 뒤돌아볼 마음의 여유가 생겼다. 그리고 베트남 전쟁에 참전했던 한 병사의 노력을 받아들여 전몰 용사 기념비를 만들게 된 것이다.

워싱턴의 검은 묘비명과 베트남의 희생

미국의 이 같은 희생은 베트남에 비하면 아무것도 아니다. 베트남은 전쟁으로 민간인을 포함해 400여만 명이 사망했으며 부상자와 난민은 도대체 몇 명인지 파악할 수조차 없다. 국토의 파괴 또한 상상을 초월했다. 미군이 무더기로 쏟아 부은 폭탄으로 베트남의 국토는 초토화했고, 특히 고엽제 등의 화학 약품으로 인한 피해는 그 후유증이 자녀에게 미칠 정도로 잔인한 것이었다.

베트남 전쟁은 한국 현대사에도 오점을 남긴 사건이었다. 베트남 전쟁에서 미군의 패색이 짙어 가던 1960년대 중반, 정작 미국 내에서는 반전 열기가 달아오르는데도, 한국의 박정희 정권은 미국의 전투 병력 파견 요청을 받아들였다.

식물의 잎을 인위적으로 떨어뜨리는 약제. 특히 베트남 전쟁 때 미국이 밀림에 뿌린 제초제를 가리킨다. 인체에 암이나 신경계 이상 등 많은 악영향을 미쳐 지금껏 논란이 되고 있다.

그리하여 연인원 30만 명 이상의 대한민국 젊은이가 전장으로 내몰렸고 그중 5,000명 이상이 사망하고 수만 명이 부상했다.

특별한 분쟁도 없던 저개발국 베트남에 미국과 한국은 도대체 무슨 명분으로 막강한 병력을 파견한 것일까? 미국이 즐겨 쓰는 '자유의 수호자'라는 말이 베트남에도 통용된 것인가? 국내의 자유도 실현하지 못하고 탄압으로 일관한 박정희 정권이 베트남 국민의 자유까지 관여한다는 게 도대체 말이 되는 것일까?

맹목적 반공주의에 젖은 미국과 한국의 통치자는 부패한 사이공(호찌민의 옛 이름. 베트남 남부에 있는 도시로, 인도차이나 제일의 무역항이며 한때 베트남의 수도였음) 정부를 혁명군에게서 구출하기 위해 수백만 젊은이의 목숨을 죽음의 땅으로 내몬 것이었다. 결국 베트남 전쟁은 미국의 제국주의 속성이 빚어낸 엄청난 비극이었으며, 그 전쟁에 개입한 한국의 박정희 정권 역시 침략 행위에 덩달아 춤을 춘 꼭두각시였다.

프랑스 제국주의의 사슬을 끊고

인도차이나 반도의 동남 해안을 활처럼 휘어 감듯 자리한 베트남은 19세기 중엽까지만 해도 안남국(安南國)이라는 이름의 왕국이었다. 3년에 한 번씩 중국에 조공을 바치기는 했지만 그것은 아시아 국가에서 흔히 볼 수 있는 외교 형식의 하나였을 뿐, 주권을 가진 독립국이었다.

그러나 구엔 왕조의 2대 황제 성조명명제(聖祖明命帝)가 서양인 선교사를 박해한 사건을 계기로, 이 지역에서 세력 확장을 꾀하던 프랑스의 나폴레옹 3세는 1858년 베트남 중부의 다낭을 공격하고 이듬해에는 사이공을 점령했다. 영국과 식민지 쟁탈전을 벌이던 프랑스는 베트남 중북부까지 집요한 공격을 퍼부어, 마침내 1884년경에는 베트남의 전국토를 식민지로 만들어 버렸다.

한편 프랑스 식민 세력에 대항하기 위해 베트남은 처절하게 독립 운동을 펼쳤다. 이들의 독립 운동은 20세기에 더욱 활발했는데 중국, 일본 등지에 여러 독립 운동 단체가 만들어졌다. 그러던 중 제1차 세계 대전을 계기로 전 세계에 민족 자결주의 바람이 불었다. 그 영향으로 1927년에 베트남 국민당이 결성되었고, 1929년에는 인도차이나 공산당과 호찌민(1890~1969년) 주도로 '베트남 청년회'가 결성되었다. 그 결과 프랑스는 베트남에서 점점 지배권을 상실해 갔다.

30여 년에 이르는 긴 세월 동안 베트남 민족 운동의 지도자로 활동한 인물. 제2차 세계 대전 뒤 아시아의 반식민지 운동을 이끌었으며, 가장 영향력 있던 20세기 공산주의 지도자 중 한 사람으로 꼽힌다.

그러나 1939년 제2차 세계 대전의 발발로 일본이 침략해 오면서 베트남의 독립 운동은 된서리를 맞게 되었다. 파시즘의 광풍이 몰아치는 가운데 많은 민족주의자가 중국 등지로 망명했다. 독립 운동 지도자 호찌민 역시 중국으로 망명했다. 그는 1941년 중국에서 '베트남 독립 동맹'을 결성하는 등 베트남 독립을 위해 노력하다가 세계 대전이 끝나 갈 무렵 고국으로 돌아왔다.

전후 세계는 초강대국 미국과 소련, 두 중심으로 재편되었다. 흔히 '냉전 시대'라 부르는 이 시기에 세계는 큰 변화를 겪기 시작했다. 거대한 대륙 국가 중국에서 사회주의 혁명이 성공했고, 여러 식민지 국가들이 민족 해방 운동을 벌였다. 베트남을 비롯한 인도차이나 반도의 몇몇 나라에도 사회주의 바람이 불었다. 그리하여 1945년 8월, 베트남 민주 공화국의 독립 선언식이 거행되었다.

그러나 프랑스는 베트남 지배권을 되찾기 위해 제2차 세계 대전이 끝난 뒤에도 계속 베트남에 군대를 파견했다. 마침내 프랑스는 1946년 12월에 호찌민을 북쪽의 정글로 내쫓고 베트남의 마지막 황제 바오 다이를 홍콩에서 데려와 하수인으로 내세웠다. 그리하여 베트남은 프랑스를 등에 업은 남쪽의 바오 다이 정권과 북쪽을 근거지로 한 호찌민의 민족 해방 세력이 맞서는 내전 상황이 되었다. 내전이라고는 하지만, 사실 이 전쟁은 베트남의 민족 세력이 프랑스의 괴뢰 정권(겉으로는 독립된 국가의 모습이지만 실제로는 남의 나라에 종속된 허수아비 정부)에 대항한 민족 해방 전쟁이었다. 전쟁은 무려 9년간이나 계속되었다. 하지만 베트남 해방군은 점점 힘을 키워 가는 반면, 프랑스는 점점 패색이 짙어 갔다. 마침내 프랑스는 전쟁에서 발을 빼고자 했다.

베트남이 독립을 쟁취하는 것은 시간문제였다. 하지만 독립을 향한 베트남 민중의 몸부림은 미국이라는 거대한 벽에 부딪히고 말았다. 사회주의 혁명이 퍼지는 것을 두려워한 미국이 1950년 2월 7일 라오스, 캄보디아, 베트남 등지의 각 괴뢰 정권을 프랑스 연방 소속 독립국가로 묶인하면서 전쟁에 개입하기 시작한 것이다.

민족 해방의 거대한 적, 미국

이미 제2차 세계 대전 말기부터 신탁 통치 방식으로 베트남을 새로운 식민지로 장악하려는 움직임을 보이던 미국은 영국의 반대로 일단 실행에 옮기지는 못했다. 그러나 1950년 봄부터 중국을 봉쇄하고 동남 아시아에서 신식민지를 확보하기 위해 베트남에 노골적으로 개입하기 시작해, 프랑스에 1,000만 달러의 군사 원조를 제공하며 전쟁을 독려 했다(미국은 1954년까지 무려 27억 달러를 프랑스 군에 지원했다).

한편 국제적으로 불리한 정세 속에서도 1954년 디엔비엔푸 전투에서 베트남 민중은 크게 승리했다. 프랑스 군의 패배가 명백해지자 미국은 디엔비엔푸에 원자 폭탄을 투하하려는 비밀 계획을 세웠다. 그러나 기밀이 폭로됨에 따라 계획은 일단 취소되었다.

1954년 4월 26일부터 7월 21일까지 인도차이나 사태를 논의하기 위해 라오스 · 미국 · 소련 · 영국 · 중국 · 캄보디아 · 프랑스 · 북베트남 정부의 대표들이 참석한 가운데 열린 회담. 회의에 참가한 국가들은 대부분 협정 준수를 맹세했지만, 미국은 협정에 구애 받지 않겠다는 입장을 밝혔다. 사진은 디엔비엔푸 전투에서 패배한 프랑스 군.

1954년 5월, 프랑스 군의 거점인 디엔비엔푸는 마침내 베트남 민중에게 함락되었고 같은 해 7월 제네바에서 휴전 협정이 성립되었다. 북위 17도 선을 따라 북쪽은 공산당이, 남쪽은 서구 세계가 점령하여 국제 휴전 감시 위원회의 감독 아래 2년 안에 통일 선거를 치르고, 그 결과에 따라 독립 공화국을 수립한다는 내용이었다.

제네바 협정 내용으로만 본다면 그것은 분명히 베트남 민중의 승리였다. 국토의 허리를 군사 분계선으로 설정하는 아픔을 감수하긴 했어도 1956년 7월에 통일 선거가 예정되었고 '독립, 통일, 영토 보존'이라는 최종 선언의 원칙에 합의한 것은 명백한 승리였던 것이다.

미국은 사이공에 친미주의자 응오 딘 지엠(1901~1963년)을 내세우고 막대한 원조를 하면서 사회주의 국가를 건설하려는 북베트남 정부와 대립했다. 미국의 재정 원조로 출범한 남베트남 정부군(사이공 군)에는 군사 고문단이라는 이름으로 수백 명의 미군이 개입해 북베트남 정부를 공격하도록 부추겼다.

그즈음 남베트남에는 이상한 분위기가 흐르고 있었다. 제네바 협정에 따라 치를 통일 선거에 반대하는 목소리가 은연중에 흘러나오기 시작했고, 통일 선거를 요구하는 사람을 범죄자로 취급하는 분위기가 형성되었다. 특히 민중의 지지 기반이 약한 응오 딘 지엠은 노골적으로 통일 선거를 반대했다. 1954년 7월, 응오 딘 지엠 정권은 본색을 드러내며 대대적인 색출을 시작했다. 민족 해방을 주장하는 운동가를 비롯해 제네바 협정 이행과 통일 선거를 요구하는 사람은 '비(非)합법', 그 가족이나 이에 동조하는 사람은 '반(半)합법', 나머지를 '합법'으로 분류한 다음, 비합법에 해당하는 사람을 체포해 대량 학살을 저질렀다.

1955년 1월부터 미국은 응오 딘 지엠 정권에 직접 원조를 시작했고, 친미 반공주의자 지엠 수상은 미국의 하수인 노릇을 더더욱 충실히 수행했다. 그리하여 1955년 2월 28일, 지엠 수상은 라디오 사이공을 통해 "북베트남에 민주적 자유가 없는 이상 통일 선거는 실시되지 않을 것"이라고 했고, 2주일 뒤에는 미국의 덜레스 국무장관이 "북베트남 인민이 선거에서 자유롭게 선택할 수 있는 상황이 조성되기는 어려울 것"이라며 맞장구를 쳤다. 이는 미국과 지엠이 통일 선거를 원하지 않음을, 아니 적어도 통일 선거를 위해 노력할 의사가 없다는 것을 노골적으로 표현한 것이었다. 그것은 두려움의 표시였다. 그들은 실제로 "통일 선거가 실시되면 남북 전체 주민의 80%가 호찌민에게 표를 던질 것"이라고 말하며 두려운 심정을 드러내기도 했다.

물거품이 된 제네바 협정

베트남을 분단하려는 지엠과 미국에 대항해 남베트남의 지식인들은 '평화와 제네바 협정을 지키는 사이공·쫄롱 위원회'를 조직하고 노동자, 농민, 학생과 연합해 통일 선거를 준비했다. 그러나 미국과 디엠 정권은 이들을 공산주의자로 매도해 체포하는 등 강하게 탄압했다.

1955년 6월, 호찌민이 이끄는 북베트남 민주 공화국도 제네바 협정에 따라 통일 선거를 위한 협의회 결성을 제안했다. 그러나 지엠 정권은 이들을 공산주의자로 규정하고 7월부터 이른바 '공산주의자 고발 운동'을 전개했다. 각 행정 구역에 고발 위원회를 설치하고 주민들에게 신고를 강요하는, 참으로 야만적인 짓이었다. 이때 3만 9,000여 명이 체포·투옥·처형되었으며 수많은 시민이 정치 재교육 센터라는 강제 수용소에 갇혀 군대식의 혹독한 훈련을 받았다. 이러한 공포 분위기 속에서도 수천 명의 농민이 정치 경제적 요구를 내걸고 봉기했다. 그러나 지엠 정권은 이들 농민의 요구 또한 무력으로 탄압했다.

결국 미국과 지엠 정권은 남베트남만의 단독 선거를 추진했다. 그리하여 1955년 10월 23일, 응오 딘 지엠은 남베트남의 초대 대통령에 당선되었다. 이로써 북위 17도 선을 경계로 하여 남쪽에는 응오 딘 지엠을 대통령으로 하는 베트남 공화국이, 북쪽에는 호찌민의 베트남 민주 공화국이 성립되었다.

강력한 반공 정권이 들어선 남베트남은 이후 실로 잔혹한 인권의 사각 지대로 변했다. 1956년, 지엠 정권은 포고령 6호를 발포하여 "국가 방위에 위험을 미친다고 생각하는 사람은 체포, 투옥, 구금할 수 있다."고 국민을 위협했고, 강제 수용소 설치법을 공포해 야만적인 테러를 합법화했다. 곳곳에 설치된 수용소에서는 숱한 정치범이 질병과 고문으로 하루에도 수백 명씩 죽어 나갔다.

제네바 협정에 따라 예정된 1957년 통일 선거 시기가 다가왔으나 이미 들어선 두 국가는 서로 타협점을 찾을 수 없는 상태였다. 더구나 남베트남의 지엠과 미국은 이미 수차례에 걸쳐 통일 선거 거부 의사를 밝힌 바 있었다. 1957년 4월 4일, 미국 대통령 아이젠하워는 "베트남을 잃으면 미국이나 자유주의에 중대한 영향을 미치는 결과를 초래하게 될 것"이라고 밝힘으로써 반공주의 노선을 확실히 하면서, 베트남의 독립과 통일보다는 남베트남만이라도 미국에 예속된 상태로 남겨 두려는 속셈을 드러냈다. 따라서 통일 선거는 이행되지 않았고, 지엠 정권은 더욱 철저한 반공주의 노선으로 북쪽의 호찌민 세력에 대항했다.

미국과 남베트남 정권의 반공주의는 도저히 상식으로는 이해할 수 없는 일도 저질렀다. 대표할 만한 사건이 1958년에 자행된 '푸 로이 대학살'이었다. 푸 로이 정치 교육 센터에는 프랑스에 저항하던 민족 해방 운동가 6,000여 명을 비롯해 제네바 협정 이행과 통일 선거를 요구하다 공산주의자로 몰려 체포된 사람들이 갇혀 있었는데, 지엠 정권은 이들이 먹는 음식에 독약을 뿌려 무려 1,000여 명을 사망케 하고 4,000여 명을 중태에 빠뜨렸다. 게다가 중태에 빠져 고통을 호소하는 이들에게 총탄을 퍼붓기까지 했다.

자유 수호라는 이름으로 저질러진 끔찍한 만행을 그들은 합법화하기에 이르렀다. 1959년 5월에 공포된 '10 · 59 법'에 "국가의 안전에 반하는 자, 그 공모자와 관련자는 재판 없이 사흘 안에 처형한다."고 명시한 것이다. 잔인한 테러를 합법화하는 끔찍한 법이 자유주의라는 이름으로 버젓이 등장했다. 사실상 베트남 민중에게는 피 흘리며 죽을 자유밖에 없었다. 조국의 분단을 원하지 않는 사람을 범죄자로 만들어 버리는 기막힌 현실이었다. 그리고 이 모든 일이 미국의 사주 또는 묵인 아래 자행되었다.

1957년 5월 남베트남의 응오 딘 지엠이 미국을 방문해 아이젠하워의 환영을 받는 모습. 그는 미국의 말을 잘 듣는 하수인 역할을 톡톡히 했다.

미국에 대항하는 남베트남 민중의 투쟁

미국과 지엠 정권의 폭압 통치 아래 1959년부터 남베트남 민중은 스스로 생존의 길을 모색하기 시작했다. 유일한 방법은 미국과 지엠 정권에 직접 맞서 싸우는 일이었다. 그리하여 소규모 무장 세력을 형성한 남베트남의 민족 해방 세력은 1959년에 이르러 이미 파르티잔(partisan) 전쟁을 수행할 정도로 성장했다.

1960년 1월, 벤쩨에서 처음으로 무장 봉기가 일어났다. 벤쩨의 농민은 정부군 진지를 공격해 무기를 탈취하고 스스로 인민 해방군 소대를 편성했다. 이와 때를 같이해 남베트남 내 공산주의자

적의 배후에서 통신·교통 시설을 파괴하거나 무기·물자를 탈취하고 인명을 살상하는 비정규군. 특히 우리나라에서는 한국 전쟁 전후 각지에서 활동하던 공산 게릴라를 이른다.

들은 1960년 2월 베트남 민족 해방 전선(NLF, 일명 베트콩)을 결성해 지엠 정권에 저항했다. 그리고 1960년 말, 자딘 성에서 4만여 농민이 모여 미국과 지엠 정권에 반대하는 시위를 벌였다.

지주를 위한 농지 개혁에 반대하는 농민, 탄압 속에서도 노동 조합 활동을 하는 의식 있는 도시 노동자, 지엠 정권의 강제 징집에 저항하는 학생이 결집해 남베트남은 온통 지엠 정권에 반대하는 열기로 들끓었다. 군중 집회가 곳곳에서 열리고 노동자는 대대적인 파업으로 미국계 기업에 타격을 입혔다. 1960년 12월에는 모든 민족 민주 세력이 결집해 남베트남 민족 해방 전선이 결성되었다.

한편 그해 가을 미국에서는 43세의 케네디가 미국 역사상 최연소 대통령이 되었다. 케네디는 1961년 1월, 대통령 취임식이 끝나기가 무섭게 베트남 군사 고문단 수를 일거에 1만 7,000명으로 늘려 사이공 군대와 함께 민중 탄압에 나서게 했다. 그 사이 남베트남 민중의 저항은 더욱 강해졌고, 반면 미국의 원조에 의지하던 응오 딘 지엠 정권은 날로 부패해 갔다. 또한 미국의 정책 변화를 감지한 민족 해방 전선은 1961년 2월에 인민 해방군을 정식으로 발족하고 지휘 체계를 갖추었다.

케네디가 파견한 군사 고문단은 인민 해방군을 남베트남 민중에게서 차단하는 작전을 썼다. 그리하여 각지에 '전략 마을'을 설치하고 주민들을 강제로 이주시켰다. 케네디는 그해 11월 '기지의 안전을 위해서'라는 명분으로 전투군 7,000명을 베트남으로 파견하는 안을 승인했다. 미군과 지엠 정부군의 전술에 맞서 인민 해방군은 게릴라, 지방군, 정규군으로 군대 체계를 갖추고 기동성 있게 움직였다. 그리하여 전략 마을은 곧바로 탈취되어 해방군을 지원하는 전투 마을로 변했다. 또한 인민 해방군은 미국의 최신 병기를 탈취해 자신들의 무장을 강화했다. 그리고 남베트남을 농촌, 도시, 산간의 세 지구로 분류하고 전국으로 민족 해방 전선의 하부 조직을 확대해 나갔다.

1963년 1월의 압박(Apbac) 전투는 인민 해방군 전술의 전형을 보여 주는 것이었다. 압박은 미국과 지엠 정권의 전략 마을이었다. 인민 해방군은 헬기와 전차로 무장한 정부군을 물리친 다음 전투 마을로 재편했다. 한편 그해 6월, 사이공에서 불교도들이 미국과 사이공 정부에 항의해 분신자살한 사건이 발생하여 세계에 충격을 주었다. 그런데 부패한 응오 딘 지엠 대통령 일가의 한 여성이 분신자살한 그 불교도들을 '바비큐'라고 불렀다. 그 말은 입에서 입으로 전해졌고, 베트남 민중은 치욕과 분노를 느끼며 속속 해방군에 가담했다.

해방군이 기세를 올리며 승승장구하는 가운데 1963년 11월 1일, 미국 제국주의의 하수인 응오 딘 지엠이 부하의 총에 맞아 살해됐다. 케네디는 이 쿠데타 계획을 미리 보고받은 것으로 알려졌는데, 이것은 지엠 살해 사건이 케네디의 지시 아래 이뤄졌음을 짐작하게 한다. 위기에 처한 응오 딘 지엠 정권을 폐기하고 좀 더 세련된 하수인을 내세워 국면을 돌파하려는 것이 미국의 생각이었다.

미국의 CIA는 쿠데타를 일으킨 군인들에게 4만 2,000달러를 상금으로 건네주고, 새로 출범한 정권 역시 그들의 하수인으로 매수했다. 그러나 이것은 케네디의 두 번째 실수이자 마지막 오판이었다. 지엠이 살해된 지 3주 뒤인 11월 22일, 텍사스 주 댈러스를 방문해 퍼레이드를 하던 케네디는 갑작스러운 총탄 세례를 받았다. 그리고 그중 한 발이 그의 머리를 관통했고, 케네디는 사망했다. 암살범은 밝혀지지 않았다. 케네디 암살 사건은 지금까지도 베일에 가려진 채 숱한 의문을 남기고 있다.

통킹 만 사건과 베트남 전쟁의 미국화

1964년 8월, 미국 국방부는 통킹 만에 정박 중이던 미국 구축함 매덕스호가 북베트남 어뢰정의 공격을 받았다고 발표했다. 이른바 '통킹 만 사건'이 터진 것이다. 이 사건을 빌미로 미국은 베트남 전쟁에 전면 개입하기 시작했다. 통킹 만 사건은 나중에 미국의 계획에 의한 조작 사건임이 밝혀졌다.

케네디 암살 후 대통령에 취임한 존슨은 의회에서 전쟁 시 권한 행사에 관한 권리를 받았다. 통킹 만 사건 발생 사흘 뒤, 미군은 북베트남의 해군 기지와 석유 저장고를 폭격했다. 동시에 존슨은 17만 병력을 추가로 베트남에 파병했다. 그러나 미군 파병이 늘어 갈수록 남베트남 민중의 저항도 거세졌다. 미국은 파병 군을 계속 늘렸다. 그리하여 1967년에는 마침내 그 수가 54만 명을 넘어섰다. 처음에는 사이공 정부를 지원하는 것일 뿐이었는데, 미국이 전쟁 당사자가 되어 싸우게 된 것이다. 이를 두고 '베트남 전쟁의 미국화'라고 부른다.

미군의 적은 온갖 수단으로 반격하는 베트남의 모든 민중이었다. 즉 모든 주민이 미군의 적이었다. 미군은 최신식 무기를 갖추고도 베트남 민중의 저항을 잠재우지 못했다. 반면 1964년 말, 남베트남 민족 해방 전선은 남베트남 면적의 4분의 3과 800만 인구를 해방했다고 발표할 정도로 승승장구하고 있었다.

이때 '베트남 전쟁의 미국화'를 경계한 미국은 한국과 일본을 전쟁에 끌어들였다. 한국에는 전투군 파견을 요청하고, 일본은 전략 기지로 삼은 것이다. 그리하여 일본에 미국 원자력 잠수함이 배치되었고, 한국의 박정희 정권은 베트남에 국군을 파견했다. 1965년부터 한국군 참전으로 분위기를 쇄신한 미국은 베트남 주민을 마구잡이로 살육했다. 인민 해방군이 지나친 흔적이라도 발견된 마을 주민들은 몰살됐고, 마을은 완전히 불태워졌다. 또한 정글 속에 숨어 있을 인민 해방군을 죽이기 위해 무성한 삼림에 고엽제를 대량으로 뿌렸다. 고엽제로 쓰인 다이옥신은 소량으로도 암을 유발하고 기형아를 출산하게 되는 최악의 독극물이다. 이처럼 무지막지한 섬멸 작전으로 베트남인은 물론이고, 미군과 한국군마저 피부암에 걸리거나 기형아를 출산하는 등 후유증에 시달리게 되었다.

그러자 미국 본토에서 반전 분위기가 싹텄다. 베트남 파병군의 가족과 청년, 학생, 사회인, 흑인, 백인 그리고 베트남 귀환병까지도 반전의 목소리를 드높였다. 워싱턴을 비롯한 여러 지역에서 반전 시위가 계속되었다. 반전 운동은 전 세계로 퍼졌다. 영국의 철학자 러셀이 제창한 국제 전쟁 범죄 법정이 스웨덴 스톡홀름에서 열려 미국 정부가 저지른 범죄를 추궁하기도 했다. 베트남 전쟁의 미군 기지인 일본에서도 이념과 사상을 초월한 반전 시위가 벌어졌다.

구정 공세와 베트남 전쟁의 베트남화

북위 17도 선 바로 아래 케샨이라는 곳에 미국 해병대 기지가 있었다. 인민 해방군은 1967년 말부터 3개 사단 4만여 명을 투입해 이 기지를 포위했다. 그러자 미국은 포위된 6,000여 명의 해병대를 구하기 위해 메콩델타에서 작전 중이던 병력 10만 명을 급히 북쪽으로 이동시켰다. 그 틈을 타서 인민 해방군은 메콩델타를 비롯한 남베트남 남부 전역에서 일제히 봉기하는 전략을 펼쳤다.

그리하여 남베트남 민족 해방 전선은 1968년 1월 30일(음력 1월 1일, 구정)을 기해 대공세를 개시해 2주 동안 미국 대사관과 미군의 여러 시설물에 맹렬한 공격을 퍼부었다. '구정 공세'라고 하는 이 대규모 공격을 받은 미군은 큰 희생을 치렀고 전의를 상실하고 말았다. 한편 미군의 복수심을 자극하기도 했다. 보복 심리에 사로잡힌 일부 미군은 베트

1968년 폭격으로 폐허가 된 베트남 거리의 모습. 구정 공세 후 자존심에 큰 상처를 입은 미군은 더욱 거세고 잔인한 공격을 가했다.

남 주민을 잔인하게 학살하는 것으로 복수심을 해소했다. 그 대표적인 사건이 미라이 학살이었다.

1968년 3월 16일, 인도차이나 반도의 베트남에서는 연일 총성과 포성이 그치지 않았다. 베트콩 수색 임무를 띤 미군 1개 소대가 미라이 마을 일대를 구석구석 뒤지고 다녔다. 그들은 닥치는 대로 총을 쏘고, 집에 불을 질렀다. 심지어 어린아이를 향해 방아쇠를 당기기도 했다. 말이 수색이지, 무자비한 학살이었다. 미군은 주민들의 시체를 길가 구덩이 속에 버렸다. 구덩이 속에는 피범벅이 된 수십 구의 시체와 아직 숨이 끊어지지 않아 신음하는 사람들이 뒤섞여 있었다. 그때 구덩이 속에서 한 소년이 미군을 향해 살려 달라고 애원했다. 소년을 본 한 병사가 상관에게 어떻게 할지 물었다. 소대장은 무표정하게 쏘아 버리라고 대답했다. 병사의 총구가 불을 뿜었고, 소년은 숨을 거두었다. 병사들은 마을을 이 잡듯이 뒤져서 전 주민을 마을 한복판으로 끌어낸 뒤 모조리 쏘아 죽였다.

베트남 전쟁 당시 미국이 저지른 최대의 양민 학살 사건. 17명의 임신부와 미취학 아동 173명을 포함해 총 560여 명의 민간인이 사살됐다.

그 즈음 미국에서 대통령 선거가 열렸다. 존슨 대통령은 구정 공세로 미군이 패배한 터라 출마를 포기했고, 유력한 후보자였던 로버트 케네디는 선거를 목전에 두고 암살되었다. 그리하여 닉슨이 대통령에 당선되었다. 그는 명예로운 평화와 명예로운 철수를 외쳤다.

"미군은 베트남에서 철수하지만 사이공 군을 증강해 북베트남의 사회주의 정권과 싸우게 한다."

이른바 '베트남 전쟁의 베트남화'라는 것으로, 베트남 사람끼리 싸우게 한다는 것이었다. 그의 말대로 미군은 철수했지만 전장은 캄보디아와 라오스로 확대됐다. 이 두 곳은 북베트남 정부가 남베트남 민족 해방 전선에 물자를 수송하는 길목이었으므로 이를 차단하기 위해서였다.

쫓겨나는 미국 그리고 베트남 민중의 위대한 승리

구정 공세 이후 북베트남이 미국에 제의한 평화 회의가 파리에서 열렸다. 그러나 미국의 닉슨 정권은 '전투하면서 협상하고, 협상하고 다시 전투한다.'는 슬로건 아래 협상 자체를 하나의 전술로 이용했다. 그리하여 협상이 이뤄지는 그 순간에도 공격의 고삐를 늦추지 않았다.

'명예로운 평화'가 찾아오리라 생각한 미국 국민과 세계인은 어안이 벙벙했다. 회의가 순조롭지 않게 진행되는 동안 반전 운동은 더욱 불타올랐다. 마침내 미국 국방부 내부에서 1964년에 일어난 통킹 만 사건은 미국이 날조한 것이라는 기밀 문서가 폭로되었다. 미국 정부의 내부 반란이었다. 《뉴욕 타임스》가 이 기밀 문서를 연재했다.

1969년, 남베트남 민족 해방 전선은 미군 철수와 때를 맞춰 임시 혁명 정부를 수립하고 사이공의 허수아비 정권을 포위했다. 한편 완전 독립을 향한 협상도 적극 시도했다. 그 결과 1972년에는 파리 평화 회의

미군은 어른, 아이 가릴 것 없이 총구를 겨누었다. 시도 때도 없이 울리는 총성, 공포를 자아내는 탱크, 겁에 질린 아이들……. 전쟁의 암흑이 베트남 땅을 덮어 버렸다.

를 진전시키며 미국과 의견을 좁혀 갔다. 그러나 닉슨 정권은 북베트남에 폭격을 강화했다. 북베트남 전 지역에 비행기가 폭격을 퍼부었다. 베트남 전쟁이 시작된 이래 최대 규모의 작전이었다. 또다시 미국은 협상하며 전투한다는 냉혹한 전술을 구사했다.

1973년 1월 미국, 북베트남, 남베트남 임시 혁명 정부 사이에 평화 협정이 체결되었다. 이때 남베트남에 파병된 미군은 2만 명 정도로 감축되었고 3월까지는 모두 철수했다. 그러나 평화는 오지 않았다. 미국 장비로 무장한 남베트남 사이공 군은 베트남 해방 세력과 전투를 계속했고, 미국은 끊임없이 이들을 지원했다. 사이공의 미국 대사관은 사실상 전투 사령부였다.

그럴 즈음 미국의 닉슨 대통령은 도덕성 시비에 시달리고 있었다. 대통령 선거 당시 상대 후보자 사무실에 도청 장치를 설치했다는 극비 사항이 폭로된 것이다. 닉슨은 끝까지 발뺌했지만 추궁 끝에 마침내 자백하고 이듬해인 1974년 대통령 직에서 물러났다. '워터게이트 사건'이라 불리는 이 일로 미국 국민은 큰 충격을 받았다. 베트남 전쟁 패배의 충격과 겹쳐 초강대국 미국의 체면은 말이 아니었다.

그 무렵 남베트남의 사이공 군은 점점 후퇴했고, 마침내 인민 해방군에 항복하고 말았다. 전쟁은 끝났다. 1975년 4월 30일 오전 3시 45분 사이공 주재 미국 대사관, 마틴 대사는 성조기를 차곡차곡 접어서 휴대하고 헬리콥터에 올랐다. 오전 5시 30분 북베트남 제203전차 여단은 사이공 교외에 있는 뉴포트 다리를 건너 서서히 전진하고 있었고, 태평양 건너 미국 워싱턴에서는 키신저(Henry Kissinger, 1923~) 국무 장관이 기자 회견을 하고 있었다. 그는 의기양양하게 "사이공의 미국인은 전원 철수했다."고 발표했다.

그러나 그 시각 사이공 미국 대사관 건물에 마지막 해병대원들이 남아 있었다. 키신저 장관은 기자 회견을 마친 뒤에야 그 사실을 알게 되었고, 길길이 날뛰었다. 결국 해병대원들이 대사관 건물에서 완전 철수한 것은 오전 8시가 다 된 시각이었다. 그리고 그때는 이미 북베트남 군대가 사이공에 들어왔고 시의 이름도 호찌민으로 바뀐 뒤였다.

24

실패한 정치 실험
칠레 선거 혁명

신비한 대륙 남아메리카 서해안에 안데스 산맥을 따라 길게 뻗어 있는 칠레는 1520년 마젤란 탐험대에 발견되었다. 그 뒤 20년 후, 에스파냐의 발디비아 장군은 아라우칸인(Araucanian, 칠레 중부의 비옥한 계곡과 분지에 사는 인디언) 정복 전쟁을 시작했고, 이후 270여 년 동안 라틴 아메리카의 다른 나라와 마찬가지로 에스파냐의 식민지가 되었다.

1810년 9월 18일 칠레는 에스파냐의 기나긴 식민 지배에서 독립했지만, 다시 영국의 지배가 시작되었다. 구리, 초석, 철광석 등 풍부한 광물 자원이 서구 열강의 입맛을 당긴 것이다. 영국은 이후 100여 년 동안 칠레를 직접 또는 간접 지배했다.

19세기 후반에 칠레는 한때 경제적으로 번영하기도 했다. 특히 1886년에는 새 대통령에 취임한 발마세다(José Manuel Balmaceda, 1840~1891년)가 개인이나 외국 자본 소유의 광산을 국유화하는 등 경제 자립 정책을 추구했다. 그러나 1891년 발마세다는 실각했고, 이후 제1차 세계 대전 무렵에는 칠레의 지하자원에 눈독을 들인 미국이 제국주의의 손길을 뻗쳤다. 광산은 속속 미국 자본가의 손으로 넘어갔다.

선거에 의한 세계 최초의 사회주의 정권 수립

칠레는 세계 어느 나라보다도 진보 정치 운동이 일찍 시작된 나라다. 1920년대 세계 대공황을 거치면서 진보 정치 세력이 싹을 틔웠는데, 1937년에는 마침내 공산당과 사회당 등 급진 정당의 지지를 받던 아기레 세르다가 이끄는 인민 전선 정부가 발족했다.

극심한 생계 난에 허덕이던 칠레 민중은 공산당을 지지했다. 그리하여 1946년, 공산당을 등에 업고 나온 곤잘레스 비델라 정부가 들어섰다. 비델라 정부는 초기에는 사회주의 정책을 제대로 실현하는 듯했지만 곧 노동 조합을 약화시키고 급진 사회당의 활동마저 불법화하는 정책을 폈다. 그리하여 1952년, 독재자 이바녜스에게 권력을 내주고 말았다.

1958년에는 부르주아 세력을 등에 업은 알레산드리 정권이 권력을 잡게 되었고, 1964년에는 중도 좌파로 볼 수 있는 프레이 정권이 들어서서 1970년까지 통치했다.

1970년 9월 4일, 새로운 대통령을 뽑는 선거가 실시되었다. 어느 때보다도 민주주의 원리가 잘 발휘된 이 선거에서 사회당, 공산당, 급진당, 인민 행동 통일 운동, 사회 민주당, 인민 독립 행동당 연합의 6개 진보 정치 세력은 살바도르 아옌데(Salvador Allende, 1908~1973년)를 인민 연합 후보로 내세웠다. 개표 결과 아옌데가 득표율 1위를 차지했고 (36.3%), 2위는 보수주의 국민당의 호르헤 알레산드리(34.9%), 3위는 기독교 민주당의 리드미로 토미치(27.8%)였다. 어느 후보도 과반수를 획득하지 못해 헌법에 따라 의회에서 당선자를 결정하게 되었다. 그리하여 두 달 뒤인 11월 4일, 인민 연합과 기독교 민주당의 지지를 얻어 아옌데가 대통령에 취임했다.

칠레 역사상, 아니 세계 역사상 최초로 피 흘리지 않고 선거를 통해 사회주의 정당의 후보가 대통령에 당선되는 이변이 일어났다. 칠레 인민 연합 정권의 탄생은 어떻게 보면 하나의 기적이었다. 그것은 무력 투쟁 없이 사회주의로 이행한 정치 실험이기도 했다. 그 실험에 성공한 아옌데 대통령은 11월 8일 취임사에서 이렇게 말했다.

"칠레는 150년 이상의 의회 민주주의 전통을 가진 세계 3개국 중 하나입니다. 이것은 우리의 정치 제도가 도달하는 과정에서 상당한 안정성이 생겼다는 것을 의미합니다. …… 제국주의적 착취를 타도하고, 독

사회주의자로서 최초로 피 흘리지 않고 선거를 통해 대통령이 된 아옌데.

점을 없애며, 진정한 농지 개혁을 실시하고, 은행과 금융을 국유화할 것입니다. 국민 소득의 대부분을 차지하는 극소수 외에는 이제 아무도 두려워할 필요가 없습니다⋯⋯."

실제로 아옌데 정권은 소득 재분배 사업과 칠레의 주요 수출 품목인 구리 산업을 국유화했다. 또한 개인의 토지 소유 한도를 80ha 이하로 제한하고 초과분은 국가에서 거두어 협동 조합 형태로 운영했다. 대토지 소유제에 종지부를 찍은 것이다. 더불어 금융, 무역, 유통, 전략 산업 등 국가 기간 산업을 국유화했다. 나아가 아옌데 정권은 과감한 정치 개혁도 단행했다. '국민의 인권이 보장되는 새로운 국가 건설'을 지표로 한 정치 개혁에서는 관료주의를 배척하고 18세 이상을 대상으로 보통 선거 제도를 도입했고, 대중 경찰을 편성했다. 또 국민 의회 설립, 사법 제도 개혁, 민족·민주적 군대 설립 등을 추진했다.

한편 미국과 칠레의 보수 세력은 이와 같은 사회주의 정책을 실현해 나가는 인민 연합 정권의 개혁을 두려운 눈으로 바라보았다. 이들은 '무질서한 국유화는 생산 저하를 초래한다.'고 주장하며 아옌데 정권의 개혁 정책에 시비를 걸었다. 특히 미국인 자본가들은 자신들의 소유였던 구리 광산을 국유화한 것에 불만을 품고 경제 압력을 가했다. 예컨대 구리 시장을 조작하여 사회 불안을 부추기는 등 치졸한 방법으로 생산력 감퇴와 실업, 물자난을 조성했다.

더불어 미국은 칠레 군부에 강하게 개입하면서 사실상 쿠데타 기회를 노렸다. 여기에 보수파인 국민당과 기독교 민주당, 상인, 중소 기업가, 사무 전문직 노동자 등 동업자 조합, 종교 조직 등이 반(反)인민 연합 전선을 형성해 아옌데 정권의 목을 조였다. 인민 연합의 개혁 정책이 자신들에게 이익이 되지 않는다고 생각한 이들은 파업을 사주해 경제를 교란했다. 자본주의 신봉자들이 파업을 조종하는 기묘한 상황이 발생한 것이다.

이와 같은 반사회적인 세력이 책동하는 사이에 인민 연합 정권은 확고한 사상 통일을 이뤄 내지 못했고, 정책과 노선을 둘러싼 분열을 거듭하게 되었다. 특히 반혁명 세력의 준동에 대비해 국민의 군대를 육성해야 할 시기에 보수 세력과 타협해 위기 국면을 돌파하려 했다.

이러한 상황이 전개되는 가운데 1973년 3월 4일, 국회의원 선거가 실시되었다. 인민 연합 정권이 탄생한 뒤 처음 실시되는 선거인 데다 아옌데 정권에 대한 국민의 지지를 확인할 수 있는 기회였다. 반대로 반혁명 세력에게는 현 정부에 대한 지지도에 따라 아옌데 정권을 뒤집을 수도 있는 기회이기도 했다. 다행히 인민 연합 정부는 의석수와 득표율에서 압도적 승리를 거두었다. 반혁명 세력은 합법적으로 정부를 전복할 기회를 놓치고 말았다. 따라서 미국과 반혁명 세력은 군사 쿠데타를 일으키기로 하고, 군부를 끌어들였다.

한편 반혁명 세력의 이러한 음모가 진행되는 것을 눈치 챈 아옌데 정권은 현 정부의 신임을 묻는 국민 투표를 실시해 그 결과에 따라 정치의 향방을 정하자고 제의했다. 그러나 이 제의는 묵살되고 말았다. 이미 국회의원 선거를 통해 국민의 지지도를 확인한 반혁명 세력은 국민 투표에서 승리할 자신이 없었던 것이다. 그리하여 그해 가을, 미국과 반혁명 세력은 인민 연합 정부 탄생 3주년을 눈앞에 둔 시기에 마침내 야만적인 군사 쿠데타를 일으키고 말았다.

군부의 반란과 사회주의 대통령의 최후

1973년 9월 11일 이른 아침, 칠레의 수도 산티아고는 난데없는 총소리와 함께 순식간에 아수라장으로 변하고 말았다. 거리 곳곳에는 살기 번뜩이는 군인들이 삼엄한 경비를 펴면서 통행을 금지했다. 하늘에는 요란한 소리를 내면서 헬리콥터가 낮게 날고 있었다. 대대적인 검거와 체포가 시작되었다. 군인에게 체포된 사람들은 굴비처럼 엮인 뒤 군용 차량에 실려 어디론가 사라졌다. 빈민가와 노동자 거주 지구에는 무차별 총격이 가해졌다. 산티아고 시민들은 생업을 포기한 채 집 안에 틀어박혀 바들바들 떨었다. 도대체 무슨 일이 일어난 것일까?

오전 9시, 라디오에서 아옌데 대통령의 비장한 목소리가 흘러나왔다.

"국민 여러분, 이후에는 방송도 가능하지 않을 것이라 생각되어 작별 인사를 드립니다. 이 역사적인 시점에서 저는 국민 여러분께 충성을 다하는 것으로 목숨을 대신하려 합니다. 이것은 저의 마지막 연설입니다. 군부의 배신과 비겁함은 반드시 도덕의 심판을 받게 될 것임을 확신합니다⋯⋯."

미국의 지원을 받은 피노체트 군부는 쿠데타를 일으켜 합법적으로 성립한 사회주의 정권을 무너뜨렸다. 사진은 대통령 궁을 폭격하는 모습.

군부의 반란에 직면하여 죽음을 앞둔 고별 연설이었다. 칠레 시민들은 자신들의 손으로 뽑은 대통령의 비장한 목소리를 들으며 뜨거운 눈물을 흘렸다. 아옌데가 연설하는 동안에도 반란군의 총격 소리는 멈추지 않았다. 반란군은 신속하게 작전을 진행해 칠레 전역의 도로망과 통신망을 차단했고, 방송국 29개소를 점령했다. 그런 다음 대통령이 거처하는 모네타 궁을 향하여 포위망을 좁혀 갔다. 그런 상황에서도 아옌데는 고별 연설을 계속했다.

"칠레의 군인으로 충성을 맹세했던 자들이 배반을 했습니다. 그들에게는 도덕의 형벌이 내려질 것입니다. 그들은 무력으로 나를 무너뜨릴 수는 있겠지만 사회의 전진을 멈추게 할 수는 없을 것입니다. 역사는 우리의 것이며, 국민 여러분은 여전히 역사를 창조할 것입니다. 나는 칠레와 칠레의 운명을 믿습니다. 누군가 이 암울하고 쓰라린 순간을 극복해 내리라고 믿습니다. 머지않아 자유를 사랑하는 사람들이 더 나은 사회를 향하여 위대한 길을 열 것이라 믿습니다. 칠레여, 영원하라!"

아옌데는 목 메인 소리로 고별 연설을 마쳤다. 어느덧 모네타 궁을 겹겹이 포위한 육군과 경찰은 대통령에게 즉각 항복을 요구하는 통첩을 보냈다. 모네타 궁 지붕 위로는 반란군의 헬리콥터가 날며 공포 분위기를 조성하고 있었다.

세계 최초로, 국민이 선거로 뽑은 대통령이 총을 들었다. 3년 전, 인민 연합 정권 결성 무렵 쿠바 수상 카스트로에게서 선물받은 기관총이었다. 아옌데는 실제로 그 총을 사용하게 되리라고는 생각도 하지 못했다. 합법적인 선거로 탄생한 정부가 군부의 공격을 받게 될 줄은 꿈도 꾸지 않았던 것이다. 또한 그런 일이 일어난다 하더라도 국민의 힘이 막아 줄 것이라고 막연히 생각했다. 인민 연합 정권을 수립한 뒤 너무 낙관적으로 생각했다는 사실에 아옌데 대통령은 새삼 가슴이 저려 왔다. 죽음을 앞둔 순간에야 비로소 혁명의 본질을 깨달을 수 있었다.

'평화적인 방법으로는 평화를 지킬 수 없구나……'

아옌데는 모네타 궁이 반란군의 수중에 떨어지는 것을 한시라도 늦춰 볼 생각으로 총을 잡은 손에 힘을 주었다. 모네타 궁 2층 접견실에서 그는 경호원들에 말했다.

"다들 이곳을 떠나시오. 다만 무기는 두고 떠날 것을 부탁하오. 반란군을 막으려면 무기가 필요하기 때문이오."

그러나 이미 반란군은 2층 계단을 오르고 있었다.

"항복하시오."

선발대장은 짤막하게 최후 통첩을 보냈다. 아옌데는 고개를 가로저었다. 그 순간 반란군의 기관총이 일제히 불을 뿜었다. 아옌데는 비명을 지를 틈도 없이 복부를 움켜쥐고 쓰러졌다. 총탄 여섯 발이 그의 복부를 관통했다. 대통령 궁 접견실 바닥은 온통 피로 물들었다.

아옌데의 죽음을 확인한 반란군은 그의 시신을 칠레 국기로 덮었다. 얼마 지나지 않아서 반란군의 지휘자 팔라시오스 장군이 들어왔다. 그는 아옌데 대통령의 주검을 덮은 국기를 벗겨 냈다. 아옌데는 기관총을 꼭 잡은 채 죽어 있었다. 그 모양을 본 팔라시오스는 표정을 일그러뜨리더니, 한 걸음 물러서서 기관총의 방아쇠를 당겼다. '드르르륵!' 하는 소리와 함께 아옌데의 시신은 산산조각이 났다.

아옌데 대통령의 죽음을 끝으로 인민 연합 정권은 막을 내렸다. 3년에 걸친 미국의 치밀한 음모 끝에 칠레 인민 연합 정권에 대한 육군·해군·공군·경찰이 일으킨 반란의 결과였다. 1973년 9월 11일 하루 동안에 반란군은 3,000여 명을 체포했고, 공군은 시가지에 대대적인 폭격을 감행했다. 한편 반란군의 테러가 진행되는 동안 미국 군함 네

아옌데의 마지막 연설이 새겨져 있는 무덤에는 아직도 그를 추도하는 많은 이들의 발길이 끊이지 않는다.

척이 칠레 해안에서 산티아고 쪽으로 포문을 겨냥한 채 버티고 있었다. 군부의 반란이 실패할 경우 언제든 출동할 준비를 갖추고 있던 것이다.

피노체트 독재 정권과 다시 일어서는 칠레 민중

국민의 지지를 받던 현직 대통령을 사살하고 정권을 장악한 칠레의 군부는 육군·해군·공군·경찰의 대표로 구성된 군사 평의회를 설치하고, 아우구스토 피노체트(Augusto Pinochet)를 의장으로 임명했다. 군사 평의회는 헌법을 정지하고, 의회를 해산했으며, 좌파 진보 정당을 불법화했다.

한편 인민 연합 정권에 가담했던 인사들은 군부의 탄압을 피해 유럽과 미국 등지로 망명했다. 이들은 칠레에서 자행되는 군부의 만행을 세계 언론에 낱낱이 고발했다. 세계의 여론은 칠레의 군사 평의회를 규탄했고, 칠레의 노동자 계급과 단결을 꾀하려는 움직임이 일어났다.

영국의 노동자는 칠레 군부에 보내는 무기 생산을 거부했으며, 국제 운수 노동자 연맹은 이틀간 칠레 상품의 운반을 거부했다. 이러한 움직임은 국제 연합으로도 확산되었다. 1974년 11월 7일, 국제 연합 인권 위원회는 칠레 군부의 인권 탄압을 규탄하는 성명을 발표했다.

나라 밖에서 이런 움직임이 활기를 더해 가자 칠레 민중은 쓰라린 좌절을 딛고 일어서기 시작했다. 그들은 다시 군부 독재 반대 투쟁을 벌이기 시작했다. 파업을 일으키고, 군부 독재를 규탄하는 지하 신문과 유인물을 거리에 뿌렸다. 칠레 민중의 투쟁 열기와 전 세계의 여론에 밀려 피노체트 정권은 점점 고립되어 갔다.

한편 반체제 인사들을 탄압하고 투옥하는 등 인권 문제로 지탄을 받게 된 피노체트 정권은 1976년부터 그 정도를 조금 늦추는 듯했다. 그러나 국내외 여론이 조금 잠잠해진 1980년 이후부터는 다시 탄압 정책을 강화했다. 또한 그해 9월, 피노체트 정권은 장기 독재를 위한 새 헌법안을 국민 투표에 부쳤다. 가까스로 국민 투표를 통과한 헌법은 1981년 3월에 공포되었다.

이 헌법에서는 이후 8년간을 점진적 진행기라 하여 피노체트가 집권하고, 그 후에는 군사 평의회가 새로운 대통령 후보를 지명해 국민 투표에 부치기로 했다. 더불어 새로 선출된 임기 8년의 새 대통령은 연임을 금한다는 내용을 덧붙였다. 사실 칠레의 새 헌법은 피노체트의 장기 집권을 위한 것이었다. 새 헌법의 부칙에 피노체트가 81세가 되는 1997년까지 집권할 수 있다는 예외 규정을 두어서 사실상 종신 대통령의 길을 열어 놓았던 것이다.

피노체트의 집권 시기는 칠레 민중에게는 암흑 그 자체였다. 칠레 국민 10명 가운데 1명은 학정을 견디다 못해 망명했고, 칠레의 어린이는 고아 시장에서 헐값으로 팔려 나갔다. 전국에 75개나 설립된 강제 수용소에서는 수만 명의 반체제 인사가 고문으로 죽어 나갔다. 또한 고대 중국의 폭군 진시황이 행하던 분서갱유가 재현되기도 했다. 대학을 직접 관리한 군부는 사회주의 관련 서적은 물론, 막심 고리키의 《어머니》나 카프카의 《심판》 같은 문학 작품까지도 대중이 보는 앞에서 불태우는 야만성을 발휘했다.

암흑의 8년 세월이 흘러갔다. 1988년, 4인 군사 평의회는 피노체트를 대통령 후보로 다시 지명했고, 신임을 묻는 국민 투표를 실시했다. 투표 결과 칠레 국민의 57%가 그에게 반대하는 표를 던졌다. 이미 기층 민중뿐 아니라 기독교 민주당 우파나 전문 사무직 조합 등 과거 인민 연합 정권에 반대하고 반란을 지지하던 정치 세력까지도 피노체트 정권에 등을 돌린 것이다. 그리하여 1989년에 실시한 선거에서 군부에 반대하는 파트리시오 아일윈(Patricio Aylwin)이 대통령에 당선되었다. 1990년에 취임한 아일윈 정부는 경제 재건을 위해 노력했다. 그러나 피노체트가 군사령관이었으므로 군부는 여전히 막강한 권한을 행사했다. 새 헌법은 대통령에게 군 통수권을 부여하지 않았기 때문이다. 그 예로 1993년 5월 28일에는 칠레의 수도 산티아고의 군사령부에서 방탄복, 소총, 로켓포 등으로 중무장한 병력이 무장 시위를 벌인 적도 있다.

피노체트

1993년 12월에 실시된 대통령 선거에서는 기독교 민주당의 에두아르도 프레이(Eduardo Frei)가 당선되었다. 그는 1964년에 집권한 프레이 대통령의 아들로, 30년 간격을 두고 부자가 대통령에 당선된 것이다. 경제 안정과 대화합을 공약으로 내세운 프레이 대통령은 용감하게도 '군부를 장악하겠다.'고 큰소리를 쳤다. 즉 헌법을 개정해 대통령이 군부를 경질할 수 있도록 하겠다는 것이었다.

그 후 칠레 정권은 비교적 안정된 길을 걸었다. 그것은 1973년 피투성이가 되어 숨져 간 아옌데 대통령의 피 맺힌 고별 연설을 가슴에 담은 칠레 민중이 있었기 때문에 가능했다.

니카라과
민족 해방 혁명의 꽃

19세기에 미국은 에스파냐의 뒤를 이어 중남미 지역과 아시아에 (팽창주의) 정책을 실시한다. 이들 지역에서 독점적으로 이득을 취하기 위해 미국은 군대를 보내고 막대한 자본을 퍼부었다. 그 과정에서 자신들의 뜻대로 움직이는 허수아비 정권을 만들어 무기를 쥐어 주고는 민중 운동 세력을 짓밟게 하는 전략을 써 왔다. 이른바 '곤봉 정책'이라 불리는 미국의 식민지 지배는 폭력과 냉혹함 그 자체였다.

이러한 상황에서 미국의 자존심을 크게 손상시킨 두 나라가 있었다. 1959년 최초로 민족 민주 혁명에 성공한 쿠바와 1979년에 친미 하수인 소모사 정권을 무너뜨린 니카라과였다. 특히 산디니스타 민족 해방 전선(FSLN)이 미국의 하수 정권인 소모사 독재 정권을 무너뜨리고 민중 정권을 세운 니카라과 민족 해방 혁명은 소모사 독재 정권에 대한 승리였을 뿐만 아니라, 초강대국 미국의 식민 지배에

국가의 영토 확장을 지향하는 이념이나 정책. 흔히 대내적으로는 국가주의를 강조하고 대외적으로는 침략 정책을 써서 결국 전쟁을 불러일으키는 경향이 있다.

대한 민중의 승리였다.

한편 니카라과 민족 해방 민주주의 혁명이 성공하자 분노한 미 제국주의는 니카라과 민중을 향해 천박한 비난을 쏟아 놓았다. 특히 보수주의의 대명사 레이건 대통령은 한 연설에서 니카라과의 혁명 정부를 '붉은 정부의 일당 독재' '소련의 앞잡이'라고 모욕하였다. 과연 니카라과의 혁명 정부는 레이건의 표현대로 '붉은 정부의 일당 독재'였을까?

정복자의 후예가 건설한 부르주아 정부

남한보다 조금 넓은 13만km² 정도의 면적에 인구는 고작 300여 만 명밖에 안 되는 니카라과는 면화, 커피, 사탕수수 재배 등 농업에 생계를 의존하는 매우 가난한 나라다.

1502년경 에스파냐 탐험대 콜럼버스 일행에게 발견된 이후 니카라과는 에스파냐의 침략에 시달리게 됐고, 원주민인 인디오(Indio, 에스파냐어로 인디언이라는 뜻. 라틴 아메리카에 사는 인디언으로, 주로 아메리칸 인디언과 구별해 인디오라고 함)는 에스파냐 농장주에 예속된 농노 신세가 되고 말았다. 게다가 강제로 전파된 가톨릭의 영향으로 니카라과에는 아주 이질적인 문화가 형성되었다. 주민 구성에도 변화가 생겼다. 순수한 원주민은 점점 줄고, 에스파냐 정복자의 후손과 정복자와 원주민 사이에서 태어난 혼혈 인디오가 주민 대다수를 이루게 되었다.

19세기에 들어와 정복자의 후예들은 에스파냐에서 독립하고자 봉기를 일으켰다. 봉건 사회 제도를 무너뜨리고 프랑스나 미국 같은 자유주의 자본주의 나라로 만들려고 했다. 그러나 식민지 국가가 민족 자본을 형성한다는 것은 쉬운 일이 아니었다. 에스파냐의 탄압으로 봉기는 늘 사정없이 진압되고 말았던 것이다.

에스파냐의 힘이 약해진 1823년, 니카라과는 인접한 네 나라와 함께 중미 연방 공화국에 편입되었다가 1838년 이 연방이 해체되면서 독립을 이루었다. 그러나 이번에는 국내의 보수주의자와 자유주의자 간에 권력 싸움이 시작되었다. 이러한 갈등은 내전으로 치달았고, 미국이 개입하기 전까지 20년 동안이나 이어졌다.

그러던 1855년, 노예 상인이자 팽창주의 지지자로 알려진 미국인 윌리엄 워커(William Walker)가 군대를 이끌고 와 니카라과의 보수주의자를 일거에 쓸어 버리고는 스스로 대통령에 취임했다.

난데없는 미국인 독재자의 출현으로, 그간 대결하던 자유주의자와 보수주의자 양 진영 모두 정신이 번쩍 들었다. 미국인 지배자 아래서 서로 손을 잡을 수밖에 없는 상황이 빚어진 것이다. 그리하여 이들은 1857년에 워커를 쫓아내고 공동 정부를 세웠다. 내전은 끝났고, 부르주아 계급이 새로운 지배자로 떠올랐다.

정복자의 후예로 구성된 부르주아 정부가 가장 먼저 추진한 일은 인디오 공동체를 해체하는 일이었다. 이들은 인디오가 정주하던 지역의 토지를 몰수하고, 부랑자 신세로 전락한 인디오를 대규모 커피 농장에 몰아넣은 뒤 가혹한 노동을 강요했다. 정부의 악랄한 정책에 참다못한 인디오들은 1881년 '인디오 공동체 수호 전쟁'을 선언하고 9개월에 걸쳐 항전했다. 그러나 5,000여 명이 사살되는 결과만 남기고 막을 내렸다. 그 후 에스파냐 정복자의 후예로 이뤄진 부르주아 정부 시대가 한동안 이어졌다.

미국 식민 시대의 개막과 민중의 영웅 산디노

중앙아메리카 지역은 남북 아메리카 대륙을 연결하는 '띠'이면서 태평양과 대서양을 나누는 '벽'이기도 하다. 따라서 이 지역을 관통하는 운하를 만들어 막대한 통행료 수입을 올리는 사업에 미국의 자본가들은 일찍부터 군침을 흘리고 있었는데, 그들의 눈에 니카라과는 운하 건설의 요지였다.

그러나 1900년을 전후하여 니카라과의 셀라야(José Santos Zelaya) 정권은 미국 자본의 유입을 제한하고 있었다. 뿐만 아니라 영국, 일본, 독일 등과 외교 관계를 맺으면서 미국의 영향에서 벗어나려고 했다. 니카라과로 향하는 발길이 막히자 미국은 이래저래 침략의 구실을 찾고 있었다. 그러던 중 기회가 찾아왔다. 니카라과 주변에 주둔한 미군 병사 둘이 살해되는 사건이 일어난 것이다. 미국은 즉시 셀라야 정권에 그 책임을 뒤집어씌우고, 4만 명 규모의 해병을 파견했다. 벼랑 끝에 몰린 셀라야 정권은 미국의 협박에 못 이겨 무너지고 말았다.

셀라야에 이어 미국의 하수인 디아스(Adolfo Díaz) 정권이 들어섰다. 미국은 허수아비 정권을 손아귀에 넣고 주무르면서 본격적으로 개입을 시도했다. 그 무렵 니카라과의 부르주아 세력은 디아스 정권에 반대하며 내란을 일으켰다. 그러자 이를 구실로 미국은 다시 해병 2,700여 명을 추가 파병했다.

내전을 잠재운 미국은 브라이언-샤모르 조약이라는 불평등 조약을 체결, 조차와 운하 영업권을 99년간 미국이 독점하는 대신 니카라과에 300만 달러를 제공하기로 합의했다. 이후 미국은 자신들의 이해에 따라 대통령을 마음대로 임명하면서, 니카라과를 완전히 식민지 예속 경제의 틀 속에 가두어 버렸다.

미국의 식민 지배에 항거하려는 움직임이 여기저기서 일었다. 이때 반미 독립 투쟁의 기치를 내걸고 혜성처럼 나타난 사람이 있었으니, 그가 곧 '니카라과 혁명의 아버지'라 불리는 아우구스토 세사르 산디노(Augusto Cesar Sandino, 1895~1934년)이다. 산디노는 부유한 농장 경영주의 아들로 태어났지만 어머니가 노예나 다름없는 처지였기에 어려서부터 고된 농장 일을 하면서 자랐다. 20세 무렵 부패한 경찰서장을 저격하여 관통상을 입힌 사건으로 쫓기는 몸이 되었고, 정처 없는 방랑길 끝에 조국을 떠났다. 온두라스, 과테말라, 멕시코 등 인접 국가를 떠도는 동안 반미 의식이 싹텄다. 어느 곳엘 가도 대다수 민중은 미국인 소유의 농장이나 광산에서 노역에 시달리고 있었다.

당시 니카라과의 자유주의자들도 반미 운동을 벌이고 있었다. 산디노는 이런 분위기를 틈타 광산의 동료 노동자들과 니카라과 독립군을 조직했다. 비록 100여 명 정도의 소수였지만 그들은 뜨거운 의지로 대미 항전의 깃발을 올렸다.

니카라과는 다시 내전의 늪으로 빠져 들어갔다. 미국은 세 번째 파병을 했다. 1927년, 미국의 군사 위협이 강해지자 니카라과의 자유주의 세력은 미국이 제의한 평화 협상을 받

니카라과 혁명의 아버지, 산디노.

아들였다. 그러나 산디노의 독립군은 이를 거부하고 더욱 강도 높게 투쟁했다.

산디노의 독립군은 죽음을 각오하고 싸웠다. 독립군은 어느덧 수천 명으로 늘어났다. 그들은 니카라과에 주둔 중인 미군과 국가 경비대를 상대로 총공세를 가했다. 마침내 독립군은 승리를 눈앞에 두게 되었다. 미국은 당황했다. 전세가 기울어진 마당에 더 이상 니카라과에 주둔할 명분이 없었다.

소모사 독재와 깨어나는 민중

미국은 은밀히 아나스타시오 소모사 가르시아(Anastasio Somoza Garcia, 1896~1956년)에게 국가 경비대 사령관 직함을 주고는 독립군과 대리 전쟁을 치르게 한 다음 1933년에야 니카라과에서 철수했다. 그러나 이러한 미국의 속셈을 알 길이 없는 순박한 니카라과 민중은 독립의 기쁨에 도취되었다. 산디노 일행은 정치 협상을 위해 1934년 수도 마나과를 방문했다.

그러나 이들을 기다리는 것은 소모사 일당의 총구였다. 니카라과 민족 해방 혁명의 아버지 산디노와 그의 동지들은 저격범의 총탄에 모두 쓰러지고 말았다. 이어서 소모사가 이끄는 국가 경비대는 쿠데타를 감행해 정권을 장악하고, 독립군 전사들을 무차별 학살했다.

1937년, 소모사는 스스로 대통령에 취임했다. 이후 40여 년간 이어진 소모사가(家)의 독재는 이렇게 시작되었다. 소모사는 족벌 독재 체제를 만들어 나갔다. 수많은 반정부 인사를 학살하면서 소모사 일족은 정치 권력 장악은 물론 니카라과 최대의 재벌이 되었다. 1979년경, 국가 자산의 3분의 1가량이 소모사 일족의 소유였다. 심지어 1972년 대 지진이 발생했을 때 세계 각지에서 보내 온 의연금까지 횡령하면서 재산을 불렸다. 민족의 불행까지도 자기 일족의 치부에 이용한 소모사 정권은 미국계 기업이 니카라과에서 이익을 얻는 데는 온갖 편의를 제공했다.

한편 산디노가 죽은 후 한동안 단절되었던 니카라과 민족 해방 투쟁은 1940년대 중반기에 학생 운동 형태로 부활하기 시작했다. 국가 경비대의 극심한 무력 탄압을 받으며 니카라과 민중은 반소모사 운동을 전개했다. 노동자와 농민은 생존권 보장을 외쳤고, 학생들은 반독재 투쟁을 벌여 나갔다.

1956년에 면화 가격이 폭락하면서 니카라과는 경제 위기에 처하게 되었다. 벼랑 끝에 몰린 민중은 다시 일어났다. 그 와중에 노동자와 농민은 노농 연맹을 결성했고, 이듬해에는 대규모 시위를 벌였다. 그러던 차에 니카라과 동쪽 카리브 해의 외로운 섬 쿠바가 혁명에 성공했다는 소식이 날아들었다. 이 신선한 충격에 소규모 무장 투쟁을 벌이던 산디노의 후예들은 새로운 통일 조직 결성을 시도했다.

산디니스타 민족 해방 전선

1962년, 보르게와 폰세카 등이 새로운 혁명 조직을 결성했다. 조직의 이름은 혁명의 영웅 산디노를 기리는 뜻에서 '산디니스타 민족 해방 전선(FSLN, Frente Sandinista de Liberación Nacional)'이라고 붙였다. 이들은 1970년대 초반까지만 하더라도 수백 명 규모에 지나지 않았다. 따라서 그들의 의지만큼이나 반독재 투쟁을 그다지 힘 있게 수행하지는 못했다.

산디니스타 민족 해방 전선은 초기에는 쿠바의 포코 이론(foco theory)에 따라 주로 게릴라 투쟁을 벌였다. 그러나 이 전술은 실패를 거듭했고 결국 장기 인민 전쟁 노선으로 전술을 수정했다. 게릴라전으로 잠깐 해방구를 만드는 것보다 빈민, 농민, 학생 등 모든 민중 세력과 연대해 군사력과 정치 역량을 키워 나가는 전술을 택한 것이다.

1960년대 대부분의 라틴 아메리카에서 나타난, 쿠바 혁명의 성공을 따르는 게릴라 전략을 말한다. 이 론의 핵심은 라틴 아메리카 지역에서는 노동자의 양적 팽창 없이도 포코(중심 세력)가 이끄는 게릴라전을 통해 혁명을 이룰 수 있다는 것이다.

한편 미국과 소모사 정권은 집요하게 게릴라 소탕 작전을 펼치며 산디니스타 민족 해방 전선과 연계된 각 조직을 탄압했다. 산디니스타 민족 해방 전선은 한때 조직망이 노출되어 지도자가 대량 검거되고 수많은 농민이 학살되었지만, 1974년에는 부르주아 세력이 민주주의 해방 연합(UDEL)을 결성하여 산디니스타 민족 해방 전선에 힘을 보태 주었다.

1974년 12월, 산디니스타 민족 해방 전선은 소모사의 아들을 인질로 잡고 협상을 벌여 국가 경비대에 잡혀 있던 산디니스타 전사 18명을 구출했다. 그런 후 신문과 방송에 공개 성명을 발표했다. 소모사의 위신은 땅에 떨어졌다. 시기가 무르익었다고 판단한 산디니스타 민족 해방 전선은 대대적인 공격을 준비했다. 1977년 말에는 부르주아 진영도 동조했다. 소모사 정권은 막다른 골목으로 몰리면서 고립되어 갔다.

산디니스타의 승리

1978년 들어 반소모사 운동이 급격히 활발해지자 위기감을 느낀 소모사 정권은 그해 1월, 민주주의 해방 연합의 지도자이자 반소모사 진영의 언론인 페드로 호아킨 차모로(Pedro Joaquín Chamorro, 1924~1978년)를 암살하고 말았다. 차모로는 니카라과 야당을 대표하는 인물로 부르주아 계층에서 상당한 지지를 받고 있었기 때문에 소모사 정권이 궁지에 몰릴 경우 미국이 선택할 수 있는 대안이기도 했다. 소모사는 바로 그 점을 우려했다.

니카라과 민중의 분노는 극에 달했다. 언론인까지도 암살하는 현실에 분노한 자유주의자와 성직자, 노동자는 물론이고 보수 성향의 자본가조차도 반소모사 운동에 가담했다. 이렇듯 광범위한 전선이 형성되면서 민중의 분노는 폭발 직전까지 치달았다.

1978년 8월, 산디니스타 민족 해방 전선은 국가 경비대의 무선 통신을 도청한 뒤 돌격대를 결성해 국민궁 공격 작전을 감행했다. 이 작전의 성공으로 기선을 제압한 산디니스타 민족 해방 전선은 전국에 걸쳐 총파업을 일으켰다. 파업은 국가 경비대의 탄압으로 1주일 만에 진압됐지만, 정치 탄압과 파업 후 물가 인상 등으로 소모사 정권은 더욱 고립되었다. 여세를 몰아 산디니스타 민족 해방 전선은 9월, 대중 봉기를 주도했다. 니카라과 민중은 일제히 일어나 주요 도시에 있는 병영을 공격했으며, 수도 마나과의 민중은 3일 동안 도시를 장악하기도 했다. 그러나 국가 경비대의 대대적인 반격으로 첫 대중 봉기는 패배로 끝났다. 민중의 분노는 더욱 거세게 타올랐다.

소모사 정권이 위기에 처하자 미국은 소모사 없는 소모사주의 정책을 취했다. 소모사 정권의 틀은 그대로 유지하되, 소모사를 제거하고 다른 인물로 대체해 부르주아 세력과 산디니스타 민족 해방 전선이 대립하게 하려는 속셈이었다. 이에 대해 산디니스타 민족 해방 전선은 조직을 재편할 필요성을 느끼고 각 노선의 대표자들로 중앙 상임 위원회를 구성했다. 또한 1979년 2월에는 산디니스타 민족 해방 전선과 민중 운동 연합(MPU)이 중심이 되어 '민족 애국 전선'을 결성했고, 이를 중심으로 모든 대중 조직이 직접 혹은 간접 투쟁에 참가했다.

6월 1일부터 전국 총파업이 시작되었고, 그와 동시에 각 지역에서 국가 경비대를 상대로 전투가 시작되었다. 그리고 6월 16일, 산디니스타 민족 해방 전선은 임시 혁명 정부 수립을 발표했다. 임시 혁명 정부는 중남미 14개국의 승인을 받았다. 반면 군대를 보내 임시 혁명 정부를 제거하려던 미국은 OAS(Organization of American States, 미주 기구)의 반대에 부딪히고 말았다.

이와 같은 국제 연대가 형성되는 분위기에서 니카라과 민중은 마지막 공격의 신호탄을 쏘아 올렸다. 7월 13일 새벽, 혁명군은 수도 마나과로 향하는 아메리카 횡

캐나다를 제외하고 아메리카 대륙의 거의 모든 독립 국가가 가입한 기구. 쿠바는 회원국이었으나 1962년 축출되었다. 이 기구의 목적은 서반구의 평화와 안전을 보장하고, 회원국 간 분쟁을 평화적으로 해결하며, 집단 안보 체제를 마련하고, 경제·사회·문화 영역에서 상호 협력을 도모하는 것이다.

단 고속도로를 봉쇄했다. 이 무렵 소모사는 이미 측근들과 함께 가족을 데리고 미국의 마이애미로 도망친 후였다. 국가 경비대의 고위 장교들도 모두 도망치고 없었다. 6,000여 명의 혁명 게릴라 군은 이미 지휘 체계를 잃은 국가 경비대를 격파하며 수도 마나과를 향해 진격했고, 7월 19일 새벽 마침내 마나과에 첫발을 내딛었다. 떠오르는 해와 함께 마나과의 거리에는 산디니스타의 합창이 울려 퍼졌다. 니카라과의 민중 운동이 세계 민족 해방 운동의 새 장을 여는 순간이었다.

새로운 니카라과 건설

산디니스타 민족 해방 전선은 여러 정당 대표들로 새롭게 혁명 정부를 구성하고, 미국과 소련 어느 쪽에도 속하지 않는 비동맹 외교를 선언했다. 산디니스타 혁명 정부는 소모사 정권의 40년 독재로 황폐해진 조국을 재건해야 했다. 우선 파괴된 행정 조직과 각종 시설을 복구하고, 식량난과 실업 문제를 해결해야 했다. 그 밖에 외채 문제, 새로운 경제 제도 등도 중요한 과제였다. 혁명 정부는 소모사 일족의 재산을 몰수해 국유화하는 등 사회주의 경제 정책을 취하는 한편, 자본주의적 기업 경영도 허용했다.

한편 정부와 일반 민중의 결합을 강화해 대화 집회 같은 참여 정치의 장을 열고 대중 정치를 실현해 나갔다. 대화 집회란 주로 공장 주변

1979년 7월 19일 수도 마나과를 점령한 니카라과 혁명군과 민중이 승리의 손을 높이 치켜들고 있다.

의 빈터 같은 곳에서 이뤄졌는데, 평범한 노동자나 시민이 대통령이나 장관에게 질문을 던지면 대통령과 해당 부서의 장관은 사실을 있는 대로 솔직하게 설명해 주었고, 불만을 품었던 사람들도 나중에는 고개를 끄덕였다. 집회는 토요일마다 니카라과 곳곳에서 열렸다. 혁명 이후 니카라과 민중의 생활상은 상당히 개선되었다. 2년 만에 문맹률이 50% 정도 낮아졌고, 농업 노동자의 임금도 세 배 정도 높아졌다. 게다가 노동 시간이 11시간에서 8시간으로 줄어들었다.

그러나 민족 자본의 토대가 취약한 니카라과는 1981년, 반공주의를 표방한 레이건 정부가 들어선 미국과 관계가 악화돼 경제 파탄 위기에 빠지게 됐다. 미국이 개발 원조금을 전면 중단하고 수입을 금지한 것이 큰 이유였다.

콘트라 반군의 반혁명 기도

독재자 소모사 일족은 추방됐지만, 이미 오랜 세월 동안 황폐해진 경제 상황이 갑자기 나아질 수는 없었다. 이러한 분위기를 타고 반혁명 세력이 고개를 들었다. 소모사 독재 시절 민중의 요구를 짓밟으면서 호사를 누리던 전 고위 관료, 금융 자본가, 고급 장교 등은 권력과 부를 되찾고 싶어 안달이었다. 그들은 미국 레이건 정부의 지원을 받았다. 니카라과 혁명이 인접 국가에 미칠 영향을 두려워한 레이건 정부는 이들에게 신형 무기와 막대한 경제력을 제공했다. 이에 힘입어 군사력을 확보한 반혁명 세력은 니카라과 인접 국가인 온두라스와 코스타리카 국경 지대에서 '콘트라 반군'을 결성했다.

콘트라 반군은 게릴라전을 감행했다. 어뢰를 설치해 항구를 봉쇄하는 등 앞뒤 가리지 않고 오로지 혁명 정부를 뒤집기 위해 날뛰었다. 위기에 처한 혁명 정부는 무장을 강화하기 위해 소련에서 무기를 구입했다. 출범 때 비동맹 외교를 선언한 산디니스타 정부가 소련에 접근할 수밖에 없었던 것은 이처럼 미국이 먼저 콘트라 반군을 지원했기 때문이다. 혁명 정부는 콘트라 반군을 막아 내는 데 나라 예산의 40%에 이르는 비용을 지출해야 했다.

미국의 사주를 받는 반혁명군과 오랜 내전을 치르면서도 산디니스타 혁명 정부는 착실하게 정치 일정을 밟아 나갔다. 1984년 국회의원 선거에서는 산디니스타 민족 해방 전선 이외에 7개 정당의 입후보자가 경쟁했다. 그 결과 산디니스타 민족 해방 전선이 의석의 60% 이상을 차지했고, 산디니스타 민족 해방 전선의 대표 오르테가(Daniel Ortega Saavedra)가 대통령이 되었다. 그러나 1990년 2월 선거에서 산디니스타 민족 해방 전선은 미국의 지원을 받은 야당 연합의 보수 세력에 패하고 말았다. 이 선거는 미국이 저지른 선거 쿠데타나 마찬가지였다. 실제로 미국은 야당 연합 진영에 무려 500만 달러의 선거 자금을 지원했다. 이는 니카라과의 모든 노동자에게 한 달 임금을 주고도 남을 만큼 거액이었다.

　미국의 코밑에서 민족 해방을 이루어 낸다는 것은 이처럼 어려운 일이었다. 또한 미국의 제국주의 정책이 사라지지 않는 한 니카라과 민중 대부분은 고단한 삶을 이어 갈 수밖에 없을 것으로 보인다.

26

성직자를 투사로 바꾼
엘살바도르 혁명

1980년 3월 24일, 엘살바도르의 수도 산살바도르에 있는 '신의 섭리' 병원 소성당에서 오스카르 로메로(Óscar Arnulfo Romero, 1917~1980년) 대주교가 미사를 집전하고 있었다. 군부와 제국주의를 격양된 목소리로 강도 높게 비판하는 그의 강론은 대교구 방송으로 성당 밖 시민들에게도 전달되었다. 군중들은 로메로 대주교의 강론에 뜨겁게 달아올랐다.

강론이 절정에 이르렀을 때였다. 갑자기 '드르륵' 하는 자동 소총 소리가 울려 퍼졌다. 로메로 대주교는 수십 발의 총탄을 맞고 비명을 지를 사이도 없이 십자가 아래 쓰러졌다. 곧이어 군인과 경찰이 들이닥쳐 신자들을 모두 밖으로 끌어냈다.

로메로 대주교의 죽음은 국제적으로 민중의 분노를 일으키면서 엘살바도르 내전을 절정으로 치닫게 했다. 엘살바도르 민주화운동의 선구자로 기억되는 로메로 대주교는 지난 2005년 암살된 지 25년 만에 복자(福者) 품위에 올랐다. 사진은 암살 당시의 처참한 모습.

한 성직자를 투사로 바꾼 공포의 현실

오스카르 로메로는 원래 비폭력과 평화를 주장하던 성직자였다. 진보 성향의 젊은 성직자나 혁명가들을 비판할 정도로 순수한 종교인이었다. 그런 그가 대낮에 우익 테러범의 저격 대상이 될 정도로 급변한 것은 인권이 말살되는 엘살바도르의 정치 현실 때문이었다.

1980년 벽두부터 정부의 묵인 아래 자행되는 우익 단체의 테러는 극에 달했다. 가장 규모가 큰 조직인 오르덴(ORDEN)은 8만여 명의 조직원을 갖추고, 주로 농촌에서 선거 부정을 저지르거나 폭력으로 독재 정권에 봉사했다. 또한 전문 살인 조직인 '죽음의 부대'는 좌파 인사를 한 달 사이에 무려 800명이나 암살했다. 엘살바도르의 민주 인사, 노동조합 지도자, 진보 지식인은 모두 이들의 표적이었다. 사회 운동에 몸을 던진다는 것은 곧 우익 세력의 저격 대상이 된다는 것과 같았다. 엘살바도르에서는 더 이상 인권을 기대할 수 없었다.

로메로 대주교는 우익 테러 집단의 만행과 이를 묵인하는 정부 그리고 그 뒤에 도사린 미국에 분노를 느끼고, 그들을 강도 높게 비난했다. 엘살바도르 국민은 로메로 대주교를 열렬히 지지했다. 그가 집전하는 미사에 군중이 구름처럼 몰려들었다. 그러자 우익 군부 세력은 성당 앞에 군인을 배치해 공포 분위기를 조성했다. 우익 집단은 대주교에게 직접 협박을 가했다. 가톨릭 신자인 한 고위 장교가 대주교의 신변을 진심으로 염려하는 투로 말했다.

"말씀을 삼가지 않으시면 주교님의 목숨을 보장할 수가 없습니다."

그러나 로메로 대주교는 신념을 굽히지 않았다. 그리고 스스로 우익 테러의 희생양이 되고 말았다. 이 사건은 곧 세계의 여론을 들끓게 했다. 가톨릭 대주교가 공공 장소에서 총탄 세례를 받는 사회라면, 얼마나 많은 이름 없는 민중이 폭력과 압제 아래 신음하며 죽어 갔을 것인가. 세계의 인권 단체는 엘살바도르 정권을 소리 높여 비난했다.

농민 봉기와 대량 학살의 공포 시대

커피의 나라 엘살바도르는 중앙아메리카 중심부에 있는 아주 조그만 나라다. 면적은 한반도의 20분의 1 정도인 1만 1,000km²이며 인구는 약 500만 명이다. 이 나라가 제국주의 문명 세계와 접한 것은 1524년 에스파냐의 알바라도 장군이 이곳 원주민 피필족을 지배하면서부터였다. 이후 엘살바도르는 과테말라 총독령에 편입되었다가 18세기에는 프랑스 부르봉 왕조의 지배를 받았다.

1821년에 멕시코의 이투르비데(Agustín de Iturbide, 1783~1824년)가 독립을 선언하면서 엘살바도르는 그 영향권에 들어갔다. 이투르비데가 실각하자 과테말라, 온두라스, 코스타리카, 니카라과와 함께 중앙아메리카 5개국 연방이 되었다. 1838년 이 연방이 붕괴되고 엘살바도르는 독립했지만 과테말라, 온두라스와 영토 문제로 늘 시끄러웠다.

1907년, 미국은 영토 분쟁을 조정한다는 그럴듯한 명목으로 엘살바도르에 사법 재판소를 설치했다. 이렇게 식민지 진출의 발판을 마련한 미국은 민중 세력을 효과 있게 탄압하면서 미국의 정책에 동조하는 독재 정권을 물색했다.

한편 1920년대 후반 세계 경제 공황의 여파는 엘살바도르의 커피 수출에도 심각한 영향을 미쳤다. 커피 가격은 급락했고, 커피 수출이 산업의 근간인 엘살바도르는 경제적으로 심각한 타격을 입게 되었다.

1911년 중미 노동자 회의가 엘살바도르에서 개최된 이후 사회의식이 급속히 성장한 엘살바도르 노동자는 1920년경 이미 200개 이상의 노동 조합 대표자가 참가한 전국 노동 단체를 결성했다. 또한 민주 세력의 지원을 받은 아라우호(Arturo Araujo) 정권이 탄생하면서 모든 정치 활동이 허용됐고, 1930년에는 엘살바도르 최초의 혁명 조직인 엘살바도르 공산당(PCS)이 창당되었다.

그러나 아라우호 정권은 마르티네스(Maximiliano Hernández Martínez)라는 파시스트의 쿠데타로 붕괴하고 말았다. 이때 엘살바도르의 민주 혁명 세력에 등장한 지도자가 바로 파라분도 마르티(Farabundo Marti)였다. 그의 지도 아래 농민을 비롯한 엘살바도르 민중은 여러 도시에서 동시에 대대적인 봉기를 일으키기로 했다. 그러나 계획이 사전에 누설되었고, 마르티네스 독재 정권은 군대를 풀어 시위의 조짐이 보이는 사람을 닥치는 대로 잡아 학살했다.

엘살바도르의 주요 도시는 피비린내가 진동하는 가운데 공포의 먹

마르티는 "흙에 땀을 쏟는 사람이 땅의 주인이다."라고 외쳤다.

구름이 하늘을 뒤덮었지만, 한번 떨쳐 일어난 4만여 민중은 쉽게 물러나지 않았다. 한때 서부 도시에서는 무장 봉기군이 도시를 점령하고 민중 정권을 수립하기도 했다. 그러나 소나기처럼 퍼부어 대는 군사 독재 정권의 총탄을 견디지 못하고 무너졌다. 엘살바도르 최초의 조직적이고 혁명적인 민중 반란은 4만여 봉기군 중 무려 3만여 명이 학살되는 것으로 끝나고 말았다.

군부는 엘살바도르의 통치권을 완전히 장악했다. 그리하여 마르티네스의 보수 독재 정권은 이후 13년간이나 계속되었고, 그 정권이 무너진 뒤에도 엘살바도르는 미국을 등에 업은 군부의 군홧발 아래 놓이게 되었다.

선거 혁명은 가능한가

1940년대에 들어와서도 엘살바도르는 여전히 군부의 손아귀에서 놀아났다. 1950년에는 이미 쿠데타로 권력을 장악한 오스카르 오소리오 대령이 형식적인 선거를 통해 대통령에 취임했다. 오소리오는 노동

조합의 합법화 등 집권 초기에는 민주 정치를 하는 듯했지만 민중 운동이 활성화되자 곧 태도를 바꾸어 여지없이 탄압을 가했다.

1956년 3월, 대통령 선거에서 군부 출신의 레무스가 당선되었다. 레무스 역시 철저한 반공주의자였다. 그는 기층 민중의 생존 투쟁, 민주화 요구 투쟁을 모두 공산주의자의 책동으로 매도하고 피비린내 나는 탄압을 계속했다.

경제 사정이 더욱 악화된 가운데 엘살바도르의 민중 운동 진영은 침체기에 빠져 들었다. 그러던 1959년, 엘살바도르 민중의 잠을 깨우는 소식이 카리브 해를 건너왔다. 쿠바에서 민족 해방 혁명이 성공했다는 것이었다. 이는 엘살바도르 지배자에게도 정신이 번쩍 드는 소식이었다.

엘살바도르의 지배자들은 혁명을 저지하기 위해서는 정치 개혁이 불가피하다는 의견을 놓고 서로 언쟁을 벌였다. 지배 집단 사이에 내분이 발생하자 이 틈을 타서 민중은 합법적 정치 단체를 중심으로 사회 운동을 전개했다. 이러한 합법 운동은 1970년대 초반까지 계속되었는데, 다음과 같은 다섯 조직을 중심으로 이뤄졌다.

첫째, 중간층의 이익을 대변하는 기독교 민주당(PDC). 이들은 농민 결사의 자유, 신경제 정책 수립 등을 주장했다. 둘째, 중간층과 진보적 지식인을 중심으로 한 민족 혁명 운동(MNR). 기독교 민주당보다 조금 더 급진적인 사회 개혁을 주장했다. 셋째, 비공산주의 좌익 단체인 민족 민주 연합(UDN). 이미 불법화된 엘살바도르 공산당의 후신으로, 도시 노동자를 주된 활동 대상으로 했다. 넷째, 기독교 농민 연맹

(FECCAS). 제2차 바티칸 공의회를 계기로 새롭게 태어난 가톨릭 교회의 농민 운동은 농업 노동자의 노조 결성이 법적으로 금지된 현실에서 농민 투쟁의 지도 역할을 했다. 다섯째, 군부 내 진보적 자유주의 장교들의 단체인 행동 개혁당(PAR). 이미 1944년에 창당됐으나 별다른 활동을 하지 못하다 1960년대에 들어와 토지 개혁과 누진세 도입, 사회 보장 제도, 농업 협동 조합 설치 등의 강령을 내걸고 활발하게 활동했다. 이들의 활동은 군부 내 진보 세력의 상당한 지지를 얻었다.

기독교 민주당, 민족 혁명 운동, 민족 민주 연합은 1972년 대통령 선거에 대비해 1971년 9월 국민 저항 동맹(UNO)을 결성해 힘을 하나로 모았다. 이들은 정권 교체의 기대 속에 1972년 선거를 맞이했다. 입후보자는 모두 4명이었지만, 실질적인 경쟁자는 민주 진영 후보인 국민 저항 동맹의 두아르테와 기존 기독교 민주당에서 분리되어 군부와 우익의 지지를 받고 출마한 반동적 국민 협의당(PCS)의 몰리나(Molina)였다.

선거 시작 전부터 군부와 우익 세력의 노골적인 불법 방해 공작이 계속되었다. 우여곡절 끝에 선거는 가까스로 실시되었고, 드디어 수도 산살바도르의 투표함부터 개표가 시작되었다. 그 결과 두아르테가 몰리나보다 두 배의 득표수를 올리며 1위를 유지했다. 민주 진영은 정권 교체를 눈앞에 두고 흥분에 들떴다. 독재 치하에서 선거 혁명의 신화가 실현되는 순간이었다.

그러나 신화는 이뤄지지 않았다. 개표 상황을 지켜보던 군부와 우익 세력은 군대를 동원해 강제로 개표를 중지시켰다. 개표 참관인을 퇴장시킨 중앙 선거 관리 위원회는 그 뒤 개표 상황을 비밀에 붙였고, 하루가 지난 뒤 몰리나 후보가 대통령에 당선되었다는 사실만을 발표했다.

무장 혁명 운동의 성장과 미국의 속박

부정 선거로 권력을 잡은 몰리나 정권은 국민 저항 동맹 등 합법적 정치 단체에 폭압적인 탄압을 감행했다. 국민의 요구와 희망을 폭력으로 짓밟는 정부 아래서 평화적 정권 교체란 부질없는 희망임을 깨달은 민족 민주 세력의 지도자와 생활고에 시달리는 노동자, 농민은 곧바로 한데 어우러져 무장 혁명 조직을 결성했다.

파라분도 마르티 인민 해방군(FPL)과 인민 혁명군(ERP) 등 무장 혁명 조직은 농촌 지역을 대상으로 본격 활동에 들어갔다. 오로지 광범위한 대중의 참여가 있어야만 혁명에 성공할 수 있음을 알고 있는 이들 정치 군사 조직은 민중 교회의 협조를 받으면서 농민 사이에 뿌리를 내리기 시작했다.

1977년, 다시 대통령 선거를 치르게 되었다. 이번에도 역시 군부와 우익 세력은 선거 감시단을 추방하는 등 개표 부정을 저질렀다. 독재자의 얼굴이 바뀌었을 뿐, 엘살바도르의 군부 독재 체제는 여전히 계속되었다. 이들 독재 정권은 국민의 민주화 요구 시위에 기관총을 발사하는 것으로 답했고, 예비군 부대를 풀어 농촌을 휩쓸었다.

이처럼 살벌한 상황에서 무장 혁명 조직은 정부의 보안대원을 살해하고 악덕 자본가를 납치했으며 은행을 탈취해 활동 자금을 충당하는 등 독재 정권을 상대로 계속 공세를 가했다. 1980년 1월 22일에는 1932년 농민 봉기를 기념하는 대규모 정치 집회를 열었다. 20만 명 이상이 참가한 사상 최대 규모의 시위였다. 또한 국가 경비대를 공격하는 등 군부를 목표로 공격을 퍼부었다.

엘살바도르 민중 진영의 무장 투쟁은 1980년 4월 18일, 민주 진영의 통일 조직인 민주 혁명 전선(FDR)과 같은 해 10월 10일 결성된 파라분도 마르티 민족 해방 전선(FMLN)의 주도로 절정에 올랐다. 특히 5개의 정치 군사 조직으로 성장한 파라분도 마르티 민족 해방 전선은 1981년 '최종 공세'를 펼치기로 하고 1월 10일, 약 1만 병력으로 12개 주요 도시의 군 시설과 경찰서를 습격하는 등 막강 공세를 퍼부었고, 같은 시기에 민주 혁명 전선은 전국 총파업을 선동했다.

정부의 탄압은 더욱 잔인해졌다. 전투기와 전차까지 동원해 무장 투쟁을 억누르는 한편, 무장 세력뿐 아니라 민주 성향 인사들을 모두 적으로 규정하고 체포, 구금, 테러, 암살 등 공포 분위기를 연출했다. 로메로 대주교 암살도 바로 이때 일어났다.

파라분도 마르티 민족 해방 전선은 소규모 게릴라 조직으로 병력을 재편하고 기간 시설을 파괴하는 전술로 바꿨다. 실제로 파괴 전술의 피해액이 연간 6억 달러에 이를 정도로 커서 정부를 당혹스럽게 했다. 동시에 파라분도 마르티 민족 해방 전선은 정부군에 맞서 전략 거점을 확보해 나갔고, 해방구를 건설해 1983년에는 엘살바도르의 정치, 군사 주도권을 장악했다. 파라분도 마르티 민족 해방 전선의 전투 능력은 정부군을 능가하기에 이르렀다. 그리하여 당시 세계의 정세 분석 전문가들은 대부분 1~2년 이내 엘살바도르에 혁명 정부가 들어설 것으로 내다봤다. 혁명 세력 안에서도 이제 남은 것은 최종 공격 시기를 언제로 잡느냐 하는 문제뿐이라고 생각했다. 50여 년을 이어 온 엘살바도르 독재 정권은 이제 붕괴 직전의 운명에 놓이게 되었다.

그러나 엘살바도르의 혁명 세력은 미국이라는 거대한 벽에 부딪히게 됐다. 미국은 1983년 10월, 소앤틸리스 제도의 그레나다를 침공하여 새로 들어선 혁명 정권을 단숨에 짓밟아 버렸다. 이 사건을 접한 엘살바도르 혁명 세력은 주춤할 수밖에 없었다.

이제 혁명 세력이 독재 정권을 무너뜨리는 것은 시

서인도 제도에 있는 독립국. 1974년 영연방의 일원으로 독립했다. 1983년 10월 부총리 겸 재상인 코드가 군사령관 오스틴과 함께 쿠데타를 일으켜 강경한 마르크스주의자인 오스틴이 총리에 취임했다. 그러자 쿠바의 지원 아래 건설되던 비행장이 소련의 기지로 이용될 것을 우려한 미국은 1983년 10월 25일 바베이도스 등 카리브 해안 6개국과 연합해 그레나다에 있는 미국인을 보호한다는 명분으로 그레나다를 침공해 좌익 정권을 무너뜨렸다.

간문제였다. 하지만 그 후 예상되는 미국의 간섭이 문제였다. 그레나다처럼 직접 공격을 받거나, 인접한 나라의 친미 정권을 이용한 대리 침략을 견뎌 낼 정도의 힘은 아직 갖추지 못했다는 현실이 무장 투쟁의 발목을 붙잡았다. 게다가 1984년 3월에는 대통령 선거가 실시될 예정이었다. 이런저런 이유로 파라분도 마르티 민족 해방 전선은 군사 투쟁 전술을 정치 투쟁 중심으로 전환하게 됐다.

미국의 간섭과 민중의 저항

미국이 중남미 국가에 직접 간섭을 강화한 것은 1979년, 엘살바도르에 인접한 니카라과에 산디니스타 정권이 수립된 직후부터다. 니카라과에서 40년간 계속되어 온 소모사 친미 정권이 산디니스타 혁명군에게 권좌를 내주게 되자 미국은 중남미 식민지 전략의 실패를 자인했다. 그리하여 니카라과와 쿠바처럼 실패를 반복하지 않기 위해서 저강도 전쟁론에 입각해 새로운 전략을 구사했다. 저강도 전쟁론이란 정치, 경제, 사회, 문화 모든 면에서 종속을 심화함으로써 군사 침략 없이도 식민지 상태를 유지하는 것을 말한다.

이러한 전략에 따라 미국은 엘살바도르에 선거를 통한 문민 정부를 수립하고 이 정권에 경제와 군사 원조를 제공하는 한편, 파라분도 마르티 민족 해방 전선에 대한 이데올로기 공격을 강화하여 민중과 파라분도 마르티 민족 해방 전선을 분리할 계획을 세웠다. 미국이 노리는 것은 합법성과 물리력을 동시에 지닌 친미 대리 정권을 수립하고 이를 유지하는 것이었다.

1984년 대통령 선거를 맞이해 미국은 자신들의 입맛에 맞는 대리 정권을 수립할 기회를 갖게 되었다. 선거에 개입한 미국은 기독교 민주당의 두아르테 후보를 포섭해 적극 지원했다. 1972년 선거에서도 취임은 못했지만 사실상 당선되었던 두아르테는 결국 아레나(ARENA, 엘살바도르의 보수주의 우익 정당)의 다뷔송을 제치고 당선되었다. 미국은 두아르테 정권을 '힘 있는 정부'로 만들고 파라분도 마르티 민족 해방 전선과 민중을 떼어 놓으려고 막대한 경제 원조를 실시했다. 그러나 수억 달러의 원조는 민중이 아니라 부패한 권력 집단과 우익 세력으로 흘러들어갔다. 두아르테 정권은 오히려 민중에게서 소외됐다. 그리하여 미국은 원조 대상을 두아르테 정권에서 군부로 다시 바꾸었다.

미국의 공작은 참으로 집요했다. 집요하다 못해 비겁한 냄새마저 풍겼다. 미국은 산살바도르 미국 대사관의 심리전을 통해 파라분도 마르티 민족 해방 전선에 대한 중상모략을 서슴지 않았다. 즉 파라분도 마르티 민족 해방 전선을 폭력과 테러 집단으로 매도했고, 노동 조합의 지도자나 인권 운동가를 폭력 분자라고 선전했다.

미국과 미국에 예속된 정권을 지지하지 않는 모든 세력을 민주주의의 적으로 간주하는 미국은 종종 명백하게 그 본모습을 드러내기도 했다. 1984년 1월, 중미 문제를 주제로 열린 미국의 TV 토론에서 키신저는 "엘살바도르에 인권 정책을 지나치게 강요하는 것은 현 정권의 기반을 위태롭게 한다."고 밝혔다. 이 발언은 미국이 제3세계 민중의 인권 문제에는 관심이 없다는 것을 스스로 입증하는 것이었다. 미국에서 멀리 떨어진 서아시아의 이슬람 국가나 신생 독립국의 인권 상황에는 그토록 집요하게 간섭하려 드는 미국이 정작 자신들의 하수 정권이 저지른 인권 탄압은 애써 묵인하는 이유는 무엇일까? 결국 미국은 민중의 인권을 존중하는 정권보다 좌익의 움직임을 폭력으로라도 짓밟아 버리는 정권이 필요하다는 것을 힘주어 말하고 있는 것이다.

장기전을 계속하던 파라분도 마르티 민족 해방 전선은 두아르테의 집권 기간이 끝나는 1989년 대통령 선거를 앞두고 평화를 위한 제안을 했다. 파라분도 마르티 민족 해방 전선은 민중의 선거 불신 풍조와 군부 쿠데타의 위험성 등을 이유로 3월로 예정된 대통령 선거를 9월에 실시하자고 주장했다. 또한 민중 운동에 탄압을 중지할 것과 선거법 개정, 국외 거주자의 투표권 인정, 미국의 선거 개입 금지 등을 선거 실시의 전제 조건으로 제시했다. 그리고 이러한 제안이 이뤄진다면 휴전을 선포하고 선거에 참여해 그 합법성을 인정하겠다고 약속했다.

그러나 두아르테 정권과 군부는 파라분도 마르티 민족 해방 전선의 제안을 묵살하고, 3월 19일에 선거를 실시한다는 발표를 했다. 이에 파라분도 마르티 민족 해방 전선은 선거 거부를 분명히 했고, 절반 이상의 유권자가 선거에 불참했다. 그 결과 우익 정당인 아레나의 크리스티아니 후보가 당선됐지만 득표율은 전체 유권자의 20%에도 미치지 못했다.

평화의 가능성은 사라지고 다시 내전이 벌어졌다. 파라분도 마르티 민족 해방 전선은 크리스티아니가 집권한 뒤에도 계속 평화 교섭을 제안했지만, 크리스티아니 정권은 무조건 파라분도 마르티 민족 해방 전선의 무장 해제만을 고집해 교섭이 결렬되었다. 게다가 '죽음의 부대'

등 우익 테러 단체는 여러 민중 운동 단체에 테러를 계속했다.

이러한 상황에서 파라분도 마르티 민족 해방 전선은 크리스티아니 정권과 군부의 움직임에 못을 박고자 1989년 11월 11일, 수도 산살바도르 경비군 본부와 산미구엘, 산타아나 등의 도시 군부대에 대규모 공격을 퍼부었다. 1981년 이후 가장 큰 규모였다. 파라분도 마르티 민족 해방 전선은 다시 평화 교섭을 통해 정치적 해결을 모색했다. 그러나 크리스티아니 정권은 역시 강경 일변도였고, 내전 상황은 계속되었다.

민중의 든든한 지지 기반을 가진 파라분도 마르티 민족 해방 전선의 평화 교섭을 거부하고 소수 지배 집단의 이해를 위해 수백만에 달하는 민중의 생존을 방치한 크리스티아니 정권은 1990년 봄에 들어서야 파라분도 마르티 민족 해방 전선의 평화 제안을 받아들였다. 그리하여 그 해 4월 4일 제네바에서 평화 회담을 갖고 '파라분도 마르티 민족 해방 전선의 합법화' '민주화 추진' '인권 존중' 등 7개 항에 합의했다.

그러나 이미 엘살바도르는 극도로 피폐해 있었다. 내전 기간에 7만 5,000여 명이 학살됐고, 100만여 명이 집과 땅을 빼앗기고 추방되어 난민이 되었으며, 경제 활동 인구의 60%에 해당하는 사람들이 일자리 없이 굶주리고 있었다. 내전이 벌어진 이래 미국이 제공한 원조액 35억 달러는 어디로 간 것일까? 그리고 피폐한 엘살바도르 민중이 진정으로 원하는 것은 무엇일까? 군부와 허수아비 정권을 통해 제공되는 미국의 원조 물자인가, 아니면 미국의 불간섭과 자주 독립인가?

27

필리핀에 나부끼는
반미의 깃발

필리핀은 참으로 질긴 식민지의 아픔을 간직한 나라다. 지구의 남반구를 돌아온 마젤란 함대가 1521년 세부 섬에 발을 디뎠을 무렵, 필리핀 군도는 바랑가이(barangay)라고 부르는 부족민이 평화롭게 사는 아름다운 섬이었다. 낯선 인종의 침입에 필리핀 군도의 원주민은 대항할 엄두도 내지 못한 채 속수무책으로 당하고 말았다. 그리하여 원주민 사회의 애니미즘(animism, 자연계의 모든 사물에는 근원을 이루는 신령스러운 기운이 있으며, 자연계의 여러 현상도 이 기운의 작용으로 보는 세계관 또는 원시 신앙) 터전에는 가톨릭 교회의 성상과 근대적인 행정 관청이 들어섰고, 바랑가이의 부족장에게는 식민지 지배 체제의 중간 관리자 임무가 부여되었다. 그때부터 400년 가까운 식민지 역사가 시작되었다. 동시에 식민 지배에 항거하는 필리핀 민중의 역사도 시작되었다.

선각자 호세 리살과 깨어나는 민족의식

당시 에스파냐 제국주의의 관심은 오로지 장사뿐이었다. 그들은 갤리언이라는 큰 범선을 타고 필리핀의 마닐라와 멕시코의 아카풀코 사이를 오가며 중국과 동아시아 특산물을 신대륙 멕시코의 은화로 바꾸는 일에 목숨을 걸다시피 했다. 그러나 18세기 후반에 들어와 갤리언 무역이 여러 제약을 받게 되자 에스파냐 상인들은 필리핀에 설탕이나 담배, 마닐라삼 등 상품 작물을 재배해 새로운 수출 시장으로 눈을 돌렸다. 또 1869년에는 수에즈 운하가 개통되어 유럽 쪽으로 뱃길이 열리면서 필리핀의 전통 자급 경제는 급속하게 상품 경제로 바뀌게 됐다.

이 와중에 식민주의자와 결탁해 돈을 번 필리핀 부유층이 나타났는데, 이들은 자녀를 외국으로 보내 고등 교육을 받게 하기도 했다. 그들 중 일부는 서구의 자유 사상을 공부하며 정신적으로 각성하게 됐고, 나아가 민족의 독립까지 꿈꾸게 되었다. 호세 리살(José Rizal, 1861~1896년)이 대표적인 인물로, 그는 민족의 일체성과 민족 의식을 호소하

열강이 휘두르는 폭력 앞에 아무런 저항도 하지 못한 채 숨죽이던 필리핀 민중에게 민족주의 운동을 고취시킨 애국자·의사·저술가. 에스파냐의 마드리드 대학에서 공부하던 중 식민 지배의 부당함을 깨닫고 학생 단체의 지도자가 되어 식민 통치 개혁에 힘썼다. 오늘날 필리핀의 수많은 공원과 거리에서 그의 동상과 이름을 만날 수 있다. 옆의 사진은 식민지 필리핀의 현실을 담은 그의 소설 《나에게 손대지 마라》.

는 내용의 책을 써서 식민지 필리핀 민중의 독립 사상을 고취했다.

에스파냐의 식민지가 된 이래 필리핀의 민중 봉기는 종족 단위의 소규모로 일어났기 때문에 그 성과는 보잘것없었다. 이 같은 저항 운동은 호세 리살 같은 선각자들이 나타나면서 점차 정치적 성격을 띠게 되었고 전국으로 확산되었다. 그리하여 19세기 말에 이르러서는 필리핀의 독립을 요구하는 데 초점이 모아졌다. 그러나 독립 사상의 주창자 호세 리살은 식민주의자의 보복으로 1896년 형장의 이슬로 사라지고 말았다.

경제적 생산 양식의 변화는 사회 계급 간에 변화를 가져오게 마련이다. 필리핀의 역사도 예외는 아니었다. 19세기 이후 상품 생산 경제로 변화한 이래 필리핀에는 아직 미약하지만 노동자 계급이 형성되고 있었다. 이들은 호세 리살 같은 지식인의 사상을 적극 받아들이며 조국의 독립 운동에 눈을 뜨기 시작했다. 그리하여 호세 리살의 처형에 분노한 민중은 보니파시오의 지도 아래 무장 봉기를 일으켰고, '필리핀 독립 만세!' 소리가 전국에 울려 퍼졌다.

민중 봉기의 횃불과 새로운 지배자 미국

봉기는 곧 8개 주로 확산되었다. 각지의 민중은 도끼와 죽창, 사제 소총 등을 들고 에스파냐 식민주의자들과 치열하게 싸웠다. 화들짝 놀란 필리핀 총독은 에스파냐 본국에서 지원군 3만 명을 불러 들여 독립을 부르짖는 민중을 무력으로 탄압했다. 에스파냐 침략군과 필리핀 혁명군 사이에는 무려 3년에 걸쳐 공방전이 이어졌다.

그러던 1898년, 미국이 에스파냐에 (싸움을) 걸었다. 미국은 필리핀의 독립을 지지한다고 발표했다. 그리하여 마닐라 만에서 에스파냐 함대를 격파한 미국은 싱가포르에 망명 중이던 혁명군 지도자 에밀리오 아기날도(Emilio Aguinaldo)에게 무기와 식량을 원조해 주었다.

힘을 가지게 된 필리핀 혁명군은 마닐라에서 에스파냐 군과 격돌했다. 그 즈음 미국 육군도 상륙해 마닐라 시를 점령하고 에스파냐 군대를 몰아냈다. 아기날도 혁명군은 혁명 정부를 수립하고 지방

미국 · 에스파냐 전쟁. 1898년에 일어난 미국과 에스파냐 간의 전쟁. 이 전쟁으로 에스파냐의 아메리카 식민 지배가 끝났으며, 미국은 태평양 연안 서부와 라틴 아메리카 지역의 영토를 획득했다. 전쟁 후 맺은 파리 조약으로 에스파냐는 쿠바를 비롯해 괌, 푸에르토리코 등의 권리를 미국에 넘겼고 2,000만 달러에 필리핀 통치권도 팔아 넘겼다. 그림은 식민지 지배를 풍자한 것으로, 에스파냐 여왕이 쿠바와 필리핀 제도의 민중을 붙잡고 있다.

에도 세력을 넓혀 갔다. 마침내 1899년 1월, 필리핀 공화국을 수립하고 독립을 선포했다. 또 아시아에서 처음으로 공화국 헌법을 만들었다.

그러나 공화국은 그리 오래 가지 않았다. 필리핀의 독립을 지원한 미국은 1898년에 개최된 파리 조약에 따라 에스파냐에 2,000만 달러를 주고 필리핀을 매입했다. 지배자의 얼굴만 바뀐 것이다. 미군을 해

미국과 에스파냐의 전쟁. 미국은 에스파냐의 손아귀에서 필리핀을 구해 냈지만, 그들 역시 자국의 이익을 위해 힘없는 국가를 무참히 짓밟는 또 다른 제국주의 국가일 뿐이었다.

방군으로 맞이하던 필리핀 민중은 곧 미국이 에스파냐를 대신한 새로운 지배자임을 알게 되었다.

미국의 '두 얼굴'을 확인한 필리핀 민중은 미국 제국주의에 대항하는 기나긴 민족 해방 투쟁의 길로 들어서게 됐다. 필리핀 혁명군은 최신 장비를 갖춘 미군에 과감히 도전했다. 미국은 7만 병력을 새로 파견해 필리핀 혁명군을 잔인하게 진압하기 시작했다. 아기날도의 지도 아래 필리핀 혁명군은 산악과 정글에서 게릴라 부대를 조직해 저항을 계속했다. 그러나 1901년 3월 아기날도는 미군에 체포되었고, 계속되는 미국의 막강한 물리력 앞에서 혁명군 주력 부대는 두 손을 들 수밖에 없었다. 1902년까지 미국은 13만 병력을 투입했으며 이 중 4,000여 명이 전사했다. 반면 필리핀 민중은 20만 명이 학살되었고, 루손 섬에서는 전체 인구의 6분의 1이 학살되는 참상이 빚어졌다.

살아남은 혁명군은 숱한 피를 뿌리며 새로운 지배자로 군림한 미국에 맞서 산발적인 저항을 계속했다. 규모는 작지만 끈질기게 계속되는 혁명군의 저항과 세계 곳곳에서 불어 닥친 민족주의의 영향으로, 1907년 미국은 필리핀에 형식적인 자치권을 부여했다. 그리하여 필리핀인으로 구성된 입법 의회가 생겼고 독립을 겨냥한 민족주의 당이 결성되었다. 필리핀은 독립 국가를 향하여 한 걸음씩 나아갔다. 그리하여 1934년에는 1946년 이전에 독립을 보장한다는 '필리핀 독립 법안'이 미국 의회를 통과했고, 이듬해에는 케손(Manuel Quezon)을 대통령으로 하는 필리핀 연방 정부가 들어섰다.

하지만 독립을 향한 필리핀 민중의 염원은 태평양 전쟁이 발발하면서 무너지고 말았다. 특히 1941년 8월에 일본군의 공격이 시작되면서 필리핀 섬은 미국과 일본의 제국주의 지배욕이 맞서는 각축장이 되고 말았다. 1943년 일본 점령군은 호세 라우렐을 대통령으로 내세워 독립을 선언하게 했지만, 1945년에는 미군이 필리핀을 다시 탈환했다.

태평양 전쟁에서 승리를 거둔 미국은 다시 필리핀의 지배자로 군림했다. 그리하여 1946년 4월에 실시된 선거에서는 미국을 등에 업은 로하스가 대통령에 당선되었고, 같은 해 7월 4일에는 필리핀 공화국을 선포하기에 이르렀다. 그러나 공화국으로 독립을 선포한 후에도 필리핀은 미국의 영향권에서 자유롭지 못했다. 미국은 온갖 특혜를 누리며 필리핀과 통상 관계를 유지했고, 군사

미국 군에 항복하는 필리핀 혁명군.

기지 협정과 상호 방위 조약, 군사 원조 협정 등을 맺어 필리핀을 공동 방위 체제 아래 두었다. 사실상 필리핀은 미국의 태평양 기지로 전락하고 말았다. 필리핀 공화국 정부라는 것도 자치 정권이라기보다 미국의 조종에 따라 움직이는 친미 예속 정권에 지나지 않았다.

미국에 의한 신식민지 지배와 친미 정권

제2차 세계 대전이 끝나고 세계적으로 민족 해방 운동의 기운이 고양되자 미국을 위시한 제국주의 국가들은 예전과 같은 방식으로 식민지를 통치할 수 없음을 깨닫고, 식민지 현지 대리 정권을 통해 통치하는 신식민주의 정책을 실시했다.

필리핀에 들어선 최초의 신식민주의 친미 정권은 1946년에 들어선 로하스(Manuel Roxas) 정권이었다. 필리핀 공화국의 초대 대통령 로하스는 태평양 전쟁 때는 점령국 일본의 지배에 협조하다가, 미군이 일본군을 몰아내자 재빨리 미국에 협력해 대통령에 오른 인물이다.

그 뒤 1948년에는 자유당의 키리노 정권이 들어서서 미국의 이익을 대변했고, 키리노의 뒤를 이어 로만 막사이사이(Roman Magsaysay, 1907~1957년)가 집권했다. 키리노 정권 때 국방 위원장이던 막사이사이는 반공 · 반혁명 공작의 실질 지휘자로 민중 탄압에 앞장서서 제국주의 미국과 필리핀 토착 지배 계급의 사랑을 한 몸에 받은 인물이다. 대통령이 된 그는 미국의 지원에 힘입어 민중 세력 탄압에 주력했다. '태평양의 아이젠하워'라 불리며 미국식 정치 제도 정착에 노력하던 그는 1957년 비행기 사고로 사망했다.

그가 죽은 이듬해인 1958년 3월 1일 미국의 록펠러 재단은 50만 달러를 기부해 막사이사이 재단을 설립하고 '막사이사이 상'을 제정했다. 막사이사이 상은 해마다 공무원, 공공사업, 국제 협력 증진, 지역 사회 지도, 언론 문화의 다섯 부문에 걸쳐 각 1만 달러씩 상금과 메달을 수여한다. 오늘날 막사이사이는 필리핀 정치사에 많은 공적을 남긴 카리스마 넘치는 인물로 인식된다. 그런데 그의 공적이라는 게 사실은 필리핀 공산당과 민중 운동을 탄압한 것이다. 물론 미국 제국주의나 필리핀의 지배 권력자 처지에서 보면 대단한 업적일지도 모른다. 하지만 당시 필리핀 민중의 처지에서 보면 평가는 달라질 것이다.

막사이사이 정권 이후 필리핀에는 가르시아, 마카파갈 등의 친미 정권이 차례로 들어섰다. 그러나 무엇보다도 필리핀 현대사에서 독재 정치의 압권이라 할 수 있는 인물은 바로 페르디난드 마르코스(Ferdinand Marcos, 1917~1989년)였다.

독재자 마르코스의 시대

필리핀 하면 우선 떠오르는 것은 태평양에 떠 있는 크고 작은 7,000

막강한 권력을 휘두르며 온갖 사치를 일삼고 민중의 삶을 철저히 외면한 마르코스와 이멜다.

여 개의 섬이지만, 어떤 사람은 그보다 독재자 마르코스를 먼저 떠올릴지도 모른다. 그만큼 마르코스는 세계 민중에게 독재 정치의 상징처럼 각인된 인물이다. 21년간 장기 독재로 필리핀 현대사를 제압한 페르디난드 마르코스는, 태평양 전쟁에 참전했다가 일본군의 포로가 되었으나 우여곡절 끝에 탈출해 게릴라 대장이 되었다. 1949년 하원 의원에 당선되면서 정치에 입문, 1959년에 상원 의원이 되었으며 자유당 총재와 상원 의장을 거쳐 1965년 국민당 공천으로 대통령에 당선되었다. 그렇게 시작된 그의 집권은 무려 21년간이라는 길고 긴 세월 동안 이어졌다.

집권 초기에 마르코스는 친미 일변도의 외교 관계에서 벗어나 외교 정책의 다변화를 시도했다. 그는 아시아 외교를 중심으로 일부 공산권 국가와도 외교를 맺었다. 한편 농지 개혁과 식량 증산, 산업 재편성, 외자 도입을 비롯한 투자 촉진 정책 등을 실시해 경제 개발을 추진해 나갔다.

그러나 1969년 대통령에 재선되면서부터 마르코스는 차츰 독재 체제를 강화하기 시작했다. 1972년 9월에는 필리핀 전 지역에 계엄령을 선포했다. 대통령 3선을 금지하는 헌법을 무시하고 영구 집권을 향한 발걸음을 내딛은 것이다. 마르코스는 모든 정당 활동을 금지하고 정적과 언론인을 체포하면서 완벽한 1인 독재 체제를 만들어 나갔다. 그리하여 세 번째 임기를 마칠 즈음인 1976년, 다시 헌법을 개정해 대통령의 비상 대권을 강화했다. 그리고 1981년 8월에야 계엄령을 해제하고 정치범 일부를 석방했다. 그러나 그때는 이미 그의 아내 이멜다가 수도 마닐라의 시장으로, 장남 봉봉이 대통령 보좌관으로 임명되는 등 족벌 체제가 구축된 다음이었다.

공산당 재건과 반독재 투쟁의 전환기

막사이사이 친미 정권이 반공 · 반혁명의 칼날을 마구 휘둘러 대는 바람에 한때 수그러들고 말았던 필리핀 민족 민주 운동의 기세는 마르코스의 독재가 강화된 1960년대에 들어 다시 세력을 조금씩 회복해 나갔다. 그중에서도 필리핀 공산당의 재창당 움직임이 일어나면서 반독재 투쟁에 중요한 지위를 차지하게 된다.

1930년에 창당된 필리핀 공산당(PKP)은 태평양 전쟁 중에 노동자와 농민으로 구성된 항일 인민군을 창설하고 반파시즘 인민 전선에 참여해 항일 무장 투쟁을 전개했다. 그리고 제2차 세계 대전이 끝난 뒤에는 로하스 친미 정권에 반대해 광범위한 통일 전선 조직인 민주 동맹을 결성하여 의회주의 노선을 채택했다. 그러나 미국과 국내 보수 세력의 탄압으로 성과를 거두지는 못했다.

1950년 1월, 필리핀 공산당은 무장 투쟁 노선에 입각한 총공세 쪽으로 전략을 바꾸었다. '후크단의 반란'이라 부르는 이 무장 투쟁 노선은 초기에는 큰 성과를 올리는 듯했으나, 미국 CIA와 막사이사이의 반혁명 공작 아래 큰 타격을 입게 되었다. 따라서 막사이사이 집권기에 필리핀 공산당은 급진적인 모험주의와 우익 의회주의 노선을 왔다 갔다 하며 혼선을 거듭하다가 결국 미국과 매판 통치 계급에 투항, 1954년까지 거의 소멸되었다.

그 뒤 필리핀 공산당은 다시 의회주의 노선으로 회귀하여 합법적 생존을 모색하지만 마르코스의 계엄 통치를 지지하는 등 순수한 투쟁성을 상실하고 말았다. 그러던 중 마르코스 정권에 진저리가 난 필리핀 민중은 대안을 찾게 되고, 학생 운동과 민족주의 세력이 급진 노선을 취하면서 독재 정권을 대체할 수 있는 새로운 정치 세력을 모색하게 되었다. 이런 분위기에서 필리핀 공산당은 농촌에 잔류하던 과거의 후크단 세력과 결합해 새로운 공산당을 창당하자는 쪽으로 의견을 모았다.

1968년 12월 26일, '민족주의 청년 동맹'을 주축으로 한 필리핀 청년 혁명가들과 옛 필리핀 공산당의 혁명 세력은 마침내 새로운 공산당을 창당했다. 새로운 필리핀 공산당은 이전의 PKP와 구별하여

CPP(Communist Party of the Philippines)라 명명했다.

CPP 의장에 오른 호세 마리아 시손(José María Sison)은 이전의 PKP 가 1948년에서 1955년 사이에 혁명을 이룰 만큼 정세가 무르익었다고 판단하고 무모한 봉기를 시도한 점과, 반대로 제국주의 세력을 과대 평가하여 의회주의에 기울었던 점을 오류로 지적하며 뼈저리게 반성했다. 그리고 필리핀 사회의 성격을 '반(半)식민지·반(半)봉건 사회'로 파악했다.

1969년 3월 필리핀 공산당은 신인민군(New People's Army, NPA)이라 불리는 무장 투쟁 조직을 결성했다. 주창자는 단테라는 인물이었다. 그는 당시 부패, 소멸해 가던 후크단을 재편성하기 위해 새로운 지도 이념을 모색하다가 무장 투쟁의 필요성을 주장하는 시손 등의 지식인 세력과 결탁했다. 그리하여 이들은 중국 혁명의 모델을 연구하면서 모택동이 행한 지구적 인민 전쟁 전략을 채택했다. 이 전략은 농촌에서 무장 투쟁으로 기지를 건설하고, 그 수효를 늘려 가다가 나중에는 도시를 포위하는 것이었다.

초기에 신인민군은 변변찮은 무기를 소지한 200명가량의 작은 조직에 지나지 않았다. 그러나 곧 후크단의 무장 투쟁 경험을 흡수해 필리핀의 조건에 맞는 독자 전술을 개발하여 급속도로 강력해졌다. 신인민군은 활동 지역을 게릴라 기지, 게릴라 전선, 예비 지역으로 구분했다. 또한 병력 조직은 게릴라 분대, 무장 선전대, 비전투 요원 등으로 구성했다.

필리핀 공산당의 신인민군은 농지 개혁 같은 정치 작업을 군사 행동과 병행했으므로 주민의 지지를 받았다. 이들과 주민의 관계는 물과 물고기 같은 관계였다. 이들은 농민을 조직한 뒤 지주와 부농을 상대로 소작료 인하와 임금 투쟁을 벌이는 등 농민의 생계와 밀접한 활동을 했다.

한편 필리핀 공산당의 민족 민주주의 혁명 노선에 입각해, 1973년 반독재 대중 투쟁 조직인 민족 민주 전선(NDF)이 창설되어 계엄을 선포한 마르코스에 맞섰다. 민족 민주 전선은 반제 · 반봉건 · 반독재 노선에 공감하는 노동자, 농민 등 기층 민중뿐 아니라 공무원, 성직자, 지식인 등 광범위한 계층이 참여한 연합 조직이었다. 따라서 민족 민주 전선의 지도에 따라 마르코스 정권과 필리핀 민중의 대립은 격화되었고 민족 민주 전선의 무장 투쟁 또한 활발하게 전개되었다.

비록 삼엄한 계엄 치하였지만 필리핀 공산당을 위시한 전 민족 민주 세력은 체제 내의 개혁을 거부하면서 투쟁했다. 특히 민족 민주 전선은 합법 · 비합법 투쟁을 결합하여 농촌에서는 민족 민주 전선과 보완 관계를 유지하면서 실질적인 대체 권력 역할을 수행했고, 도시에서는 반독재 투쟁의 대열에 선 광범위한 진보 세력의 투쟁을 지도했다.

아키노 암살과 반독재 투쟁의 뜨거운 열기

1983년 8월 21일, 필리핀 마닐라 국제 공항에 총성이 울려 퍼졌다. 그와 동시에 망명지 미국에서 귀국한 야당 지도자이자 전 상원 의원 베니그노 아키노 2세(Benigno Simeon Aquino Jr., 1932~1983년)는 피투성이가 되어 쓰러졌다. 사건이 발생한 직후 마르코스는 공산당을 들먹이며 마치 공산당이 아키노를 암살한 것처럼 조작했다. 그러나 어느 누구도 마르코스의 말을 믿지 않았다. 오히려 사건의 배후에 필리핀 군부가 개입했다는 의혹이 떠돌면서 필리핀 민중은 마르코스 정권의 잔학성을 열렬히 규탄했다.

당시 필리핀 민중은 마르코스 일파에게 거의 환멸을 느끼고 있었다. 1980년대에 이르러 마르코스 일족의 부정부패와 영구 집권을 향한 추악한 야욕이 더욱 노골적으로 드러났다. 군부와 고위 관료층조차 고개를 절레절레 흔들 정도였다. 그럴 즈음 국제 공항에서 울려 퍼진 총성은 몽롱한 잠에 빠져 있던 필리핀 민중을 깨우는 자명종 같은 것이었다. 또한 그것은 마르코스 자신의 멸망을 재촉하는 종소리였다.

아키노 암살 사건을 계기로 필리핀 민중의 분노는 활화산처럼 폭발했고 반독재 투쟁은 비약적으로 발전했다. 그런 과정에서 1984년 5월 국민 의회 선거를 맞게 되었다. 계엄령 해제 이후 처음으로 실시하는 이 선거가 마르코스 일파에게는 정권의 합법성을 구축할 수 있는 유일무이한 기회였으므로, 그들은 미국의 지원을 등에 업고 치밀한 준비에 혼신의 힘을 기울였다. 그러나 민족 민주 진영은 이 선거가 독재 정권의 기만에 불과하다고 주장하며 대대적인 선거 불참 운동을 벌여 나갔다. 혁명 세력뿐 아니라 중도 성향의 시민 단체, 중간 계층, 기업가까지도 선거 불참을 선언했다. 그럼에도 선거는 예상보다 높은 투표율을 기록했다. 집권당 108석에 야당 의석이 71석으로 늘어나는 결과를 낳았다. 만약 민족 민주 세력이 선거 불참 운동을 벌이지 않았다면 집권당보다 많은 의석을 확보할 수 있었을 것이다.

1985년, 도시 투쟁을 효과적으로 수행하기 위해 민족 민주 운동 노선에 동참하는 운동 단체들은 세력을 결집하여 민중 운동 연합체인 신애국 동맹(BAYAN)을 결성했다. 그리하여 반독재 투쟁은 나날이 커져 갔다. 그러자 독재자 마르코스는 1985년 11월 3일, 미국 텔레비전 인터뷰에서 획기적인 발표를 했다. 1986년 2월 중에 조기 대통령 선거를 실시한다는 것이었다. 해가 서쪽에서 뜰 일이었다. 독재자 마르코스가 개과천선이라도 한 것일까. 그러나 속내를 들여다보면 금방 답이 나온다. 마르코스는 필리핀 친미 정권의 파멸을 우려해 온 미국에게서 은근히 퇴진 압력을 받게 되자 미국에 뭔가를 보여 주어야 할 필요성을 느낀 것이다. 또한 국내에서 나날이 늘어나는 반대 세력을 잠재울 묘안도 필요했다.

조기 대통령 선거와 2월 혁명

한편 조기 선거에 임하는 마르코스에게도 일말의 자신감이 있었다. 자신의 반대 세력이 수적으로 나날이 늘어 가기는 하지만 여전히 여러 세력으로 분열되어 있는 점을 다행으로 여긴 것이다.

그러나 마르코스의 예상은 빗나갔다. 조기 대통령 선거가 자신의 반대 세력이 결집하는 계기가 될 줄은 몰랐다. 조기 선거 일정이 발표되자 민족 민주 세력은 선거 참여 여부를 둘러싸고 열띤 논쟁을 벌였다. 그 결과 신애국 동맹은 기만적인 선거에 참여하는 것은 마르코스에게 독재의 정당성을 부여할 뿐이라는 결론을 내리고 선거 불참을 결정했다. 그러나 야당 세력과 시민 단체, 진보 성향의 지식인 진영은 선거에 참여해 정면 대결할 것을 선언하고 야당 후보 단일화를 추진했다.

여기까지는 마르코스의 예상대로 세력 분열이 여전히 유지되었다. 그러나 가까스로 아키노 전 의원의 아내 (코라손)이 단일 후보로 추대되고, 전국에 코리(코라손의 애칭) 열풍이 휘몰아치자 마르코스는 조기 선거가 스스로 판 함정임을 인정할 수밖에 없었다. 암살된 남편 아키노의 든든한 후광과 함께 솔직하고 서민적인 이미지를 지닌 코라손 후보는 반마르코스 의식이 팽배한 필리핀 국민에게 신선한 기대를 안겨 주었다. 그리하여 대중은 코라손에게 폭발적인 지지를 보냈다.

마르코스의 독재에 저항하던 남편 베니그노 아키노가 암살되자 그의 뒤를 이어 야당을 이끌었다. 남편의 죽음에 분노한 대규모 시위에 참가하면서 마르코스 정부의 도덕성을 규탄하는 하나의 상징이 되었고, 민중의 지지를 받게 되어 훗날 대통령에까지 오르게 되었다.

1986년 2월 7일, 마침내 투표가 시작되었다. 자발적인 선거 감시 단체가 마르코스 일파의 선거 부정을 속속 적발했다. 유례없는 부정이 저질러지는 가운데 사실상 선거는 엉망으로 치러졌다. 그러나 유권자는 코라손의 승리를 확신했다. 2월 15일, 국민 의회는 마르코스의 당선을 선포했지만, 그런 발표는 이제 아무 의미가 없는 것이었다.

개표 결과 발표 다음 날인 2월 16일, 150만 군중이 집결한 가운데 민중의 승리 집회가 열렸다. 이 집회에서 코라손 아키노는 비폭력 저항 운동을 선언했다. 매판 기업 상품의 불매 운동과 국영 방송 시청 거부, 관제 신문 불매, 전기세 납부 거부 등 일곱 가지 지침을 제시하고 대대적인 시민 불복종 운동, 대중 파업, 시위 등을 호소했다. 그리고 마르코스 정권 타도를 위한 범국민 연합 전선 결성을 당면 과제로 설정했다.

코라손의 이러한 프로그램은 광범위한 지지를 얻었다. 일부 군인과 보수 가톨릭 교회까지도 공식 지지를 표명했다. 또한 선거에 불참했던 신애국 동맹도 코라손 아키노를 지지했다. 급기야 군부 내 친미 세력인 엔릴레 국방상, 라모스 등 군 수뇌부도 군대를 이끌고 마르코스 진영을 이탈하여 코라손 지지를 선언하고 나섰다. 그것은 마르코스에 대한 미국의 배신을 의미하는 것이었다. 승리를 확신한 코라손 진영은 대통령 취임식을 가졌다. 마르코스도 대통령에 취임했다. 그러나 사면초가에 처하게 된 마르코스는 군부마저 이탈하고 혁명군과 정부군 사이에 총격전까지 벌어지게 되자 마침내 권좌를 포기했다.

2월 25일, 대통령 직을 사임한 마르코스와 그 일파는 미국 대사관에서 제공한 헬리콥터를 타고 화려한 궁전을 떠나 하와이로 망명했다. 그리하여 필리핀 민중의 2월 혁명은 끝났고, 동시에 21년간에 걸친 장기 독재도 막을 내렸다. 코라손 아키노 정부는 정식으로 집권했다.

민중의 혁명은 끝이 있는가?

마르코스 정권의 붕괴로 필리핀 혁명은 끝났는가? 아니다. 혁명은 끝이 없다. 혁명의 길은 인류 역사가 진행되는 동안 영원히 계속된다. 그러면 독재와 지배는 끝났는가? 역시 아니다. 마르코스는 빙산의 꼭대기처럼 드러난 독재와 지배의 한 상징일 뿐이지, 그 전체는 아니었다.

물론 필리핀의 2월 혁명은 한 편의 역사 드라마였다. 그리고 20여 년 장기 독재를 끝낸 가장 큰 요인은 필리핀 민중의 일치된 힘이었다. 그러나 그것은 여러 가지 요소가 복합하여 화학 작용을 일으켜 빚어진 드라마였다. 요컨대 거기에는 필리핀 민중의 힘뿐 아니라, 마르코스 정권의 부패가 좌파 세력의 집권으로 이어지는 것을 두려워한 미국과 필리핀 군부의 힘도 작용했다는 사실을 간과할 수 없다.

필리핀 2월 혁명 과정에서 미국은 사용 가치가 없는 마르코스를 헌신짝처럼 내버렸다. 그렇다고 미국이 필리핀에 대한 영향력을 포기한 것은 아니었다. 혁명 과정에서 코라손 지지로 돌아선 엔릴레나 라모스 등은 사실상 마르코스 독재 체제의 주춧돌 역할을 해 온 군부의 우두머리였으며, 자국민의 이해보다 미국을 대변하는 무리였다.

필리핀 사회를 흔히 2계급 사회라 하는데, 이는 식민지 시대부터 외국 지배자와 결탁해 거대한 재산을 축적한 소수의 상류층과 한순간도 수탈에서 벗어나지 못한 다수의 농민·노동자를 주축으로 한 하류층으로 나뉜 현실을 말하는 것이다. 따라서 필리핀은 중간 계층이 거의 없으며 상류 지배층은 친미 성격이 강한 반면, 대다수 농민과 노동자는 반미 성향이 강하다.

집권 이후 코라손은 마르코스 정권과 확연히 구분되는 정책을 실시했다. 그러나 점차 살바도르 라우렐을 수상 겸 외상으로 임명하고 보수 우익 세력과 연합하는 쪽으로 기울었다. 그것은 코라손 아키노 정권이 친미 성향을 가진 상류층의 영향력에서 자유롭지 못함을 입증하는 것이었다. 그리고 미국과도 예속적 관계를 벗어나지 못했다. 민족 민주 진영의 오랜 요구 사항인 미군 기지 철수와 토지 개혁 등의 문제는 코라손 정권에서도 여전히 해결되지 않았다.

전국에 59개 게릴라 전선과 총 3만여 병력, 지원 업무를 맡은 수십만의 조직원을 보유한 민족 민주 전선은 1988년경 새로운 투쟁의 장을 열었다. 이들은 농촌을 근거지로 하는 장기 인민 전쟁 노선에서 대도시 게릴라 투쟁까지 포괄하는 무장 투쟁으로 전술을 전환하고, 합법적인 정당을 창설하기 위해 준비했다.

그러나 1990년대에 이르러 동서 간에 화해 분위기가 무르익고 사회주의 종주국 소비에트 연방과 동구권이 몰락하자 필리핀 공산당의 활동 역시 다소 침체의 늪으로 빠져들 수밖에 없었다. 그럼에도 필리핀 민중은 '미군 기지 철수' 등의 요구를 끊임없이 제기했다.

그 결과 1992년 11월 24일, 필리핀 수비크 만에 정박해 있던 미군 7함대는 모두 철수했다. 아시아 최대의 미국 해군 기지였던 수비크 만은 94년 만에 미국 제국주의에서 해방된 것이다. 미군 함대가 물러난 뒤

수비크 항은 이제 필리핀의 새로운 경제 산실로 자리 잡고 있다. 세계 각국의 자본이 해일처럼 이곳으로 흘러들고 있다. 그중에서도 미국 자본이 가장 빠른 속도와 큰 규모로 몰려들고 있다.

전 세계의 미국 해군과 해병대에 보급품을 공급하던 보급창의 일부는 신발 공장으로 변했고, 걸프전 당시 바그다드를 공격한 미사일이 저장되어 있던 지하 벙커는 외국인 관광객의 답사 코스로 변했다. 경제 전문가들은 이런 추세가 계속되면 미군 기지였던 필리핀의 수비크 만은 머지않아 동남아시아의 중계 무역 기지로 자리 잡을 것이라고 예상한다. 이와 같은 변화를 필리핀 민족주의자의 말처럼 미국 제국주의를 몰아내고 필리핀이 진정한 독립을 쟁취한 것으로 해석해야 할지, 아니면 군사력을 대신한 제국주의 자본의 침략으로 봐야 할지는 아직 판단하기 어렵다. 하지만 그 결과는 필리핀 민중의 노력 여하에 따라서 달라질 수 있을 것이다. 그런 점에서 혁명은 끝이 없을 것이다.

연표로 보는
혁명의 세계사

연표로 보는
우리나라 역사